U0438006

当代敦煌学者自选集

唐耕耦 著

敦煌学论集

下册

教育部人文社会科学重点研究基地
兰州大学敦煌学研究所

上海古籍出版社

从敦煌吐鲁番资料
看唐代均田令的实施程度

关于唐代的均田制,在我国史学界展开过热烈的争论,提出的意见很多,分歧也很大,至今还没有取得一致。本文试图就均田制讨论中的某些分歧意见,发表一些肤浅的看法。

首先,一种意见认为:"唐初所宣布的所谓均田令自始就不曾认真推行过,其在下令之后,所确做过的工作,只是把全国各地民户私有的土地,凡在一户丁口平均20亩的数量之内的,一律改称称为世业田,超出此数之外的,一律改称为口分田;既丝毫不触动土地私有制,也不是把政府所掌握的无主荒田真正照此规定而分授给所有无地或少地的农民而归其使用。""唐初均田令实际还应算是一种具文,在其时社会经济发展上不曾起过任何作用。"这样一种意见,作为反对把均田令理想化的意见,是有其值得重视的合理部分,但是把均田令简单地称作为一种具文,是不能令人信服的。

唐代均田令的文献资料,保存到今天的,虽然不多,较零散,且似乎还有相互抵牾之处。但是我们即使从这些不多的文献资料中,也能看到唐代均田令还是相当完整的。我们不能设想,像唐人所著的《唐律疏议》《唐六典》、通典以及《唐会要》等所记载的反映统治阶级意志的田令,只是一种具文,对当时社会经济的发展,丝毫不发生作用。法律条文是上层建筑,必然反作用于基础,或者起促进作用,或者起阻碍作用。从我国科学院历史研究所资料室所编的敦煌资料第一辑来看，唐代的均田令是被执行了的，虽然执行的程度有所不同。为了明确这一问题起见，先取相对完整的 41 户[①]列表于后，再加以必要的说明(附表见后)。

从上列表中可以看到：41 户户籍的田籍部分所记的应受田数，与现存田令所规定的授田数对照，有 36 户与田令符合；有 5 户与田令有抵牾的地方。这 5 户，其中 4 户可能是由于造籍时，办理户籍的人计算出了差错。至于李大娘户按田令计算应授田为 51 亩，而户籍所记已受为 59 亩(四至中为 60 亩)，多了 8 亩，这 8 亩并不收回另行还授。在唐代田令规定中，如果受田不足，是可以买田充的，只是规定了诸买地者不得过本制。这 8 亩就是因为李大娘户有 25 亩是买田的缘故。大娘户的例子进一步说明了令文虽规定买田不得过本制，而实际却存在着买田过本制的事实。本来在土地可以买卖情况下，硬性规定买田不得过本制，只能成为具文而已。

从户籍所记应授田数与按现存田令计算对照中，还可以帮助我们理解现存的田令。例如关于老男为户主授田的规定，各书记载不一。《新唐书》卷 51《食货志》："授田之制……老及笃疾废疾者人四十亩，寡妻妾三十亩，当户者增二十亩，皆以二十亩为永业，其余为口分。"老男当户为 40 亩口分与 20 亩永业，共 60 亩。《唐六典》卷 3 户"部郎中员外郎"条："给田之制有差，丁男中男以一顷(男年十八已上者亦依丁男给)，老男笃疾废疾以四十亩，寡妻妾以三十亩，若为户者则减丁之半。"老男为户主应授田 50 亩。《通典》卷 2《食货二》，唐开元二十五年令："男笃疾废疾各给口分田四十亩，寡妻妾各给口分田三十亩。……黄小中丁男子(应为女)及老男笃疾废疾寡妻妾当户者，各给永业田二十亩，分田二十亩。"老男当户为 20 亩永业，20 亩口分，共 40 亩。同一老男为户主就有这三种不同的记载，使人莫衷一是。但由附表中来看，从开元

从敦煌吐鲁番资料看唐代均田令的实施程度

九年账后到大历四年手实，老男或老男为户主都是授田的。而老男为户主的 10 户，赵玄义等 8 户是按照 50 亩计算的，与《唐六典》的减丁之半一致。余善意、令狐进尧两户授田是按 60 亩计算的，与《新唐书·食货志》的记载一致。这说明《唐六典》与《新唐书》关于老男授田的记载虽然不同，但在唐代确都存在过，而且在计算授田时都发生过作用。由此也可以看到唐代的田令是前后经过修改补充的。各书的作者依据不同年代的令文加以记载，因此就不一致。由于老男当户授田数前后有不同的规定。办理户籍时，办理者稍一疏忽，就出现在同为开元九年账后，同为大历四年手实中，都是老男为户主，而发生了授田数不同的差错。再如徐庭芝户小男为户主，令狐仙尚等三户中女为户主，这四位为户主的小男、中女，应授田数，都是按 50 亩计算的。这可以帮助我们对《唐六典》所记的"若为户者则减丁之半"的理解。这一句，从上下文看，似乎是指老男、笃疾废疾寡妻妾。但对照徐庭芝等 4 户后，我们认为"为户者则减丁之半"，所指的对象，比老男笃疾废疾寡妻妾范围要广些，还应该包括小男中女等。这和上引《通典》开元二十五年令，关于小男中女为户主给永业田 20 亩、口分田 20 亩，共 40 亩，又是不同的，它也是反映了前后令文的变化。不仅如此，而且由于户令的变化而影响到授田计算的变化，在敦煌数据中也得到反映。如广德元年令，男子由六十为老改为五十五为老。[②]因此，大历四年手实中 58 岁的令狐进尧与 57 岁的唐元钦就都作为老男，按照老男标准而不按丁的标准来计算应受田。总之，在办理手实籍账，计算应授田数时，是根据田令进行的，这证明田令在当时是执行了的。

我们再从土地的还授来看，并没有也不可能像某些同志想象的那样大规模进行，但也不是毫不进行，在条件具备的情况下，还是进行的。早在北魏均田令中就有"年逾七十者还所授""若始受田而身亡及买卖奴婢牛者，皆至明年正月乃得还授""诸远流配谪无子孙及户绝者，墟宅

393

桑榆尽为公田,以供授受"等规定。③唐代则有"世业之田,身死则承户者授之,口分则入官更以给人"。"诸应收授之田,每年起十月一日里正预校勘造簿,历十一月,县令总集应退应受之人,对共给授,十二月内毕""其退田户内,有令进授虽不课役,听自取有余收授"等规定。④我们从《敦煌资料》第一辑中,能看到这种记载被证实的例证。如徐庭芝户的田籍部分的四至中,有西退田字样,说明敦煌有退田存在。那波唐西州天山军户籍残卷田籍部分的四至中则有北还公。羽田唐西州柳中县高宁乡开元三年账后户籍残卷有右件壹户放良,其口分田先被官收讫。大谷唐开元二十九年户籍残卷有部田五亩余欠,今回收授;柳中县张保叶等户籍残卷有要(大女)张保叶剩退一段壹部田,妾(应为大女)库浮□□死退贰亩部田。从这些残卷提到的有欠、有剩退、死退,有先被官收讫,今回收授,说明在唐代西州地区是实施了还授的。而且这些例证,还反映出进行还授有相当完整的程序。

由于这些材料极为零碎,说明问题很不充分,因此,国内外都有学者对此表示过怀疑,而大谷文书的发表,⑤可以使这种疑云消散。大谷文书中,有关土地制度的文书约三百件。这些文书,从形式上大致可分为五种,日本学者假定其名为给田文书、退田文书、欠田文书、户主别田籍文书(或称田籍文书)、佃人文书。这批文书主要是唐代西州高昌县的,也有一些为西州天山县的。文书的年代,以开元时期为中心,上至高昌国的延寿年间,下至唐代宗永泰元年。下面我们先引给田文书,给田文书共77片(其中有3片,未完全定性),现抄几片于下:

大谷文书2604号⑥(长26.5厘米宽43厘米。下面以26.5×43表示)

1 ?   ?   ?
2 一段贰亩▨▨   城西五里胡麻井渠 ▭▭▭▭ 过永寺

南□

  3　(昌)给　翟　思　?　讫(奉)

  4　一段三亩薄田 城东六十里横截?　城阿　魏渠　东至渠　西至道　南至渠□

  5　壹亩给安忠秀(天)二亩给□

(戎)义仙(奉)讫

  6　康虵子死退一段二亩常田　城东卅里高宁东申德　西李秋　南安僧奴　北竹乌□

  7　(昌)×　给史(大)尚宝讫(天)

  8　一段一亩部田　城东五里左部渠　东至荒　西安守相　南至渠　北至□

  9　(昌)给史(大)尚宝讫(天)

  10　一段二亩部田　城西七里白渠　东曲明琟　西贾海仁　南至荒　北□

  11　(昌)给康忠?(奉)□

  12　□恩纳死退一段一亩部田　城西一里□?

  13

  14　一段一亩部田 城西七里□?　□

大谷文书1231号(28×14.5)

  1　给张?　?　?

  2　张阿苏剩退一段一亩常亩　城西拾里武城渠　东至□

  3　(昌)给竹昌献祥

4　一段三亩 常田 城东卅里柳中县屯续渠　东苑　西至渠　南至渠　北至渠

5　(昌)给　☐　☐　☐

大谷文书2385号(18×14)

1　给　☐

2　一段(泰)伍亩 部田 城东六十里柳？☐

3　(西？)程 (化) 仪参亩 ☐
　　　亩讫 ☐

4　大女辛那戒死退一段壹亩常田城东三里　东☐

5　尚 (尚) 给曹孝弥讫 (天) ☐

6　一段三亩 部田易 城东七里左部渠　东渠☐

7　曹　所　什　☐
(会卄八载给贾恩义里？给？☐？)

8　赵会进死退一民二亩 常田 城东卄☐

9　给　尉　大？　☐　☐

10　一段肆亩 部田易 城西七里☐？☐

11　成者 (化) 依？☐
　　　亩讫 ☐

12　一田二亩 部田三易 城南五里马☐

13　给　赵　☐　☐

大谷文书2392号、1225号、2388号三片的缀合
(2392号)

1　□　给　张　梦　彦　讫⁽秦⁾

2　一段一亩⁽部田⁾城西五里屯头渠　东渠　西赵仕？　义　南渠　北荒

3　（空行）

4　一段一亩⁽部田⁾城西七里白地渠　东渠　西渠　南贾如　北串佑

5　（昌）巳　上　雷？　承　福　讫⁽秦⁾

6　一段二亩⁽东⁾　城东卅里柳中县　东县令　西还公　南渠　北还公

7　（戎）给王泥奴讫⁽秦⁾

8　曹善八一段三亩⁽部田⁾　城西五里胡麻井渠　东渠　西张龙？　南张钦？　北田种欢？

(1225号)

9　给　马？⁽西⁾　难？　当　讫⁽天⁾

10　郭智果？死？□？□？段二亩⁽常田⁾城西五十里交河县界　东渠　西渠　南索惪　北□

11　（喜）给　令　狐　义　？□

12　一段一亩⁽部田三易⁾　城东七里左部渠　东渠　西□　□

(2388号)

13　给⁽西⁾　马　祜　益　讫⁽天⁾

397

14　一段一亩部田　城南六里满水渠　东渠　西渠　南官田　北渠

15　（空行）

16　□□□田　城东卅里柳中县界对？　渠　东杨莲子　西荒　南渠　北渠

17　□□□□□□□？　讫

（后缺）

从上引几片，就很清楚地看到唐代西州高昌县，在开元廿九年还在进行还授。⑦其次让我们看一下退田文书,退田文书共68片（其中8片不能完全定性），抄引其中几片于下：⑧

大谷文书2856号（19.9×29）

1　德　义　里
2　康龙仕死退一段一亩部田　城南伍里　□□
3　一段三亩部田　城东肆拾□□□中县　东□□
4　竹定师剩退一段一亩部田　城□□　里枣□□　东水田　西□□
5　周英（麦玉）死退一段二亩常田　□西贰　　东□□
6　一段二亩部田　城西七里枣□□
〔会开廿六年给王道俊？讫〕8
7　曹海资一段二亩常田　城西三里□？
8　一段三亩部田　城西七里沙　？　堰□□

大谷文书 2857 号(14.5×14.5)

1　成　化　里

（会先给充府田泰）

2　张调君一段二亩 常田　城北二十□□□□□□

　　　　　×　×　×　×　×　×

（会廿六年给王）

3　周恒爽一段一亩 部田　城北一?里满□□□□

4　大女阴三娘死退一段一亩 常田□□□□　里□□□

5　一段一亩 常田　城东伍里□□□□□□

6　一段一亩 部田易　城北一里?□□□□

大谷文书 2855 号(27×27.5)

（口前?　年　?）

1　□□□□□二亩 部田　城东廿里

2　鄀索师死退一段二亩 常田　城北廿里□□□□

3　阴久托无籍剩退六十步 菜□□□□

4　右件地所由里正索□□□□□
　　[会先给□?　□?　□?　讫?云?]

5　大女史阿堌死绝退二亩 常田　城北廿里□□□□
　　[水?前□?给曲?□?云?]

6　大女车寿持出嫁绝退一亩 常田　城东四里石宕渠　东渠
西渠　南翟素　北渠

7　右件地所由里正阚孝迁

8　和静敏死退二亩 常田　城东二里七顷渠　东渠　西翟

399

　　　　☐☐☐☐驿田　北渠

9　一段三亩部田　城北廿里　新兴屯亭　东荒　西渠

　　☐☐☐☐悦　北渠

10　右件地所由里正孙鼠居

11　☐☐☐☐☐?☐　?☐军兵贸☐口分比来

12　☐☐☐☐田☐☐☐☐☐　是身死给

大谷文书3487号（29×29）

1　　☐☐☐☐]籍帐未除俱第六家有母及叔母

2　二人丁寡合授常田三亩部田五亩所合退地请

3　追静敏母即知退地☐☐☐☐请处分

4　牒件状如前谨牒

5　　　　开元廿九年四月里正孙鼠居牒

[以下余白]

大谷文书2862号（21×25）

1　太　平　乡

2　忠　义　里

　　（同惟）（安）

3　户主曹天智剩退一段一亩薄田　城东卅?里柳中县东荒

西☐☐☐☐

　　（同惟）（安）

4　一段二亩枣　城东卅里柳中县　东还公　西至渠

☐☐☐☐

400

从敦煌吐鲁番资料看唐代均田令的实施程度

（同惟）（安）

5　一段一亩捌拾步_{灌田折田}　城东廿里□?　典　东至渠　西至渠
□□

（同惟）（安）　　（会先给王忠□?□?）

6　一段□□□□　城东一里□?□□□□　东葵海相　西县令　南□□□□

（同□）（安）

7　户主曹□□?死退一段二亩_{常田}　城南二里□□□□□康秃子　西曹礼?

大谷文书2913号（27×17.5）

1　太　平　乡
2　史阿塠死退一段二亩_{常田}　城北廿里新兴　东　西　南　北
3　章寿持出嫁□□□□□□亩半_{常田}　城东四里石宕渠　东渠　西渠　南翟玄　北渠
4　右件地具阿塠等先逋状入□?　充□?
5　替记今贾?九?配?请□□□□□
6　授请处分□□□□□

大谷文书2996号（16×1.5）

1　漏籍剩地一段一亩_{常田}　城北一里满水渠　东□□□□□
2　右件人地漏　令退请处?□□□□□
3　状如前谨牒□□□□□

401

大谷文书2852号、2853号、2854号的缀合

(2854号)

（前缺）

1 □□□□□二？亩永业　城西十里武城渠　东至渠梁？西至？道？□□□□

　　（立）

2 一段一亩永业部田　城西捌里白渠　东至渠　西水田　南索父罗　北司室

　　（立）

3 一段一亩永业部易　城西拾里　东张武　西水田　南至塞北至渠

　　（立）

4 □段一亩永业部易　城西拾里　南鲁坞　东范默奴　西至渠　南至渠　北至渠

　　（立）

5 户张师训退剩一段三亩永业部易　城东肆拾里柳中县　东至渠　西至渠　南梁住　北至□□□□

　　（立）

6 张阿苏剩退一段　一亩永业常田　城西拾里武城渠　东至道　西张伯　南至道　北靳阿患

　　（立）

7 一段三亩永业常田　城东肆拾里柳中县屯续渠　东范　西至渠　南至渠　北至　渠

(2852号)

（立）

8　户大女赵大观死退一段二亩永业_{常田}　城西二里孔进渠东赵住子　西严君住　南至渠　北至渠

（立）

9　一段二亩永业_{部田}　城西拾里芳其渠　东至渠　西至道　南易田　北曲延亮

（立）

10　一段一亩永业_{部田}　城西柒里坚石渠　东赵横　西至渠　南曲悦　北至渠

（立）

11　户赵买子死退一段肆拾步永业_{常田}　城西拾里武城渠　东张延　西长城　南张文□□□□

（立）

12　一段二十步永业_{常田}　城西拾里武城渠　东张文□□□□

13　一段六十步永业_{常田}　城西拾里武□□□□□

(2853号，14行壹段贰拾以下与2853号接续)

（立）

14　一段二亩拾步永业_桃　城西拾里武城渠　东自至　西至渠　南至道　北赵洛富

（立）

15　一段肆亩永业_{部田易}　城北贰拾里新兴尉将潢　东赵龙遣　西至渠　南　亭田　北至渠

（立）

16　一段二亩常田　城西拾里南鲁坞　东至渠　西至荒　南王
傛护　北至渠

　　（立）

17　一段一亩永业常田　城西拾里南鲁坞　东至渠　西至渠
南至渠　北至卤

　　（立）

18　▭▭▭▭亩永业常田　城西柒里树石渠　东至渠　西至
渠　南至道　北至渠

19　▭▭▭▭▭▭▭▭▭▭至渠　南张龙
北至渠

　　（后缺）

我们从退田文书中看到：退田文书是以里为单位，由里长负责造成，以乡为单位汇总成卷；退田的原因很多，有死退、剩退、逃走除退、出嫁退、出嫁绝退、漏剩令退，等等。而从给田文书和退田文书的关系来看，两者有密切不可分割的联系，因为给田要以退田为基础。在上面抄引的文书中，我们看到1231号文书的第二行，与2854号文书的第六行的内容是相同的。这种给田文书上的某些行，与退田文书上有关行内容完全一致的，西嶋定生曾举出有七个例证，共21行。两者所以一致，是由于给田文书上的有关行，是从退田文书上抄下来的，给田文书上所授的田来自退田。由此可以看到，给田文书和退田文书是进行土地还授的连续手续。第三，我们来看一下欠田文书。欠田文书共33片，其记载的事项大致如下：开头为乡名、乡内的缺田户的户等以及缺田丁中的总数；其次为户等分类；第三为缺田户的户主姓名及户内丁中数，缺田的种类（薄田或常田）及其面积；第四总计上记本乡缺田户的户等及

从敦煌吐鲁番资料看唐代均田令的实施程度

缺田丁中数；最后为呈报欠田文书的负责人具名。下面我们也稍引几片：

大谷文书2912号、2886号的缀合

2912号文书 （29.1×13.5）

1　　宁　昌　乡
2　　合当乡第九第八户欠田丁总一百人
3　　八十七人第九户
4　ₐ₎康大智 二丁欠常部田二亩 部田四亩　刘盛感 三丁欠常部田 二亩　申屠嗣嘉 丁常田二亩部田四亩
5　ₐ₎□田一亩　杨？孝忠　康神奴 二丁欠常田一亩部田一亩
6　ₐ₎　赵素子 丁欠常田二亩　王定远 丁欠常田二亩部田二亩
7　ₐ₎□宝子 丁欠常部田一亩半 部田一亩　张思礼 丁欠部田二亩　？ 欠丁一亩
8　ₐ₎张宝顺 二丁欠常部田四亩　部田四亩　白小师 老二丁欠常田二亩半　部田二亩
9　　张仁照 丁欠常田二亩　康慈敏 丁欠部田四亩　李修之 丁欠部田三亩
10　ₐ₎张晃 一丁一中欠常田五亩部田六亩　郭思行 丁欠部田二亩　王知之 丁欠部田二亩
11　ₐ₎令狐忠杰 丁欠部田二亩　麹克己 丁欠常田一？　康鼠子 丁欠常田一亩
12　ₐ₎贾忠礼 丁欠部田二亩　康翻缫 丁欠常部田四亩　张皎子 二丁欠常部田四亩
13　ₐ₎曹六六 丁欠常田一亩 部田一亩　画僧奴 丁欠部田二亩　曹实部
14　ₐ₎仅？善义 丁欠常部田三亩半　董仙福 丁欠部田三亩　大□
15　ₐ₎白思梶 二丁欠常半部田二亩　常思孝 丁欠部田四亩　白税税 二丁

2886号文书(28.5×33.6)

2887号文书(28.5×40.5)

1　ₐ₎　￣￣￣￣ 常田一亩部田一亩　辛珍之 丁欠 ￣￣￣￣
2　ₐ₎　￣￣￣￣ 明 四丁部田十亩　目彦仙 二丁欠常 ￣￣￣ 六

405

3	a b	☐一亩	杜会宁 T欠部田二亩	韩苟子 T欠 ☐
4	a b	骨不当 T欠常田四亩	竹玄嶷 T欠常田一亩	忠诚 T欠常田二亩 部田二亩
5	a b	尉嘉宝 T欠常田半亩一 昔岁部田三亩	张阿勋 T欠常田一亩半部田三亩	
6	a b	辛胡子 T欠常田一亩半	柳天寿 T欠常田二亩 部田二亩	曹天保 T欠常田一亩 部田四亩
7	a b	耿思顺 二T欠常田二亩 部田五亩	阴袍虚 T欠常田三亩	白怀寿 T欠部田二亩
8	a b	白善生 T欠常田二亩	孙鼠居 T欠常田一亩	白善住 一老四T欠常田二亩 部田四亩
9	a b	贺质都 T欠部田五亩	曹长寿 T欠常田二亩	白赤奴 二T一中T欠常田二亩 部田二亩
10	a b	史莫延 T欠常田二亩半 部田□亩	孙知礼 T欠常田二亩 部田四亩	田家生 T欠常田一亩 部田四亩
11	a b	冯破头 T欠常田二亩	康胡胡 T欠常田一亩	
12	a b	唐奴子 T欠部田四亩	何哥会 三T欠常田六亩 部田七亩	
13	a b			第 八 户
14	a b	☐亩		康信 T欠常田三亩 部田三亩

由上举文书可以看出当时对于欠田情况的调查汇总呈报，甚至造欠田文书的负责人，也是里正，也是以里为单位造成，再汇总于乡。综合给田文书、退田文书、欠田文书以及其他一些文书，使我们对于西州高昌县地区均田进行还授的情况，有了一个比较清楚的了解。其施行还授的手续，大致为以里为单位造成退田文书、欠田文书，汇总于乡，再呈报于县，再由县根据退田文书、欠田文书以及参考往年的欠田和政府手中有无土地等情况，决定给田，制成给田文书，下达于乡里。就算完成了一次还授。所谓"应收授之田，每年起十月一日，里正预校勘造簿，历十一月，县令总集应退应受之人，对共给授，十二月内毕"，大致就是如此。以上所述说明唐代西州高昌县是由政府实施了还授的，而且有一套很完整的办理还授手续的文书。当然西州高昌县地区的情况很特殊，而且像永业田、赐田也作为还授对象，以及西州高昌县每一丁应授

田的标准额等问题,虽有人进行了探讨,但还没有解决。我们自然不能说高昌县的还授情况,能够代表一般情况,但高昌县施行还授的手续,绝不是高昌地区的特创,结合唐代令文来看,是带有普遍性的,因此,我们认为高昌县进行还授的情况,能够作为唐代均田令实施了还授的证据,它那一套办理还授的手续,在唐代实施均田令的其他地区,只要有还授的条件,也是实行的。

这里要附带指出的,唐在相当长的时间内中央集权很强,因此中央的律令一般都能扩及至所要求达到的地方;另一方面唐的统治地区,疆域广大,情况复杂,反映在均田令方面必然也相当复杂,以便于适应各地的不同情况。而且均田令从北魏起,至完全不能实施止,前后延续的时间很长。随着社会经济情况的变化,作为上层建筑的田令必然要有不少的补充和修改。虽然,在当时的官僚制度下,所定的田令,不可能完全符合社会的实际,但是客观的社会经济状况,不可能不影响令文的内容。我们可以推想,当时所谓均田的实际情况,必然远较田令复杂,而保存到今天的田令,则远较当时的为少,我们根据今天残存的令文,来探讨当时的均田令实施状况时,要求全面相合本来就有困难。

在肯定了均田令是被执行了之后,我们认为在我国史学界讨论唐代均田制的文章中,有的同志夸大了均田令的实施程度,把均田令理想化。他们认为唐初为了实施均田制度就先在武德四年下令调查户口,作好实施均田制的准备,然后于武德七年面向全国下令均田,把政府手中掌握的大量荒地和处女地分给农民,而且在均分之后,一再进行还授调配。有人认为,根据"普天之下,莫非王土"的传统,不仅均分了荒田、处女地,而且似乎真像《隋书·食货志》上说的那样,"发使四出,均天下之田",把整个唐的统治区内的田都均了。有的还把《通典》卷2《田制》下:"天宝中应受田一千四百三十万三千八百六十二顷十三亩,按十四年有户八百九十万余,计定垦之数,每户合一顷六十余亩。"作为已受田来估量均田令的作用。[9]

从上列41户的表中,我们看到敦煌地区的授田是普遍不足的。41户户籍的田籍部分所记的应授田总数为33272亩(如按田令计算还应增加111亩),而已授田总数为2179亩(包括买田54亩),已受田总数占应受田总数的比例为6.5%。按照田令计算,永业田应授总数为1240亩,户籍所记永业田已授总数为1124亩,已受占应受比例为90.6%。应授口分田总数为4740亩,户籍所记已授口分田总数为905亩,已授占应授比例为19%。勋田按田令计算应授的12户总数为27320亩,只有两户共受了24亩。上述百分比中,41户已授田总数占应授田总数的比例为6.5%,如果说敦煌是唐的边防地区,战争频繁,因战功而获勋的特多,加上有勋田的户,得出的这一比率,不够典型。那么,我们去掉有勋田的12户之应授田总数29076亩、已授田总数为941亩,则没有勋田的户共29户,其应授田总数为4196亩,已授田总数为1238亩,已授占应授的比率为不到30%多。以这一比率来推论一般受田户的受田情况,接近实际情况的可能性,也许大些。上述统计的时间为圣历三年账后,到大历四年,地区为边区的敦煌,自然不能说是很典型。但从这一统计数字来推测"法令弛坏,兼并之弊有逾于汉成哀之间"的天宝年间,全国已授田占应授田的比率决不会高多少。由此也可以帮助我们理解《通典》所载天宝中应授田数是什么含义。再就户来看,上列41户中又有李大娘一户用买田充的办法才算受足,换句话说真正受足的一户也没有;各户之间的已受田数也是不平均的,少的只有八亩、十一亩、十五亩;还应该引起我们注意的,在上列表中的阴袭祖、宋二娘、刘威德三户各应受田五十一亩,可是一亩也未受。这三户虽然是不课户,是丧失劳动力的老寡、老男,按照授田时先贫后富先课后不课的原则,他们这些贫者应该得到照顾,而且与其他已授田的不课户比较,无论如何他们是应该受到一些田的。有的同志以为此三户乃

408

是不课户，他们的不受田说明"先课后不课"原则是被执行了的。这种说法是不全面的，因为其他的不课户是受田的。再从时间的先后来看，从圣历三年账后到开元九年账后，天宝六载以及大历四年受田都是不足的。

不仅敦煌地区如此，而且内地，在唐初授田也是普遍不足的。《册府元龟》卷113《帝王部·巡幸》："贞观十八年二月己酉，幸灵口，村落逼侧，问其受田，丁三十亩，遂夜分而寝，忧其不给。诏雍州录尤少田者并给复，移之宽乡。"武则天时狄仁杰奏中："窃见彭泽地狭，山峻无田，百姓所营之田，一户不过十亩五亩，准例常年纵得全收，纳官之外，半载无粮。"（《全唐文》卷169《狄仁杰乞免民租疏》）。就此两例，[⑩]已反映出唐初内地授田也是不足的情况。

那么，已证明实施了还授的高昌县地区，民户的受田数是否多呢？据我们看来恰恰相反。因为无论从退田、给田、欠田情况来看，亩数都是很少的。因此，有些学者就假定高昌县的还授标准额为一丁20亩，这种假定是否可靠，可置勿论，但高昌县民户受田数量之少是可以推定的。从大谷文书中的佃人文书中看到，吐鲁番地区早在武则天时，租佃制已很盛行，有大量的受田户租种官田、寺田以及其他民户之田。这说明受田户的受田数量是很少的，因此必须另租一部分土地进行耕种。在高昌地区，由于我们很少见到，像敦煌户籍那样，明确记载应受、已受、未受及丁口数的材料，我们对于该地区，已受与应受数，还不够具体明确。但综合上述情况来看，高昌县民户每丁的已受田是很少的，与宽乡一丁百亩，狭乡一丁六十亩的标准比较，其距离都是很大的。这是毋庸置疑的。

下面我们考察一下高昌县的邻县，即柳中县的情况。

东京上野国立博物馆所藏"树下美人图"里贴上，有开元四年柳中县高宁乡户籍：

409

户主江义宣　年贰拾贰岁　白丁亲侍　下中户　课户不输
　　　母张　　　年肆拾壹岁　丁寡（寡）
　　　弟抱义　　年拾伍岁　　小男开元贰年帐后死
　　　弟义珍　　年拾伍岁　　小男
　　　妹寿持　　年拾叁岁　　小女
　　　叔母□　　年伍拾柒岁　丁寡笃疾两目盲
　　　　　　　壹拾叁亩捌拾步已受　壹拾叁亩壹拾步永业
柒拾步居住园宅
　　应受田玖拾壹亩
　　　　　　　柒拾柒亩半肆拾步未受
　　　壹段三亩半永业_陶　城南壹里　东至道　西张怀　南李喜
北阿苟
　　　壹段壹亩永业_{常田}　城南壹里东至渠　西至道　南郭晖　北
张佑
　　　壹段贰亩永业_{常田}　城南壹里　东郎中寺　西郎中寺　南道
北道
　　　壹段壹拾步_{常田}　城南伯步　东还公　西还公　南还公　北
郭石仁
　　　壹段伍亩永业_{部田}　城东六十里干谌城　东渠　西还公　南
渠　北荒
　　　壹段壹亩永业_{部田贰易}　城西叁里　东张仕　内西索僐　南索僐
北李守欢
　　　壹段半亩永业_{部田}　城东贰拾里　东南塔寺　西浑行才　南
张福　北渠
　　　壹段柒拾步居住园宅

根据唐令该户应受田如以宽乡标准计算,应为:

100亩(户主丁男口分田80亩十永业田20亩)+60亩(丁寡二人口分田30亩×2)+2亩居住园宅)二162亩。与上述记载不符。

如以狭乡标准计算,口分应减半,应为:

永业田20亩+40亩口分田+30亩口分田+2亩居住园宅=92亩。

与上述记载仅差一亩,可知柳中县高宁乡,是以狭乡为标准计算受田的。西村元祐曾把柳中县的六户受田情况,列过一表,现摘抄于下:

所属	年代	户主名	户内丁中	应受	已受	给田率%	永业	住园	户等	课不课
上野博物馆所藏	开元四年	不明	?	241亩	29亩半70步	12.3%	20亩半30步	40步	?	?课
		江义宣	一丁二寡	91亩	13亩80步	14.6%	13亩10步	70步	下中	不输
		王孝顺	小男一寡	51亩	4亩40步	8.1%	4亩	40步	下下	不课
仁井田陞《唐宋法律文书之研究》所收	武后	索住洛	一老	36亩	8亩40步	22.7%	8亩	40步	下下	不课
		史女辈	一寡	(36亩)	5亩40步	14.3%	5亩	40步	?	?
	开元四年	阴婆记	一寡	(36亩)	4亩40步	11.6%	4亩	40步	下下	不课

附注:史女辈、阴婆记两户见我国科学院所编《敦煌资料》第一辑 p.132,135。上表本来还有一户应受田121亩,已受田10亩4步,给田率为8.4%,因我怀疑自己当时把县名抄错了,而手头又无原书可对,故未列入,但并不影响我们要说明的目的。

由上表可以看出，西州柳中县的已受田数是不多的。最高不到30亩，最低四亩、五亩，已受数占应受数的比率为最高22.7%，最低为8.1%。不仅可以说明柳中县受田之不足，而且可以作为高昌县已受田数，与一丁应受数一百亩或六十亩距离远殊，这样一种推测之旁证。由此看出，唐代按均田令一夫百亩或六十亩的授田数，是普遍未达到的，应授与未授之间的距离是很大的。

其实不仅唐代受田普遍不足，从北魏以来，均田户受田都是不足的。我们从《敦煌资料》第一辑西魏的邓延天富等户残卷来看，有受田数字的20件中，只有3件受田是足的，17件是不足的，不足的件数占80%以上。至于给授，田令仍依北魏与北齐，据《通典》所引《关东风俗传》："其时强弱相凌，恃势侵夺，富有连畛亘陌，贫无立锥之地。""又河渚山泽有可耕垦肥饶之处，悉是豪势，或借或请，编户之人不得一垄。"甚至有贫无立锥之地的贫者。隋代情况，《隋书·食货志》上记载隋文帝时"其狭乡每丁才至二十亩，老少又少焉"。狭乡受田不足，宽乡没有说，但从就在这句上面的"京辅及三河地少而人众衣食不给，议者咸欲徙就宽乡。其年冬，帝命诸州考使议之，又令尚书以其事策问四方贡士，竟无长算"看来，受田不足是隋代无法解决的问题。如果真是可以靠迁宽乡来解决，为什么文帝没有采纳这一建议呢？诸州考使、四方贡士为什么又都无长算呢？为什么苏威要提出"减功臣之地"以解决"民田不赡"这种空想建议呢？

在明了了自北魏到唐，按照均田令计算，授田普遍不足之后，我们要进一步探讨造成授田普遍不足的原因是什么？我们认为首先是由于土地私有制的存在。恩格斯指出："从那一瞬间起，当自由地一旦变为可以自由出让的土地财产，变成商品的土地财产，从那一瞬间起，大土地所有制的产生，便仅仅是一个时间问题。"[①] 这一分析，同样适合中国情况。中国在均田制以前，早就存在土地买卖，早就存在田连阡陌的大

从敦煌吐鲁番资料看唐代均田令的实施程度

土地所有者。这种封建的地主土地所有制和土地买卖,并没有因均田制实施而中断。而且正是由于有田连阡陌的大土地所有者和土地买卖,北朝才有"始以永赐,得听卖买""所得公田悉从货易""露田虽复不听卖买,买亦无重责,贫户因王课不济,率多货卖田业""在外浮游者,三正卖其口田以供租课"。北朝这样,隋朝则如《通典》卷7《食货七》所记载的有"收太半之赋"的强家存在,隋政府甚至建输籍之法,以轻税之征来争取农民,可见这种强家之厉害。《隋书》卷28《杨素传》:"素贪冒财货,营求产业,东西两京居宅侈丽,朝毁夕复,营缮不已,爰及诸方都会处,邸店水碾并利田宅以千数。"这些官僚地主还在扩大土地。

隋亡唐兴,虽给予地主阶级很大打击,但并没有也不可能改变根深蒂固的土地私有制。与李渊父子一起篡夺了农民起义胜利果实的官僚地主的私有土地,当然保有不变,而且随着胜利,扩大了他们的私有土地。如《旧唐书》卷57《裴寂传》:李渊在夺取了长安后,一次就赐给裴寂良田千顷。《旧唐书》卷67《李勣传》:李勣是一个家多僮仆、积粟数千钟的富翁,在投靠李渊后,一次就被赐良田五十顷。《金石萃编》卷41《秦王告少林寺主教碑》,少林寺因响应李世民攻打王世充,一下子得到赐田四十顷。《旧唐书》卷51《于志宁传》,显庆元年时,于志宁上奏称"臣居关右,代袭簪裾,周魏以来,基址不坠",因此请把赐田让给其他官僚,可见这种官僚的土地财产,世代相传,一直保有不变。《旧唐书》卷58《刘弘基传》,刘弘基在大业末,从炀帝侵征高丽时,家食贫不能自致,但到临死遗令,给诸子奴婢各十五人、良田五顷。而《旧唐书》的作者,还从字里行间褒扬他,似乎刘弘基的土地还不够多呢。《东皋子集》卷下《答冯子华处士书》:王绩在乡下有先人田十五六顷。[12]隋末唐初奴婢是不受田的,而王绩在隋末唐初都很不得意于仕途。只做过县丞,按照丁田、勋田,王绩不能有那么多的土地,可见祖上传下来的私有土地,是丝毫不动的。隋代牛弘在长安附近有数顷赐田,传到他的八世孙牛

413

僧孺时，还保持不变。[13]我们在《唐律疏议·户婚律》中，看到私田和公田，同受国家保护："诸盗耕公私田者，亩以下笞三十，五亩加一等。""诸妄认公私田若盗贸卖者，亩以下笞五十。""诸在官侵夺私田者，一亩以下杖六十，三亩加一等。"在唐律上保护私有土地，私有土地的不可侵犯性规定得很明确。这是具有实质性的规定。据《旧唐书》卷98《李元纮传》，李元纮在反对关辅置屯的议论时说过"今百官所退职田散在诸县不可聚也。百姓所有私田，皆力自耕垦，不可取也，若置屯田即须公私相换……"明确指出百姓所有私地不可取也。这虽然是开元十四年说的，但这一原则，在唐初也是相同的。《新唐书》卷112《员半千传》：高宗咸亨中，员半千上书自陈，"臣家资不满千钱，有田三十亩，粟五十石，闻陛下封神岳，举豪英，故鬻钱趋京师"。唐代田令规定："诸庶人身死家贫无以供葬者，听卖永业田，即流移者亦如之，乐迁就宽乡者并听卖口分。""诸田不得贴赁及质，违者财没不追，地还本主，若从远役外任，无人守业者，听贴赁及质，其官人永业田及赐田欲卖及贴赁者，皆不在禁限。"员半千的三十亩，不是官人的永业田及赐田，然而能自由出卖，不受禁限。如果说，是庶人的永业口分田，当然不能鬻卖，使违法鬻了，也不敢公然在上皇帝书中自陈而毫无自责。因此员半千家的三十亩田，自然是可以自由出卖的私有土地。

我们还从罗振玉校写的地券征存中的：汉建初六年(81)、建宁四年(171)、中平五年(188)、吴黄武四年(225)、晋太康五年(284)、咸康二年(336)、后魏正始四年(507)、唐元和九年、大中元年等买地券、买墓田券来看，其基本内容是一致的。买地契的内容有买进土地的年月、买主、卖主的姓名、土地为四至、亩数、地价、证人等。不仅从前后延续来看，基本内容一致，而且像后魏正始四年的买墓田券，是在太和均田令之后，这都说明土地私有制的存在，土地买卖一直在进行。[14]

由于隋末农民大起义，地主阶级受到很大的打击，尤其一部分在隋代执政的官僚地主,所受的打击更大;以及隋末暴政和战乱影响下,人口死亡的不少,唐初果然存在不少的绝户土地,唐初还没收了一部分隋代官僚的土地。但对于唐政府直接掌握的土地,不能估计过大,尤其不能认为唐初的统治者,把掌握的大批土地都分授给了农民。因为隋亡唐起,只是改朝换代,掌握政权的仍然是地主阶级,而且唐初的统治者,有许多在隋朝就是大官僚、大地主,正因为如此,众所周知,唐政府当然是保护地主阶级所有的土地的,即使对于隋代执政的官僚的土地,好多亦未加没收;没收了的,也有不少重新发还。武德元年七月诏:"其隋代公卿已下爰及民庶,身住江都,家口在此,不预义军者,所有田宅,并勿追收。"(《唐大诏令集》卷114)。《旧唐书》卷63《萧瑀传》:"高祖定京城,遣书诏之。瑀以郡归国。初瑀之朝也,关内产业,并先给勋人,至是特还其田宅。"至于那日有千数,奔赴李渊处的所谓"三辅豪杰"之类的地主,他们的土地,自然丝毫不被触动。同时,我们既要认识到隋末农民起义,给予地主阶级以很大打击,也必须看到地主阶级不仅凶恶,而且刁滑。在隋末农民大起义过程中,地主们有的自动组织武装镇压农民起义,有的结堡自居、据县自主,抵抗农民起义,有的则钻进农民队伍,以避免打击,有的摇身一变,也举起反隋旗帜,乘机利用农民起义,窃取胜利果实。由此看来,在没有无产阶级正确领导下的农民,即使在起义过程中,想夺取地主的土地,也是不容易的。而李唐皇朝掌握的土地,首先要满足大大小小的官僚以及所谓从义之师,想把这批土地分给贫困的农民是很困难的。

关于唐初政府掌握的荒田,有没有真正照规定分给无地少地的农民,也是争论的问题。或说分了,或说未分。主张分者,认为唐初把荒田和处女地分给农民,作为永业田和口分田,既可以缓和阶级矛盾,又可以把农民束缚在国有土地上,强制农民开荒生产,以榨取赋役。主张未分者,认为如果分了,为什么敦煌地区各户受田普遍不足呢?我们认为后者比较合理。但在对立矛盾的两种意见中,似乎都在分上打圈子。他们认为把荒地,甚至处女地分给了农民,均田令才算实施,才算对农民有利。我们在上面已指出,掌握在政府手中的良田、绝户的膏腴之田,以致无主无人耕种的熟荒田,在满足了那大大小小的官吏,以及愿留宿卫的"从义之师"后,就不多了。至于真正的荒田和处女地,根据《齐民要术》的记载:"凡开荒山泽田,皆七月芟艾之,草干即放火,至春而开垦,其林木大者,㓨斩杀之,叶死不扇,便任耕种,三岁后根枯茎朽,以火烧之。"开荒是很不容易的。《齐民要术》虽成书于北魏,但唐初的生产力水平,与此是基本相似的。尤其在大的战乱之后,无地少地的农民,是极为疲乏的。要想开垦荒田、处女地,无论就劳动力,还是就资金而言,都是很难办到的。以为把荒地分给农民,强制农民开荒,可以一箭双雕,达到既缓和阶级矛盾,又榨取赋役的目的,这是不可能的。相反,强制农民进行这种极为艰难的开荒,只会加剧阶级矛盾。对于隋末农民起义,心有余悸的唐初统治者,也是不敢干的。我们从敦煌户籍或吐鲁番出土的文书中,都可以看到,在四至中有许多荒田,但各户的受田又普遍不足,贞观时期既存在灌莽巨泽,苍茫千里,人烟断绝,鸡犬不闻的荒凉景象,又存在受田不足。这都足以证明荒地并没有真正分给农民。

这样农民所受之田,又从何而来呢? 我们都知道暴力掠夺,只能改变财富的所有者,并不能创造财富本身,恰恰相反,先要有劳动生产了财富,然后才有可供掠夺的财富。社会的生产是不能间断的。在隋末农民大起义的过程中,不仅在前台有广大农民进行着轰轰烈烈的斗争。以狂风暴雨之势,吞没了隋王朝,而且在舞台的背后,广大农民在艰苦条件下,不声不响地坚持着进行生产。因此,在唐初,一部分无主土地、绝户土地,已为广大农民耕种着。唐代的均田令,于适合新颁条件之下,承认隋朝已然之授受,承认这种既成事实,承认农民的这种占有。

就大多数均田户来讲,并不是从政府手里接受了土地才进行生产,政府也没有把农民已占有的土地,打乱平分。当然,我们这么说,并不否认唐政府也授过一些土地给农民的史实。但就其基本方面来看,不是均,不是分,而是承认农民的这种占有。正因为如此,才造成各受田户受田数量的不平均。以为唐朝政府真的把大量荒地、处女地,用统一标准,按丁平均分配给无地、少地的农民,乃是一种误解。唐朝人皇甫湜在对制策问中有一段话,对于我们理解均田是有帮助的。他写道:"我太宗、玄宗井田法非也,而天下大理矣。贞观开元之际,不受田而均,不名田而赡者,朝廷正,法令行,一人之冤得以闻,一吏之犯得以诛,由此致也。"(《皇甫持正文集》卷3)这里说得很明白,是不受田而均,不名田而赡。在战乱之后,农民已占有了不少无主土地,在进行耕种,在均田令上,肯定农民的这种占有,这样做,对于农民是有利的。能够稳定农民的生产情绪,而且农民在力所能及的情况下,逐步开垦一些荒田,也能为政府法令所承认,这对于当时社会经济的发展是起促进作用的。而不致由于地权不确定,在农民耕垦了以后,因为强宗豪族达官贵人肆其侵凌而闹争地事件,造成像李安世所说的争讼迁延,连纪不判,良畴委而不开,柔桑枯而不采这样一种妨害生产的恶果。

关于均田令施行之后,有否进行还授的问题,我们已在上面说过,是实施了还授的,高昌县地区的一套还授手续,是带有普遍性的。在其他地区,只要条件具备,也会实施还授的。在这里要谈的是如何估计还授的程度问题。我们认为还授的实施,是有限的。因为在均田令实施后,确认了地权后,这一户退,那一户授,是不能大量进行的。首先是由于土地私有制及土地买卖的存在。受田户的土地必然会向私有转化,田令本身也有条件允许受田户出卖土地,为土地买卖开了方便之门,卖出了自然无田可退,买进的土地多了也不能用来还授。其次达官贵人的赐田、勋田,按令不在还授范围,而且他们在合法、非法的名义下,兼并均田户的土地。第三,就均田户本身而论,因为受田普遍不足,就不大可能施行还授。因为有退才有授,受田普遍不足,就很少有可能退出,也就谈不到以退田另授。按照田令规定,永业田身死则承户者受之,一般是不参加还授的。口分田则身死收入官,更以给人。根据田令规定:"其退户内,有令进授,虽不课役,先听自取。"这种应退的口分田,首先得照顾本户其他的受田对象,口分田已授的本来极少,在满足本户其他受田对象的应受额后,可以退出去的田,就没有了,或几乎没有了。甚至老男、老寡等死亡而绝户时,根据"诸庶人有身死家贫,无以供葬者,听卖永业田"的规定,在卖了充丧葬费用之后,剩下来的,也不会多的。西州高昌县是实施了退田、给田的还授的地区,牵涉的面还不小。但从西嶋定生的统计来看,退田亩数是很少的。在西岛所制退田额通算表中看到:男子死退的例子共计20个,退常田最高为2亩,退部田最高为7亩,合计最高退田额为8亩,最低为1亩,平均约3亩;男子剩退的例子共10个,最高为部田8亩,最低为1亩,平均为3亩余;女子死退共12个例子,最大5亩,最小1亩,平均也只有2亩。退田额通算额中,共计75个退田例子,最大为8亩,最小为1亩,平均为3亩余。[15]退田额很少,给田额必然也很少。西嶋定生也曾对此作过统计。他的统计分作两类,一类是所给的有常田和部田的户,一类是所给的田只有部田。前一类共75个例子,最大给田额为4.4亩,最小不到1亩,平均为1亩余。[16]后一类共53个例子,最大给田额为8亩,最小为1亩,平均为2亩余。总括一句,高昌县地区,虽然实施了还授,但还授的田亩数是很少的。当然这只是高昌县的情况,各地的情况或有不同,但还授不能大量进行,还授的田额只能是小量的,是可以推定的。因此,否认施行了还授,是不正确的,同样夸大这种还授,不讲条件,以为还授大量进行,也是不正确的。

综合上述,可以认为唐代均田令是实施了的。否认唐代均田令实施的意见,是不能成立的。唐代均田令,执行的程度虽有不同,但在当时是被执行着的。不过,把均田令理想化也是不对的。唐代均田令的实施,并不是把政府掌握着的大量好田、荒地、处女田,根据统一标准,按丁分给无地少地的农民,更不要说触动土地私有制了。均田令对民户来说,主要是承认无地少地的农民已占有的土地,在法令上,肯定农民的这种占有。这对农民是有利的,对于恢复和促进唐初社会经济是起作用的。在均田令施行之后,肯定了地权之后,在一定条件下,一定程度上是施行了还授的。但这种还授是有限的,还授的田亩数是很少的。否认还授和认为大量进行还授,都是不符合实际的。

这就是我们的意见,由于知识不足,错误不妥之处,在所难免,抛砖引玉,衷心地希望得到批评指正。

(《山东大学学报》1963年S1期)

注释:

① 天宝六载敦煌郡敦煌县都乡里户籍残卷曹怀瑀户,日本学者玉井是博指出,在"女介介载壹拾壹岁小女空/敦煌郡敦煌县龙勒乡都乡里天宝六载籍/一段一亩口分城西七里阴安渠东坑西渠南渠北张度"以下有脱落。故不用。见万斯同译《唐代文献丛考》,商务印书馆1959年版。
② 《唐会要》卷85《团貌》。
③ 《魏书》卷110《食货志》。
④ 仁井田陞《唐令拾遗·田令》。
⑤ 关于大谷文书,见《敦煌、吐鲁番社会经济资料(上)、(下)》。本文中有关大谷文书均引自这两册书,后面不再注明。
⑥ 大谷文书原为竖行书写,为了适应排印,改为横写。
　　各行前面1.2.3.等数字,字旁或括号内外的疑问号?表示对那个字看不清或没有把握,均为西岛所加。
　　2604号给田文书的二、四、六、八、十、十二、十四等偶数各行都是同一笔迹的,字体也小;一、三、五、七、九、十一的奇数各行,是用草体写的,字体也较大,亦为同一笔迹,与偶数各行的笔迹不同。
⑦ 给田文书是高昌县的,系西岛从田籍的四至中推测出来的,结合其他文书上有高昌县之印,是可信的。开元九年是从退田文书上的年代推论得来的.但西村元认为不限于开元廿九年,不过两者相差不大。
⑧ 退田文书上各行行间之宽一般为 3—3.5 厘米。而给田文书上的奇数各行行间之宽为七厘米,因为中间要填写上"给某某讫"。
⑨ 这种把应受田作已受田的看法,自日人加藤繁已来,最近几十年中,有不少中外学者都是这样看的。去年《光明日报》上发表的汪籛先生的文章,已详尽地加以论证,指出这种看法之谬误。
⑩ 由于地区的不平衡性,很难以某一地区某些例子来推论其他地区。灵口是在长安附近,人稠地狭,但另一方面靠近唐的中央,在唐初实施均田令时,贯彻的程度可能要大些。狄仁杰指的是山岭地区,一户不过十亩、五亩,自然也不能代表一般状况,但两者作为受田不足的例子是可以的。
⑪ 恩格斯《德国古代的语言和历史》。
⑫ 参阅《新唐书》卷 196《王绩传》,《全唐文》卷 131《王绩答冯子华处士书》。
⑬ 《樊川文集》卷 7《唐故太子少师奇章郡开国公赠太尉牛公墓志铭》。参阅《全唐文》卷 755。
⑭ 地券征存中,隋唐间的地券虽然没有,但在文献中看到唐初达官贵人购买田产是习以为常的。在《太平广记》中,有不少隋唐时的土地买卖材料。而像《太平广记》卷 16《杜子春》(出《续玄怪录》),杜子春是周隋间人,成为暴发户后,购买良田高达百顷。虽然,这是小说,不能尽信,但土地买卖,在周隋间一直进行着是可信的。
⑮ 西村元祐的统计,与此稍有不同。因为计算时,分类不同。
⑯ 西嶋定生的表中,本来以有常田、部田、其他田的为一类,以有部田、其他田的为另一类。而所谓其他田,主要是指薄田。也就是说西岛等把部田和薄田是分作两类的。但我们认为部田和薄田是一回事。因此,我们在这里据西岛的统计,分为有常田和部田的为一类,只有部田的为一类,但不管怎样分法,总数是不变的,对于我们所要说明的问题,没有影响。还有西村元祐也作过统计,由于分类方法不同,统计数与西岛统计数稍有不同。而西州高昌县地区,给田数量很少,从一户一户具体例子看是极明显的,为了节省篇幅,在这里就不引了。

附表如下：

年代	户主	口数	应受田类别	户籍所记应授田总数	园宅地	永业田	居住园宅	小计	对比	已受	已受口分	已受永业	居住园宅	未受	实授总数
圣历三年帐后	常营才 卫士	2	丁1寡1	131	20	80+30=110	1	131	合	18	17		1		113
同上	张玄均 上柱国	3	丁2寡1	231	20×2=40	80×2+30=190	1	231	合	75	40	35			156
开元九年帐后	赵玄义 老男	6	老男为户主1	52	20	30	2	52	合	11	11				41
同上	记尚玄 白丁	1	寡1	51	20	30		51							
同上	赵玄表 寡	3	寡为户主1	101	20	80		101	合	15	14		1		36
同上	赵仁备 卫士 上柱国	6	丁2（内1丁为上柱国）	3182	20×2=40	80×2=160	2	3202	差20亩	20	20	10			76
同上	董思 残疾	2	丁1	131	20	80+30=110		131	合	63	40	22	1		3119
同上	杨法子 卫士	4	丁1	101	20	80	1	101	合	28	20	8			103
同上	余善意 老男	3	老男为户主1丁1	161	20×2=40	40+80=120	1	161	合	39	20	19	1		62
										28	20	7			133

(续表)

年代	户籍所记应受田总数	户籍所记应受田总数	户籍所记应受田总数	户籍所记应受田总数	户籍所记应受田总数	户籍所记应受田总数	户籍所记应受田总数	户籍所记应受田总数	户籍所记应受田总数	户籍所记应受田总数	户籍所记应受田总数	户籍所记应受田总数	户籍所记应受田总数	户籍所记应受田总数
同上	杜客生 卫士	4	丁2	201	20×2=40	80×2=160	1		201	合	40	30		1		161
天宝三载籍后	卑德意 原缺，应为云骑尉或武骑尉	7	丁1（兼云骑尉或武骑尉）	原缺(162)	20	80	2	60	162	合	43	20	18		15	119
天宝三载帐后	□□明 上柱国	9	丁1兼上柱国筭1	3133	20	80+30=110	3	3000	3133	合	39	20	18	1		2104
天宝六载户籍	郑恩养 白丁	12	丁1 18岁中男1 筭1	234	20×2=40	80×2+30=190	4		234	合	101	30	37	2	12	130
同上	曹思礼 队付	12	丁3 筭1	364	20×3=60	80×3+30=270	4		234	差30亩	62	61	1	1		202
同上	刘智新 白丁	7	丁1 筭2	163	20	80+30×2=140	3		163	合	68	20	47	1		95
同上	阴嗟祖 老男	1	老男为户主1	51	20	30	1		51	合	0	0	0	0		51
同上	阴承光 白丁	6	丁2 筭2	262	20×2=40	80×2+30×2=220	2		262	合	49	40	7	2		213
同上	徐庭之 小男	6	小男为户主1 筭2	112	20	30+30×2=90	2		112	合	30	20	10	1		82
同上	程思楚 卫士 武骑尉	17	丁3（内1为武骑尉）	365	20×3=60	80×3=240	5	60	265	合	79	60	18	1		286

（续表）

年代	姓名	户籍所记应授田总数	户籍所记应授田总数	户籍所记应授田总数	户籍所记应授田总数	户籍所记应授田总数	户籍所记应授田总数	户籍所记应授田总数	户籍所记应授田总数	户籍所记应授田总数	户籍所记应授田总数	户籍所记应授田总数	户籍所记应授田总数
同上	程什口老男朔卫	13	老男为户主1 丁1	155	20×2=40	30+80=110	5		155	合	64	40	15		91
同上	程仁贞老男朔卫	8	老男为户主1	53	20	30	3		53	合	31	17			22
同上	程大忠上柱国	12	丁1兼上柱国	3104	20	80	4	3000	3104	合	82	20	16	1	3022
同上	程大庆武骑尉	8	丁1兼武骑尉	163	20	80	4	60	163	合	68	20	47	1	95
同上	程智意飞骑尉	16	丁2兼飞骑尉	186	20	80	6	80	186	合	92	20	71	1	94
同上	刘感德老男	1	老男为户主1	51	20	30	1		51	合	0	0	0	0	51
同上	令狐仙尚中女	2	中女为户主1	51	20	30	1		51	合	8	7		1	43
同上	杜怀奉上柱国	12	丁3(1为上柱国 1为武骑尉)第2	3325	20×3=60	80×3+30×2=300	4	3000+60	3424	差99亩	28	60	16	2	3247

423

（续表）

年代	户主	户籍所记应受田总数	户籍所记应受田总数	户籍所记应受田总数	户籍所记应受田总数	户籍所记应受田总数	户籍所记应受田总数	户籍所记应受田总数	户籍所记应受田总数	户籍所记应受田总数	户籍所记应受田总数	户籍所记应受田总数	户籍所记应受田总数
大历三年手实	赵大本 老男	7	老男为户主1、丁3、中男1（24岁）	453	20×5=100	30+80×4=350	3	453	合	90	89		1	363
同上	张可会 中女	2	中女为户主1、妾1	81	20	30+30=60	1	81	合	46	20	25	1	35
同上	宋二娘 妾	1	妾为户主1	51	20	30	1	51	合	0	0	0	0	51
同上	索思礼 老男 上柱国	8	老男为户主兼上柱国1、丁兼上柱国1	6153	20×2=40	30+80=110	3	6153	3000×2	合	243	167	167	3	14	5910
同上	安游璟 上柱国	3	丁兼上柱国1	3101	20	80	1	3101	3000	合	29	5	5	1	3	3027
同上	安大忠 白丁	1	丁1	101	20	80	1	101		合	33	12	12	1		68
同上	令狐朝俊 中男	2	20岁之中男1、妾1	131	20	80+30=110	1	131		合	38	18	18	1		93

从敦煌吐鲁番资料看唐代均田令的实施程度

(续表)

年代	户籍所记应授田总数	户籍所记应授田总数	户籍所记应授田总数	户籍所记应授田总数	户籍所记应授田总数	户籍所记应授田总数	户籍所记应授田总数	户籍所记应授田总数	户籍所记应授田总数	户籍所记应授田总数	户籍所记应授田总数	户籍所记应授田总数
同上	令狐进孝 老男	2	老男为户主兼上柱国1废疾1	3101	20	40+40=80	1	3000	合	103	62	1	2998
同上	令狐娘子 中女	2	中女为户主1妻1	81	20	30+30=60	1	81	合	39	19		42
同上	索仁亮 别将	4	丁3妻1	332	20×3=60	80×3+30=270	2	332	合	103	43	2	229
同上	索如玉 上柱国	2	丁兼上柱国1妻1	3101	20	80	1	3101	合	22	2	1	3079
同上	李大娘 妻	1	妻为户主1	59	20	30		51	差8亩	59	13	1	0
同上	樊黑头 白丁	1	丁1	101	20	80	1	101	合	43	22	1	58
同上	唐元钦 老男	3	老男为户主1、丁1、妻1	151	20×2=40	30+80+30=140	1	181	差30亩	90	50		61

1.常蕃才户、张玄均户据《旧唐书·食货志》"武德令"计算，其他各户按《唐六典》或《新唐书·食货》计算。2.赵玄表户已授共计应为30亩，加未授总数76亩，与应授总数不符。76亩疑为71亩之误。统计时以60亩计算。曹思礼户已授未业61亩或未授30亩计算。统计时以60亩计算，未授总数202亩疑为302亩之误。将恩承户已授未业30亩应为40亩，口分37亩，口分与47亩计算。统计时以40亩与47亩计算。未授总数130亩，差3亩。□□明户未授教育差错，统计时已授数中，按39亩计算。3.杨法子户卫士一，杜客生户卫士2名，均为卫上上番不计园宅。4.辛德意户全家七口，其中妻台、仙晖可能有一人死亡。本户已授田中，口分园宅助受了多少不能完全肯定。统计时，助田5亩，励可能漏计算一的授田数。5.唐元钦户，口分18亩。

唐五代时期的高利贷

——以吐鲁番敦煌出土的借贷文书为中心

马克思指出:"生息资本或高利贷资本(古代形式上的生息资本)和它的孪生兄弟商人资本一样,是洪水期前的资本形式,它在资本主义生产方式老远以前已经发生,并且出现在各式各样的社会结构中。"[①]中国亦不例外,早在先秦时代就很流行。

唐五代承袭战国秦两汉魏晋南北朝隋以来的传统,高利贷很发展。有官营和私营两种。唐武德时已有官营高利贷,其后曾多次停止,但不久都恢复。内外各级官廨,都有多少不等的公廨本钱,回易取利。经营方式有二:一是官府直接经营,由令史等流外官承办,叫捉钱令史;一是指定上户经营,叫捉钱户。高利贷收入是内外官吏俸料和各级官廨日常经费,以及各种临时开支的主要来源之一。私营高利贷,经营者有贵族官僚、世俗地主、富商、寺院、道观、富僧、回纥和波斯商人等。借高利贷者,一是贵族官僚,他们举贷主要是为了满足奢侈性消费需要;二是小生产者,主要是农民,他们举贷是迫于生产和生活需要;三是商人,他们举贷是为了做资本,经商牟利。此外,还有各种人因各种各样临时需要而借贷。借贷手续,有口头约定和文书为凭两种,利率高低不一。残酷的高利贷剥削是套在小生产者身上的一大绳索,是促使农民破产的重要原因。高利贷问题涉及面很广,本文不打算全面论述,仅据吐鲁番敦煌等出土的有关借贷文书,就若干问题谈些意见。

一、借贷文书的类别、内容

吐鲁番、敦煌等出土的唐五代、北宋初有关借贷文书学术界早已重视,并已有不少研究。辑录绍介的有刘半农、[②]罗振玉、[③]许国霖、[④]那波利贞[⑤]等。1960年出版的《敦煌资料》(第一辑),在前人基础上,辑录借贷契、请使牒状五十多件。1959年到1975年,新疆考古工作者在吐鲁番古墓中又发掘出唐代借贷契约几十件。[⑥]笔者在辑录敦煌文书时又发现了一部分。综合起来,笔者辑录汇总的唐、北宋初借贷契约、请便牒状有一百多件,出便历四十多件,还有不少其他涉及高利贷的文书。其中除少量官府文书外,绝大多数都是民间的。就文书性质说,可分为契约和非契约两类。契约文书又可分为两部分:一是借贷契约;一是与借贷有关的契约,即其内容既包括借贷,又包括买卖、雇佣、租佃等。

借贷契约数量最多,最能说明高利贷问题。其内容包括:立契年月日,某地某人因何原因向某地某人举贷钱物若干,利率,还债期限,违约处罚,担保典押,契尾署名画押等事项。如唐显庆五年(660)三月,西州天山县张利富举钱契[⑦]、斯1475号酉年(829)三月曹茂晟便豆种帖[⑧]。两件文书包括的事项基本相同。但借贷原因,敦煌的写得具体,吐鲁番的则缺如。这一点,不仅这两件,其他举贷契普遍如此,原因在于不同地区,习惯不同。至于名称也不同,前者为举钱契,后者为便豆帖。通观出土的唐五代的借贷文书,名称颇多,而借贷双方的称谓则更为繁多。如债权人普遍称主,有钱主、麦主、豆主、粟主、练主等;债务人称负钱人、贷麦、贷练、贷钱、贷物、贷绢人、举人、举钱、举练、举麦人、取钱、取麦、取褐人、便豆、便麦、便粟、便种子豆麦、便麦粟人、便麦僧,欠物人,还绢人等。称谓之所以这样多,可能是民间契约,本无统一规定,出现多种多样的差异,很是自然。一方面,恐怕与吐鲁番、敦煌地区的居民来自各个不同地区,习惯不同有关。

　　关于借贷契类别,早年研究吐鲁番、敦煌借贷契的玉井是博以借贷的钱物来进行分类,分成借钱契、借绢(绫、褐)契、借粟(麦)契。[9]仁井田陞则总名之为消费借贷文书,细分为豆麦褐绢贷借文书、不动产典押文书、 动产典押文书、人身典押文书。[10]以所借贷物分类,又以典押物和如何偿付分类,还把不是纯粹的借贷契约也包括在内。堀敏一在《唐宋间消费贷借文书私见》[11]一文中,归纳那波利贞等绍介的敦煌文书,分成借贷款类契、借贷布帛契、诸寺诸色出现破除历、请便麦牒。对于借贷契约,也是以所借贷物分类。这样分类,有可取之处,但也有不足之点。笔者则以形态来分,将借贷契分为原生形态和次生形态两种。所谓原生形态的借贷契,指第一次借贷所订立的契约。例一唐总章三年(670年)三月,西州白怀洛举钱契:[12]

1　总章三年三月廿一日,顺义乡白怀洛于
2　崇化乡左憧憙边,举取银钱
3　拾文,月别生钱壹文。到月满日
4　白即须送利。左须钱之日,白即须子本
5　酬还。若延引不还,听牵取白家财
6　及口分,平为钱直,仍将口分蒲桃(葡萄)用作
7　钱质。身东西不在,一仰妻儿酬还
8　钱直。两和立契,获指为验。
9　　　　钱主左
10　　　　取钱人白怀洛(押)
11　　　　保人严士洛
12　　　　知见人张轨端
13　　　　知见人索文达

14　白怀洛负左憧憙枣树壹根好者

前面提到的唐显庆五年(660)三月西州天山县张富利举钱契、斯1475号酉年(829)三月曹茂晟便豆种帖,以及伯3458号辛丑年(941)四月敦煌罗贤信贷生绢契,[13]这种形态的借贷契为数最多。

所谓次生形态的借贷契,是指第一次订立借贷契后,未能如期如数归还债务而续订的契约。这种契约是第一次订立借贷契后派生出来的。因此,姑且名之谓次生态的借贷契。如伯3004号乙巳年(945)六月敦煌徐富通欠债契:[14]

1　乙巳年六月五日立契,龙兴寺上座深善光于口官
2　中有恩泽绢柒匹,当便兵马使徐富通招将觅职,
3　见便填还得诸杂绢□两匹半,更残肆匹半绢,
4　诸杂断当限更五年填还者,其绢壹匹,断
5　价贰拾贰硕已来,自后更不许道少说多者,
6　两共面对平章,恐后无凭,故立此契,押字
7　　为定
8　　　　还绢人兵马使徐富通　知
9　　　　还[绢]人徐[兄]富庆　同知
10　　　　还绢人弟徐盈达　知
11　　　　见人索流住　十
12　丁未年三月十三日还得帛三匹半麦粟拾硕　通

此契大意是徐富通原欠深善光绢柒匹,已还两匹半,尚欠绢肆匹半,规定五年内归还,每匹断作麦粟贰拾贰石。契约后面注有二年后的丁未年已还了帛三匹半和麦粟拾硕。很明显,此一借契,系由以前的借贷契

429

派生而来。又如伯3472号戊申年(948)四月敦煌徐富庆、盈达兄弟保证为徐富通还绢契，⑮也是次生形态的借贷契。再如斯766号壬午年(922)七月敦煌欠绢契样(抄)：⑯

1　　　　　　　壬午年七月廿[日]立
2　契，平康乡百姓某甲，伏缘家中欠少匹
3　帛，遂于赤心乡百姓宋清灰面
4　上贷白绵(?)生绢一匹，长叁丈柒尺，幅
5　阔贰尺陆寸，其绢利头现还麦
6　粟肆硕，其绢限至来年十(?)月还本绢，
7　便看乡元生利，若身东西不平
8　善者，一仰口承男昌□面
9　上取好本绢，恐后无信，故立此契为凭。

这不是正式的契约，而是抄的样式，6、7行间漏抄了"若于限不还"五字。据伯3560号甲子年氾怀通兄弟贷生绢契等看，敦煌习惯，春借绢帛壹匹，为期约一年，到秋天交纳利息麦粟肆硕，本绢待第二年春归还。此契七月订立，即交利息麦粟四硕，与敦煌惯例不合。而且麦粟与绢的比价，通常为绢一匹约等于麦粟四石，借绢一匹，立契时即交利息麦粟四石，也不合情理。看来在此券之前，债务人已立过债契，此乃还息时换订的债契，因而也属于次生形态的借贷契。

上述两种形态的借贷契外，另有一部分契约，虽然也称举麦、取麦、取钱，但实际上不是借贷契，而是预支工价、货款契，预卖契，先取租价而后佃种契。

如斯6829号卯年(811)四月，敦煌张和子取芘篱价麦帖⑰记载：悉董萨部落百姓张和和为无种子，四月一日于永康寺常住处，取芘篱价麦

壹番驮,断造长玖尺,阔六尺的苫篱贰拾扇,限于四月廿五日已前造了,如违其限,苫篱请倍,麦壹驮倍两驮。又如伯2964号巳年(9世纪前半期)二月敦煌令狐善奴便苅麦价契:⑱

1　巳年二月十日康悉杓家令狐善奴为粮用,今于龙
2　☐☐☐☐☐处便苅价麦壹硕陆对,限至秋七月内苅麦壹拾亩,如主人麦熟吉报,依时请收苅
3　如法策缚(?)了,不得为(违)时限,如若依时吉报不苅,
4　或欠收苅不了,其所将斛斗请陪罚叁硕贰斗,
5　当日便须佃(填)纳。如违,一任掣夺家资杂物牛畜等,
6　用充麦直,其麦亦一任别雇人收苅,如身东西不在,
7　一仰保人代还,恐人无信,故立此契,两共平
8　章,书指为凭。
9　　　　便苅价人令狐善奴年卅一
10　　　　保人孙愿奴卅五
11　　　　保人
12　　　　见人解善
13　　　　见人
14　　　　见人
15　　　　见人

以上两券,包含有利息因素,就这一点说,似也可以归属借贷契,但其主要内容是雇佣、买卖,应该名之为预支工价、货款契。

再如吐鲁番出土的题为景龙二年(708)宋悉感贷钱契,⑲其中记载:景龙二年四月十七日,交河县安乐城人宋悉感向高昌县人成义感边取铜钱叁伯贰拾文,其中陆拾肆文,至八月卅日折作缫花贰拾斤;又陆

431

拾肆文,折作乌麻玖对,壹佰玖拾陆文折作粟壹拾斛捌斗,九月卅日归还。此契既有借贷关系,又有买卖关系,实乃预卖契,或者叫卖青契。

又再如显庆四年(659)十二月西州白僧定贷麦契[20]:

1　显庆四年十二月廿一日崇化乡人白僧定于
2　武城乡王才欢边举取小麦肆斛,将五年
3　马墷[21]口分部田壹亩,更六年胡麻井部田壹亩
4　准麦取田,到年年不得田耕作者,当还麦
5　肆斛入王才,租殊百役,一仰田主,渠破水滴,一仰佃
6　人,两和立契,获指为信。
7　　　　　麦主王才欢
8　　　　　贷麦人白僧定(押)
9　　　　　知见人夏尾信
10　　　　知见人王士开
11　　　　知见人康海□(押)

按此契内容,既有借贷关系,又有租佃关系,可以名之为预取租价而后佃种契。

上述预支工价货款契、卖青契、先取租价而后佃种契,表面看似无利息,实际上已通过曲折的手法,如压低工价、物价、虚契等,计算了利息。

除契约外,还有请便牒状及处分、出便与人抄录、出便与人名目、出便粟历等借贷文书。

请便牒状及处分如:

　　丑年(821)二月,敦煌开元寺寺户张僧奴等请便麦状及处分[22]

1　开元寺　　状上
2　人户请便都司麦肆抬驮
3　　右僧奴等户,今为无种子年粮,请便上
4　　　件斛斗,自限至秋,依时输纳,如违限请陪。
5　　　伏望　商量,请乞处分。
6　牒　件　状　如　前　谨　牒
7　　　　　　　五年二月　日寺户张僧奴等谨状

(纸缝)————————————————————

8　　　　　　　　　　户石奴子
9　付所由晟奴已上五户各便　户石胜奴
10　　五驮,已下三户各与壹驮　户石什一
11　　半,至秋收纳　十四日　　户张晟奴
12　　正勤　　　　　　　　　户张弟弟
13　　　　　　　　　　　　　户石再再
14　　　　　　　　　　　　　户石曲落

这是请便种子年粮的牒状,上有教授正勤的处分,对于了解寺院与寺户的关系、借贷手续很有帮助。

出便与人名目、出便与人抄录、出便粟历,都是记载某年某月某日出便给某人麦粟多少,至何时归还本利多少等,内容基本相同。如斯 4654 号丙午年(946)敦煌金光明寺庆戒出便与人名目记载有:[二月]十四日富安又便豆七斗,秋壹硕伍升。斯 6045 号丙午年(946)正月三日张悉子等便麦粟历载:宋盈达便粟壹硕,至秋壹硕伍斗。斯 6303 号丁未年(947)二月敦煌兵马使高员信等便麦黄麻历载:[丁未年二月]十二日氾家印儿便黄麻贰斗,秋叁斗。斯 4060 号戊申年(948)令狐盈君等便麦粟豆历载:六月一日就保住便麦两硕,秋叁硕。就良晟便麦六

斗，秋九斗。斯4060号己酉年（949）二月十四日就良晟等便麦粟豆历载：令狐昌子便麦壹硕，秋壹硕伍斗。范友信便麦伍硕八斗，秋捌硕柒斗。就庆宗便豆壹硕，秋壹硕伍斗。伯3370号戊子年（928）六月五日公廨麦粟出便于人抄录：庆戒、友庆、洪福、员法四人各［便］粟壹斗，至秋陆斗。赤心安富通便粟两硕，至秋叁硕（押）见人某某。

所谓秋，至秋多少斛斗，即至秋归还本利多少。上举数例，期限约三个月到半年和半年以上，利息为百分之五十。

此外，还有关于债务纠纷的诉状、官府如何处理债务的文书，以及寺院的入破历（收支账）、入破历计会（收支决算账）等，其中有许多关于高利贷收入的记载，限于篇幅，不再一一例举。总之，敦煌、吐鲁番等出土的有关借贷的文书，数量大，类别多，内容丰富，涉及面广，对研究唐五代以及宋初高利贷、社会经济史，尤其对研究寺院经济，有重要意义。

二、借贷双方的身份和借贷原因

吐鲁番敦煌出土的借贷文书记载有借贷双方的身份，如上举伯3370号戊子年六月五日公廨麦粟出便于人抄录记载便麦粟人有寺主、法律等寺院上层僧侣，情况比较特殊。一般借贷文书所载借贷人，多数是小生产者，主要是农民。借贷契上写的身份：吐鲁番地区是乡人、城人、征人、卫士；敦煌地区是百姓、寺户、寺院人户，以及兵马使、押衙等下级官吏，小商人，僧侣等。出贷者，在敦煌地区，主要是寺院及都统、上座、法律等上层僧侣，部分下级官吏，以及耆寿等；在吐鲁番地区是前里正、卫士、征人等社会地位不高但很富有的平民，以及个别的道观等。

借贷原因有多种。

第一，小生产者，主要是农民的借贷。小生产者经济力量薄弱，稍有波折，就会使它陷于困境，被迫借贷。就出土文书看，他们借贷，首先出于生产需要和生活所迫。文书上写得很明白：为无种子，为少种子，为无粮用，为少粮用，为乏粮用种子，为种子及粮用，为无种子年粮，为无斛豆驱使，为种道时校、阙乏种子年粮，粮食罄尽，种子俱无，阙乏难为，等等。如斯1475号卯年（823）二月敦煌马其隣便麦契㉓记载：阿骨萨部落百姓马其隣为无粮用种子，于灵图寺佛账家内便汉斗麦捌硕，限至秋八月内送纳寺仓足。又如辛丑年（821）敦煌龙兴寺寺户团头李庭秀等牒状及处分㉔记载：李庭秀、段君子、曹日晟、张金刚等，因"家无著积，种莳当时，春无下子之功，秋乃凭何依托"，每头请贷"种子伍拾䭾，至秋输纳"。所谓寺户就是寺院的依附农民，是小生产者。他们都在青黄不接之季，缺乏口粮、种子而告贷。这不仅在敦煌，唐代后期在内地也很普遍。如陆贽所指出："今制度弛紊，疆里隳坏，恣人相吞，无复时限。富者兼地数万亩，贫者无容足之居。依托强豪，以为私属，贷其种食，赁其田庐，终年服劳，无日休息，罄输所假，常患不充。"㉕贷其种食，就是依附农民向豪强地主借贷种子、口粮。

其次，政府的徭役赋役，也是迫使小生产者落于高利贷陷阱的重要原因。敦煌、吐鲁番都有这样的例证。

如斯1475号酉年（817或829）十一月敦煌张乜奴便麦契㉖：

1　酉年十一月行人部落百姓张乜奴为纳突不办，
2　于灵图寺僧海清处便佛麦陆硕，其
3　麦限至秋八月内还足，如违限不还，
4　其麦请陪，如身东西，一仰保人等代还，
5　任牵掣家资杂物牛畜等，恐人无信，
6　故立此契，两共平章，书纸为记。
7　　　　便麦人张乜奴年卌（押）
8　　　　保人男黑奴年十三

435

```
9           保人张飐飒年十一
10          见人索海奴
11          见人
12          见人
```

按纳突的"突"为藏语 bor。吐蕃统治时期的敦煌有突税、突课、突田等用语,"纳突不办",即无力交纳课税。

再如吐鲁番出土唐麟德二年(665)十一月张海欢、白怀洛贷钱契:⑰

```
1   麟德二年十一月廿四日前庭府卫士张海欢于左憧
2   惪边贷取银钱肆拾捌文,限至西州十日内还本
3   钱使了,如违限不偿钱,月别拾钱后生利钱壹
4   文入左,若延引注讬不还钱,任左牵掣张家资
5   杂物口分田桃(萄),用充钱直取,若张身东西没洛(落)者,一
6   仰妻儿及收后保人替偿,两和立契,画指为信。
7   同日白怀洛贷取银钱贰拾肆文,还日别部依
8   上券同
9           钱主左
10      贷钱人张海欢(押)
11      贷钱人白怀洛(押)
12      保人张欢相(押)
13      保人张欢德(押)
        依月生利,大女李壹明(押)
14  海隆母替男酬练,若不上(偿)  保人海欢妻郭如连
(押)
```

15　　　　保人阴欢德(押)

再如麟德二年(665)八月赵丑胡贷练契:㊧

1　　麟德二年八月十五日,西域道征人赵丑
2　　胡于同行人左憧惪边贷取帛练
3　　叁匹,其练回还到西州,拾日内还
4　　练使了,到过其月不还,月别依
5　　乡法酬生利,延引不还,听拽家财
6　　杂物,平为本练直,若身东西不在,
7　　一仰妻儿还偿本练,其练到安西
8　　得赐物,只还练两匹;若不得赐,始
9　　还练叁匹,两和立契,获指为验。
10　　　　练主左
11　　　　贷练人赵丑胡(押)
12　　　　保人白秃子(押)
13　　　　知见人张轨端
14　　　　知见人竹秃子(押)

上引两件契约,借贷原因虽然未写,但贷者身份系卫士、征人;借贷帛练叁匹、银钱二十四文和四十八文,数量不大,时间为麟德二年,正值唐与吐蕃战争之际,可以推知赵丑胡、张海欢、白怀洛等因兵役准备行装而借贷。

在这里需要交代一点,即吐鲁番出土的借贷契格式,与敦煌地区的不同,借贷原因普遍未写。从举贷契内容看,举贷时间多在青黄不接之际,数量较小,一般为银钱十文至四十文(相当于粟壹石至四石)。据此

推测,举贷者多为穷苦的农民,也是迫于生产和生活急需而借贷。

第二,商人为经商而借贷。如斯 4445 号己丑年(929)十二月何愿德贷褐契㉒记载:何愿德因往南山买卖,欠少褐,遂于永安寺僧长千面上贷出褐三段,白褐一段,比至南山到来之日,还褐六段。

唐代商业发展,各地区很不平衡,贩运商业获利甚厚。敦煌、吐鲁番地处中西交通要道,商业发达,但像上述那样写明为经商而借贷的契约却很少见。原因有二:一是安史之乱后,敦煌被吐蕃占领,战争影响,商业衰落;二是有的举贷契约,举贷原因未写,可能是资本贷款。后者如唐龙朔元年(661)八月西州龙惠奴举练契:㉓

1 龙朔朝元年八月廿三日,安西乡人龙惠奴
2 于崇化乡人左憧憙边举取练叁
3 拾匹,月别生练肆匹,其利若出
4 月不还月别罚练壹匹入左,如憧
5 憙须须(衍)练之日,并须依时酬还,若身
6 东西无,仰妻儿收后者(替)偿,人(官)有正
7 法,人从私契,两和立契,获指为信。
8   练主左
9   举练人龙惠奴(押)
10   保人男隆绪 (押)
11   知见人魏石□(押)
12   知见人樊石德(押)
13   保人康文德(押)

一次举练叁拾匹,每月利息四匹,很可能是资本贷款。

第三,因当差觅官缺少款项而借贷。举贷者多半是低级的官吏。

如斯504号乙未年(875)三月就弘子贷生绢契(抄):㉛

1　乙未年三月七日立契,押衙就弘子,往于西州充使,欠
2　少绢帛,遂于押衙阎全子面上贷生绢壹匹,长肆
3　拾尺,福(幅)阔壹尺捌寸叁分。其绢彼至西州回来之日还
4　绢裹(利)头立机细缣壹匹,官布壹匹。其[本]绢限壹个月还。
5　若得壹个月不还者,逐月于乡原生裹(利),若身东西
6　不平善者,壹仰口承男某甲伍(祗)当,但别取本绢充裹(利)
7　头,两共对面平章。立闰(契)[后]不喜(许)悔者,用为后验。

这不是正式契约,而是抄样,有错漏。大意是押衙就弘子因往西州充使,向押衙阎全子贷生绢壹匹,待西州回来日,当即还利息立机细缣布壹匹、官布壹匹,所借本绢回来后一个月内归还。若过期不还,每月按当地习惯生利,若本人逃走死亡,由口承男负责偿还。

类似上件的,有伯3454号辛丑年(941)十月敦煌贾彦昌贷生绢契,伯2504号背辛亥年四月押衙康幸贷绢契,伯3051号丙辰年三月三界寺僧法宝贷绢契,同卷□□年六月兵马使康员进贷绢契,斯4884号辛未年四月押牙梁保德取斜褐契,伯3458号辛丑年押衙罗贤信贷绢契,伯3004号乙巳年兵马使徐富通欠绢契等。贷者身份多数为押衙、兵马使等低级官吏,以及个别僧侣。因充使觅官而借贷绢帛,少则一匹,多则三四匹。觅官而借贷,有如文献所载唐代后期的债帅。㉜不过债帅是由禁军出为方镇,而敦煌借契所载如徐富通所觅之官,职位不高。

439

第四,为偿债而举贷。如斯1475号某年㊲三月敦煌灵图寺僧神寂便麦契:

1　□年三月六日,僧神寂为负债,今于当寺佛帐物内
2　[便]麦两硕陆斛,并汉斗。其麦限至秋八月内送纳
3　[当]寺足,如违,其麦请陪伍硕贰斗,仍任将[契]
4　[为]领六,牵掣房资什物,用充麦直,有剩[不]
5　[在]论限,如身东西,一仰保人等代还,恐人无信,[故]
6　[立]此契,书指㊳为记。
7　　　　　　便麦僧神寂年廿五
8　　　　　　保人僧净心年卅
9　　　　　　见人惠云
10　　　　　见人道远
11　　　　　见人

又如斯1475号囗年(酉年前后)二月十四日敦煌灵图寺僧神宝便麦契㊳记载,僧神宝为负任柒柒汉针麦贰硕捌对,向灵图寺佛账麦内,便两硕八斗。

上述僧神寂、神宝,其实是依附于寺院的贫苦农民。他们因无力偿债而向寺院告贷。这类契约所见不多。但吐鲁番、敦煌出土借贷契规定,过期不还,月别依乡法生利,所借钱物一罚二,一任掣夺家资杂物,违约处罚很苛重。因而负债人(尤其是稍有资产的欠债人)到期缺乏钱财还债时,一定要想方设法归还。办法之一,就是借债还债。由此可以推知,为偿钱而告贷的为数不会太少。

此外,还有个别僧寺因经济困难,向总掌敦煌寺院财源的都司仓借贷的。如丑年五月金光明寺直岁明哲、都维那惠微、寺主金粟联名请贷

麦粟状:㊳

  金光明寺 状上
  贷便麦拾伍馱、粟伍馱
  右缘当寺虚无,家客贫弊,寺舍破坏,敢不修营,今现施工,
  未得成办,粮食罄尽,工值未填,只欲休废,恐木石难存,只
  欲就修,方圆不遂,旨意成立,力不遂心,伏望 教授都
  头仓贷便前件斛斗,自至秋八月填纳,一则寺舍成立,二乃斛
斗不亏,二图事仪,似有稳便。伏望
  处分。
  牒 件 状 如 前 谨 牒
  丑年五月 日直岁明哲谨牒
    都维那惠微
    寺主金粟

  寺院一般都是放高利贷者,金光明寺因修理寺舍而借贷,这是个别的。

三、利 率

  唐五代北宋初并没有一般的利率,而是因时因地而异,差别颇大。
  官营高利贷的利率,贞观时,"大率人捉五十贯以下,四十贯以上,每月纳利四千,一年凡输五万"。㊴"息至倍称",年利为百分之一百。开元六年减轻为月利七分,合年利百分之八十四。开元廿六年进一步降低为皆五分收利。㊵所谓五分收利即月利百分之五,合年利百分之六十。大谷文书 3500 号开元时期柳谷馆贴钱文书:㊶

441

柳谷馆

誇林城百姓捉馆贴本钱

叁拾叁阡陆伯肆拾壹文

每月当利壹阡[陆]伯捌拾贰文

计壹周年利当贰拾壹阡壹伯捌拾肆文

数内从廿六年七月□领得□伯玖拾贰文。

这就是月利百分之五,年利百分之六十。出土资料与文献记载一致。大历六年,年利改为百分之三十三。长庆三年、会昌元年的利率为月利四分,合年利百分之四十八。这是唐中央规定的官营高利贷利率,即官本代理人向政府上交的利率。至于代理人出贷的利率,恐怕比政府规定的利率要高。五代时期的利率,如前举戊子年(928)六月五日公廨麦粟出便与人抄录,六月初借贷麦粟壹石,至秋归还本利壹石五斗,为期不到三个月,利息为百分之五十,合年利百分之二百以上。公廨出便麦粟这样高的利率为史籍所未载。

民间借贷的利息率,文献记载,多以倍称之息来概述。吐鲁番、敦煌等出土文书反映的利率,情况复杂得多。为求简明而比较全面起见,先将部分借贷文书内容,择要列表于后:

唐五代时期西北边疆地区借贷文书内容概况表

文书名称	借贷原因	借贷数量	借贷期限	利息率	违约处罚及担任
显庆五年(660)三月西州天山县南平乡人张利富举钱契	未写	银钱十文	未定,随要随还	月利十分之一	本人逃出,妻儿保人代还,延引不还,听夺家资什物

(续表)

文书名称	借贷原因	借贷数量	借贷期限	利息率	违约处罚及担任
龙朔元年(661)八月安西乡人龙惠奴举练契	未写	练三十匹	同上	月利百分之十三(练四匹)	不如期交纳利息,每月罚练一匹,本人逃出,妻儿替偿
麟德二年(665)正月西州宁昌乡人卜老师举钱契	未写	银钱十文	同上	月利十分之一	本人逃出,妻儿代偿,听夺家财,平为钱直
麟德二年(665)八月西域道征人赵丑胡贷练契	未写	帛练三匹	回到西州后十日内归还	无	不如期归还,按月依乡法生利,延引不还,听拽家财杂物,本人逃出,妻儿还偿
麟德二年(665)十一月前庭府卫士张海欢举钱契	未写	银钱四十八文	回至西州十日内还	无	不如期还举,每月按十分之一生利,延引不还,听夺家资杂物,口分葡萄,本人逃出,妻儿保人代偿
上券附白怀洛举钱	未写	银钱二十四文	同上	同上	同上

(续表)

文书名称	借贷原因	借贷数量	借贷期限	利息率	违约处罚及担任
乾封元年(666)四月西州常化乡郑海石举钱契	未写	银钱十文	未定,随要随还	月利百分之十五	延引不还,听夺家资杂物口分田园,本人逃出,妻儿保人替偿
乾封三年(668)三月西州武城乡张善憙举钱契	未写	银钱二十文	同上	月利十分之一	延引不还,拽取家财杂物,以苇园三亩作钱直卖,本人逃出,妻儿保人代偿
总章三年(670)三月西州武城乡张善憙举钱契	未写	银钱四十文	同上	同上	若不还钱,任掣家资,本人逃出,保人儿女代偿
总章三年(670)三月西州顺义乡白怀洛举钱契	未写	银钱十文	同上	同上	延引不还,听牵取家财、口分,以口分葡萄用作钱直,本人逃出,妻儿酬还

(续表)

文书名称	借贷原因	借贷数量	借贷期限	利息率	违约处罚及担任
仪凤二年(677)九月西州高昌县宁昌乡卜老师举钱契	未写	银钱八文	同上	月利百分之十二点五（每月一文）	延引不还,任拽家财杂物及口分田园,本人逃避,其二代偿
长安三年(703)二月西州曹保保举钱契	未写	铜钱三百二十文	同上	依乡法生利	延引不还,以口分常田二亩折充钱直,本人逃避,妻儿代偿
景龙二年(708)四月西州交州县安乐城人宋悉感贷钱契	未写	铜钱三百二十文	四月取钱,八月九月折交实物	未写	不如期交物,壹罚贰入钱主,本人逃避,妻儿代偿
开元八年(720)九月西州麴怀让举取青麦契①	未写	青麦一硕八斗	九个月（九月五日至来年五月）	未写	违限不付,其麦壹罚贰,并拽取随身家计,如本人逃避,保人等代还
斯大历十七年(782)行官霍昕悦便票契	为无粮用	粟十七斛	九个月（闰正月至九月）	未写	违限不还,一任牵掣家资牛畜,有利不追

(续表)

文书名称	借贷原因	借贷数量	借贷期限	利息率	违约处罚及担任
斯建中三年(782)七月马令悘(?)举钱契②	为急要钱用	钱一千文	未定,随要随还	月利十分之一(每月一百文)	同上
丑年十二月百姓曹先玉便小麦契稿③	为少粮用	小麦二石	八个月(十二月至下一年八月)	未写	如违,任掣夺家资牛畜,本人逃避,保人代还
辛丑年(821)二月沙州龙兴寺团头李交秀等请贷种子牒状及处分	为无种子	种子二百馱	约六个半月(二月十三日至秋收)	未写	未写
开元寺寺户张僧奴等请便种子年粮牒状及处分	为无种子年粮	麦二十馱半	约六个半月(二月十四日至秋收)	未写	未写
安国寺人户氾奉世等请便麦牒状	缺乏种子年粮	麦二十四馱半	同上	未写	未写
灵修寺寺户团头刘进国等请便种子麦牒状及处分	(为无种子)	种子麦十五馱	同上	未写	未写

(续表)

文书名称	借贷原因	借贷数量	借贷期限	利息率	违约处罚及担任
报恩寺人户团头刘沙沙请便麦牒状及处分	缺乏种子年粮	麦二十五驮	约六个半月（二月十七日至八月末）	未写	未写
金光明寺寺户团头史太平等请便麦牒状	粮食罄尽，种子俱无	麦二十驮	约六个半月（二月□□日至秋收）	未写	未写
丑年五月金光明寺直岁明哲等请贷便麦粟牒状	为修寺舍	麦十五驮，粟五驮	四个月（五月至八月）	未写	未写
寅年六月悉董萨部落百姓镜兴逸便麦契	为无粮用	麦二石八斗	三个月（六月至八月）	未写	违限不还，任夺家资杂物，本人逃避，保人等代还
酉年（829）敦煌下部落百姓曹茂晟便豆种帖	为无种子	豆一石八斗	六个月（三月至八月）	未写	违期不纳，其豆加倍，任夺家资杂物用充豆直，本人逃出，保人代还

(续表)

文书名称	借贷原因	借贷数量	借贷期限	利息率	违约处罚及担任
酉年（829）敦煌行人部落百姓张七奴贷麦契	为纳突不办	麦六石	十个月（十一月至下年八月）	未写	违限不还，其麦加倍，牵掣家资牛畜，本人逃避，保人等代还
□年（829前后）四月沙州寺户严君便麦契	为要斛斗驱使	麦三石	四个半月（四月十五日至八月末）	未写	同上
□年（829前后）二月灵图寺僧神宝便麦契	为偿还债务	麦二石八斗	六个半月（四月十四日至八月三十日）	未写	同上
□年（829前后）四月灵图寺寺户索满奴便麦契	为无斛斗	麦二石	四个多月（四月二十二日至八月末）	未写	同上
□年（829前后）二月灵图寺僧义英便青麦契	未写	青麦二石八斗	七个月（二月至八月）	未写	同上
□年（829前后）三月敦煌阿骨萨部落百姓赵卿卿便麦契	为无种子	麦二石	五个月（三月二十七日至八月）	未写	违期不纳，其麦一倍二，并任夺家资杂物，本人逃避，保人代还

(续表)

文书名称	借贷原因	借贷数量	借贷期限	利息率	违约处罚及担任
□年(829前后)三月灵图寺人户使奉仙便麦契	未写	麦二石	同上	未写	违期不还，其麦加倍，任牵掣房资什物，本人逃避，保人代还
□年(829前后)三月灵图寺僧神寂便麦契	为负债	麦二石八斗	六个月(三月至八月)	未写	违期不还，其麦加倍，本人逃避，保人代还
僧惠云便麦契	未写	麦一石四斗	同上	未写	同上
□年(829前后)二月阿骨萨部落百姓马其隣便麦契	为无粮用种子	麦八石	六个多月(二月十一日至八月末)	未写	违期不还，其麦加倍，任牵掣家资杂物牛畜，本人逃避，保人代还
灵图寺僧义英便麻契	为无种子	麻两番驮	同上	未写	违期不还，其麻加倍
四月悉董萨部落百姓翟米老便麦契	为无斛斗驱使	麦六石	四个多月(四月十四日至八月)	未写	违期不还，其麦加倍，任牵掣家资杂物牛畜，本人逃避，书契人僧志臻代还

449

(续表)

文书名称	借贷原因	借贷数量	借贷期限	利息率	违约处罚及担任
未年(839)四月,张国清便麦契	未写	麦三番馱	五个月(四月五日至八月末)	未写	违期不还,其麦加倍,任牵掣家资杂物,本人逃避,保人代还
□年三月,中原部落百姓曹清奴便麦契	为无种子	麦四石豆一石	五个月(三月五日至七月末)	未写	违期不还,典当一口没,麦豆加倍,任牵掣家资杂物,本人逃避,保人代还
丑□年二月普光寺人户李和和便麦契	为种子粮用	麦四石,粟八石	七个月(二月六日至八月)	未写	违限不还,麦粟加倍,任掣夺家资等物,本人逃避,保人代还
僧广惠便粟契	同上	粟二石八斗	同上	未写	同上
纥骨萨部落百姓王清清便麦契	同上	麦四石	同上	未写	同上
未年(839)四月纥骨萨部落百姓吴琼岳便粟契	为无粮用	粟八石	五个月(四月至八月)	未写	如违限不还,其粟加倍,任掣夺家资杂物,本人逃避,保人等代纳

(续表)

文书名称	借贷原因	借贷数量	借贷期限	利息率	违约处罚及担任
吴琼岳便豆	未写	豆二石八斗	约四个月（五月至八月）	未写	同上
龙华子便谷契稿	未写	谷八斗二升	五个月（四月至八月）	未写	同上
甲子年(904)三月氾怀通兄弟贷生绢契	少欠匹帛	白生绢一匹	一年（三月初至来年二月末）	百分之一百（秋还剩粟麦四石）	不按时还者依乡元逐月生息
乙丑(905)三月索猪苟为少种子向龙兴寺张法律便麦种归还纠纷诉状	为少种子	麦三石	半年（三月至秋）	半年百分之一百（还本利麦六石）	未写
己丑年(929)十二月，陈佛德贷褐契稿	未写	红褐一段白褐两段	三个月（十二月十三日之下一年三月十五日）	季度利百分之三十（还褐四段）	不按时还者依乡元逐月生息
何愿法贷褐契	因买卖欠少褐	褐四段	南山回来	（百分之五十）（还褐六段）	不按约归还，看乡元生利，本人逃出，口承弟负责还本绢
甲午年(934)八月，邓善子贷生绢契	欠少匹物	生绢二匹	三个多月（八月十八日至十一月）	未写	违时不还，看乡元生利

(续表)

文书名称	借贷原因	借贷数量	借贷期限	利息率	违约处罚及担任
乙未年(935)三月就弘子贷生绢契(抄)	充使西州，欠少绢帛	生绢一匹	西州回来	还利息立机细缣一匹，布一匹。	违约不还，逐月按乡元生利，若本人不平善，由口承弟负责归还本绢
辛丑年(941)十月贾彦昌贷生绢契	往西州充	使生绢一匹，绵绫一匹	西州回来	百分之一百（利好立机细缣二匹）	平安回来，利息当日还纳，本绢一月内，若路上不平安发生危险，由口承弟代还本绢
辛丑年(941)四月押衙罗贤信贷生绢契	入奏充使，欠缺匹帛	生绢一匹	回来之日	百分之一百（本利二匹）	若本人路上发生危险，由口承弟代还本绢
辛亥年(951)四月押衙康幸全贷生绢契	充使伊州，欠少货物	生绢一匹	五个多月（四月十八日至九月）	利息镯鉴一个	限满不还，又须生利，任夺家资，若本人逃出不平安，由口承弟代还本利
丙辰年(956)三月三界寺僧法宝贷绢契	充使西州，欠少匹帛	黄丝绢一匹	回来之日	约百分之一百（利息好立机一匹）	若路上发生危险，由口承弟负责代还

① 第1—14项西州出土。② 第15—16项和田出土。③ 第17—56项属敦煌地区。

上表所列借贷文书只是一部分,但可以看出民间借贷利率有多种,大致可以归纳为月利、年利、半年利、季度利、临时借贷利、无利贷款等。兹结合上表,分别予以说明。

月利。唐代前期西州地区,通行月利,最低为"举取银钱拾文,月别生利钱壹文";即月利率为十分之一,高则分别为百分之十二点五、百分之十三点三,最高为百分之十五。月利十分之一,如果再以利出贷,利上生利,则合年利百分之二百以上。月利百分之十五,利上生利,则合年利百分之三百以上。

年利。最典型的例子是伯3565号甲子年三月氾怀通兄弟贷绢契。第一年三月初贷生绢一匹,至第二年二月末归还本绢,为期整整一年。利息为麦粟四石,当年秋天交纳。按通常比价麦粟四石相当于绢一匹,即合年利百分之一百。但利息提前半年交纳,以利作本再贷出去,实际的利率可达百分之二百。

季度利,即为期三个月的利息。如陈佛德于己丑年十二月十三日向辑长千贷褐叁段,至三月十五日还本利褐四段。为期三个月,利率为百分之三十三,利上生利,实际上合年利百分之二百以上。

半年利,即为期约半年的利息。如常猪苟于乙丑年三月五日向龙兴寺张法律借麦粟肆硕,至秋纳陆硕。按所谓至秋,敦煌地区的习惯为八月末。三月初至八月末,约为半年,利息率为百分之一百,以利作本,合年利百分之三百。

所谓临时借贷,在敦煌地区有两种情况:一是因公充使外地;一是外出经商。这类借贷,期限不像上述几种具体,只规定充使和经商回来归还。充使外地回来归还借物的利息,一般为百分之百。如押衙罗贤信因入奏充使,欠缺匹帛,于辛丑年四月三日向押衙范庆住贷生绢一匹,待回来之日,还本利绢二匹,利率为百分之一百。贾彦昌因往西州充使,于辛丑年十月向龙兴寺上座心善贷生绢、绫二匹,待西州回来,还利好立机细缣二匹。僧法宝往西州充使,借绢一匹,回来还利息好立机细缣一匹。如果绢、绵绫上细缣一匹价格相当,则利率均为百分之一百。乙未年三月就弘子贷绢契,就弘子充使西州,借一匹,西州回来,还利息缣布一匹,按布一匹与绢一匹价格大致相近,利率为百分之二百。辛亥年康幸全充使伊州,借绢一匹,利息为重二十两之哥鉴一个,由于不知哥鉴之价,就不知利率为多少,可以推测与当地通行的利息率大致相近。

外出经商借贷的利息,如何愿德去南山买卖,于己丑年十二月向永安寺僧长千贷褐四段,待南山回来,还褐六段,利息率为百分之五十。

上述临时借贷的利息率为百分之五十,百分之一百,百分之二百,高低悬殊。其原因是多方面的,今天不可能一一探知。但有两点很明显:其一,由于外出的路程有远近,任务有不同,来回所需天数有多少,因而决定了归还期限有长短,利率有轻重。如何愿德贷褐的利息为百分之五十,是最低的,就是因为去南山来回期限较短,这是客观方面的原因。其二,主观方面的原因。如就弘子与三界寺僧法宝分别充使西州,各借绢一匹,西州回来,而利息轻重悬殊,就弘子为二匹,法宝为一匹,利率相差一倍。从契约上看,法宝即使路上发生危险,不能平安回来,本绢与利,由口承弟负责代偿;而就弘子只有平安回来,才还利二匹,若不能平安回来,口承弟只代还本绢,不还利息。换句话说,就弘子的债权人比法宝的债权人所得利息高出一倍,是要冒风险的,既可能得到比他人高一倍的利息,也有可能得不到利息。从这里看出充使西州而借贷,待回来后归还,通行的利息大致为百分之一百。

敦煌去南山较近,沙州去伊州为七百里,去西州为一千三百八十里。唐代驮物的日程,马行日七十里,步及驴五十里,车三十里,充使应该是急脚、急行,日行一百多里。沙州去伊州来回十多天,去西州来回二十多天,㊽加上因公停留、休息的天数,一两个月也就够了,至于去南山来回天数更少。而利率为百分之一百、百分之五十,比前面叙述过的月利、季度利、半年利、年利,实际上高得多。其所以高,主要原因是当时局势不稳。沙州至西州,去南山经商,旅途危险,出贷者要冒很大风险,若债务人不能平安回来,出贷之物有可能收不回来,因而利息就比较高。

关于利息,还有一个使人感兴趣而又值得探讨的问题,就是相当多的借贷文书上不写利息。不写利息的文书,有以下几种情况。

其一,无息贷款。这是出于友谊等特殊情况,很少见。但唐代文献上有记载,如《太平广记》卷395"史无畏"条:"唐史无畏,曹州人也,与张从真为友。无畏止耕垅亩,衣食窘困,从真家富。乃谓曰:弟勤苦田园,日夕区区,奉假千缗货易,他日但归吾本。无畏忻然赍缗,父子江淮射利,不数岁已富。"但归吾本,就是无息贷款。类似这种性质的贷款,吐鲁番出土文书中也有几例,如前举麟德二年十一月廿四日张海欢贷钱契。张海欢与白怀洛分别向左憧憙贷取银钱四十八文、二十四文,限至西州十日内还本钱使了,不计利息。又如麟德二年八月十五日,西域道征人赵丑胡于西州向同行人左憧憙借贷帛练三匹。所借之练,待出征回来,到西州十日内归还,不计利息;而且规定如到安西得了赐物归还,只还练两匹,反而比本练少了一匹。左憧憙是一个号称"财丰齐景",集地主、商人、高利贷三者于一身的吸血鬼。他出贷的钱物月利率普遍高达百分之十以上,对债务人要求很苛刻,不按约交纳利息,归还本款,要罚款、利上生利,夺取家资杂物、牛畜田园,唯独这两件不收利息,甚至少收本练。这绝不是什么仁慈。当时正值唐与吐蕃发生战争,左憧憙被征入伍,派往安西戍守作战,有很大危险。据此推测,可能是他为取得同行征人赵丑胡等照应,患难相助,出借的钱帛免收利息。以无息贷款买取友情。因此,当从安西回来后,危险已过去,不需要原来的同行人照顾,就规定不如约归还,要按月十分之一生利;拖延不还,要夺取家资杂物、口分葡萄。前好后狠,判若两人。至于在西州借练三匹,到安西只还二匹,可能是左憧憙作为征人,在安西需帛练使用,从西州(治高昌)到安西(即安西都护府,治龟兹),交通不便,携带困难,少还一匹,实际是折扣运费。

其二,通过折算,已把利息计算进去。如前举斯6829号卯年四月张和子取协篱价帖、伯2964号已年二月令狐善奴便刘麦价契、吐鲁番出土景龙二年四月十七日宋悉感贷钱契,都是提前取钱而后交货,而后劳动。表面上没有利息,实际上,双方在计算工价、物价时,必然会考虑提前取款所带来的利息因素,而把物价、工价降低。如果说这只是一种推测,未必靠实的话,那么上举伯3004号乙巳年六月徐富通欠绢契,就反映得比较清楚。该契记载徐富通欠龙兴寺上座深善光绢四匹半,五年归还,未写利总,但每匹绢折粮食二十二石。这比通常的绢粟比价,绢一匹相当于粟二石,多至四石,相差四至九倍。很明显,这种折算已包括利息在内。又如敦煌发现伯3348号背面天宝四载(745)河西豆卢军和籴会计牒记载:

壹阡壹佰壹拾陆硕捌合粟,填本外
利润其粟收附,同前季利润帐
讫。

所谓利润,就是经营和籴的中间人,即行客、百姓支付给政府预付和籴本布绢的利息。

其三,有的借贷文书未写利息,可能是按习惯计息。[⑩]敦煌地区寺户向寺院、向都司仓借贷文书,不写明利息的相当多,前表所列,就有几

十件。如北图咸宁59号稻芉经背面,丑年(821)二月,安国寺寺户汜奉世等请便麦牒状及处分:

1　安国寺　　　状上
2　请便都司仓麦叁拾驮
3　右奉世等人户为种逼莳枝,阙乏种子年粮,
4　今请便上件斛斗,自限至秋输纳,如违[限],
5　请陪。伏望　　　商量请乞处分。
6　牒件状如前谨牒
7　　　　　　　丑年二月　日寺户汜奉世等谨状
8　　　　　　　　　　　　户汜檐奴
9　　　　　　　　　　　　户汜弟弟
10　　　　　　　　　　　 户康娇奴
11　　　　　　　　　　　 户赵小君
12　　　　　　　　　　　 户孙太平
13　康娇奴等四人各伍
14　驮,以下各壹驮半　　十四
15　日　　正勤

二月借麦,秋收后归还,未写利息。有一种意见认为这也是无息贷款。持这种观点的同志认为,寺户对寺院有紧密的封建依附关系,世代相袭,寺院要维持对寺户的控制剥削,必须使寺户有能从事简单再生产的条件。无息贷给种子、口粮,表面上看,是寺院对寺户的一种照顾,实际上是寺院控制寺户、保障剥削的一种手段。这种推测,难以苟同。敦煌地区这种不写利息的借贷文书,比较普遍。如果说借贷粮食给本寺寺户是为了维持简单再生产,防止寺户逃亡,那么借给非寺户

为什么也不收利息？如酉年十一月行人部落百姓张七奴向灵图寺僧海清便麦陆石,阿骨萨部落百姓马其隣向灵图寺便麦八石,悉董萨部落百姓翟米老向云寺便麦六石,中元部落百姓曹请奴便麦豆五石,均未写明利息。把这些非寺户的借贷,都算成无息贷款就难以说通。敦煌地区,寺院普遍出贷取利。高利贷收入是寺院主要收入之一。如伯2049号背同光三年(925)沙州净土寺直岁保获手下入破历计会,同卷长兴二年(931)净土寺直岁愿达手下入破历计会,伯2032号背甲辰年(944)净土寺直步惠安手下诸色入历等,都有众多的高利贷收入。现将伯2040号背己亥年(939)净土寺入破历计会(草稿)之诸色入,抄录一部分如下:

  乙亥年正月廿七日已后胜净、戒惠二人手下诸色入,麦入部分:
  西仓
  麦入　麦两硕康葛乔利润入,麦壹硕善保利润入,麦两硕贰斗谭定德豆本利入,
  麦柒斗伍升张善善利润入,麦壹硕孙延住利润入,麦壹硕壹斗郭再定利润入,
  麦壹硕伍斗
  李欺泊折豆麦利入,麦壹硕伍斗张恒昌折豆本利入
  麦拾硕索家郎君将豆入,麦叁硕安富进折豆本利入
         通计二十三石五斗

而粟入部分,利润入计三十笔共五十二石二斗五升。伯3032号甲辰年净土寺直岁惠安手下诸色入历,粟入部分,残存的利润入就有六十笔。寺院高利贷的特点是出贷面广而出贷量小,反映出借贷者都是穷苦的

寺户和百姓。如果上述寺院出贷文书，都是无息贷款，不会有那么众多的借贷者和那么多的利润收入。

又如斯四七四号戊寅年(918)三月都僧统算会：

> 戊寅年二月十三日，都僧统、法律、徒众就中院算
> 　会，赵老宿孟老宿二人行像司丁丑斛斗本利准先例丁声数
> 如后：
> 　见合得麦伍硕柒斗，粟贰拾硕陆斗贰胜半
> 　豆肆硕陆斗柒胜，又麦捌硕壹斗贰胜半，又粟壹
> 拾玖硕捌斗伍胜，豆肆硕贰斗柒胜半，两司都
> 　计得麦壹拾叁硕捌斗贰胜半，粟肆拾硕肆
> 斗柒胜半，豆捌硕玖斗肆胜半。其上件斛斗
> 　分付二老宿、绍建、愿会、绍净等五人执帐，逐年于先
> 例加柒生利年支算会，不得欠折。若有欠折，一仰
> 伍人还纳者。
> 　　　　　　　　　　　　　法律绍进
> 　　　　　　　　　　　　　法律洪忍
> 　　　　　　　　　　　管内都统僧法严

所谓逐年于先例加柒生利，即按照惯例，每年增加百分之七十利润。经管这批斛斗的执事僧要保证完成，完不成要自掏腰包负责填纳。

综上所述，未写利息的寺院借贷文书，不可能是无息贷款，而是有息贷款。那么，利率是多少？我以为不写利率的寺院借贷文书，是按当地通行的利率计算。第一部分提到的出便历等有记载。第一部分提到的出便与人名目，出便粟历等记载，为比较全面地进行考察，现将笔者辑录的记有利息的十八件出便历列表于下：

出便历所载利息概况表

文书名称	借贷品名数量	期限、偿还数量、利息率	出借者	备注
S.5873号戊午年（839或898?）灵图寺出便与人名目	粟3石	至秋,3石,50%	灵图寺	残剩2行
S.1783号庚辰年（860或920）僧金刚手下斛斗具数历	麦3石	正月至秋,6石,100%	僧金刚	此见仅3行,借贷
S.3370号戊子年（928）六月五日公廨麦粟出便与人抄录	粟3石	六月至秋,3石,50%	不明	残剩27行
P.3234号背甲辰年（944）二月后东库惠安、惠戒手下便物历	豆1石	二月至秋,1石5斗,50%	某寺	共72行
S.4654号丙午年（946）金光明寺庆戒出便与人名目	豆2石	正月至秋,3石,50%	金光明寺僧庆戒	残剩17行
S.6303号丁未年（947）二月高员信等便麦黄麻历	麦1石	二月至秋,1石5斗,50%	不明	残剩4行
S.4060号背戊申年（948）五月五日令狐盈君等便麦粟豆历	麦2石	正月至秋,3石,50%	不明	共16行
S.4060号背己酉年（949）二月十四日令狐衍难等便麦粟豆历	麦5石	二月至秋,7斗5升,50%	不明	共17行
P.2932号甲子乙丑年（964—965）翟法律出便与人名目	豆1石	十二月至秋,1石5斗,50%	翟法律	残剩23行
S.6452号(6)壬午年（982）净土寺常住库内黄麻出便与人名目	麻3斗	正月至秋,3斗9升,30%	净土寺常住库	残剩11行

(续表)

文书名称	借贷品名数量	期限、偿还数量、利息率	出借者	备注
S.6452号(7)壬午年净土寺常住库内便粟历	粟2石	三月至秋,2石6斗,30%	净土寺	共7行
P.4635号某年社加女人便面油历	面1秤	至秋,1秤半,50%	不明	共21行
P.4635号癸卯年二月便粟豆历	豆1石6斗	二月至秋,2石4斗,50%	不明	残剩14行
S.6469号背年代不明(十世纪便麦历(抄))	麦5石	至秋,7石5斗,50%	不明	2行
P.3273号年代不明便麦粟历	麦1石4斗	至秋,2石1斗,50%	不明	残剩8行
P.3680号背(1)年代不明便粟历	粟6斗	至秋,9斗,50%	不明	残剩14行
P.2161号背年代不明便麦历	麦2石	至秋,2石,50%	不明	此件不清,仅1行能看清利息
S.6045号丙子年正月张悉子等便麦粟历	3石	正月至秋,4石5斗,50%	不明	

敦煌地区,春借秋还,利息率为百分之五十。伯3234号背甲辰年(944)二月已后,净土寺东库惠安、惠戒手下便物历:

1 甲辰年二月后,东库惠安、惠戒手下便物历
2 李幸瑞便豆壹硕,至秋壹硕伍斗。(押)
3 同日张和子便豆壹硕,至秋壹硕伍斗。(押)

4　史都料贷豆叁硕。（押）

5　何义信便豆一硕，秋壹硕伍斗。（押）　得麦八斗

6　索延庆便黄麻贰斗，至秋叁斗。（押）

7　安员进便豆壹硕陆斗，至秋两石肆斗。（押）

8　冯友祐便豆两石，至秋叁硕。（押）

9　陈里子便黄麻捌斗，至秋壹硕贰斗。（押）

10　刘欺泊便黄麻肆斗，至秋陆斗。（押）

（后略）

二月借，秋收还，利息率一律为百分之五十。这大概是敦煌地区通行的利率。上述未写利息的借贷文书，想必也是按此利率收取。

关于利息，还有一个以利作本，利上生利问题。这在唐以前早已存在，唐初继续流行。吐鲁番地区盛行的月利，必然产生利上生利。龙朔元年八月西州龙惠奴向左憧憙举练三十匹，每月交利练四匹，如不按期纳利，每月罚练一匹。这种处罚，就包含利上生利。有些借卷上，虽然未写这种规定，但如不按期纳利，大致会按乡法生利。唐代后期，以利作本，利上生利问题很突出，政府屡屡下令禁止，就是这方面的反映。敦煌地区与内地相似。唐后期和五代的举贷契明白规定，如违限不还，看乡元逐月生利。有的举贷契，干脆把利息变成本钱，如伯3860号丙午年六月翟信子便麦粟契：

1　丙午年六月廿四日翟信子及男定君二人，

2　先辛丑年于氾法律面上便麦陆石、粟贰石，

3　中间其麦粟并总填还多分。今与算

4　会智定、欠麦肆硕、粟陆石，并在倍子及男.

5　定君身上，至丙午年秋还本拾硕。恐人无信，

462

```
6    故立此契,用留后验。
7          欠物人男定君
8          欠物人父翟信子
```

既然翟信子于辛丑年只向氾法律便麦粟共八石,而在五年中又多次填还,很明显,所谓至丙午年秋还本拾硕,乃是以利作本。

上引翟信子便麦粟契的所谓本拾硕,不仅有丙午六月以前的利息,还包括了丙午年六月廿四日至秋八月未来两个多月的利息在内,是一种虚契。由此推测,敦煌地区未写利息的举贷契,有些可能也是虚契,所载借贷数量,已包括了利息。

四、违约处罚、担保及高利贷后果

关于违约处罚、担保,早年玉井是博曾指出有共同的三点应该注意,即违限生利、牵掣家资、保人代偿,[42]但比较简单。从上面所列借贷文书内容概况表看,较前具体得多。总的来说,借贷文书规定的违约处罚很严厉苛刻。为进一步说明,再举几例。

如唐乾封元年(666)四月廿六日西州郑海石举钱契:[43]

```
1    乾封元年四月廿六日,崇化乡郑海石于左憧
2    熹边举取[银]钱拾文,月别生利钱壹
3    文半到左须钱之日嗦即须还。若郑延
4    引不还左钱,任左牵掣郑家资杂物、
5    口分田园,用充钱子本直,取所掣之物
6    壹不生庸。公私债负停征,此物不在停
7    限。若身东西不在,一仰妻儿及收后保
```

8　人替偿。官有政法，人从私契。两和立契，
9　画指为信。
10　　　　　　钱主左
11　　　　　　举钱人郑海石（押）
12　　　　　　保人宁大乡张海观（押）
13　　　　　　保人崇化乡张观相（押）
14　　　　　　知见人张观德（狎）

此契规定，利息率为百分之十五，利上生利，合年利百分之三百以上；期限不定，随要随还；拖延不还，任牵掣家资杂物口分田园；本人逃避，妻儿保人替偿。这不是个别现象，如上表所示，普遍如此。有的处罚甚至更严，如违限不还，所借之物加倍；看乡元逐月生利；任夺房资杂物、牛畜，有剩不追；所掣之物，一不生庸，等等。

高利贷盘剥，古今中外，历来都特别残酷。上述那么高的利率，那么严厉苛刻的处罚条件，说明唐代亦不例外。因而，官宦之家也深怕高利贷者[②]。《太平广记》卷134刘钥匙条，形象地描绘了一些殷富之家落入高利贷者所设的陷阱后，苦于不能自拔，弄得"资财物产"尽为所并。而敦煌、吐鲁番地区的债务人，多为小生产者，经济困难。春耕季节，有的连种子口粮都没有，被迫高利借贷，其结果必然是家资杂物牛畜田园，逐渐被夺走。下面过录西州张善憙的三件文书进一步说明。

一、乾封三年（668）三月张善熹举钱契[⑤]

1　乾封三年三月三日，武城乡张善熹于
2　崇化乡左憧熹边，举取银钱贰拾文，
3　月别生利银钱贰文，到月满，张即须
4　送利。到左须钱之日，张并须本利酬还。

5　若延引不还,听左拽取张家财杂物,平为
6　本钱直。身东西不在,一仰妻儿保人上钱使
7　了。若延引不与左钱者,将中渠菜园半亩
8　与作钱质,要须得好菜处。两和立契
9　获指为信。"左共折生钱,日别与左菜五尺园,到菜千日"
10　　　钱主左
11　　　举钱人张善熹(押)
12　　　保人女如资(押)
13　　　保人高隆观(押)
14　　　知见人张执端(押)

二、总章三年(670)三月张善熹举钱契㊻:

1　总章三年正月十三日,武城乡张善熹
2　于左憧熹边,举取银钱肆拾文,
3　每月生利钱肆文。若左须钱之日,
4　张即子本具还。若钱不还,任掣家
5　资,平为钱直。身东西不在,仰收后代
6　还。两和立契,获指为记
7　　　钱主
8　　　贷钱人张善熹(押)
9　　　保人男君洛
10　　　保人女如资
11　　　知见人高隆欢(押)
12　　　知见人王父师(押)
13　　　知见人曹行感(押)

465

三、总章三年二月张善憙出租菜园契[⑰]：

1　总章三年二月十三日左憧憙于张善
2　憙边夏取张渠菜园壹所，在白赤举
3　北分墙。其园叁年中与夏价大麦拾
4　陆斛，秋拾陆斛，更肆年与银钱叁拾文，
5　若到个时不得者，壹罚贰入左，祖（租）缣
6　百役仰园主，渠破水齰，仰佃人当。
7　为人无信，故立私契为验。
8　　钱主左
9　　园主张善憙（押）
10　保人男君洛
11　保人女如资
12　知见人王父师押
13　知见人曹行感

这三件契约有五点值得注意。一、立契时间都在二、三月。二、举贷数量，乾封三年为银钱二十文，二年以后为银钱四十文，增加了一倍。三、乾封三年举贷契规定，若延引不还，以菜园半亩作钱质卖；而总章三年契，借贷数量较前增加了一倍，但无田园典押。四、乾封三年契，除债务人之男女作保外，保人还有高隆观，而其后二契，保人除债务人之男女外，别无他人，高隆观已不再作保。五、租菜园契只对园主张善憙有违约处罚规定。五点联系起来，可以窥见春耕季节，青黄不接，张善憙经济十分困难，被迫落入高利贷陷阱，而且越陷越深，借贷数量成倍增加，初则以菜园典押，继而出租。从租园契只对园主有违约处罚看，所谓出租，其实是土地被高利贷者左憧憙兼并。总章三年三月举钱契所

以不写以田园典押,其因在于同年二月已将土地出租,已无田可典。张善憙已濒临破产,正因为如此,到后来,原来的保人已不愿作保,也找不到新的保人。张善憙的实例反映了高利贷者如何逐步兼并小生产者土地的过程。

应该指出,西州地区相当多的借贷契上写有:不如期偿债,任夺口分田园,听卖口分葡萄田园,以菜园作钱质卖,以口分田园用作钱直,以口分常田折充钱直,而且年代较早。如张海欢、白怀洛举钱契,时为麟德二年,上距唐灭高昌十一年;显庆四年白僧定典田契,上距贞观十四年仅九年。至于租佃契,有早至贞观十四年、十五年的。借贷双方和租佃双方的身份,多数是乡人、城人,以及卫士、征人、前里正等,社会地位不高,但一方很富有(如左憧憙)。由此可见,西州地区早已存在的土地典押、出租、买卖,利用高利贷进行土地兼并,以及社会下层的分化,并不因唐初在该地推行均田制而停止,而是继续激烈地进行。

敦煌与和阗出土契约违约处罚,与西州地区有一突出不同点,就是普遍不写以口分田园作典押。这绝不是敦煌地区的高利贷者发什么善心。实际上他们对违约处罚,也是很残酷的。如违限不还,其麦加倍,任揳家资杂物。和阗地区甚至更厉害,如马令痣建中三年立的举钱契规定,如"不还,一任牵揳家资牛畜,有剩不追"。所谓"有剩不追",就是债权人夺取的家资牛畜价值,即使抵偿债务有剩余,也不再退还给债务人。这样规定,实际上债务人将被扫地出门。违约处罚所以不写任夺口分田园,就敦煌地区说,在于举贷者多是自己没有土地的寺户,多是租田耕种的佃户,也就是陆贽所说的"贷其种食,赁其田庐"的佃食客户,他们的土地早已被夺走了。这种现象,在唐代后期以至五代,带有普遍性。

从违约处罚及担保,不仅看到高利贷者根本不满足于只榨取债务人的剩余劳动,而且要夺取家资杂物、口分田园、牛畜,即夺取劳动条件

467

本身,使小生产者与生产资料分离。更有甚者,还要把小生产本身降为依附者、奴婢,据为己有。这一点,分析一下妻儿代偿债务的规定,就很清楚。

封建社会是以父权家长制的家庭为社会基本单位。家庭的权力集中于父系家长手中。家庭的财产所有权属父系家长所有,子女没有财产所有权。举贷契规定,债务人逃亡,妻儿代偿。这种规定本身是父权家长制社会的反映。既然掌握家庭财产所有权的家长已无力偿债而逃亡,其妻儿,尤其是年纪小的子女,还会有什么家产来偿债? 如上引西年十一月敦煌张乜奴向灵图寺僧海清便麦粟陆硕,作保的两个儿子,年仅十三和十一。这样的少年,生活尚不能自理,怎能代父偿债? 势必沦为债权人家的奴婢。这有卖儿契、典身契为证。如斯3877号丙子年(916)阿吴卖儿契券:

1 赤心乡百姓王再盈妻阿吴为缘夫主早亡,男女
2 碎小,无人求(救)济,供急(给)衣食,债务深圹(广),今将福(腹)生
3 儿庆德,柒岁,时丙子年正月廿五日立契出卖与
4 洪润乡百姓令狐信通,断作时价干湿共叁拾石,
5 当日交相分付讫,一无玄欠。其儿庆德自出与
6 后,永世一任进通家充家仆,不许别人话
7 理。其物所买斛斗,亦须生利,或有恩敕(流)
8 行,亦不在论理之限,官有政法,人从此契。恐
9 后无凭,故立此契,用为后验。

(后缺)

又如伯3150号癸卯年(943)吴庆顺典身契:

1 癸卯年十月廿八日,慈惠乡百姓吴庆顺兄弟三人商拟

（议）为缘

2　家中贫乏，欠负广深，今将庆顺己身典在龙兴寺索

3　僧政家，见取麦壹拾硕、黄麻壹硕陆斗，准麦叁硕

4　贰斗，又取粟玖硕，更无交加。自取物后，人无雇价，物无

5　利头，便任索家驱驰。比至还得物日，不许左右。或若到

6　家被恶人拘（勾）卷，盗切（窃）他人牛羊园菜、麦粟，一仰庆顺

7　祇当，不忓主人之事。或若兄弟相争，延引抛功，便同

8　雇人逐日加物叁斗。如若主人不在，所有农［具］遗失，亦仰

9　庆顺填倍。或若疮出病死，其物本在，仰二弟填还，两共面

10　对商量为定。恐人无信，故立此契，用为后凭。

11　又麦壹硕，粟贰斗，恐人不信，

12　押字为凭。　　叔吴佛婢（押）　　只（质）典兄吴庆顺（押）

13　　　　　　　　　　　　　　　同取物口承弟吴万昇（押）

14　　　　　　　　　　　　　　　同取物口承弟吴庆信（押）

15　　　　　　　　　　　　　　　　口承见人房叔吴佛婢（押）

16　　　　　　　　　　　　　　　　　　见人安寺主（押）

这两件契约写得很清楚，卖儿、典身原因，都是欠负深广。高利贷者不仅占有劳动者本身，而且把未来的劳动者也据为己有。在高利贷的压榨下，唐代后期，已是："人小乏，则求取息利；人大乏，则卖鬻田庐；幸逢有年，统偿逋债；敛获始毕，糇粮已空；执契担囊，行复假贷；重重斗息，食每不充；傥遇荐饥，遂至颠沛，室家相弃，骨肉分离；乞为奴仆，犹莫之售；或行丐鄽里，或缢死道途。"⑱小生产者的景况越来越悲惨，生产力愈来愈萎缩，以致简单再生产也无法维持。

五、从契尾署名看契约形式的变化

敦煌吐鲁番出土举贷契契尾署名值得注意的一点是债权人是否署名？这有四种情况：

第一种，契尾署名不仅有债务人、保人、见人，而且有债权人姓名。如麟德二年（665）正月西州宁昌乡卜老师举钱契[49]

1　麟德二年正月廿八日，宁昌乡人卜老师于
2　高参军家人未丰边举取[银]钱拾文，
3　月别生利钱壹文，若未丰须钱之
4　日，本利具还，若身东西不在，一仰家
5　妻儿收后上钱，听拽家财，平为钱
6　直，两和立契，获指为信。
7　　　　钱主高未丰
8　　　　举人卜老师
9　　　　保人翟子隆（押）
10　　　　知见人翟真信（押）
11　　　　保人男石德

又如唐高宗时人杜欢举钱契、[50]咸亨四年（673）张尾仁举钱契，[51]契尾都有钱主署名。

第二种，除债务人、保人、知见人外，债权人只署姓、不署名。如上举麟德二年八月西域道征人赵丑胡贷练契契尾具名：

钱主左

贷练人赵丑胡(押)

保人白秃子(押)

知见人张轨端

知见人竹秃子(押)

第三种,债权人仅署钱主、粟主等,姓和名都不署。如上举总章三年三月张善熹举钱契契尾具名：

钱主

贷钱人张善熹(押)

保人男君洛

保人女知资

知见人高隆观(押)

知见人王父师

知见人□隆(?)

第四种仅署债务人、保人、见人,不署债权人(钱主、物主)。如上举酉年十一月敦煌张乜奴贷麦契契尾署名：

便麦人张乜奴年卌(押)

保人男黑奴年十三

保人张(风益)飒年十一

见人索海奴

见人

见人

这种形式，多见于唐后期和五代的敦煌地区。

上述四种区别不是没有意义的，而是反映借贷契形式在逐步变化。第一种，是古老形式的残留。从敦煌吐鲁番出土的许多借贷契内容看，都是债务人向债权人作的保证，只对债务人有约束作用。如卜老师举钱契，乃是卜老师立契向高未丰借钱，契约写明钱多少，利息若干，何时归还，如不能如期归还，作何处置，都是举钱人卜老师向钱主高未丰下的保证。契约只对卜老师有约束力，按理契尾只要卜老师署名就行，债权人高未丰用不着署名。之所以债权人与债务人一起署名乃是受唐以前举钱契影响。《史记·孟尝君传》记载："召诸取钱者，能与息者皆来，不能与息者亦来，皆持取钱之券书合之。"又："齐为会日，乃持券如前合之。能与息者与为期，贫不能与息者，取其券而烧之。"可见战国时代的举钱券是债主与债务人各执一分，而且两者可以合而为一。这大概是后代借贷契上举贷都要署名的滥觞。吐鲁番出土北凉和高昌时期的举贷契，债主和债务人都是一起署名的。如北凉承平五年（447?）正月道人法安弟阿奴举锦券[52]

1　承平五年岁次丙戌[53]正月八日道人法安弟阿奴，
2　从翟绍远举高昌所作黄地丘慈中
3　锦一张，绵经绵纬，长九[尺]五寸，广四尺五寸。
4　要到前年二月卅日偿锦一张半。
5　若过期不偿，月生行布三张，民有私
6　要，要行二主，各自署名为信。故（沽）各半，
7　共员马一匹，各了。倩书道人知骏
8　时见道[人]智惠承安

很明显,债主与债务人都署了名,对借贷双方都有约束作用。

又如高昌延和元年(602)三月□□宗从左舍子边举大麦券[54]

1　延和元年壬戌岁三月卅日□□宗从左舍子边举大麦伍□(斛)

2　究(九)兜(斗)壹兜(斗)后生麦柒昇(升),要口(到)六月偿麦使毕　若过期□(不)

3　偿,壹月壹斛上生麦一斗,要麦使净好,依左兜(斗)中取,若

4　□宗身东西不在,仰妇儿偿使毕,若前却不偿

5　听拽家财,平为麦直,二主和同立卷(券),卷(券)成之后,各口(不)

6　□□(得返)悔,悔者壹罚二入不悔者,民有私要,要行□□(二主)

7　□□□(各自署)名为信。　倩书　王仕祐

8　□(吋)见　　　　　　　　　郭僧忠

此契就内容说系举麦人给债主的借据,但有"各不得返悔,悔者壹罚二入不悔者",这一点对借贷双方都有约束力,因而双方都要署名画押。而上举麟德二年卜老师举钱契内容,都是举钱者向债主作的保证,债主署名实无必要。所以署名很显然是受高昌国时代写法的影响。内容变了,契约的形式未变。

第二、第三种,是从第一种形式到第四种形式的过渡。既然第一种契约内容,系举债人向债权人的保证,只对债务人有约束力,债权人在契尾署名徒具形式,因而逐渐发生变化,仅写钱主姓或钱主。

第四种，契尾已没有钱主，内容与形式已趋一致。这种举贷契与我国解放前流行的借契基本相同，说明借贷契式样发展到唐末五代已基本定型。

上述四种不同形式的契尾署名，说明形式服从于内容，形式随着内容的变化而变化，但形式是在不知不觉中逐渐演变的，比较缓慢，落后于内容。举贷契契尾，从署钱主姓名，到仅署钱主姓、钱主，最后不署，前后经历了几百年。

1982年5月9日完稿，同年8月修改定稿。

附注：

* 本文所引吐鲁番、敦煌、和阗所出文书，分别属于唐、吐蕃、归义军等统治时期。其中有少量相当于北宋初，但本文重点是讲唐五代时期的，故简称为唐五代时期。

(《敦煌学辑刊》1985年02期、1986年01期连载)

注释：

① 《资本论》第3卷，第695页。
② 《文物1973年第10期。
③ 《沙州文录补》。
④ 《敦煌杂录》。
⑤ 《敦煌发见文书に据る中晚唐时代の佛教寺院の钱谷布类贷附营利事业运营の实况》。
⑥ 承蒙吐鲁番文书整理组在未发表前允准阅读，朱雷同志并以二十多件借贷契录文相赠，以下凡注见《文物》新疆出土契约均参考朱雷同志的录文。
⑦ 《文物》1973年第10期。
⑧ 《敦煌资料(第一辑)》，第357页。

⑨《"支那"西陲出土の契》,见《中国社会经济史研究》。
⑩《中国法制史研究》第十章第三节。
⑪《铃木俊先生古稀纪念东洋史论丛》。
⑫ 1964年新疆吐鲁番阿斯塔那四号墓出土,录自中国历史博物馆出国文物预展。
⑬《敦煌资料》(第一辑)第372页已有录文,但有讹误。
⑭《敦煌资料》第一辑第375页已有录文,本文所引录文,系据北图所藏照片与胶片过录,文字稍有不同。
⑮《敦煌资料》第一辑第377页有录文。
⑯ 仁井田陞著《中国法制史》"土地法取引法",第716页有录文。本录文系据斯坦因胶片过录,略有不同。
⑰《敦煌资料》第一辑第355页有录文。此帖第一行、第六行取麦人为张和和,第八行为张和子,和和与和子两者必有一误。
⑱《敦煌资料》第一辑第382页有录文。此据伯希和胶片过录,略有不同。
⑲ 1956年吐鲁番阿斯塔那239号墓出土。按照惯例,尚未正式发表,不能全文引用,故只能概要叙述。
⑳《历史教学》1980年第5期。此据朱雷同志所赠录文过录。
㉑ 塠,即堆。见斯388号《正名要录》。
㉒《敦煌资料》(第一辑)第399—400页有录文。此据北图碱字59号胶片过录,文字稍有不同。
㉓《敦煌资料》(第一辑)第392页有录文。
㉔ 此据北图碱字五十九号。《敦煌资料》(第一辑)第397页有录文。
㉕《陆宣公奏议集》卷23《论兼并之家私敛重于公税》。
㉖《敦煌资料》(第一辑)第392页有录文。
㉗ 见《文物》1973年第10期,第78页图三。
㉘ 见《文物》1972年第10期。
㉙《敦煌资料》(第一辑)第368页有录文。
㉚《文物》1973年第10期。
㉛《敦煌资料》(第一辑)第370页有录文。
㉜《旧唐书》卷52《贞献皇后萧氏传》;卷62《高瑀传》。
㉝ 按,1475年灵图寺的债契有一件纪年为酉年(817或829),此件年代当为酉年前后。
㉞ "书指"当为画指或书纸之误。
㉟《敦煌资料》(第一辑)第387页有录文。

475

㊱《沙州文录补》。
㊲《通典》卷 35《禄秩》。
㊳《唐六典》卷 6;《全唐文》卷 3 玄宗《禁公私举放重利诏》。
㊴《西域文化研究》,第 3、428 至 429 页。
㊵《北史》卷 97《西域传》:"高昌去敦煌十三日行。"
㊶ 北原薰《晚唐五代の敦煌寺院经济》,《敦煌讲座》3,《敦煌的社会》。北原明确地指出:斯 1475 号《吐蕃酉年卯年等灵图寺仏账麦货便契》11 件中第 4 件等契约,未写明利息,不是没有利息,而是按习惯取利息。
㊷ 前注《支那西陲出土の契》。
㊸《文物》1973 年第 10 期。
㊹《唐语林》卷 1《德行》。
㊺ 1964 年吐鲁番阿斯塔那四号墓出土,《文物》1973 年第 10 期。
㊻ 1964 年吐鲁番阿斯塔那四号墓出土,《文物》1973 年第 10 期。
㊼ 1964 年吐鲁番阿斯塔那四号墓出土,新疆维吾尔自治区博物馆藏。
㊽《陆宣公奏议集》卷 22《请以税茶置义仓以备水旱》。
㊾ 1967 年吐鲁番阿斯塔纳北区 363 号墓出土,见《"文化大革命"中出土文物》I. 图 113。
㊿ 1964 年吐鲁番阿斯塔那 40 号墓出土。
㉛ 1965 年吐鲁番阿斯塔纳 19 号墓出土。
㉜《吐鲁番出土文书》第一册,第 181 页。
㉝《吐鲁番出土文书》第一册,第 181 页。按承平四年为丙戌,五年应为丁亥,误差一年。
㉞ 见《吐鲁番出土文物》第三册,第 5 页。

关于唐代租佃制的若干问题

——以吐鲁番敦煌租佃契为中心

吐鲁番敦煌出土的许多租佃文书,不仅丰富了我们对唐代租佃关系的认识,且对于土地制度及其变化、阶级关系、高利贷、赋役制度等研究,亦有很大帮助。早在抗日战争以前,已有学者对吐鲁番、敦煌发现的租佃契进行了介绍和研究。[①]20世纪50年代末以后,中外学者对此问题的论著渐多,[②]研究亦逐渐深入。本文是在前人研究的基础上,以吐鲁番、敦煌租佃契为中心,结合文献记载,就唐代租佃制的若干问题,发表一些意见。

一、租佃契类型和租佃关系

租佃契类型,国内外学人有三种分类法,一是从法权观点出发进行分类,二是以经济上谁占优势进行分类,三是以地主利用土地进行封建地租剥削抑或是地主利用农民困难进行土地兼并进行分类。三种分法,各有优点,但都并不完善。

我以为如按违约处分来分,可以分为主佃双方完全对等、主佃双方完全不对等、混杂型三类。

主佃双方完全对等的,又可分为两种情况。一种情况是订立租契时,一手交租,一手交田,对租佃双方都没有违约处罚规定。如高昌延昌二十四年(584)道人智贾假田契:[③]

1　延昌廿四年甲辰岁二月七日,道人智贾从

2　田阿泉边夏南渠常田一亩,交与银

3　钱五文。钱即毕,田即苻(付)。秕(贷)96岙後,㖠又耕ㄅ田人

4　悉不知;渠破水齝,田主不知。两主和同立□(契)

(后缺)

此契虽残缺,但基本内容都在。立契日期为二月七日,已属春耕季节。立约时,"钱即毕,田即付",租佃双方都已履行了租约,就不对任何一方有处罚规定,双方地位对等。此为鞠氏高昌时的,类似情况,唐代也有。

另一种情况为先订租约,田未到手,租亦未交,双方均尚未履行租约,规定了对主佃双方相同的违约处罚。如唐龙朔二年(663)张海隆与赵阿欢仁分种契(见下面所引)。此契订于龙朔三年,分种时间,从第二年起连续三年。到耕秄时,主佃双方谁违约,就罚钱五十文给对方。处罚条件相同,契约一式二份,各执一份,双方地位对等。

主佃双方完全不对等的,也可分为两类,只对佃人有处罚或只对田主有处罚。

只对佃人处罚的,一般都是先交田耕种,后交租。如贞观十七年(643)赵怀满向张欢仁、张园富租取土地契。④此契订约时间为正月,即春种之前,当时即交了田地,租价须待六月麦收交付。因此,只对佃人单方面有违约处罚。相反,只规定对田主有处罚的,一般都是先交租,后种田。如唐贞观二十三年(649)范酉隆出租常田券:⑤

1　[贞观廿三]年八月廿六日,武城乡傅阿欢(从)　　　　

2　范酉隆边夏孔进渠廿四年中常田贰亩 即

3　交与夏价银钱拾陆文,钱即日交相付了。
4　(如)到廿四年春耕田时,傅范边不得田时,壹 文
5　谪银钱叁文入傅。田中租缲百役,仰田主承了。 渠 破
6　水　谪,仰傅自承了。两和立券,画指为信。
7　　　田主 范 酉隆———
8　　　夏田 人 傅阿欢———
9　　　知见 人 □□思———
10　　　知见 □□□□

再如垂拱三年(687)史玄政出租土地与杨大智契:⑥

1　垂拱三年九月六日,宁戎乡杨大智交 用
2　小麦肆斛,于前里史玄政边租取逃
3　走卫士和隆子新兴张寺潢口分田贰亩
4　半。其租价用充隆子兄弟庸缲直。
5　如到种田之时,不得田佃者,所取租价麦
6　仪罚贰入杨。有人饴护者,仰史玄应当。
7　两和立契,画指为记。
8　　　租田人杨
9　　　田主史玄政———
10　　　知见人侯典仓———

以上两契,都是当年订立租约、交纳地租,第二年才得田耕种,先交租金后种田,因此,只对田主有违约处罚规定。

混杂型,指介于上述两类间的,即对主佃双方违约处罚既相等,又不相等。如天授三年(692)张文信向康海多租取土地契:[⑦]

1　天授叁年壹月拾捌日,武城乡人张文信[于康]
2　海多边租取枣树渠部田伍亩[亩别租价]
3　小麦壹斛。就中交付叁亩价讫,[其余贰亩]
4　租价,到六月内分付使了。若到六月[不了]
5　者,壹罚贰入康!若到种田之日,不得田
6　佃者,壹斛罚贰斛入张。两和立契,画指[为记。契]
7　[有]两本,各执一本。
8　　　田主康海多
9　　　租田人张信……
10　　知见人翟寅武……
11　　知见人白洛如……
12　　知见人赵胡羊……

此契订于春耕之前。租田五亩,订约时,租价先交三亩,其余二亩,夏收后交纳。违约处罚,都是一罚二。就此点而言,主佃双方地位对等。但这种对等,是以不对等为前提。同是"一罚二",张为未交租价之二倍,即小麦四斛;康为已交租价之二倍,即小麦六斛。实际上双方是不对等的。可见此契所规定的违约处罚,既对等,又不对等,故名之为混杂型。

上述三类租佃契,清楚地表明违约处罚之目的在于保证契约之执行,保障先支付者利益不受损失。所谓主佃双方地位完全对等,其前提是一方交租,另一方同时交付田地(或与此相反,双方都未交);双方完全不对等,一方交付租或土地,另一方未交;双方部分不对等,即双方同时交付的租价、土地,并不相等。归根结底,起作用的是土地、银财。谁

有了土地,有了可以购买土地、支付地租的钱,谁就可以占优势。主佃双方在法权方面对等与否,是财产对等与否的反映。由此可见,以违约处罚对谁有约束力或以经济上谁占优势,来区别租契属于何种类型,实质上并无不同。

以上分类法,固然能看出契约的法权特点,但不能反映租契的多样,也不能引导我们的研究走向深入。

下面我将按租约内容来分类。就目前所见,可以分为纯粹的租佃契和非纯粹的租田契两大类。所谓纯粹的租佃契,指内容仅限于租佃;非纯粹的租佃契,除租佃外,还有债务等内容。具体说,属于纯粹租佃契的有租入契、出租契、分种契、换种契、转佃契、借契出租契,属于非纯粹租佃契的有虚举麦出租契、出租土地充抵欠债契、借贷典押出租契、委托亲族代管佃种契。分别举例说明如下:

租入契。目前学界把出土的一般租田契称为假田契或租田契。但从谁立契给谁角度来考察,实际上包含了两种不同性质的租佃契,一是佃人某某立契向某某租取土地,一般都是地主占优势;一是田主某某立契把土地出租给某某,一般都是佃人占优势。前者可简称租入契,后者可简称出租契。现有租佃契,以这两种类型为最多。租入契如贞观十七年赵怀满向张欢仁、张园富租入土地契,贞观二十二年索善奴租入常田(见下引),显庆四年张君行向阴丑子租取土地契,再如伯2858号酉年二月十二日索海朝租地帖(稿)⑧:

(前缺)

1　索海朝租僧善惠城西阴安渠地两突,每

2　年价麦捌汉硕,仰海朝八月末已前依数

3　填还了。如违不还,及有欠少不充,任将此

4　帖掣夺家资用充麦直。其年地子,三分

481

5　内二分亦同分付。
6　身或东西不在,仰保填还。
7　⑨酉年二月十二日索海朝立帖
8　　见人及保弟晟子(押)
9　　见人及保兄海奴(?)
10　　见人?
11　　见人
12　　见人
13　　见人

又如斯六〇六三号乙亥年(915?)索黑奴程□子二人租入契:

1　乙亥年二月十六日,敦煌百姓索黑奴、程□
2　子二人,伏缘欠阙田地,遂于侄男索□获面
3　上于城东忧渠中界地柒亩,遂租种瓜。其地
4　断作价直每亩壹硕二斗,不谏(拣)诸杂色
5　目,并总收纳。两共对面平章,立契已后,
6　更不许休悔,如若先悔者,罚麦两(?)䭾,充
7　入不悔人。恐人无信,故立此契。
8　　租地人程□子
9　　租地人索黑奴(押)
10　　见人汜海保

上述五件唐吐蕃归义军节度使时期吐鲁番敦煌租佃契,尽管内容和形式稍有不同,但都是先种田后交租,在经济上地主普遍占优势。租约可能一式二份各执一份,或只有一份由地主收执,实质上都是租田者

立契向田主租取田地。

出租契。除上举贞观二十三年范酉隆出租常田券、垂拱三年史玄政出租土地与杨大智契外,再如:总章三年(670)张善憙出租菜园于左憧憙契:[10]

1　总章三年二月十二日,左憧憙于张善
2　憙边夏取张渠菜园壹所,在白赤举
3　北分墙。其园叁年中夏价大麦拾
4　陆斛、秋拾陆斛,更肆年与银钱叁拾文
5　若到佃时不得田者,壹罚贰入左,租缲
6　佰役仰园主;渠破水谪,仰佃人当。为
7　人无信,故立私契为验。
8　　　钱主　　左
9　　　园主　　张善憙
10　　保人　　男君洛
11　　保人　　女如资
12　　知见人　王父师
13　　知见人　曹行感

大谷3017号开元二十四年(736)左小礼出租部田于张某契[11]:

1　开元二十四年二月▢▢▢▢
2　▢麦贰斛▢　请(?)地(?)　▢▢▢▢　　　请地
3　取白渠口分贰亩,其田要[迳二十四]
4　二十五年佃种,[如到种]田之日,不得[田]
5　佃及改租[别]人,其所取麦一罚二入张。

6 两和立契,获指(画)为记
7 　　　麦主
8 　　　贰亩田主左小礼———
9 　　　保人同领妻母解四胜———
10 　　 倩[书]??　□□□阕

天宝五载(746)吕才艺出租常田契:[12]

1 天宝五载闰十月十五日,□□交
2 用钱肆佰伍拾文,于吕才艺边
3 租取涧东渠口分常田一段贰亩,东
4 渠,西发屯,南?渠,北县公廨。其地要
5 用天宝陆载佃食。如到下子之日,
6 [不] 得 田佃者,其钱壹罚入□,田
7 上所有租缲百役、仰田[主]知当,
8
9 　　　钱主
10 　　　田主吕才艺载五十八
11 　　　保人妻李
12 　　　保人浑定仙
13 　　　倩书人浑仙

天宝十三载(754)竹玄果出租口分部田于杨晏契[13]:

1 天宝十三载十一月二十三日,杨晏交用小麦

2　肆斗,于竹玄果边租天十四[口]分[部田]

3　贰亩,其地要经一周载[佃]食,如[到种田]

4　之日,不得田佃者,及改租与别[人]者,租

5　价一罚贰入杨。租殊▢▢▢▢▢

6　代输▢▢▢▢▢

7　　　　租田人▢▢▢▢▢

8　　　　田主竹玄果载三十七

此外还有至德二载(757)顺义乡曹孝绩出租部田于杨契[13],斯5972号天复二年(902)敦煌百姓刘加兴出租土地给樊曹子契、伯3115号背天复四年(904)令狐法性出租口分地给贾员子契(稿),等等。这些租佃契,租期有长短,短则一二年,长达二十二年,都是先交租后种田,都是田主立契把土地出租于人。

分种契。即地主提供土地,佃户提供劳力、耕牛、种子等。有的全由佃人或地主提供,有的则由主佃双方各提供一部分。收获物按一定比例在地主和佃人之间进行分配。如:龙朔三年(663)张海隆与赵阿欢仁分种契:[15]

1　龙朔三年九月十二日,武城乡人张海隆于

2　同乡人赵阿欢仁边,夏取肆年中

3　五年六年中武城北渠口分常田贰亩,海

4　隆、阿欢仁二人舍佃食。其耒(耕)

　　牛麦子仰

5　海隆边出。其秋麦二人庭分。若海隆

6　肆年伍年六年中不得田佃食者,别(罚)钱伍拾文

485

7　入张;若到头不佃田者,别(罚)钱伍拾文入赵。
8　与阿欢仁草玖围。契有两本,各捉一本。两
9　主和同立契,获(画)指[为]记。
10　　田主赵阿欢仁——
11　　舍田人张海隆———
12　　知见人赵武隆
13　　知见人赵石子———

背面有拼接号。

此契所谓"秋麦二人庭分",我以为秋麦可能是麦秋之颠倒。麦秋一词在吐鲁番租田契上屡屡见到。从文献记载看,麦秋含义是指麦熟,引申为夏熟、秋熟作物。韩鄂《岁华纪丽》 四月麦秋条注:"百谷初生为春,熟为秋,故麦以孟夏为秋。"[16]租田契上之麦秋,当指夏熟秋熟作物麦和粟。麦秋庭分,即夏熟秋熟作物(麦粟)平分。此外,契约还规定,给田主草玖围。[17]所谓舍田食,有的先生解释为双方共同出力经营耕种。我以为此契为分种契。分种制历来习惯由佃户提供劳力,此契当不例外。同样,随田课税,未写明谁负担,也应按高昌时惯例,由田主负担。

租佃分种契。即上述租入契(或租出契)与分种制的混合,地租既是定额制又是分成制。如大历三年(768)僧法英租菜园契(稿):

1　马寺园一□ ⬜
2　大历三年十月二十四日,僧 法 ⬜
3　取上件园佃种,其园限叁年佃种。每年租价准 麦
4　壹亩贰硕伍斗、粟叁硕。其麦粟□至时熟仰[法]

5　英依数送纳。其田税仰佃人自知。园内起三月□[日]

6　送多少菜,至十五日已后并生菜供壹拾束,束壹□

7　如修理墙壁不如法,送菜阙少,不在□□□□斛

8　斗并须依□送付。如违限,任掣夺衣资杂物,平充

9　斛斗直,并[租]别人,仍限叁年佃种。如修理[送]疏(蔬)如法,

10　斛斗不阙,徒众不得中途改悔。其韭两畦,壹畦佃

11　人收,余一畦分为叁分,两分入寺家,一分[法英]。其韭至八月

12　一日,更不得侵损。其冬藏蔓□□□□北壁壹畦入寺

13　家。如收菜之时,有不如法,仰佃人□□□□充替。其有

14　官科税诸杂,一仰佃人知当,不干寺家事。仍下葱子壹斗,

15　其子寺家出陆胜,佃人出肆胜;功仰佃人□□。葱内所种芥,

16　寺家取壹佰束。契有两本,各执一本。其园内所耕瓜,每日与寺

17　壹拾颗。两家平和,画指为记。地主

18　　　　地主马寺尼净信年四十

19　　　　^{主地}地主尼上坐法慈年三十四

上契所载,每年租价准麦一亩二硕五斗和粟三石,显然是实物定额租。其韭两畦,一畦佃人收,余一畦分为三分,两分入寺家,一分法英;其冬藏蔓……北壁一畦入寺家;葱子一斗,寺家出六胜,佃人出六胜,功

仰佃人边出,则是采用了分成制。园内起三月某日送多少菜,至十五日以后,并生菜供一十束,园内所请瓜,每日与寺十颗,可以说既是定额租又是分成制。1973年阿斯塔那506号墓出土的唐孙玄参租菜园契,也是定额租与分成制混合。

转佃契。即租田者把租入的土地,转租于人。例如朱进明转租土地于曹忠敏契:⑱

1　□□高渠部田一段二十九亩,内壹拾陆亩旧主王祐
　　　　　　　　　　　　　　东渠　西渠
　　　　　　　　　　　南申屠祀　北渠
2　□[元]二年九月八日,曹忠敏于知田朱进明处租取专
3　思廉等上件地。进明先于尊廉等边散于人处租
4　得。今不亲营种,遂转租与前件人。每亩交用小麦
5　壹斯租取上件地,来年佃种。如到种田之日,不得
6　地佃者,一仰朱明知当,不干曹敏事。段内更有别
7　人追理地子,并不干佃地人之事,两共平章,获
8　指为记。　谨录契白如前。
9　　　　　麦主
10　　　田主朱进明年四十
11　　　保人□□琳年五十八
12　　　(保)[人]
(后残)

此件第二行上残存之字,似为元字下半部,则其年代当为上元或乾元。所谓不亲营种,遂转租于人,很可能是知田朱进明利用转租进行

剥削。

借契出租。即出租者把自己出租契附写在另一人的出租契上。这种形式的前提是,租田者必须是同一人。其特点为附笔简单,一般只写某某交用钱粮若干,向某人租取什么性质的土地多少亩,最后为出租人署名画押。违约处罚或不写,或写"准上"。也不写知见人、倩书人,实际上都是一如本契。吐鲁番的租佃契中有这种形式。如至德二载(757)竹玄过出租口分部田于杨晏契稿:[19]

1　[至]德二载八月五日,杨晏交用小麦肆
2　[斗]于竹玄过边(租)取沙渠口分部
3　[田贰]亩。其地要[经](至)(德)[三]栽佃种,如到种
4　[田之日,不](得)田佃者,其麦一(罚)二入杨,若身
5　[东]西不在,一仰保人等知当。为人(无)(下空)
6　　　　　　麦主
7　　　　　　田主竹玄过载三十□
8　[杨]交[用]小麦二斗,于白如奕边租取[沙]渠
9　口分部田一亩。其契准[上]。
10　　　　　　田主白如奕载三十

白如契就是借契出租。为什么不单独立契,而要采用借契形式?那是因为立契者为没有文化的贫苦小农,这样做,可以减少立契的手续费用,和借契出卖土地、借契举钱等性质相同。这种形式,一直到解放前,中国农村仍在流行。

互佃契,或称换种契。大多数乃是小农因自己的土地离家较远,不便耕种,在一定期限内,彼此交换耕种。随田课税各由原主承担。期满

后，不论任何一方不愿继续，各自收回本地。契约一式二份，各执一份，以为凭证。这种形式，如果双方的土地数量质量相等，就是纯粹的换种；略有出入，即由一方交给另一方租价若干，实际上，这已是换种与定额租地之混杂。如天宝七载(748)杨雅俗与某寺互佃契：[20]

1 □□□□ 郡 城 樊 渠口分常田 一 段肆亩　东西南北
2 □□□□ 南 平城南地一段 叁 [亩]　东南北
3 [天宝]七载十二月十三(日)，杨俗寄住
4 南平，要前件寺地营种，今将郡
5 城樊渠口分地，彼此逐[便佃]种。缘
6 田地税及杂税科、仰□□□
7 各自知当。如已后不愿佃地者，
8 彼此收本地。契有两本，各执一
9 本为记。
10 　　　地主杨雅俗载二十四
11 　　　保人兄处俗载 廿□
12 　　　保人高澄载二十一

又，唐张小承与某人互佃田契：[21]

1 □□承匡渠西奇口分常田五亩　东王令玚 西菅菅亩 北苏杞叔 南
2 □□□□年十一月二十四日□□逐稳便将上件地
3 □□□□酒泉地口分□渠常田一段五
4 □□□ 家 各十年 佃 □□，如以后两家

5 ☐☐☐ 种,各自收本地。如营地以后,
6 ☐☐☐ 役,各自只承,不得遮护。两
7 共平章。恐人无信,故立此契为记。
8 数内一亩地子,张处直   地主张小承年三十二
9 边收麦两斛一斗。   保人弟☐☐☐
10 契有两本,[各]执一本。保人张处直
             保人

以上两件都是换种契,一以肆亩换三亩,一以五亩换五亩,期限一为不定,一为十年。换种形式,不仅见于唐代吐鲁番,在解放前农村中仍流行。但这种形式,数量历来不多,因为小农自有土地一般都在园宅附近,而且这种交换耕种,须以双方土地数量质量大致相等为前提,不易实行。

虚契举麦出租土地契。所谓虚契举麦,相当于现代通行的期票贴现。即麦主以一定数量的麦借给举麦者,举麦者立举麦契一张,契约上所写举麦数量,已包括利息在内。举麦者再以若干亩土地出租给麦主(债主),以此租价充抵所举之麦。这样的契约,我把它命名为虚契举麦出租土地契。如显庆四年(659)吐鲁番崇北乡白僧定举麦契,[②]实为虚契举麦出租土地契。兹过录如下:

1 显庆四年十二月二十一日,崇化乡人白僧定于
2 武城乡王才欢边,举取小麦肆斛,将五年
3 马堆口分部田壹亩,更六年胡麻井部田壹亩,
4 准麦取田,到年年不得田耕作者,当还麦
5 肆斛入王才。租缏百役,一仰田主,渠破水謫、一仰佃
6 [人]。两和立契,获(画)指为信。

7　　　　　麦主王才欢
8　　　　　贷麦人白僧定
9　　　　　知见人夏尾信
10　　　　知见人王士开．
11　　　　知见人康海□

此契写明,白僧定于显庆四年十二月向王才欢举取小麦四斛,于显庆五、六两年各以部田一亩租给王才欢耕种,充抵所举小麦四斛。到时,若白僧定不如约给田于王,当还麦四斛。值得注意的是,"还"是否为"罚"之误讹？我以为不是。如果是罚,按惯例应写一罚二、一罚三。为什么仍还四斛,而不予处罚,不加利息？我的理解是,所谓举取小麦四斛,乃是虚契举麦,已经包括利息在内。类似虚契举麦现象,在唐代相当普遍。如《全唐文》卷72文宗《令百姓收赎男女诏》云"苏州大水,饥歉之后,编户男女",多被迫"虚契质钱"于富家。从契约上看,质钱很多,实际是"父母得钱数百,米数斗而已"。但收赎时,富家都按"虚契征索"。

出租土地充还欠债契。如伯3214号背天复七年(907)敦煌洪池乡百姓高加盈出租土地充还欠债契；

1　天复柒年丁卯岁三月十一日,洪池乡百姓高如盈,先
2　负⑧欠僧愿济麦两硕、粟壹硕,填还不办。今
3　将宋渠下界地伍亩,与僧愿济贰年佃种,充为
4　物价。其地内所著官布地子柴草等,仰地主
5　只当。不忓种田人之事。中间或有识认称为地主者,
6　一仰加盈觅好地伍亩充地替。两共对
(后缺)

高加盈以土地五亩出租,为期二年,充抵所欠麦粟三石,每亩租价仅三斗。租价如此之低,可能是债主僧愿济乘加盈经济困难,无力偿债之际,压低了租价。这类契约,既有租佃内容,又有债务关系。

借贷典押出租土地契。如斯466号后周广顺三年(953)敦煌莫高乡龙章祐、祐定弟兄借贷典押出租土地契:[24]

1　广顺叁年岁次癸丑十月二十二日立契,莫高乡百姓龙
2　章祐弟祐定,伏缘家内窘阙,无物用度,今将父
3　祖口分地两畦子共贰亩中半,只(质)典己莲畔人押衙
4　罗思朝。断作地价,其日见过麦壹拾伍硕。字(自)
5　今已后,物无利头,地无雇价。其地佃种、限
6　肆年内不喜(许)地主收俗(赎)。若于年限满日,便仰地主辨(办)
7　还本物者,便仰地主收地。两共对面平章
8　为定,更不许卜[25]喜(许)休悔。如若先悔者,罚青麦
9　拾驮,充入不悔人。恐后无信,故勒次(此)契,用
10　为后凭
11　　　　地主弟龙祐定(押)
12　　　　地主兄龙章佑(押)
13　　　　只(质)典人押衙罗思朝
14　　　　知见人父押衙罗安进
15　　　　知见人法律福海　知

龙祐定弟兄以二亩半土地质典于罗思朝,取得地价麦壹拾伍石,为期四年。"物无利头,地无雇价",即一方不收利息,另一方不收地租。期满后,以原地价麦十五石赎回土地。很明显,此契已不是单纯的典押借

贷，而是以土地二亩半之租价，充抵麦十五石之利息，既包括借贷生利，又包括地租。姑且名之为借贷典押出租土地契。这种性质的契约也是早已有之。《通典》卷2引《关东风俗传》记载北齐时，"帖卖者，帖荒地七年，熟田五年，钱还田还，依令听许"。所谓钱还田还的帖，就是上述性质的质典。这类质典，唐代也很普遍。㉕

亲族代管租佃耕种契。如伯3257号甲午年(934)二月敦煌索怀义代弟看管佃种凭：

1　甲午年二月十九日，索义成身着瓜州，所有父祖口分地叁拾贰亩,分

2　付与兄索怀义佃种。比至义成到沙州得来日，所着官司诸杂烽

3　子官柴草等，小大税役，并总兄怀义应料；一任施功佃种，若收得麦粟，任

4　自兄收，颗粒亦不论说。义成若得沙州来者，却收本地。渠河口作税役，不忓

5　□兄之事。两共对而平章，更不许休悔。如先悔者，罚牡羊壹口。恐人无信，

6　故立文凭，用为后验

7　　种地人兄索怀义（押）

8　　种地人索富子（押）

9　　见人索流住（押）

10　见人书手判官张盈（签名）

此契虽为亲族代管佃种，但并不是无代价，而要代纳全部课税。可以

说,租价相当于索义成应纳课税。就这点说,也有租佃关系。因此,名之为亲族代管租佃耕种契。这种办法,并不是五代才出现,唐代早已很普遍。唐政府对逃户的土地,首先由亲族代管耕种交纳租调,就是上述办法的反映。

由上叙述,清楚地看出唐代租佃契类型多种多样,关系比较复杂。下面谈唐代存在的租佃关系。

地租是土地所有权在经济上的实现,有几种土地所有制形式,就会有几种租佃关系。唐代存在着三种土地所有制形式,即国家土地所有制、地主土地所有制、农民小土地所有制。与之相适应,有官府与民众,地主与农民,农民与农民之间三种租佃关系。吐鲁番地区数量最多的是农民间相互租佃,以往的研究者已指出了这一点,不再重复。以下着重谈一下在那时起主导作用的地主与农民间的租佃关系。地主土地出租,在唐代是地主所有制实现剥削的主要方式。文献记载比较清楚,如天宝十一载诏:"王公百官及富豪之家,比置庄田,恣行吞并。""乃别停客户,使其佃食。""有田之家,坐食租税",[⑦][⑧]是当时的普遍现象。但在出土的租契中要区分哪几件是地主与农民间租佃契,哪几件是农民间相互租佃契,比较困难。因为契约有比较固定的格式,地主与农民间、农民与农民间两种租约,写法颇多类同。契约上所写租佃者和出租者名称虽然很多,但都不是阶级和阶层概念。不能据此来回答上述问题。契约上租佃双方谁占优势,也不能作为解决上述问题的根据。因为契约上双方地位对等与否,只是法权特点的表现,并不完全反映主佃实际所处社会经济地位。例如上举高昌二十年前后智演出租契约,主佃双方对等,但出租者智演是寺主,不但出租土地,还出租碓取利。可见智演是一位富有的剥削者。垂拱三年史玄政出租契,从违约处罚条件看,田主史玄政处于劣势地位,但他的身份是前里正,租价很高,提前收租,又放高利贷。[㉓]可见他是凭借政治经济势力,兼并逃户土地,出租剥削。显庆四年张君行租佃契,佃人张君行处于劣势地位,但他的身份是队正,府兵的下级军官。同样,租价高低也不能作为判断出租者是地主抑或是农民的根据。因为租价高低,取决于土质好坏和所处的地理位置,取决于投入同量劳动能收获多少产品。同样质量位于同一地区的土地,不管属于地主或农民,除特殊情况外,租价大致相同。总之,要判断某一租佃契,是否属于地主剥削农民的典型的封建租佃契,单凭租契本身,孤立地看,很难作出正确回答。理想的方法是,汇集多方面的有关材料,进行综合研究,但目前还难于这样做。当然单凭租契本身,有几件也可断为地主对农民剥削的封建租佃契。如贞观二十二年(648)索善奴向赵某租入田地契⑧:

1　贞观二十二年十月三十日索善 奴 从 赵 □ □ 处
2　夏孔进渠常田肆亩,要迳 二十三二十四年
3　年别田壹亩,与夏价大麦五斛,与 秋粟×斛
4　年年到五月内偿麦使毕,到十月内偿 粟使
5　毕。若不毕,壹月,麦秋壹斛上生麦秋壹□(斗)。
6　若延引不偿,得泄家资,平为麦秋直。若身东
7　西无者,一仰妻儿及收后者偿了。取麦秋
8　之日,依高昌旧故平衰斛中取,使净好。若不好,听
9　向风常(飐)取。田中租课仰田主;若有渠破水谪,仰(佃)
10　 人了,两和立契
11　 获 指为信。
12　佃主赵

13　佃田人索善奴
14　知见人冯怀
15　知见人刘海愿

此契虽然残缺,基本内容尚能窥见。有几点值得注意。其一,租价高。夏季每亩大麦五斛,秋季残缺,按照惯例,可能与夏季同,即粟五斛,共为(高昌旧故平园斛)麦粟拾斛。[①] 其二,此契订于贞观二十二年十月,第二年第三年才耕种,租价收获后交付。换句话说,订约时,既未交田,亦未交租,按照高昌契约惯例,应对租佃双方都有违约处罚,但此契只对佃人单方面有违约处罚,反映出地主地位高,佃人地位低。其三,租价到期不交,不仅每月一分生利,且要夺取家财充抵租价,违约处罚条件苛刻。其四,若佃人逃亡,须妻儿等代偿,佃人的人格多么被鄙视。综合以上四点,可以判断本契为地主剥削农民的封建租佃契。

有的先生很强调契约性租佃关系的出现,标志着唐代农民社会身份的提高。其实,租佃契约关系,在唐以前早已存在。至于唐代农民的社会身份应具体分析。历史的发展是迂回曲折的。唐代前期、魏晋南北朝以来的门阀大族,已趋衰落,依附于豪强大族的部曲佃客制亦趋瓦解,数量众多的均田农民作为国家编户良民,较之注籍于主人名下的部曲、佃客,社会身份要高,当均田农民受田不足或开始破产失去土地,被迫向地主耕种时,在社会身份上还保持国家平民身份;佃户对地主的关系,还不像以后的主佃关系类似主仆关系。反映在租佃契约上,主佃双方地位开始可能并不那么悬殊。但如上所述,契约上主佃双方平等与否,取决于双方所处社会经济地位,取决于双方交付的土地钱财。普通地主(或正在上升为地主)与经济上有能力支付地租的农民之间,在契约上地位可能相近。如果一方是拥有土地的地主,一方是支付地租有困难的贫苦农民,就不可能有什么平等。至于贵族官僚豪强地主出租土地,特别是实行预租制,即先收租后种田的,一般都不会签订租约;即使签订,在租约上也决不会给官僚豪强地主规定什么违约处罚;如有违约处罚,只能是对佃人单方面的。随着土地兼并和租田制发展,唐代佃农地位日趋低下,受地主控制愈来愈牢固。到德宗时,广大佃农已是"依托强豪,以为私属,贷其种食,赁其田庐。终年服劳,无日休息。馨输所假,常患不充"。[②]经济上受地主牢牢控制,政治上也受地主压迫。"依富为奴客,役罚峻于州县"。[③]地主不仅通过官府镇压佃农,还以私刑进行处罚。这样的佃农,其身份地位,实际上与农奴相差无几。

二、地租形式和地租量

地租形式。大家知道,地租的历史形式有劳动地租、产品地租、货币地租三种。唐代,劳动地租只是一种残余,货币地租也不多,占统治地位的地租形式是产品地租。无论是唐朝的官方文书和私人著作,凡是提到地租量时,总是以斛斗计算。

农产品,间或是手工业产品,如京畿地区,据陆贽所说,唐代后期仍是普遍实行产品地租。家居江南苏州的陆龟蒙,在顾渚山下有茶园出租,"岁入茶租十许簿"。[④]乙亥年敦煌百姓索黑奴等租入瓜园七亩,租价亦以粮计算。茶园、瓜园生产商品性强,仍是产品地租,那么,粮田的地租形式,自然更是如此。敦煌租佃契所载全是产品地租。吐鲁番租佃契,数量较多,但绝大部分也是产品地租,货币地租只是一小部分。吐鲁番自前汉以来,商品经济比较发达,早就有了货币地租,但直到唐代仍不占主要地位。产品地租的前提是自然经济。唐代产品地租之所以占绝对统治地位,正是以农业和家内手工业相结合的自然经济占绝对统治地位的反映。

劳动地租是地租形式中最落后的一种,在唐代只有残余影响。如吐鲁番敦煌地区上百件租佃文书,劳动地租连一件都没有。开元十八年(730)宣州刺史裴耀卿建议在宽乡有剩田的州安置客户:"每十户以上共作一坊,每户给五亩充宅。""丁别量给五十亩已上为私田,任其自营种。率其户于近坊,更供给一顷以为公田,共令营种。每丁一月役功三日,计十丁一年,共得三百六十日,营公田一顷。""计平收一年,不减百石,使纳随近州县,除役功三百六十日外,更无租税。既是营田户,且免征徭。"⑱ 这是很典型的劳动地租,但未实行。建中四年(783)度支侍郎赵赞请置大田,"天下人田,计其顷亩,官收十五之一。择其上腴,树桑环之。公田公桑,自王公至于匹庶,差借其力,得谷以给国用"。实际上也是企图推行劳动地租。其结果是,"诏从其说。赞熟计之,自以为非便,皆寝不下"。⑲ 以上都可说明唐代劳动地租是罕见的。

货币地租的流行,要以商业、商品生产、货币流通比较发达为前提。吐鲁番出土的八十多件唐代租佃契中,实行货币地租的有十多件,时代从贞观到大历,分银钱和铜钱两种。那时,中国只有银块,尚无银币。吐鲁番使用的银钱,是由波斯输入的。以货币支付地租的,不少是葡萄园、菜园。除上面所列举的,再如长安三年(703)严苟仁租取葡萄园契:⑳

1 长安叁年三月二日,严苟仁於麹善通边租取张渠蒲
2 陶一段二亩。陶内有枣树大小拾根,四院墙壁并全。其陶
3 契限五年收佃。今年为陶内支樘短,当年不论价直,至辰
4 岁与租价铜钱肆佰捌拾文,到巳岁与租价铜钱陆佰肆拾文,

499

5　至午岁与租价铜钱捌佰文,到未岁一依午岁价,与捌佰文,年

（后缺）

货币地租,目前仅见于吐鲁番地区,在其他大城市附近可能也有,但总的说来,为数不会多。

产品地租和货币地租都是定额租,此外还有分成制地租,上面已交代过,即由地主提供土地,佃人提供劳力、耕牛、农具、种子、肥料等,有的由主佃双方各提供一部分,有的全由佃人提供或田主提供,产品按一定比例在田主和佃人之间进行分配。大家熟知,三国时,曹魏大规模屯田,民屯就是采用分成制。这种形式在唐代租佃制中占有一定比例。据文献记载,在经济发达的内地和边远地区,如泾州、韶州、岭南等地都仍很流行。吐鲁番出土的租佃契中,就有几件分成制的。如上举龙朔三年张海隆与赵阿欢仁分种契,就是一例。

分成制地租,收获的好坏,对地主的收入有直接影响,因而地主往往干预生产活动;作为直接生产者的农民,经营的自主性就受限制,积极性不如经营定额租的土地高。因为直接生产者很清楚,自己辛勤劳动增加的产品,有一半归地主所有。种植什么,如何种植,须主佃双方事先商定;收获分配时,又须主佃双方同时到场,对双方都不很方便。分成制的经营方式,是变相的工役制,比之定额租相对落后,随着时代发展,愈来愈为定额租所代替。解放前,中国农村这种形式虽仍存在行,但所占比重不大。

混杂形式,即同一租契上兼有两种地租形式。如上举总章三年张善憙出租契是产品地租和货币地租的混杂,大历三年僧法英租菜园契（稿）是定额租和分成制混杂。

地租不管什么形式,但其实质都是剩余价值,都是剩余劳动的产

物。地租量的多少,取决于劳动生产率。而劳动生产率是和自然条件联系在一起的。唐代的地租量,由于社会经济发展不平衡,不同地区是各不相同的;在同一地区,又由于土地客观属性如地理位置不同等原因,每亩的地租量相差也很大。

先谈官田的地租量。唐代公廨田、职分田等官田,普遍采用出租方式。《唐会要》卷92《内外官职田》:"开元十九年(731)四月敕,天下诸州县并府镇戍官等职田顷亩籍账,仍依元租价对定,无过六斗;地不毛者,亩给二斗。"按规定最高为六斗,实际已超过,大谷1309号文书所载:武周时天山县官田地租,每亩麦二斗五升到六斗八升,与文献记载相近。每亩二斗到六斗,一般为土质差、收成低的田。土质好、产量高的田,地租量要高得多。如开元二年(714)张师成墓出土高昌县催租帖所载田参军职田五十多亩,租价都在一石一斗以上。[38]在粮桑间作的河东、河北等地区,随着生产发展,到天宝初,公廨田、职田地租,从一年收一次,增为一年收二次,既收粮食,又收纺织产品。[39]

还须指出,官田土质好的被豪强奸吏换易、隐没,出租的大多是低劣不毛之田,租粮又要送到政府指定地点,运费高,连皇帝发布的诏敕也承认"两京职田,准式并令佃民输送至京""道路或远,劳费颇多"。[40]元稹在同州上疏也指出:"其诸色职田,每亩约税粟三斗,草三束,脚钱一百二十文。""若是京官上司职田,又须百姓发米雇车般送,比量正税,近于四倍加征。"[41]租价实际上比民田高得多。百姓不愿租种,就采用抑配。从文献和出土资料看,在唐代前后期,内地边疆,普遍如此。

私地的地租量,文献很少记载。大家熟知,德宗时,京畿地区,每亩收租,高则一石,低则不下于五斗。[42]这是概括而言。从出土的租田契看,情况复杂得多。为清晰起见,先列简表于后:

吐鲁番敦煌租田契所载租价表（定额租）

编号	地区	立契年代	地种亩数	每亩租价	交租期限	材料出处	附注
1	吐鲁番	贞观十七年	不明	高昌斛斗小麦二斛二斗（合唐量七斗多）	当年六月	《文物》1960年6期赵怀满租田契	当年，指种田的那一年
2	吐鲁番	贞观二十二年	常田□亩	夏季高昌旧故平园斛五斛秋季粟五斛？	当年五月、当年十月	新疆《历史文物》1978年索善奴租佃契	一年收二次租
3	吐鲁番	贞观二十三年	常田二亩	银钱十六文	上一年八月	阿斯塔纳10号墓范首隆出租契	上一年，指种地的上一年
4	吐鲁番	永徽四年	常田二亩	银钱六文	上一年四月	阿斯塔纳10号墓出支丑□出租契	
5	吐鲁番	某年	常田□亩	银钱十五文	交田时	阿斯塔纳10号墓出支童尾住出租契	
6	吐鲁番	显庆四年	七亩	小麦汉斗六斗半	当年六月	大谷2828号张君行租佃契	
7	吐鲁番	显庆四年	部田二亩	小麦二斛	上一年十二月、上二年十二月	《历史教学》1980年5期白僧定举麦租田契	

(续表)

编号	地区	立契年代	地种亩数	每亩租价	交租期限	材料出处	附注
8	吐鲁番	乾封元年	部田一亩	小麦二斛	上一年某月	乾封元年左僮熹夏田契附竹苟仁契	
9	吐鲁番	垂拱三年	口分田二亩半	小麦壹石六斗	上一年九月	《文物》1973年10期史玄政出租契	
10	吐鲁番	天授三年	部田五亩	小麦一斛	当年一月、当年六月	马伯乐314号康海多出租契	一年二次收租
11	吐鲁番	长安三年	葡萄二亩	铜钱二百四十文、铜钱三百二十文、铜钱四百文	第二年，第三年，第四、五年	《文物》1973年一期严苟仁租葡萄园	
12	吐鲁番	天宝五载	常田二亩	铜钱二百二十五文	上一年十月	柳中遗文乙吕才艺出租契	
13	吐鲁番	天宝十三载	部田二亩	小麦二斗	上一年十一月	阿斯塔纳506号墓出土竹元果出租契	
14	吐鲁番	天宝十三载	部田二亩	麦二斗	上一年某月	阿斯塔纳506号墓出土张元举出租契	
15	吐鲁番	至德二载	部田二亩	小麦二斗	上一年八月	阿斯塔纳506号墓出土竹玄果出租契	

(续表)

编号	地区	立契年代	地种亩数	每亩租价	交租期限	材料出处	附注
16	吐鲁番	至德二载	部田一亩	小麦二斗	上一年八月	同上·附白如亦出租契	
17	吐鲁番	大历三年	菜园一亩	五石五斗（麦二石五斗粟三石）	当年麦收、秋收和收粟时	阿斯塔纳506号塞出土僧法英租菜园契	
18	吐鲁番	某年	一亩	麦二斛一斗	不明	阿斯塔纳506号墓出土张小承与人互佃契①	
19	吐鲁番	某年	不明	麦粟一石七斗	当年麦收秋收	同上赵绑昏租地契	一年二次收租
20	敦煌	酉年（吐蕃占领时期）	两窦（二十亩）	麦四汉斗每年麦八硕	当年八月	伯2858号索海朝租地帖	
21	敦煌	天复七年	五亩	麦粟三斗	当年三月、上一年三月	伯3214号背高家盈出租土地充抵欠债契	
22	敦煌	乙亥年（九一五年？）	瓜地七亩	粮食一石二斗	当年收获后	斯6063号索黑奴租佃契	

由上表看出,产品定额租,粮田每亩租价,低则小麦六七斗,最低为二斗;高则一石六七斗,也有高至二石以上的。高低悬殊,相差十倍。至于经济作物,如大历三年僧法英租取菜园契,一亩租价达麦粟五石五斗,还须日送菜若干,租价之高,更为惊人。

货币地租,每亩租价银钱六文(约合铜钱一九二文)、十五、十六文(约合铜钱四八〇——五一二文),㊸铜钱二二五文到四〇〇文,悬殊也很大。由于没有能确切对比的物价资料,不能换算成产品。㊺但货币地租只是产品地租转化产生的地租形式,两者的地租量大致是相近的。

租价为什么相差如此大? 主要是由于土地的生产条件不同。如吐鲁番地区,每亩租价小麦二斗的地,都是位在沙渠的部田,土质可能很差。相反,菜园不仅土质好,而且地理位置好,在城市附近,租价特别高。当然也有富有者利用农民困难,故意压低租价的。如天复七年高加盈川租土地充还欠债契,每亩租价仅三斗,就是一例。

分成制的地租量,历来习惯为对半分,唐代大致相同。1964 年吐鲁番阿斯塔那 15 号墓出土,唐贞观年代权僧奴与人分种契,田主提供土地、耕牛,佃人提供人力、肥料、麦种、粟种,收获物主佃双方"亭分",即中分、对半分。上举龙朔三年张海隆与赵阿欢仁分种契,地主提供土地,佃人提供劳力、耕牛、种子,进行耕作,收获的粮食对半分,并给草玖围与田主。唐德宗时,大将焦令谌在泾州,"取人田自占数十顷,给与农曰:且熟,归我半"。㊻柳宗元《答元饶州论政理书》也说:"多与之田,而取其半。"㊼又岭南地区有称为"山魈"者,"每岁中营田,人出田及种,余耕田种稽,并是山魈。谷熟则来唤人平分"。㊽德宗时,徐申在韶州,"募百姓能以力耕公田者,假之牛犁粟种与食,所收其半与之;不假牛犁者,三分与二"。㊾大多是对半分。但有的地主提供了耕牛、农具、种子,其所收的已不是纯粹地租,而是包括了预付资金的利息。上举数例,就实

505

际剥削率而言，是高低不同的。民间以岭南地区最低。其因，除传统习惯外，主要是生产落后，劳动生产率低，剩余价值少。至于徐申所定分成比例，比民间低六分之一。其因，一是开荒，投入的劳动大，二是有意降低分成比例，诱使农民地著耕种，以利控制；至于菜园等经济作物，特别需要精耕细作，善于管理，投入的劳动量比粮田大得多，收成高，分成比率又有不同。此在吐鲁番租菜园契中表现得很清楚。

在考察地租量时，要看到它不是固定不变的，而是随着生产发展，收获增加而增加。

有直接加租的。最典型的是长安三年严苟仁租取葡萄园二亩，期限五年，当年因葡萄藤枝棵短小，很少收成，不收租；第二年收铜钱四百八十文；第三年增加到陆佰肆拾文；最后两年都是八百文。

一年收二次租，也是地租量增加的表现。从租佃契看，凡是一年收二次租的，租价普遍比收一次的高。《北史·高昌传》："气候温暖，厥土良沃，谷麦一岁再熟。"一年夏秋二次收租，正是生产发展，集约化程度提高，麦粟一年两熟的结果。

地租量增加还表现在间作套种要多收租。天宝元年六月敕："如闻河东、河北官人职田，既纳地租，仍收桑课。田树兼税，民何以堪！"[⑳]林粮间作，要收两种租。这是指官田，民田亦有，如上举大历三年僧法英租菜园契，明确规定："葱内所种芥，寺家取壹佰束。"

地租量随着生产发展而增加，表现在土地改良方面，尤为明显。荒地劣等地刚开始耕垦，投入的劳动量大、产量低，因而租价也相应低。由于农民辛勤劳动，土地得到改良，荒田变熟田，劣地变良田，产量增加，随之而来就是增加租价。唐代租价高的土地，毫无疑问，都是经过农民的长期辛勤劳动才变成良田的。

变相加租的花样更多。如地主把地税直接转嫁到佃户身上。唐代前期，吐鲁番地区承袭高昌时传统，"租缥百役，仰田主了"。但大历三年僧法英租田契规定:"其田税仰佃人自知。""其有官科税诸杂,一仰佃人知。"赵拂昏租田契也规定:其官税子,仰[佃人]拨拂输纳。这种现象,愈后愈严重。大中四年(850)正月制:"青苗两税,本系田土,地既属人,税合随去。从前赦令,累有申明。豪富之家,尚不恭守。皆是承其急切,私勒契书。"[51]自耕农破产,出卖土地,变成佃农,但地税照纳,实际是变相加租。

预付租价,是变相加租的又一手段。在种田前收租,就是预收租价,应该算上利息。如垂拱三年史玄政出租契,每亩租价小麦一石六斗,提前在上一年九月收取,比麦熟时收租,早了七八个月。史玄政就可利用预收的租价,从事高利贷活动。如按吐鲁番通行的月利率一分计算,可收息一石一二斗。这样,加上利息,租地人所付的租价就高达二石七八斗了。应该指出,预收租价对发展农业生产很不利。如果租佃者是贫苦农民,在产品未收前交租,势必被迫借贷,落入高利贷陷阱。如果租佃者是经济力量尚可的农民,先交租价,减少生产资金,对改善经营很不利。

此外,有的租佃农民,还给地主送礼,以及无偿地为地主修建墙院、守卫等,实际上也是地租附加。

唐代亩产量,一般为一石到二石。但每亩租价,如前所述,一般为五斗以上到一石以上,地租量占收获物百分之五十至六十,甚至更重。沉重的地租剥削,掠夺了佃农的全部剩余劳动,甚至必要劳动的一部分,使佃农生活竭蹶,生产情绪低下。租期短,租价不断上升,也使佃农不愿在土地上多投资,甚至破坏生产。如有的租佃葡萄园者,在佃种的最后一年,不依时如法覆盖,致使葡萄藤寒冻而死。[52]再如粮田,最普遍现象之一,期满前一季,佃户往往尽量利用地力,不追加、少追加肥料。既影响当年产量,又破坏了地力,不利于今后生产。总之一句话,地租剥削严重阻碍了生产发展。

三、结　　语

　　由上叙述，可知唐代租佃制采用契约形式相当普遍。租佃契约不仅类型多，而且内容很完备。有立契年月日，立契者，租田原因，田地坐落，土地种类、面积、租价，地租形式，纳租期限，田主，佃人，知见人，倩书人署名画押等；对于租佃过程中可能发生的纠葛，如随田课税，河渠修理，用水责任，天灾歉收租价减否，田地上原有树木及设备之保护，以及佃户不如期交租，交纳的粮食不干不净，田主不如约交付田地，重复出租，任意收回租地等违约、悔约处罚和担保，都规定得很明确、具体。这说明唐代契约性租佃制不是始生之物，而是经过长期孕育发展起来的制度。

　　任何事物，从不完善到完善都有一个发展过程，租佃制也不例外。只有经过长期社会实践，租佃过程中的矛盾不断出现和不断解决，多次反复，约定俗成，许多解决矛盾的原则办法，才会固定在契约之中。契约性租佃契，很可能早在汉晋时期已经流行。据文献记载，中国租佃制始于春秋战国之际，两汉时期获得很大发展。随着租佃制发展，租佃双方的矛盾、纠纷增多。为了明辨纠葛双方谁是谁非，最好的办法，自然就是契约凭证。换句话说，租佃制发展的客观要求，迫切需要租佃契约。而汉代土地买卖、奴婢、牲口买卖，以及借贷契约之盛行，又会给租田契约的产生起推动作用。这样看来，汉晋时代租佃契约的流行，乃是很自然的事。当然这还只是一种推测，有待于考古发掘新材料来证实。

　　末了要说明，本文以吐鲁番、敦煌租佃契为主要内容谈些意见，只在极有限情况下，与唐代内地情况稍作联系。由于唐代区域辽阔，各地发展不平衡，情况或有不同，而我所见契约又有限，且多为唐代前期的，不足以说明唐代租佃制全貌,特别是租佃制在唐代发展变化,基本上没有论及。关于这方面问题,拟以后再谈。不当之处,请批评。

1981年国庆前夕定稿

附记:1964年1月,当笔者在山东大学历史系学习时,曾就此题目草拟成一文。本文是在该文基础上修改、扩充而成。本文中有几件租佃契系据吐鲁番文书整理组同志手书抄录,在此谨致谢忱。

(《历史论丛》第五辑,齐鲁书社1985年版)

注释:

① 见玉井是博《中国西陲出土的契》,1936年发表,其后收入《中国社会经济史》;仁井田陞《唐宋法律文书之研究》,第464页;那波利贞《唐钞本唐令一遗文》,《史林》21—24。
② 笔者所见到的这方面的主要论著有:日本学者周藤吉之《佃人文书之研究——唐代前期之佃人制》,收录于其本人所著《唐宋社会经济史研究》;仁井田陞《吐鲁番发见的唐代租佃文书二种形态》,见《东洋文化研究所纪要》23册。池田温《中国古代的租佃契》(上)(中),见《东洋文化研究所纪要》60册、65册;我国学者韩国磐《根据敦煌和吐鲁番发现的文件略谈有关唐代田制的几个问题》,载《历史研究》1962年第4期;孙达人《对唐至五代租佃契约经济内容的分析》,载《历史研究》1962年第6期;沙知《吐鲁番佃人文书里的唐代租佃关系》,载《历史研究》1963年第1期;等等。
③《文物》1962年第7、8期。
④ 见《文物》1960年第6期。
⑤ 阿斯塔纳10号墓出土,原件存新疆博物馆。
⑥《文物》1973年第10期。
⑦ 此件系斯坦因从阿斯塔那盗去。马伯乐《斯坦因在中亚西亚第三次探险的中国古文书考释》有照片。
⑧ 原件现藏法国巴黎国家图书馆。

⑨ 此行,原在第五行"内二分,亦同分付"以下,为清晰起见,今向下移二行,又,结合此契内容考察,酉年当为吐蕃占领敦煌时期的纪年。

⑩ 此间阿斯塔纳四号墓出土,原件现藏新疆博物馆,见《东洋史研究》第39卷第3号,堀敏一已用日文发表。

⑪《西域文化研究》第三。

⑫ 日本书道博物馆所藏柳中遗文之一。

⑬ 1973年吐鲁番阿斯塔纳出土。

⑭ 同上。

⑮ 1960年吐鲁番阿斯塔那337号墓出土,见《文物》1962二年第7、8期和《新中国出土文物》图版164。第二行肆字前原有叁字,旁有删除号,故不录。

⑯ 此段话,乃摘自东汉蔡邕《月令章句》。

⑰ 与阿欢仁草玖围,有的先生把它当成违约处罚条例之一,以为对主佃双方处罚有轻重,恐不正确。这是指分成制,除麦粟平分外,再给草玖围。

⑱ 1964年吐鲁番阿斯塔那37号墓出土。

⑲ 1973年阿斯塔纳出土。

⑳ 1973年吐鲁番阿斯塔纳506号墓出土。

㉑ 1973年吐鲁番阿斯塔纳506号墓出土。

㉒ 见《历史教学》1980年第5期。

㉓ "先负"二字,前人都释作"光寅",恐误。

㉔ 此契纪年为后周广顺三年,距唐亡已有四十多年,但这种契约唐代也会有,故用来说明唐代情况。本文引用的其他几件唐以后文书,亦因此故。

㉕ 许旁卜,表示许为误书。《云麓漫钞》卷3:古人书字有误,即墨涂之。今人多不涂,旁注云卜。谚语谓之卜煞。

㉖《旧唐书》卷94《李峤传》:"天下编户,贫弱者众,有卖舍贴田,以供王役。"《册府元龟》卷495《邦计部田制门》:天宝十一载诏,也把"典贴"作为一种普遍现象,列举出来。

㉗《册府元龟》卷495《邦计部田制门》。

㉘《陆宣公奏议集》卷23《论兼并之家,私敛重于公税》。

㉙《文物》1973年第10期《长安三年西州曹保保举钱契》。

㉚ 见《新疆历史文物》1978年图画板三二。

㉛ 高昌通行的量沿用汉晋之量,约三斗当唐量一斗。但所谓高昌旧故平原斛,不知合唐量多少,如亦为三斗当唐量一斗,则每亩租价合唐量麦粟三斛三斗,太高了。

㉜《陆宣公奏议集》卷23《论兼并之家私敛重于公税》。

㉝《新唐书·食货志》。

㉞《甫里先生集》卷16《甫里先生传》。

㉟《唐会要》卷85《逃户》,参《通典》卷2。

㊱《册府元龟》卷484《邦计部田制门》。

㊲ 此契出自吐鲁番阿斯塔那92号墓。见《“文化大革命”中出土文物》图一二,《文物》1972年第1期。

㊳《文物》1973年第10期。

㊴《唐会要》卷92《内外官职田》“天宝元年敕”。

㊵《唐会要》卷92《内外官职田》。

㊶《元氏长庆集》卷38《当州京官及州县官职田公廨并州使官田等状》。

㊷《陆宣公奏议集》卷23《议兼并之家私敛重于公税》。

㊸ 张小承与人互佃契,附笔数内一亩地子张处直边首麦两斛一斗,此一亩即互佃田中有一亩出租与人。

㊹ 以银钱一文,准铜钱三十二文计算。此据《文物》1973年第10期:如意元年史玄政付长行马银钱抄,“银钱贰文,准铜钱陆拾肆文”。

㊺ 大谷207号,天宝初年交河郡市估案,北庭麦一斗,三十文至三十五。如按此计算,折换成小麦,则常田一亩的租价低了。

㊻《柳河东集》卷8《段太尉逸事状》。

㊼《柳河东集》卷32。

㊽《太平广记》卷428。

㊾《全唐文》卷639李翱《徐公行状》。

㊿《唐会要》卷92《内外官职田》。

(51)《唐会要》卷84《租税下》。

(52) 黄文弼著《吐鲁番考古记》“唐开元(?)初府司阿梁状词并批”。

关于吐鲁番文书中的唐代永业田退田问题

《西域文化研究第二——敦煌吐鲁番社会经济资料(上)》[①]一书中,有一批关于唐代均田制的文书——给田文书(给田簿)、退田文书(退田簿)、欠田文书(欠田簿)。[②]这批文书的所在地为唐西州高昌县,年代为唐开元二十九年。它对于研究唐代均田制中一些有争论的问题,是极为宝贵的资料。同时,它也给我们提出了一些新的问题,其中之一,即关于唐代西州高昌县的永业田退田问题。兹举例如下:

大谷 2852 号、2853 号、2854 号文书缀合

(前略)
　　　　　　　　　(立)
户张师训剩退壹段叁亩永业[部易叁易]　城东肆拾里柳中县(下略)
　　　　　　　　　(立)
户张阿苏剩退壹段壹亩永业[常田]　城西拾里武城渠(下略)
　　　(立)　　常田
壹段叁亩永业　城东肆拾里柳中县屯绩渠(下略)
　　　　　　　　(立)
户大女赵大观死退壹段贰亩永业[常田]　城西贰里孔进渠(下略)
　　(立)

壹段贰亩永业^{部田}　　城西拾里芳其渠（下略）
　　（立）
　　壹段壹亩永业^{部田}　　城西柒里坚石渠（下略）
　　（后略）

　　上引文书中有剩退永业田、死退永业田。唐代田令规定："世（永）业之田,身死则承户者便授之。口分则收入官更以给人。"③"诸永业田皆传子孙,不在收授之限。即子孙犯除名者,所承之地,亦不追。"④这些规定清楚地说明永业田是不退还的。因此,西州高昌县永业田的退还与唐代田令的规定是矛盾的。那么应该怎样来解释这一个问题？据我所知,目前主要已有四种不同解释。

　　第一种意见认为永业田不还授是有条件的,在狭乡地区土地不足时,永业田就被列入还授范围。因此,高昌县永业田退田是符合唐令的。这种解释的主要根据是《宋刑统》所引《唐户令》应分条注。

　　上述意见认为高昌县永业田退田是符合唐令的这一点,我们是同意的,但其所作的解释是可以商榷的。

　　《宋刑统》（法制局重校天一阁本）卷12《户婚律》引《唐户令》应分条：

　　　　诸应分田宅及财物者,兄弟均分。妻家所得之财,不在分限,兄弟亡者,子承父分,兄弟俱亡,则诸子均分。注,其父祖永业田及赐田亦均分。口分田即准丁中老小法,若田少者亦依此法为分。

　　从这一令文及其注来看,一、父祖永业田及赐田,子弟可以均分。二、口分田在一般情况下是不能由子弟均分的,而应该按照丁中老小法,退还给政府,另行给授。三、在当户田少的特殊情况下,口分田就

513

不再退还给政府,而由其子孙直接按照丁中老小法计算,各得若干,自行分配。我们认为这样解释,比较符合唐户令应分条注的文意。而唐代田令中还有如下一条规定:"其退田户内有合进授者,虽不课役,先听自取,有余收授。"⑤这一规定很清楚地说明,在将某一户内某一退田者的退田另行给授时,首先要照顾该户内其他受田对象的应受额,如有多余,才由政府收回另行授给他户。根据这一条的规定,在田少授田不足的情况下,应退田首先满足本户内其他授田对象的应受额后,可以退出去的土地就没有了或者几乎没有了。这和在田少的情况下,把应该还公的口分田直接由子弟自行分配,是颇为接近的。很有可能,开始只是规定退田另授时,首先满足本户内其他受田对象。但在田少情况下,这样的做法,实际上等于一户的口分田可以保持不动、可以不再退出。既然如此,民间就把口分田像永业田一样由子弟进行分配,政府后来用上引补充条文承认了这一事实。持第一种意见的先生,则把"若田少者亦依此法为分",解释成为在狭乡田少情况下,永业田及赐田也像口分田一样,按照丁中老小法进行还授。这种解释,我们认为从令文的文意看,无论如何,终嫌牵强。而况唐代田令规定的永业田皆传之子孙,不在收授之限,是具有原则性的规定,是适用于宽乡、狭乡的。试图用个别的唐令逸文来否定田令中的原则性规定,也是有困难的。

第二种意见认为永业田的被还授,是因为在吐鲁番地区,永业田的名称在文书上只是一种形式,其实质和口分田没有什么不同。根据敦煌户籍在登记已授田时,首先满足应受的永业田额,然后再记载口分田。吐鲁番地区给田额极少,不能满足应受的永业田额,在登记时,全部已受田都作为永业田记载,就很自然。

上述意见认为高昌地区土地不足,已受田未达到应受永业田额,因而记载在文书上的全为永业田。这一点是很有可能的。但据此就认为

关于吐鲁番文书中的唐代永业田退田问题

永业田与口分田实质上没有区别,并以此来解释永业田之所以被还授,则很难苟同。永业田与口分田不仅在法令上有还授与否的重大区别,而且永业田包括原来的私有土地与政府授给的永业田。高昌虽地处唐边陲,情况或有不同,实施均田令时,具体施行的细节会有不同,但永业与口分这样重大的区别,则恐难例外。

第三种意见为韩国磐先生的推测。韩先生认为:"或者当永徽时下令'禁买卖世业、口分田。其后,豪富兼并,贫者失业,于是诏买者还地而罚之。'本来唐朝规定永业田不必还授,并得以买卖,这在《唐律疏议》、新旧《唐书》、《通典》和《册府元龟》等书中都有记载,毋须详引。而此时竟下令连永业田也不准买卖了。不准买卖永业田的同时,很可能即将这类田地置入收授之列。所以吐鲁番发现文件中,出现了死退永业田的记载。"韩先生作了上述推测后,还进一步说:"但是,无论如何,吐鲁番发现文件告诉了我们这个事实:即均田制下的永业田,曾经有过还授的情况。这种还授情况的时间和地区究竟多大多久,还不清楚。然而,将永业田说成是完全世代私有的论点,至少与吐鲁番发见的死退永业田文件、更具体的说与赵善忠、赵秃子、焦敬及等户死退永业田的登记,是不相符合的。而张师训、张阿苏等户的剩退永业,也说明了唐代永业田曾经有过还授情况。"⑥

我们知道韩先生是主张封建土地国有制者。因此在这里他实际上是用国家对土地有最高所有权这一论点,对永业田的退田原因作了解释;并且以永业田的退田为例来否定土地私有制。我们认为韩先生的解释是值得商榷的。因为永徽间禁止永业口分买卖,是禁止不依均田制的非法买卖。并非改变了以前的均田制。韩先生由此引申出永业田亦在还授之列,显然不对,何况禁止永业田买卖与把永业田纳入还授之列,两者的性质是根本不同的。永业田是私有土地,既指均田制以前的私有土地,又指实施均田制时所授的一丁20亩永业,自北魏以来以迄于唐,一直不属于还授范围。禁止永业田买卖,只是反映了国家政权对私有土地一定的干预,但并没有侵犯私有土地。而把不属于还授范围的永业田纳入还授范围,意味着把私有土地变为国有土地,意味着侵犯土地私有者的利益。保护地主阶级土地所有制的封建政府可以颁布禁止永业田买卖的法令,而且在唐代还颁布过不止一次;但把私有土地变为国有土地的法令则不敢颁布也不会颁布,即使一时颁布了,也一定会遭到土地私有者(尤其是大土地所有者)的激烈反对,而被迫停止。在我们看来,正因为均田制不仅不触犯私有土地,而是承认了私有土地、保护了私有土地,才能实施而不遭受土地私有者的反对。如果按照韩先生的推测,在永徽时,把永业田列入了还授之列,而且一直到开元二十九年还在施行,而不引起土地私有者尤其是大土地所有者的反对,那是不可想象的。而《通典》《唐律疏议》《唐六典》等,对于这样重大的令文都不加记载也是不可想象的。这只能说,韩先生的推测与当时的实际情况是不会符合的。

第四种意见认为:吐鲁番地处唐的边陲,情况特殊,与内地不同,唐中央的统一律令——唐代均田令中永业与口分之别,在该地区可能并不适用。

此种意见与上述第二种意见是颇为接近的。我们认为在考察唐代均田制时,考虑到各地政治经济情况发展的不平衡这一点是很重要的。高昌地区与内地有不同之点,确实也是应该注意的。不过上层建筑的强大作用,我们也要充分注意。就今天所知情况看来,唐代均田令包括其中的永业与口分的区别,在该地也是适用的。现有的出土的高昌国时期的土地买卖文书[7]及租佃文书[8]说明,在唐取高昌以前,该地区的土地私有制早已存在。唐初在该地推行均田制时,与内地一样,并没有触动土地私有制,而只是把"彼州所有官田,并分给旧官人首望及百姓"。[9]在均田制施行以后,租佃制也继续盛行。[10]既然高昌地区实施均

关于吐鲁番文书中的唐代永业田退田问题

田制时,私有土地被保存了下来,那么其保存的办法像内地一样就是把私地用永业的名目登记下来,计算在已受额内。这样,高昌地区的永业田也应该既指均田制以前的私田,又指实施均田制时的一丁20亩永业。永业田与口分田在性质上应该是有区别的。从吐鲁番出土的户籍残卷来看,西州地区的确应该有永业与口分两种应受田的。例如柳中县高宁乡开元四年户籍残卷索住洛户:[11]

　　　户主索住洛年陆拾岁　老男 ^{下下户}　不课户
　　　妻令狐年伍拾捌岁　老男妻
　　　男仁惠年肆岁 ^{小男先天贰年帐后新生附}

　　　　　　　　　　　　　　　　　捌亩永业
　　　　　　　　　　　　　　　　　捌亩肆拾步已受
　　应受田叁拾陆亩　　　　　肆拾步居住园宅
　　　　　　　　　　　　　　　　　贰拾柒亩贰伯步未受

按照田令规定的狭乡标准计算本户应受田为:

20亩(户主老男永业田)+15亩(户主老男口分田)+1亩(三口之居住园宅)=36亩。与户籍所载应受额完全一致。

除了索住洛外,还有江义宣户、王孝顺户等所载应受额与田令规定也是符合的。以上例子说明:一、西州柳中县高宁乡户籍所载的内容及其形式,与敦煌出土的唐代户籍基本上是相同的,与唐代关于均田籍账等令文的规定是符合的,说明西州是包括在唐代均田令范围之内的。二、柳中县像内地一样,在田令规定上也是有永业与口分两种应受额的,说明永业与口分的区别在西州也是存在的。我们在这里还要说明的,上述户籍残卷上虽然没有口分田的记载,但能不能据此说西州柳中县没有口分田及口分与永业的区别?我们认为是不能这样说的。我们知道敦煌地区是按宽乡标准计算应受田的,土地当然比西州要多,但已受田在满足了应受永业田额后,不少户就没有口分田或很少口分田了;

517

西州柳中县是按狭乡标准计算应受田的,可知土地更少,一般民户的已受田在满足了与敦煌相同的应受永业田额后,口分田就极少了,甚至没有了,这是可以推定的。但一般民户口分田极少,甚至没有,不等于在西州就没有口分田,更不等于永业与口分实质上就没有区别。上举例子的计算已表明:柳中县是计算应受口份额的,法令上是有口分田的、是有口分与永业的区别的。而且敦煌地区有些户也是只有永业而无口分的,如伯3699号圣历三年账后常辩才、伯3877号开元九年账后赵玄义、氾尚元、杜客生、伯3354号天宝六载户籍赵大本等户。我们当然不能仅仅根据这几户,就说敦煌地区没有口分田。现在见到的柳中县高宁乡开元四年籍残卷,户数不多,有户等记载的只有五户,四户为下下户,一户为下中户,都是八、九等户,安知今后有更多的户籍出土时,一定都无口分的记载?

既然唐代的均田令在柳中县是施行的,既然柳中县是包括在唐代均田令范围之内的,那么与柳中县临接的高昌县自然不能例外。唐代的均田令,在高昌县自然也是施行的。因此,田令上关于永业田身死则承户者受之,口分则收入官更以给人,永业田皆传之子孙,不在收授之限等规定,在高昌也是施行的。以为永业田之被还授,是因唐代均田令不适用于高昌县,是因高昌地区永业与口分实质上没有区别等见解,恐难成立。那么高昌县永业田被还授的原因,又何在呢?

从退田文书、给田文书上看,永业田退田原因有:死退、死绝退(2855号)、剩退、死无籍剩退(2855号)、漏籍剩地退(2996号)、逃走除退(2395号)、出嫁退、出嫁绝退(2855号)等。其中死绝退、死无籍剩退、出嫁绝退,都是由于绝户,按照传统,所剩田地,归政府所有;漏籍剩地退,是隐漏之地,政府清查出来,勒令退出;逃走除退,是因逃亡后,长期不还,按令除名而成为绝户,其所剩之地还公。这些在令文上都有规定,容易解释。不太好解释的是:死退、剩退、出嫁退;而死退、剩退的件数又较多。有的先生，按照词义解释，以为死退是受田者身亡，而所受之地还公；剩退或因受田者变为老男、或因成为笃疾、废疾，应受田额减少，而把其剩余部分还公；出嫁退是未婚女子或寡妇做户主时，所受之永业田，因出嫁而还公；这些还公的永业田，都不首先照顾本户内其他受田对象，也不传之子孙。但这种解释，有它的显著弱点。第一，上面已说过，唐代田令在高昌也是施行了的，高昌是按田令的狭乡标准计算永业与口分应受额的。唐代田令规定：永业田身死则承户者受之，永业田皆传之子孙，不在收授之限。永业田是世代相传，不退还的。第二，西州柳中县高宁乡开元四年籍索住洛户，老男是计算应受田的，高昌县恐亦如此。高昌县民户受田，数量甚少，即使受田的丁男变为老男、笃疾、废疾而应受额减少，在满足其作为老男的应受田后，亦难再有剩余田额退出。第三，一般情况下，只有户内缺乏丁男时，才由未婚女子或寡妻妾做户主；也就是说，这一类户的永业田，一般只有做户主的未婚女子或寡妻妾的那一份。如果户主出嫁，则由户内其他成员填补为户主，根据永业则承户者受之，前户主的已受永业田，必然为继任户主者所有，哪能还有退出？这一类户，只有出嫁绝户时，才会有剩地还公。总之前述的解释，是讲不太通的，是很难能令人信服的。

　　为了试探永业田的死退、剩退、出嫁退的原因，先对退田文书、给田文书，作一简略的分析。给田文书计77件，退田文书计68件，数量不少，但很零碎。把这批文书加以分类，从行政系统上，可以分为里、乡、县三级。从性质上，大致可以分为两大类：一为报告、处理、汇总应退、已退田的文书；一为将这些已退田另行授给的文书。前者包括里正提出的说明某某因何原因而应退、已退的文书和乡汇总这些报告的文书；后者包括里正请求将某某已退田授与谁，乡级造的向县呈报的退田簿，以乡的退田簿为基础，由县役抄写的空白给田簿和填写了"给某某元"

519

的县的给田簿。由于两类文书写作的目的不同,着重点就有不同。除了田地的面积、土质的好坏、坐落、四至等相同外,前者必须写明:某某应退、某某已退、退的是怎样性质的田(永业与否)、由于什么原因而退;后者必须说明:某某所退之田准备授给谁、已经授给谁。至于为什么原因而退、田地的性质(永业与否),在后者并不是必需的,是可有可无的,在缮写时,往往略而不写,写而不详。而且从给田文书、退田文书来看,其中有好几件上面有"会某某年先给某某讫"之类字样,说明这些退田,已经几易其主,多次辗转抄写,退田原因,更多可能被有意无意地省略了。我们认为永业田死退、剩退、出嫁退等问题,就在这里。必须从这方面着手来进行探索。

从全部给田文书、退田文书来看,由于文书写作的目的不同、侧重点不同,辗转抄写时,退田原因或被省去或被简略的是很多的。我们先来看一下确知为退田而未写明退田原因的例子。

退[四五]大谷文书 2914 号

1　尚贤乡
2　和静敏一段二亩□□城东二里七顷渠　东渠　西翟大素南驿田　北渠
3　一段三亩 部田　城北廿里新兴屯亭　东荒　西渠　南张守悦　北□

本件是长文书的一小小片段,从与其他文书比较对照看,应是乡上报的准备给田之用的退田簿或县里准备填写给田用的空白给田簿。第 2、3 行即下录大谷文书 2855 号第 8、9 行,但略去了死退(死绝退)字样,如果孤立起来而不和其他文书对照、比较,连它是退田也不知道,更不要说它的退田原因了。在给田文书、退田文书上,确知为退田而未写明退

田及退田原因的,[12]仅列于西嶋定生所制的女子退田者田额表中的,就有如下九位(此外还有好几位):

1　给[一一]大谷一二三七号　　大女张买是
2　给[一八]大谷一二四四号　　大女周才子
3　给[二五]大谷二三八二号　　大女李妙金
4　给[二五]大谷二三八二号　　大女令狐和娘
5　给[二六]大谷二三八三号　　大女白浮罗祝
6　给[二六]大谷二三八三号　　大女曹定娘
7　退[二一]大谷二八六一号　　大女龙阿莲
8　退[二三]大谷二八六三号　　大女白端姜
9　退[二三]大谷二八六三号　　大女赵潘师

这些确为退田而未写明退田及退田原因的,绝不是偶然疏忽所致。其中见于四件给田文书上的为六人,见于二件退田文书上的为三人。给田文书的重点,不用说在于给田;而二件退田文书,从图片上看,其形式与给田文书比较,只少"给某某元"字样,换句话说,它是准备给田用的空白给田簿,着重点也在给田。因此,对退田原因都省略不写。同时,如上面指出的,在这些退地原因不写的地段旁边,往往注有"会先给某某讫"字样。如白端姜一段贰亩旁注"会先给张寺讫",再如退[16]2856号曹海资一段贰亩旁注"会开廿六年给王道俊？讫",退[17]2857号张调君壹段贰亩旁注会先给充府田泰、周恒爽壹段壹亩旁注会×廿×六×年×给×王。这些都说明这些退田,由于几易主人,辗转抄写,退田原因,被有意无意省略了。

下面我们来看一下使人们迷惑的剩退、死退。先看剩退。为了清晰起见,先制简表于后:

521

剩退简表

	文书编号	退田者姓名	见于怎样性质的文书	备　考
1	退[14]2854号	张师训	退田簿	县役抄写清楚,准备给田时填写的,与给田簿只差"给某某元",乃是空白给田簿
2	同上	张阿苏	退田簿	同上。亦见于给[6]1231号
3	退[16]2856号	竹定师	退田簿	同1
4	退[18]2858号	白黑奴	退田簿	本件无图版,但上有[安?],其形式可以推定与上件相似
5	退[22]2862号	曹天智	退田簿	同1
6	退[23]2863号	郭奴奴	退田簿	同上
7	退[27]2867号退[35]2875号[补4]	韩思忠	退田簿	似为乡上报于县的文书,但第5行旁注会已上两亩先给康保铨泰。可知为给田之用,且行间很宽,准备直接填写给田之用的
8	退[28]2868号	曹屯屯	退田簿	同1
9	同上	石奴奴	退田簿	同上
10	退[64]4382号	王义质	退田簿	形式与上同,第6行旁注[会府〔　　　〕田讫泰]
11	同上	吕中住	退田簿	同上
12	退[68]仁井田陞著《唐宋法律文书之研究》	张保叶	退田簿	与上同一形式

(续表)

	文书编号	退田者姓名	见于怎样性质的文书	备考
13	给[29]2386号	贾思义	给田簿	
14	给[42]2916号	氾政念	给田簿	

上述14位剩退者,见于给田簿的两位,其写作目的不用说,是为了给田;12位见于9件退田簿残卷,这9件退田簿残卷,从图片上看,其形式无一不是准备给田用的。其写作时的重点,在于准备另行授田。且这些退田,有的也已经几易主人。因此,退田的原因有的写得不够具体清楚,如表中的剩退;有的未写,如上有竹定师剩退的2856号中的曹海资、上有郭奴奴剩退的2863号中的白端姜、赵潘师等。

下面看一下死退,亦先制简表于后:

死退简表

	文书编号	退田者姓名	见于怎样性质的文书	备考
1	给[21]1225号,给[31]2388号[1]	郭智果	给田簿	
2	给[12]1238号,给[41]2604号[补3]	曹定德		
3	给[28]2385号	辛那戒		与退[62]4377号辛那戒为同一人
4	同上	赵会进		
5	给[39]2598号	张元泰		
6	给[41]2604号	康蚍子		
7	同上	□恩纳		

（续表）

	文书编号	退田者姓名	见于怎样性质的文书	备　考
8	给〔42〕2916号	康得？〈矢〉？满		
9	同上	高君达		
10	给〔60〕2973号	郑屯戒	给田簿	
11	退〔12〕2852号	赵大观	退田簿	县役抄写清楚准备填写给田之用，与给田簿只差给某某元，可以名为空白给田簿
12	退〔12〕2852号，退〔13〕2853号〔2〕	赵买子		同上
13	退〔15〕2855号	鄀索师	保存在乡的文书中的里正报告	户绝，本件文字下面将过录
14	同上	和静敏	同上	同上
15	同上	史阿塠	同上	同上
16	退〔16〕2856号	康龙仕	退田簿	形式与11同
17	同上	周英麸	同上	
18	退〔17〕2857号	阴三娘		形式与上基本相似，但行间较窄，似为乡上报于县的。第2、3行旁有会先给某某讫等字样。
19	退〔22〕2862号	曹□□		形式与11同
20	退〔23〕2863号	张丑奴		同上
21	退〔25〕2865号	赵善忠		同上。第2行旁有注会给赵思礼讫奏

(续表)

	文书编号	退田者姓名	见于怎样性质的文书	备考
22	同上	赵秃子		同上
23	同上	焦敬及		同上
24	退[27]2867号,退[35]2875号[4]	□是子		准备直接填写给田之用的
25	同上	□□诠	退田簿	同上
26	退[29]2869号	康屯胜		形式同上。七十八死退
27	退[30]2870号	□□□		无图片,从过录的文字看,形式同上
28	退[33]2873号	员奉讬母		准备直接填写给田之用的
29	退[34]2874号	周贞胜		同27
30	退[37]2877号	小贞		同27
31	退[63]4377号	汜童子母		同27

上述表中死退共31位,鄯索师等3位为死绝户退,见保存于乡文书中的里正报告,其他28位死退,未进一步说明死退的细节。其中10位见于县的给田簿,其写作目的当然是为了给田;18位见于退田簿,这种退田簿,又可分为二类:一为乡上报于县的退田簿,一为县役据乡的退田簿抄写清楚,准备直接填写给田之用,中间只要填上高昌县令元宪的批示"给某某元",就成为给田簿。因为这些文书,都是准备给田之用的,因此,退田原因有的未写,有的写得不具体、不清楚。死退就是辗转抄写时,简略的写法。

总之,剩退、死退等,是由于文书写作的目的不同、侧重点不同,辗转抄写时,被有意无意地简略的结果。那么,我们要进一步探索死退、

剩退、出嫁退等是某某退田原因的简略。这一点大谷文书中的材料,已为我们提供了很好的说明。现抄之于后:

退[15]大谷文书2855号

　　　　　　　　[□前　　　　年?]
1　　　　　　]二亩部田城东廿里[　　　　]
2　鄯索师死退一段贰亩常田城北廿里[　　　]
3　阴久讬死无籍剩退六十步某[　　　]
4　　右件地所由里正索[　　　]
　　　[会先给□?□?□?讫?云?]
5　大女史阿𡎺死绝退二亩常田城北廿里[　　　]
　　　[水?前□?给麹?□?讫?云?]
6　大女车寿持出嫁绝退一亩常田城东四里　石宕渠　东渠
西渠　南翟素　北渠
7　　右件地所由里正阚孝迁
8　和静敏死退二亩常田城东二里七顷渠　东渠　西翟
[　　　]驿田　北渠
9　一段三亩部田城北三里新兴屯亭　东荒　西渠[　　　]
悦　北渠
10　右件地所由里正孙鼠居
11　　[□?□?□?□?军兵贫□□分地比来
12　　[　　　]田[　　　]是身份给

上述残件虽无乡名,但与有乡名的其他文书对照比较看,知道是乡的文书。在文书中,摘要汇存了里正提出的退田报告。其中退田原因比较具体的:有阴久讬死无籍剩退、大女史阿𡎺死绝退、大女车寿持出

关于吐鲁番文书中的唐代永业田退田问题

嫁绝退,而鄯索师死退、和静敏死退,就不够具体清楚,幸亏有其他文件提供了线索,西岛也已在死退者田额表备考中,标明是户绝,[13]使我们清楚地知道,此两户死退实际上是死绝户退的略写。

退[58]大谷文书3377号

1 ▢▢▢▢▢ 新兴屯亭 ▢▢▢▢▢
2 右先?出给请付高? ▢▢▢▢
3 鄯索师一段二亩 常田 城北廿里新兴满水渠? 东慈?▢子西渠 北渠
4 ▢▢▢▢ 久讬一段六十步菜城北廿里宁戎吉具谷 南荒 西道 北▢
5 ▢▢▢▢ 件地户主没落有继后伏▢? ▢▢▢▢

上述文件也是报告应退田的文书,写法与前举文件,略有不同。第3、4行就是上举大谷2855号第2、3行,但退田原因写在第5行。第5行大概是说明户主没落绝户,[14]应该退地,请上级批示。这种写法,把退地原因与所退地段,分在两行书写,当为了其他目的而转抄时,就很自然地只抄第3、4行,而不抄第5行。这样就会省略掉退田原因。

退[44]大谷文书2913号

1 太平乡
2 史阿堆死退一段贰亩 常田 城北廿里新兴 东 西 南 北 [退一段▢]
3 车寿持出嫁 ▢▢▢▢ 亩半 常田 城东四里石宕渠 东渠 西渠 南翟玄 北渠
4 右件地具阿堆等地先通状入▢? 充? ▢? ▢▢▢▢
5 替记今贾九? 配? 请 ▢▢▢▢

527

6 授请处分 ☐☐☐☐☐☐

本件是对已退田另行给授的处理文书,第2、3行即上揭大谷2855号第5、6行。但在本文书中,把大女史阿埴死绝退,写成史阿埴死退,省略退田者身份"大女","死绝退"改写成"死退",略一"绝"字。第3行车寿持也省略"大女"二字,退田原因,虽因残缺而不明,但从图片上看,残缺部分的距离为四个字,补上"退一段几",可见"出嫁绝退",也被略写为"出嫁退"了。这不是偶然的疏忽,而是如我们在上面已指出的,本件重点,在把已退田另行给授,退田者的身份、退田的原因,在这里不是必须说明的,故略而不写,写而不详。

退[45]大谷文书2914号

1　尚贤乡
2　和静敏一段二亩☐☐　　城东二里七顷渠　东渠　西翟大素　南驿田　北渠
3　一段三亩_{都亩}城北廿里新兴屯亭　东荒　西渠　南张守悦北☐

本件在前面征引时说过,如果不和其他文书对照根本不知道它是退田文书,更不要说退田原因了。本件第2、3行即大谷2855号的第8、9行,原来的死退(即死绝退)在本件中即被省略了。

归纳上述退[15]大谷2855文书和退[58]大谷3377号文书、退[44]大谷2913号文书,退[45]大谷2914号文书的相互对照的结果,可以看到以下四点。(一)大谷2855号文书第5行史阿埴死绝退,在大谷2513号文书上写成史阿埴死退;(二)大谷2855号第6行车寿持出嫁绝退在大谷2913号文书第3行写成车寿持出嫁退;(三)大谷2855号文书第3行阴久讬死无籍剩退在大谷3377号第4行上未写退田原因；(四)大谷2855五号第2行鄐索师事实上是死绝户退，但在文书上只写为死退，而在大谷3377号第3行则未写退田原因；同样，大谷2855号第8行和静敏事实上是死绝户退，但在文书上只写为死退，而在大谷2914号第2行则未写退田原因。

由上述四点无可置疑地说明：(一)死退是死绝户退、死绝退的简略写法；(二)出嫁退是出嫁绝户退、出嫁绝退的简略写法。剩退则可以从上述之第三点推定为死无籍剩退之简略写法。

此外[37]大谷2395号文书有康土威逃走除退一段壹亩。这又有可能写成逃走除籍剩地退，而再简写成为剩退的。

退[54]大谷文书2996号

　　漏籍剩地一段一亩_{常田}　城北一里满水渠东 ☐☐☐☐☐
　　右件人地漏剩令退请处？　　☐☐☐☐☐
　　状　　前　　谨　　牒　　☐☐☐☐☐

这一残件，从其他里正的牒文来推断，乃是里正的牒文。内容为某某人的一段一亩常田因漏籍剩而退，请求批示。退田原因写得具体清楚。这里的漏籍剩地退、漏剩令退在转抄时也很可能写为剩退，而使我们迷惑不解。

我们在前面早已叙述过由于文书写作的目的不同，侧重点不同，因此对于退田的原因，有的文书写得具体清楚，有的写得不太具体、不大清楚，有的则干脆不写。以上列举的几件文书，就是这种说法的例证。凡是退田原因写得具体清楚、明明白白的，都是里正的报告或汇总于乡文书中的里正报告的摘录，而退田原因写得不具体的或未写的，都为直接准备给田之用的由乡上报的或县役抄写的退田文书或给田文书。

如果说死退就是死绝户退或死无籍剩地退之简略写法、剩退为漏籍剩地退(人地漏剩令退)或死无籍剩地退之简略写法(还有可能为逃走除籍剩地退之简略)、出嫁退为出嫁绝户退之简略写法,那么,永业田被还授的秘密,就得到了说明。因为死绝户、逃绝户遗弃的土地,历来都是归公的。均田令则明确规定绝户土地尽为公有,以供授受。漏籍剩地乃是违法占有,政府自然可以用强力加以没收,用来还授。

我们在这里还要回答一个问题,即永业田退还的数量多不多的问题?我们认为并不算多。根据西嶋定生所制的退田额通算表,退田例子共75个,所退亩数最大为八亩,最低为一亩,平均为三亩八十三步。这不仅不算多,毋宁说是少的。从给田簿上高昌县令元宪的签名[15]及文书上许多乡名、里名看,知道这批文书是高昌县县级机关的处理文书,包括县本身的及下级呈报上来的文书,涉及高昌全县或相当大的一部分。既然如此,有那么些死绝户退、死无籍剩退、逃走除名退、漏籍剩地退、出嫁绝户退等,并不奇怪。而且唐代土地兼并,人户逃亡,田地隐漏,以开元时期为甚,高昌又为唐的边陲地区,自武后长寿元年恢复四镇以来,兵役繁重,百姓苦其役而逃亡的,自然更为严重。唐政府为了对付户口浮逃、土地隐漏,往往用强力进行检括,最厉害的一次,是玄宗开元九年开始的宇文融括逃移户及籍外田,史称得户八十余万,田亦称是。这次检括,范围甚广,延续的时间也较长,想必也扩及西州地区。其后,在西州是否再施行检括,尚不太清楚,但笔者推测,大谷文书所反映的高昌县的退田额,其中隐漏地、逃亡绝户地,恐占相当大的比重。从武周时西州处理浮逃户土地及隐漏田的残件来看,西州地方把检括出来的"有田无籍""有田无籍无主""有籍无主田"等的土地进行了给授,我所见的件数虽仅九件,[16]

关于吐鲁番文书中的唐代永业田退田问题

但牵涉的人数田亩还不少。武周时如此,开元时更盛,检括时牵涉的户口、田地,数量可能更多。我们从大谷文书中一些检括浮逃户土地及隐漏土地的残件,如 2996 号上有漏籍剩地退、4900 号上有[开元廿]九年里正王义质牒:检当乡并无后、3474 号上有户曹符为括检高昌县百姓口分讫申事、2395 号上有逃走除退等。说明开元时期,高昌地区的确检括过浮逃户及隐漏的田地。

综合以上的叙述,唐中央统一的均田令是施行于西州地区的。柳中县高宁乡开元四年籍说明西州为狭乡地区,是按田令规定的狭乡标准计算应受永业、口份额的;永业与口分之别在西州是存在的。高昌县的永业退田的原因有:死退、死绝退、剩退、死无籍剩退、漏籍剩退、逃出除退、出嫁退、出嫁绝退等。死绝退、死无籍剩退、漏籍剩退等具体清楚的,见于最原始的里正牒文。这虽然件数甚少,但无疑是很可靠的。死退、剩退等不够具体清楚的,见于乡上报的为了给田之用的退田簿或县的给田簿。死退、剩退、出嫁退分别是死绝退、死无籍剩退、漏籍剩退、出嫁绝退等之简略写法。这是由于文书的写作目的不同以及多次辗转抄写,有意无意地被省略的。退田簿、给田簿系高昌县的文书,涉及的范围为高昌全县或相当大的部分,高昌又为兵役繁重的边陲地区,时代为户口浮逃、田地隐漏严重的开元时期。因此目前所见的退田件数与退田亩额,是并不算多的。我们推测,在退田额中,检括出来的隐漏田、逃亡绝户田,恐占相当大的比重。由于高昌县土地不足,一般民户的已受田,本来很难超过应受永业田额,而逃户、绝户又都为贫苦人家,所弃所剩田地数量更少,自然都是永业。这和《大谷文书》中各户的退田,数量很少而又全为永业,颇很符合。

以上就是我们对高昌县永业田退还原因所作的解释。由于材料有限而且又过于零碎,我们的解释也还带些推测,恐难完全符合实

531

际,更不是说对于高昌县永业田的退田原因已经解释通了。这一问题的真正解决,还有待于地下资料的进一步发现。特别是由于笔者初学浅陋,文中不妥、错误之处,恐必不少。敬请前辈先生及同志们批评指正。

(《山东大学学报》1964年第2期)

注释:

① (日本)西域文化研究会编,法藏馆1959年3月发行。
② 关于给田文书、退田文书、欠田文书等的一般情况,在《山东大学学报(历史版)》1963年第1期拙文中,已有所说明,这里不再重复。
③ 《旧唐书》卷48《食货志》武德七年令。
④ 《通典》卷2《田制下》唐开元二十五年令。
⑤ 见仁井田陞著《唐令拾遗》。
⑥ 见《历史研究》1962年第4期《根据敦煌和吐鲁番发现的文件略谈有关唐代田制的几个问题》一文。
⑦ 见《西域文化研究第二、三——敦煌吐鲁番社会经济资料(上)(下)》中大谷文书3646号、3461号、1467号。
⑧ 见《文物》1962年第7、8期吴震介绍八件高昌契约一文。
⑨ 见《文馆词林》卷664《贞观年中巡抚高昌诏》。
⑩ 见《西域文化研究第二——敦煌吐鲁番社会经济资料(上)》及《文物》1960年第6期新疆维吾尔自治区博物馆《新疆吐鲁番阿斯塔那北区墓葬发掘报告》。
⑪ 见1960年8月20日《史学杂志》第69编第8号池田温《批评与介绍西域文化研究第二——敦煌吐鲁番社会经济资料(上)》。
⑫ 关于虽未写退田及退田原因而确为退田的说明,见西嶋定生《从吐鲁番出土文书》,看均田制的施行状况(此文载于《西域文化研究第二——敦煌吐鲁番社会经济资料(上)》一书)。
⑬ 西嶋定生注明和静敏死退为户绝,是必有所据的。
⑭ 文书上"户主没落有继后"的"有"字前面大概漏写了一个"无"字。
⑮ 给田文书上有"给某某元"四字。元即高昌县令元宪的签名。在拙文中曾经

按西嶋定生的释文"元"作"讫"移录。当时在附注中说明内藤乾吉释为元，元系高昌县令元宪的署名略记《山东大学学报(历史版)》(1963年第1期)。今阅图片，尤其是看了上面有高昌县令元宪签名的其他几件文书，知道内藤乾吉释为元是正确的，而释为讫是错误的。
⑯ 武周时西州处理浮逃户土地及隐漏田的残件见黄文弼先生著《吐鲁番考古记》及马284号(本件《敦煌资料》(第一辑)第142页已过录。它与444及马284号长寿二年佃人文书为同一手笔)。

唐史研究及其他

唐代的资课

一

资课是唐代赋役和财政制度的重要问题之一。什么叫资课？有的认为是财产税；也有的认为是户税。我认为这两种意见都缺乏根据，似可商榷。

"资课"一词，因在文献上有不同称谓，致使人分辨不清，为了说明问题，现摘抄几条材料于后：

《通典》卷6《赋税下》引唐开元二十五年三月敕："关内诸州庸调资课，并宜准时价变粟取米，送至京，逐要支用。其路远处不可运送者，宜所在收贮，便充随近军粮。其河北、河南有不通水利，宜折租造绢以代关中调课。"敕文开头的"关内诸州庸调资课"与末尾的"关中调课"对应，行文变化，庸调略写成调，资课略写成课。

《册府元龟》卷487《邦计部·赋税门》大历八年正月条："诸色丁匠，如有情愿纳资课代役者，每月每人任纳钱二千文。"这一条记载很清楚，资课就是代役钱。

《唐六典》卷5《兵部记》载：凡三卫"量远迩以定其番第"。"贯京兆、河南、蒲、同、华、岐、陕、怀、汝、郑等州，皆令番上，余州皆纳资而已。""应纳资者，每年九月一日于本贯及寄住处输纳。"所谓纳资是纳资课的略写,三卫不上番者都应交纳资课钱。

《通典》卷35《职官典·禄秩》记载:供官员护卫、驱使的"防阁、庶仆、白直、士力纳课者,每年不过二千五百(文)",执衣"不过一千文",仗身"一时收资六百四十文"。门夫,"若番上不到应须征课者,每番闲月不得过一百七十(文),忙月不得过二百文"。纳课即纳资课,征课即征收资课,收资即收资课的略写,不上番者都要按规定交纳资课钱。

《新唐书》卷55《食货志》:"文武职事三品以上给亲事、账内。以六品、七品子为亲事,以八品、九品子为账内。"不上番,"岁纳钱千五百(文),谓之品子课钱"。课钱即资课钱、免番钱。

《新唐书》卷46"刑部都官郎中员外郎条":①"凡反逆相坐,没其家配官曹,长役为官奴婢。一免者(为番户),一岁三番役。""再免为杂户。""二岁五番役。""每番皆一月,三免为良人。""附贯州县者,按比如平民。不番上,岁督丁资,为钱一千五百(文);丁婢、中男,五输其一。"不番上,岁督丁资,《唐六典》记载为:"当番,请纳资者亦听之。"含义相同,官奴婢和贱民,应当番上而不番上者,都要岁督丁资,即交纳资课钱。

《新唐书》卷46《百官志·吏部郎中员外郎》条:文散官,自四品以下,"皆番上于吏部,不上者,岁输资钱。三(三当作五)品以上六百,六品以下一千"。"勋官亦如之。以征镇功得护军以上者,纳资减三分之一。"

同上《兵部员外郎》条:武散官,"自四品已下,皆番上于兵部,以远近为八番。三月一上。三千里外免番,输资如文散官"。输资,输资钱,即输纳资课钱。文武散官、勋官,如不上番,皆须纳免番钱。

上引史料,可以充分说明:所谓资课,又称资课钱、课钱、资、课② 等,它既不是财产税,也不是户税,而是纳资免番、以资代役。

二

唐代前期赋役制度，基本的为租、调、役和杂徭四项，役，一年为二十日，若不役则收其庸，每日绢三尺，叫作以庸代役。纳资代役和以庸代役，既有联系，又有区别。以庸代役的役为正役，负担者为普通的课丁男，纳资代役的役，情况复杂，如果是丁男就役的色役，那么，两者服役的都是丁男。服色役的丁男，就免服正役；反之，服了正役，就不服色役，两者是相通的。就交纳规定的庸值和资课后，可以免役而言，两者是相同的，但也有许多不同。

一、以庸代役的役为正役，名目简单。纳资代役的役，就役种言，有丁男就役，有工匠就役，有杂徭役，以及文武散官、勋官和贱民、奴婢纳资免番等；纳资代役的役，具体名目甚多，如三卫、亲事、账内、防阁、庶仆、士力、邑士、仗身、白直、执衣、诸色工匠，等等，统称之为诸色番役或色役。

二、纳庸者为均田制下农户中身体健康的课丁男。纳资者则情况复杂，就服役者年龄讲，除丁男外，还有中男，年龄最小的只有十二岁，如奴之中男；就健康状况讲，除壮丁外，还有残疾；就性别讲，除男子外，还有女子，如丁婢；就身份讲，有良民（农民、工匠）、贱民（番户、杂户等）、奴隶，以及文武散官、勋官、品子等。

三、以庸代役是封建政府对于农户课丁男的一种残酷剥削。纳资代役对农民、工匠、贱民、奴婢，同样是残酷的封建剥削，但对于品子、文武散官、勋官，则具有另一种性质。他们纳资，是为了"简试""简选"，取得官品，谋取职官，达到逐步升迁的目的。唐代规定，凡没有具体职事的文武散官、勋官，也须到京都或州府上番，分担政府机构临时指派的一些任务。文武散官、勋官如果不上番，须交纳一定的免番钱。过一定年限,经过考核,给予官职,可以升迁。因此,他们的纳资,与被统治者纳资,不能混淆。

四、纳庸代役一般是以绢布计算庸值;纳资代役则一般以钱计算,但也有用实物交纳的。如宝应元年(762)西州高昌县番课抄:周义敏纳十一月番课缥布壹段,宝应元年十一月十四日队头安明国抄,见人张奉宾。有关周义敏纳番课抄共见到四件,③都是纳的棉布。

五、以庸代役的役,凡课丁男一律一年二十天,每天收庸直绢三尺或布三尺七寸五分。资课则因役名及上番者身份有殊而服役日数及交纳钱数不同。甚至同一种役,不同地区纳资额也不相同,为清晰起见,附表于后:

名称及纳资者身份	纳资额	材料来源	附 注
四、五品文武散官	岁输资六百文	《新唐书》卷46	
六品至九品文武散官	岁输资一千文	同上	
亲事(六品七品子)	岁输资一千五百文	《新唐书》卷55	
账内(八品九品子)	岁输资同上	同上	
防阁(白丁)	岁输资二千五百文	《通典》卷35	
庶仆(白丁)	同上	同上	
白直(白丁)	同上	同上	
士力(白丁)	同上	同上	
仗身(白丁)	岁输约二千五百文	同上	按仗身十五日一替,一时收资六百四十文,则一年二千五百六十文
丁匠	岁输二千文	《册府元龟》卷487	以工匠一年服役三十日算
太常音声人	岁输二千文	《新唐书》卷48	

(续表)

名称及纳资者身份	纳资额	材料来源	附 注
执衣（中男）	岁输一千文	《通典》卷35	
门夫（中男及残疾）	岁输一千文	同上	按门夫服役五十日，每番十役，闲月纳资一百七十文，忙月纳资二百文，如全以忙月计算—合一千文
丁　奴	岁输一千五百文	《新唐书》卷46	
丁　婢	岁输三百文	同上	按丁婢纳资为丁奴五分之一
中男奴	同上	同上	中男奴纳资为丁奴五分之一

结合上表，说明几点：

（1）白丁与品官、品子所纳资课钱额不同。白丁年纳资课钱均为二千五百文。敦煌发现开元年代《水部式》记载，水手上番，二年轮替，"免将役年及正役年课役，兼准屯丁例，每夫一年各帖一丁"。其丁"出二千五百文资助"。④帖丁的资课钱，一年也是二千五百文。这是开元年间官定的白丁资课钱额。它比有身份的散官、勋官、品子的资课钱高。

（2）同样是有身份的人，身份高，资课钱就低。如品子课钱一千五百文，品官为六百文到一千文；同为散官，六品到九品为一千文，四品、五品则为六百文；同为勋官，从三品以上，纳资就减少三分之一。

（3）门夫由中男及残疾的丁男承担，其资课钱实际上是杂徭代役钱，一年一般不过一千文。这类代役钱属地方政府所管。由于地区不

541

同,服役日数与资课也往往不同。《通典》卷35"禄秩项门夫条"记载:"其后,举其名而征其资。其门夫多少,课之高下,任土作制,无有常数。"

（4）工匠和太常音声人（身份接近于良人）资课钱为二千文,比普通白丁资课钱额少。

（5）官有奴隶:丁奴、丁婢都要交纳资课钱,而且中男从十二岁算起,⑤比良民中男服役、纳资课提早四年到六年。⑥这说明封建政府对奴隶实行残酷的掠夺。但另一方面,丁奴资课一年一千五百文,加上丁婢资课三百文,共为一千八百文,比良民一丁的资课钱少七百文;同为中男,奴隶比良民也少七百文。如果一户以一丁计算,奴隶一户比良民一户少资课钱七百文;一户以一丁男、一中男计算,奴隶一户比良民一户少资课钱一千四百文。按开元十三年一石一百三十文计算,⑦折合米一户相差五至十一石,折合粟近十至二十石,差额很大。这反映了附贯州县如平民的奴隶,由于生产所必须具备的条件比良民差,以及奴隶律比畜产,地位极端卑下,不仅财产,连人身也属官府所有,缺乏生产积极性,因此创造的剩余产品比良民低得多。处于统治地位的剥削者,总是企图向被统治者掠取更多的财富。但剥削量的大小,受被剥削者所能创造的剩余产品多少制约。由于奴隶比良民创造的剩余产品少,因而官府从奴隶那里所能掠取的财富就比较少。很明显,多保留奴隶、贱民,对统治者不利。唐代官府和私家之所以经常放奴为良、放贱为良,其秘密即在这里。这并不是出于统治者的善心,而是为了向被剥削者榨取更多的财富。

（6）关于三卫资课钱问题,国外有的学者据《唐六典》卷5记载:"三卫违番者,征资一千五百文。"认为一千五百文就是三卫平常的资课钱。我认为值得商榷。为了说明问题,现将原文录下:"三卫违番者,征资一千五百文,仍勒陪番,有故者免征资。三番不到,注甲毁夺告身,有故者不陪番。"通观这段文字,所谓违番者征资一千五百文,是指一次上番不到,罚资课钱一千五百文。按唐令规定,凡三卫上番,"五百里内五番、一千里内七番、一千里外八番,各一月上"⑧。则三卫轮番,一年一人分别为二点四番、一点七番、一点五番三种。如果三卫一次不上番交资课钱一千五百文,则全年一人的资课钱分别为三千六百文、二千五百七十文、二千二百五十文。同为三卫,为什么资课钱这样轻重不同,远者轻,近者重?"三卫违番者征资一千五百文,仍勒陪番"。我认为乃是一种处罚,不管远近,违番一次,一律罚资课钱一千五百文,并勒令补上番一次。⑨如果连续三次不上番,就削毁注甲,剥夺告身。因此,三卫平常的资课钱多少,还有待于研究。

六、纳庸者无须纳资,纳资者无须纳庸,两者虽都可免役,但纳庸者系承担租庸调的课丁,并不免除征行,国家随时可以征发,而纳资者丁男所承担的是色役,例免征行。被征发从事征行,去边境守卫、战斗,跋山涉水,历尽艰辛,且易丧命,在当时是最重最苦的役,因而纳资者比纳庸者实际负担较轻。

七、从财政制度上讲,以庸代役的庸直,属中央财政收入主要项目之一,收入归国库,此在天宝计账上有明确记载。以资代役的资课钱,作为管理俸料与和雇者的报酬,支付给官吏和有关机构以及和雇的工匠、丁夫,一般不作为政府财政收入,不归于国库。

综上所述,足见纳资代役与以庸代役,既有联系,又有严格区别。

三

以庸代役和以钱代役,都不是唐代的创造,它们的历史都比唐朝古老。以钱代役早在汉代就有记载。据《汉书·昭帝纪》及如淳和颜师古等注,西汉初年的更赋为力役之征,承袭于秦朝,分为三种:一为给郡县一月一更之役,二为给中都正卒一岁一更之役,三为戍边三日之役,后改为屯戍一岁,均可以钱代役。

唐代资课,其渊源应该上溯到汉初、秦末。资课究竟于唐朝哪一年开始,缺乏记载,但唐初即已存在,绝不是唐玄宗时才有。

贞观十二年二月二十三日敕:"改置胥士七千人,以诸州上户充,准防阁例输课。"[10]输课即输资课,说明在贞观十二年(638)以前,防阁早已实行纳资代役。

贞观十二年又令:"文武职事三品以上,给亲事、账内。以六品、七品子为亲事,以八品、九品子为账内。岁纳钱千五百,谓之品子课钱。"[11]亲事、账内,从贞观十二年起,就实行纳资课钱代役。乾封元年(666)八月十二日诏:"京文武官应给防阁、庶仆、俸料,始依职事品。其课及赐各依本品。"[12]所谓课,即资课,相对于防阁、庶仆,赐相对于俸料。这一诏敕年代虽为乾封,但结合前面防阁的材料,可以看出供官员驱使的庶仆之类的在乾封以前,甚至在贞观十二年以前也早已交纳资课。黄文弼《吐鲁番考古记》三十四页有"□露二年"残牒,从内容看,露前缺调字,本件为唐高宗调露二年征收折冲府仗身资课钱牒文。

大谷8077号西州执衣曹伏生纳课钱抄:[13]"执衣曹伏生纳久视元年闰七月课钱肆拾式文其年八月廿八日典记成抄。"这是西州地区执衣,在武周时实行纳资代役的实证。上举数例,可以看到资课从唐初就已存在,到唐玄宗开元时则发展到了一个新阶段。这从以下三个方面可以看出:首先,唐玄宗开元时色役普遍实行以资代役,而且进一步制度化。《通典》卷35《禄秩》记载:"防阁、庶仆,旧制季分。月俸、食料、杂用,即有分诸官应月给。开元二十四年乃撮而同之,同谓之俸料。"(其所记俸料内各项数目见附表):

文武职事官月俸料钱表[14]

官　品	月　俸	食　料	杂　用	防阁、庶仆资课钱	合　计
一品	6000 文	1800 文	1200 文	15000 文	24000 文
二品三品	5000 文	1100 文	900 文	10000 文	17000 文
四品	3500 文	700 文	700 文	6667 文	11567 文
五品	3000 文	600 文	600 文	5000 文	9200 文
六品	2000 文	400 文	400 文	2500 文	5307 文
七品	1750 文	350 文	350 文	1600 文	4058 文
八品	1350 文	300 文	300 文	600 文	2559 文
九品	1050 文	250 文	200 文	400 文	1900 文

杜佑在上表所列各种俸钱之后，自注曰："其数目，国初以来即有，中开色目，或有加减，今方为定制。"资课钱从唐初以来一直存在，但时有变动，并无定制，到开元二十四年有了统一规定，折算并入月俸，成为定制。

其次，从上表可以清楚地看到，资课在官俸中所占比例甚大，占百分之二十到百分之六十以上。这笔钱由政府统一征收，再发给官员。因此，资课已成为政府财政收支中的一个重要项目，在开元时期的诏敕中曾一度再提到。[15]

第三，唐玄宗开元时，资课正在改变其本来面目。所谓资课，乃是以钱代役、以钱免番。前面说过，纳资者比纳庸者实际负担要轻。因此，"高户以下，例皆情愿"。[16]《旧唐书》卷106《王毛仲传》记载："玄宗为皇太子监国，因奏改左右万骑、左右营为龙武军，与左右羽林为北门四军。""长安良家子避征徭，纳资以隶其中，遂每军至数千人。"交纳资课，就可在禁军挂一个名。纳资已成为逃避征徭的一种手段。随着官僚机构膨胀，官员数量增多，色役亦随之越来越多，加上富户与官吏勾结，大量丁口以色役资课为名隐庇，造成色役伪滥，严重影响政府征敛赋役。

545

唐玄宗为此采取了一系列措施。开元九年令监察御史宇文融充使急察色役。[17]二十二年下敕,限制任色役人数:"其杂匠及幕士并诸色同类有番役,合免征行者,一户之内,四丁以上任此色役,不得过两人;三丁以上,不得过一人。"[18]二十三年又下敕精简官僚机构:"减诸司色役二十二万二百九十四人。"[19]天宝初年,停止了"差丁充白直",十万白直的资课钱改为"加税以供用"。这样,节省了国家丁壮,但加重了人民负担。[20]资课转变成封建统治者加重剥削人民的一种花招。安史乱后,资课继续存在,不过有的名目废止了,也出现了一些新的名目。资课终唐之世,一直存在,并延续到唐亡以后。

四

以钱代役早在汉代就很盛行,但南北朝时,战乱频仍,生产受到严重影响,商品货币经济萎缩,以钱代役很少见,到唐朝又发展起来。由于受汉代以钱代役影响,唐初就有资课,到唐玄宗时广泛施行,这和唐代社会经济情况密切相关。唐朝与汉朝相似,统治地区辽阔,各地需要的徭役人数多少不同。京师地区需要的丁夫工匠、工勤人员特别多,要从全国各地征发。史载,唐代初年,"去京两千里内,先配司农、将作",[21]"远者往来五六千里",[22]有些边远地区,距京更远。唐代一天行程五十里。[23]如果以距离京都五百里来计算,路上来回需二十天,离京一千里来回需四十天,离京一千五百里来回需六十天,离京二千里来回需八十天,离京三千里来回需一百二十天。轮番上京服役,花在路上的时间太多。上京服役的人,"除程粮外,各唯(准)役赍私粮",[24]除路上的食粮由官府供给外,服役期间的食粮,须自己准备,而且还要准备行装和日常费用。"入军者赍其戎仗,从役者则其糇粮,尽室经营,多不能济";[25]"去者资装,自须营办,既卖菽粟,倾其机杼,经途死亡,复在其外。"对于户口单弱的农户,真是"一人就役,举家便废"。主要劳动力被抽走达几个月之久,甚至死亡,连简单再生产也无法继续下去,因而以钱代役符合劳动者的要求。

纳资代役也符合官员需要,白直、庶仆等折钱并入月俸,增加了收入;根据需要,再出钱雇佣合意的人,时间可长可短,会服务得更好。

对于封建政府来说,以钱代役制比轮番服役制更有利。轮番服役,上番、下番在路上来回的人,数量众多,政府负责供应的程粮就是一笔很大开支。为了减少这一部分开支,就要尽可能推行以钱代役。轮番服役,户口单弱的户,往往破产,以致逃亡,多一户逃亡,就少一户赋役收入,对政府不利。轮番服役,往往会与政府需要发生矛盾。从数量方面讲,轮番服役,每年应该上番的人数比较固定,而政府需要的劳动人手,有的年份多,有的年份少,就会出现供求矛盾,应服役者的数量有时超过需要,有时又不敷需要。从质量方面讲,政府许多部门、许多项目需要业务熟练、技能高超的劳动人手,轮番服役会出现需要的劳动人手征发不到,征发来的又不符合需要。特别是皇室贵族官僚需要的精美工艺品,要求技艺高超的匠人专心致志,多年持续不断地劳动才能完成。轮番服役的工匠,服役期短,技能有高有低,不适应这种需要。面对这些矛盾,唐朝政府采取了一系列相应措施,规定各地上供少府监、将作监的工匠,"皆取材力强壮,技能工巧者,不得隐巧补拙,避重就轻",违者要受处罚。但严刑峻法只能引起工匠的反抗。敦煌白话诗:"工匠莫学巧,巧则他人使。身是自来奴,妻亦官人婢。"说明了能工巧匠生活的痛苦、对政府征发的不满,以及生产情绪低落。《太平广记》卷308"蔡荣"条出续《玄怪录》,记载元和时某王后殿倾倒,企图征发中牟县(治今开封西中牟县)巧匠蔡荣去应役修理,蔡荣与地界串通,巧妙地逃避了征发。反映了工匠的反抗,也说明无偿徭役、强制征发,并不能保证得到需要的劳动人手。这虽然是唐代后期的材料,但类似情况,唐朝前期也会存在。对于超期服役,唐朝也规定了按留役日数,折免本年和下一年的一部或全部课役。但这种留役补偿规定,实际上是提前征发以后的徭役,对留役者很不利。如果政府违反规定,临时决定,强制延长服役期限,还会造成丁夫工匠食粮困难,延误家中生产,往往引起丁夫工匠不满。唐高宗上元二年(675),为李弘修陵,将要完工时,发现"元宫狭小,不容送终之具,遽欲改拆之。留役滑泽等州丁夫数千人,过期不遣。丁夫恚苦,夜中投砖瓦以击当作官,烧营而逃"。[③]强制留役,矛盾激化,引起民夫工匠暴动,就是一例。唐朝是在隋末农民大起义后建立的,封建统治者总结隋亡教训,学得聪明了些,懂得农民最反对徭役,过度的无偿征发,会引起社会经济崩溃,农民反抗,政权垮台。因此,唐初就普遍实行以庸代役,推行纳资代役与和雇。所谓和雇,就是政府对超期服役的工匠,付给"日以绢三尺",或一定量的钱币以为报酬。史载:贞观初,"凡诸营缮,工徒未息,正丁正匠,不供驱使",就采用"和雇"。[③]贞观十年,关中"杂匠之徒,下日悉留和雇"。[②]永徽五年十一月,"筑京师罗郭,和雇京兆百姓四万一千人,板筑三十日而罢",[③]说明唐初和雇已相当普遍。和雇与以庸代役、纳资代役是一个问题的两个方面,互为表里。政府一手向不上番者征收庸直,征收资课,一手将这笔钱物支付给和雇的劳动人手,作为报酬。《唐六典》卷7《工部》记载,凡工匠"驱役不尽及别有和雇者,征资市轻货,纳于少府监、将作监"。凡是应上番的工匠,由于政府不需要那么多而未被征发的,应该纳资;或者是技能不符合要求而政府和雇了其他工匠,因而未被征发的也应纳资。后一点正好说明了和雇与纳资的密切关系。和雇的发展,也就是以资代役的发展。以资代役与和雇,从役种讲,大概首先盛行于需要熟练技能的部门。《唐六典》卷23《将作监》记载:"凡诸州匠人长上者,则州率其资纳之,随以酬雇。"《新唐书》卷48《百官志·将作监也》记载,"长上匠州率资以酬雇。"所谓长上匠,是长期在官府手工业作坊劳动的工匠,一年中除自己应服的义务徭役天数外,其他都是有报酬的。他们的报酬经费,来自未上番工匠的资课钱。短番匠服役期满,官府从中挑选一批技艺高超的,用和雇办法留下,长期在官府手工业作坊劳动,报酬合理,工匠为了谋身,也会愿意留下,这就产生了长上匠。官营手工业作坊中还有一种明资匠,也是和雇的工匠,具有高超的技能。以资代役与和雇,可能从长上匠开始,并且持续实行下去。因为长上匠、明资匠符合官府需要,只有采用和雇办法,才能保证找到能工巧匠,才能制造出精巧的手工艺品,满足皇室贵族的需要。这种一面征收资课钱、一面采用和雇的办法,适合当时社会需要,因而不仅在需要熟练技能的官手工业、交通运输等部门广泛发展,而且扩展到其他部门。㉚从地区讲,以资代役与和雇,主要盛行于京师地区。因为京师一带徭役最重,贫富分化剧烈,土地问题严重,无地少地的农民多,离京师又近,便于应雇。因此,京师一带富户以及外地所纳资课,都在这里雇人应役。

资课在唐代发展和盛行,既是唐代社会经济发展的产物,又是唐代社会矛盾的反映。随着农业、手工业经济的发展,交换频繁,商品经济也随之发展。到开元天宝时长安等大城市人口膨胀,消费品需求大增,城市商业获得畸形发展。唐玄宗时资课的盛行,正是商品货币经济发展活跃的一个反映。由于城市商品经济发展,皇室贵族官僚的生活,越来越奢侈腐化,靠征发的工匠丁夫制造奢侈品已不能满足他们的需要,因此,就广泛采用收取资课进行和雇的办法,招募各种能工巧匠和其他具有高超技艺的劳动人手来为他们服务。唐初李渊、李世民及其臣下,多擅长骑射,善于战斗,当时社会上也有尚武风气,后来由于大力推行以文取士,社会风气逐渐向崇文轻武转变,到开元天宝之际,尚武精神丧失殆尽,特别是居住在京师地区的王公贵族、官僚富人,过惯安逸生活,都不愿去从征出战,有钱的人都与官吏勾结,以种种方法逃避征戍。

交纳资课，挂名色役，是当时富户普遍采取的一种避役手法。唐初政府机构比较精简，到唐玄宗时，庞大的官僚机构已臃肿不堪，许多官员无处安排，这时三卫、百姓、勋官上番，不仅谋不到职位，而且"分支诸曹，身应役使，有类童仆"，㊲社会地位低下，受人鄙视，富贵人家都不耻于此，普遍纳资代役。"番上者，贫羸受雇而来"，㊳据出土的天宝年代敦煌郡敦煌县差科簿记载，勋官、上柱国子纳资的就有二十九名。诸如此类的纳资、和雇更是屡见不鲜。

　　以资代役比之轮番服役可以节约社会劳动力，有利于生产，符合社会需要。它的发展和盛行，不仅和唐代疆域辽阔有关，更重要的，他是唐代商品货币经济的产物。它的盛行，反过来又有利于商品经济发展。但唐代是封建社会，超经济强制贯穿于社会经济各个领域。陆贽在《论两税之弊须有厘革》奏疏中写道：官吏以"巧避微文，曲承睿旨。变征役以召雇之目，换科配以和市之名，广其课而狭偿其庸，精其入而粗计其直。以召雇为目而捕之，不得不来，以和市为名而迫之，不得不出"。㊴表面上自愿，实际上，和市为名，科配其实；和雇为名，征役其实，都是强制性的。资课同样具有明显的封建强制性，资课额多少，是否纳资，什么时候纳，决定权操在官府手中。唐玄宗时有一道诏敕说："比缘户口殷众，色役繁多，每岁入番，计劳入任，因纳资课，取便公私。"㊳以资代役，一开始确也"取便公私"，既符合政府需要，也有利群众，但后来变了，就在同一敕文中接着写道"如闻州县官僚，不能处置，凡如此色，邀纳见钱，或非时缴纳，贱卖布帛"。㊵唐代，自给自足的自然经济仍占统治地位，一般农民谈不上贮藏多少货币。资课要用现钱，官府又随意提早征收，纳课者被迫贱卖布帛，还要受贮藏货币的地主富商剥削。更有甚者，准照官府通知上番，已经"身至上处"，又"抑令纳资"，㊶白白耽误旅途往返日程。资课对于普通的百姓是一个沉重负担。连皇帝诏书也承认：白直一丁每月钱二百零八文，"每至月初，当处征纳送县，来往数日功程，在于百姓尤是重役"。㊶封建政府还可以随意停止资课，把应收的资课钱分摊到户税当中，增加百姓负担。如前述天宝初年，停止十万白直，加税供用，就是一例。实际上，资课只符合富户需要，对他们有利。唐代赋役中徭役一项，特别是兵役负担最重。按照唐令规定："凡差科，先富强，后贫弱；先多丁，后少丁。"㊷富户一般都是强丁多，理应首先被征发去服役，但他们利用拥有的财富，与官吏串通，谋取负担较轻的色役。天宝十一载十二月敕旨："幕士、供膳、掌闲并杂匠等，比来此色，缘免征行，高户以下，例皆情愿。"㊸"凡富人多丁""以色役免"。㊹富人首先以色役免去正役，逃避兵役，他们又用钱交纳资课后，就可免服色役。贫苦农民根本无钱纳资，沉重的徭役都落在他们身上。可见资课不仅具有明显的封建强制性，而且只对封建政府、对富户有利。

唐代资课的盛行，不是孤立的一种社会现象。它的盛行与商品货币经济发展密切相关。唐代中期，正是中国封建社会从前期向后期转变的交替时期，封建社会内部正在发生部分质变。资课的盛行，以庸代役的普遍实行，和雇和市的发展，以及均田制崩溃，募兵制代替府兵制，租庸调制改为两税法，等等，从不同的侧面反映了这种变化。从中国赋役制度发展史看，总的趋势是以力役为主逐渐向实物货币为主演变，上述一系列现象，也正反映了力役在唐代赋役中所占比重显著下降，国家对农民人身直接控制相对削弱，劳动者能有较多的自由劳动时间。正因为如此，唐代的资课值得我们注意。

(《中国史研究》1980年第3期)

注释：
① 参阅《唐六典》卷6《刑部都官郎中员外郎》条。
② 课，在唐代文献上有多种多样含义，课指资课仅为含义之一。

③ 大谷 5824 号—5827 号，见池田温著《中国古代籍帐研究》。
④ 敦煌发现《水部式》，见北京图书馆藏照片 P.2507 号，罗振玉《鸣沙石室佚书》已收。
⑤ 《新唐书》卷 46《刑部都官郎中员外郎》条，奴婢"十一以上为中"。
⑥ 按唐代丁中制天宝三载十二月以前，十六岁起算中男，以后改为十八岁起算中男。
⑦ 《通典》卷 7，开元十三年封泰山，米斗至十三文。
⑧ 《唐六典》卷 5《兵部》。
⑨ 仍勒陪番，陪，可作倍讲，也可作补偿讲，我取后者，释为勒令补番一次，如果取前者，已经罚钱，又补番二次，于理不通。
⑩ 《唐会要》卷 91《内外管料钱上》。
⑪ 《唐会要》卷 93《诸司诸色本钱上》。
⑫ 《唐会要》卷 91《内外管料钱上》。
⑬ 池田温著《中国古代籍帐研究》，第 340 页。
⑭ 《唐会要》卷 91《内外管料钱》上记载的数目，与《通典》记载有不同。《通典》原文六、七、八品分项与合计尾数略有出入，差错应在资课一项，尾数在缮写过程中脱漏了。
⑮ 《唐会要》卷 58《户部尚书》：开元六年五月四日敕，诸州每年应输庸调、资课、租及诸色钱物等；《册府元龟》卷 487《邦计部赋税门》开元二十二年七月敕："自今已后，京兆府、关内诸州应征庸调及资课，并限十月三十日毕。"
⑯ 《唐会要》卷 65《卫尉寺》。
⑰ 《唐会要》卷 85《逃户》。
⑱ 《唐会要》卷 83《租税上》。
⑲ 《唐会要》卷 83《租税上》。
⑳ 见《唐会要》卷 91、93，但年代有不同，一为天宝元年，一为天宝五载。《新唐书》卷 55《食货志》为天宝初。
㉑ 《旧唐书》卷 70《戴胄传》。
㉒ 《旧唐书》卷 74《马周传》。
㉓ 《唐六典》卷 3《户部》"度支郎中员外郎"条：凡陆行之程，马日七十里，步及驴五十里，车三十里。
㉔ 《唐令拾遗》"赋役令"第五条。
㉕ 《旧唐书》卷 70《戴胄传》。
㉖ 《旧唐书》卷 78《褚遂良传》。
㉗ 《旧唐书》卷 70《戴胄传》。

㉘《唐六典》卷7《工部》。
㉙《敦煌掇琐·琐三一》。
㉚《唐会要》卷21《诸陵杂录》,参阅《旧唐书》卷86《高宗诸子孝敬皇帝弘传》,《新唐书》卷100《韦弘机传》。
㉛《旧唐书》卷78《高季辅传》。
㉜《贞观政要》卷10《慎终》。
㉝《旧唐书》卷4《高宗纪》。
㉞敦煌发现《水部式》:都水监有长上渔师十人,明资渔师一百人。《唐会要》卷65《卫尉寺》:广德元年有长上幕士四十人,本司招补,不差百姓。
㉟《旧唐书》卷42《职官志·勋官》。
㊱《玉海》卷138引《邺侯家传》。
㊲《全唐文》卷465陆贽《论两税之弊须有厘革》。
㊳《全唐文》卷35玄宗《禁资课税征纳见钱敕》。
㊴《全唐文》卷35玄宗《禁资课税征纳见钱敕》。
㊵《全唐文》卷24元宗《改年为载推恩制》;《册府元龟》卷135《帝王部·愍征役》天宝三载正月条;《唐大诏令集》卷4《改天宝三年为载制》。
㊶《册府元龟》卷506《邦计部·俸禄门》天宝五载三月敕文。
㊷《唐律疏议》卷13《户婚律中》。
㊸《唐会要》卷65《卫尉寺》。
㊹《唐会要》卷83《租税上》。

唐代前期的杂徭

杂徭是唐代赋役制度中最复杂的问题之一。但国内论者较少,现试作初步探讨。

一

唐代前期的赋役制度,基本的有四项:"一曰租,二曰调,三曰役,四曰杂徭。"(《唐会要》卷83《租税上》)杂徭是其中的一项。杂徭,唐代文献又称"轻徭""夫役""夫""小徭役"等。《唐律疏议》曰:"丁谓正役,夫谓杂徭。"(卷28《捕亡律》"诸丁夫杂匠在役及工乐杂户亡者"条)。又说:"其小徭役谓充夫及杂使。"(卷13《户婚律》)。所谓"夫"属于小徭役之一种。

杂徭是一种所谓轻徭役、小徭役,服役年龄比正役早。《敦煌掇琐》上辑《琐三十》载:"你道生胜死,我道死胜生。生即苦战死,死即无人问。十六作夫役,廿一充府兵。"夫役即杂徭。从十六岁起,就要服杂徭,二十一岁起服正役,充当府兵。《唐大诏令集》卷74《亲祭九宫坛大赦天下敕》载:"比者,成童之岁,即挂轻徭;既冠之年,便当正役。悯其劳苦,用轸予怀。自今已后,天下百姓,宜以十八以上为中男,二十三以上成丁。"此敕发布于玄宗天宝三载十二月二十五日。按照唐代丁中制,十六岁到二十岁为中男,二十一岁成丁(《通典》卷7《食货典·丁中》)。所谓"成童之岁,即挂轻徭,既冠之年,便当正役",即男子到十六岁成为中男,就要服杂徭;到了既冠之年二十一岁成丁了,便担当正役,与上引敦煌白话诗所述服役年龄完全一致。天宝三载敕,把中男与成丁年龄各提高二年,从此,服役开始的年龄也相应提高,改为十八岁起服杂徭,二十三岁起服正役,算是皇帝的一种"恩惠"。

那么,中男成丁后服正役,是否继续服杂徭呢?这个问题,现存令文缺乏记载,但从文献所载一些实例尚可推知。《唐会要》卷85《杂录》载,武德九年十一月,唐太宗下敕,"中男十八已上简取入军。"魏徵表示坚决反对。魏徵对唐太宗说:"若次男以上并点入军,租赋杂徭将何取给?"所谓租赋,即租庸调。一当府兵,本身的租庸调杂徭统统免除。如果男子十八以上都被征发去当府兵,中央王朝的财政收入和必要的劳役就缺乏来源,这真是竭泽而渔。因此魏徵出来反对,唐太宗也只好接受。

《通典》卷29《折冲府》项原注曰:"初置,以成丁而入,六十出役,其家不免征徭。"[①]征徭的含义为征赋杂徭(租庸调和杂徭)。府兵本身的赋役全部免了,但府兵家庭内其他丁男的租庸调和杂徭,并不免除。按照唐令,"诸视流内九品以上官""皆为不课"[②]。免除课役是当官者的特权。据《唐律疏议》卷3载:"诸除名者官爵悉除,课役从本色。……六载之后听叙,依出身法。"

《疏议》曰:"若犯除名者,谓出身以来官爵悉除。课役从本色者,无荫同庶人,有荫从荫例,故云各从本色。""又依令,除名未叙人,免役输庸,并不在杂徭及征防之限。"这就是说,因罪除名官爵全部丢掉,也就丧失了免课特权,如果没有恩荫特权,就要同庶民一样负担课役。但除名者过了六年,还可以"听叙",也就是还可以复官。在唐代这样以等级制为特征的封建社会里,士大夫被征发去从事徭役,被认为是一种耻辱。罢官者,原来是官,六载后又可能当官,为了照顾这种身份,因此在罢官期间,特别规定了"免役输庸并不在杂徭及征防之限"。可见,如无

555

这一规定,同庶民一样课役,就要服正役和杂徭,就要被征发去当兵了。

又敦煌发现开元年间《水部式》③载:"都水监渔师二百五十人。""并取白丁及杂色人五等已下户充,并简善采捕者为之。免其课役及杂徭。""河阳桥置水手二百五十人,陕州大阳桥置水手二百人。""并于八等以下户白丁灼然解水者,分为四番,并免课役,不在征防、杂抽使役及简点之限。"杂抽使役即杂役、杂徭,当了渔师、水手就可以免除课役(租庸调)和杂徭。

按照唐令:"凡庶人年八十及笃疾给侍丁一人,九十给二人,百岁三人。"④"侍丁,依令免役,唯输调及租。"⑤侍丁有免除正役和杂徭的优待,但许多地方违反令式,"多杂役使",继续征发侍丁从事杂徭。因此,唐玄宗改元天宝赦,重申前令,予以禁止,并指出:"自今已后,不得更然。"(《唐大诏令集》卷4《改天宝赦》)

以上所谈到的五种情况,从年龄讲都是丁男;其中府兵、渔师、水手,免除租庸调和杂徭;罢官者,士大夫身份,以庸代役,不服正役、杂徭;最后一例为侍丁免除正役、杂徭。由此可知普通的课丁男的负担,除租调正役外,还有杂徭,共为四项。

或问:既然课丁的负担是租庸调和杂徭四项,那么,陆贽所述:"国朝著令,赋役之法有三:一曰租、二曰调、三曰庸。"⑥又怎样解释呢?

陆贽奏疏上于唐德宗贞元十年(794),上距建中元年(780)改租庸调为两税法,只有十多年。他那时是当朝宰相,很清楚地知道除租庸调外还有杂徭。他在奏疏中不提杂徭绝不是什么疏忽,而是另有原委。这要从唐朝赋役制度的体制上来进行探讨。租、调、役三项属于中央的财政收入,由中央直接掌管,杂徭一项,属地方掌管,由地方征发,不列入中央财政收入范围。《新唐书》卷46《百官志·户部》载:"户部郎中员外郎掌:户口、土田、赋、役、贡献、蠲免、优复、姻婚、继嗣之事。以男女之黄、小、中、丁、老为之账籍,以永业、口分、园宅均其土田,以租庸调敛其物,以九等定天下之户。"

中央财政部门主管的"赋役",是以"租庸调敛其物",只负责收取租庸调,并不负责杂徭的征发。《新唐书》卷49下载府州的户曹参军事:"掌户籍、计账、道路、过所、蠲符、杂徭……"可见杂徭属州的户曹参军事职掌。应当指出,中央部门不仅户部郎中员外郎职掌内没有杂徭,其他的中央部门的职掌内也都未见到杂徭一项,这说明杂徭确实不属于中央部门掌管,而是属于地方掌管。《通典》卷6《食货典·赋税下》曾记载天宝年间的计账,其中有户税、地税、课丁的租庸调等,分地区、分门类的收入统计及总计,都有记载,甚至诸色资课及勾剥不在计账数内,也提上一笔,作出交代,唯独没有杂徭一项。为什么?答案只能是杂徭不属于中央掌管,不属于中央财政收入范围。因此,天宝计账中就没有杂徭。前面征引过的侍丁的例子,也能说明这一点。《改元天宝赦》,只指责地方官吏对侍丁多杂役使,不依令式,未提多正役使,也是因为正役属中央掌管,地方没有中央的允许,无权擅自征发;地方政府有权直接征发的只有杂徭一项。因此当某一丁男成为侍丁,地方征发他从事杂徭,就违反了中央规定——侍丁免除正役杂徭。明乎此,对陆贽的奏疏就不难理解了。他是从中央财政收入角度来发表议论的:先说租庸调多么优越,又说两税法的弊端乃是"诱之为奸,驱之避役,力用不得不弛,赋入不得不阙"[⑦],造成百姓的负担越来越不合理,中央的财政收入越来越困难。正因为杂徭不在中央财政收入范围之内,奏疏中略而不提,只写租庸调三项就是很自然的了。

二

有一种意见认为杂徭即色役。其论据是如下一段记载:"凡赋役之制有四:一曰租,二曰调,三曰役,四曰杂徭。"原注:"开元二十二年敕,以为天下无事,百姓徭役务从减省,遂减诸司色役二十二万二百九十四人。"⑧因为减省诸司色役注在杂徭之下,就认为色役即杂徭⑨。甚至有的以此为据,进一步推论杂徭在唐代并不重要,从开元二十二年以后,即不再存在。我认为这种看法对上述记载似乎有所误解,与历史实际不符。这涉及到对役、杂徭、徭役、色役等名字含义如何理解。前面已交代过,唐代前期赋役制度基本的为租、调、役和杂徭四项。役,又叫正役、重役、丁等;杂徭又叫轻徭、小徭役、夫等。无论是役和杂徭,都是徭役。换句话说,所谓徭役,包括正役和杂徭。史载,武德九年五月辛巳诏:"浮堕之人,苟避徭役,妄为剃度,托号出家。"⑩"中宗以来,贵戚争营佛寺,奏度人为僧,兼以伪妄,富户强丁,多削发以避徭役,所在充满。"⑪出家当和尚,逃避的徭役,很显然包括正役和杂徭。唐代的捉钱户,"给牒免徭役",所免徭役就包括正役和杂徭⑫。什么叫色役?色,唐代广泛使用,文献上俯拾即是,其含义为种类(参看《唐大诏令集》卷74、77)。色役,就是各种各样役的概括写法。但从唐代文献上实际用例来看,色役一般不包括兵役。上引开元二十二年敕中所谓诸司色役,是唐朝中央三省六部诸司以及其他官署各种徭役的概括。官署中的役,具体名目繁多,统而言之为诸色番役或色役。色役,就服役的对象言,有正丁就役,有中男就役,有诸色丁匠就役,等等。色役的征发分为中央、地方两种。中央所需要的各种徭役,从负担租调役和杂徭的丁男中征发。被征发的丁男,到国家指定的地点去上番。上番地点为京师、外州外县和本州本县。州县等地方政府所需徭役,除中央授权的外,征发的对象只限于中男和丁男承担的杂徭部分。色役也有一定的义务天数。服色役的人,根据所服色役和服役天数,可以免去课役的全部或一部分。如京司诸色职掌人,可免除课役。⑬中男当门夫满五旬,免杂徭。⑭如不服役,得按规定交纳资课钱。如服役超过了规定的义务日数,或者变成长上制,就给予适当补偿。有的给物质,如资助,资课钱;

有的给予勋赏，如授与勋官，提高勋品。色役种类很多，情况复杂。但从以上概述中可以看出，色役的内容比杂徭宽广得多，它包括了杂徭，但不等于杂徭。因此，那种认为色役即杂徭，色役属于杂徭的看法是站不住脚的。事实上，作为唐代前期赋役制度基本项目之一的杂徭，一直存在，到唐德宗建中元年实行两税法时，"其租庸杂徭悉省"，[15]杂徭才与租庸调一起并入两税，一度取消。但后来又恢复，所谓"随户杂徭，久已成例"，[16]就是证明。

三

杂徭的负担有多重，也是至今未解决的一个问题。《白氏六帖事类集》卷22《征役第七》引《充夫式》："户部式：诸正丁充夫，四十日免役[17]，七十日并免租，百日已上课役俱免。中男充夫，满四十已上，免户内地租；无他税（地租），折户内一丁；无丁，听旁折近亲户内丁。"上文曾经指出："丁谓正役，夫谓杂徭。"可见《充夫式》乃是有关征发杂徭的规定。在日本学界，由于对《充夫式》的理解不同，关于杂徭义务日数有四十日、三十九日、五十日等各种意见，迄未统一。曾我部静雄教授认为，杂徭义务日数为四十日，[18]我觉得其说证据不足（见《均田法及其税役制度》）。宫崎市定教授持三十九日说，他在《唐代赋役制度新考》一文中，在引充夫式"免"字下补一"役"字后，提出《充夫式》和岁役规定有对应关系。杂徭二日抵正役一日。杂徭四十日相当于正役二十日，杂徭三十日相当于租折役十五日，杂徭三十日相当于调折役十五日。然后他以限满法进行推论，杂徭义务日数在四十日以内，丁男杂徭日数最多为三十九日。我认为推论杂徭义务日数在四十日以内，是颇有道理的。但宫崎市定教授说杂徭二日等于正役一日，那么，充夫式为什么不写百日课役（租调役）俱免，而写百日以上课役俱免，"以上"怎样解释呢？又

559

为什么不写中男充夫满三十日免户内地租,而写四十日以上免户内地租? 通读《充夫式》全文,也有难通处。

滨口重国教授持五十日说。[19]滨口氏同意宫崎市定提出的杂徭和正役有对应关系,杂徭二日等于正役一日的意见。但他认为现存《充夫式》没有杂徭义务日数,必须从其他史料来进行推测。他从门夫和太常音声人服役及不服役交纳免番钱的规定推算出:太常音声人服役一天等于门夫服役二天,并与正役一天等于杂徭二天联系起来,进而推算出杂徭日数即门夫日数;杂徭义务日数为五十日的结论。滨口氏的计算,从数学角度看,似乎颇有道理。但第一,社会现象错综复杂,特别是徭役如何征发,代役钱如何计算,封建政府尽管会有具体规定,但这种规定不可能划一固定,毫不变动,会因情况不同而不同,很难用数学方法精确计算。第二,太常音声人与正丁两者身份不同,一年服役日数也不同。太常音声人一年服役六十日,正丁一年服役五十日(包括租调折役)。第三,如果杂徭义务日数为五十日,而杂徭二天又等于正役一天,那么,从《充夫式》全文看,"百日以上课役俱免"(课役即租调役,共折合役五十日),"中男充夫,满四十日以上,免户内地租"(一丁的租折合役十五日)又作何解释? 难以讲通。

我个人认为从现有史料看,难以断定杂徭义务日数确为多少天。因为现存《充夫式》在传写过程中有错漏,又无其他记载可以帮助订正,而且《白氏六帖事类集》本身,系为应付考试需要而辑,辑集时往往掐头去尾。因而文义多有断漏,要想把握《充夫式》的原意,已极困难。这问题的最终解决,有待于新材料的发现。若照现有充夫式原文考察,我认为大致可以作这样的理解:杂徭日数规定在四十日以内,或者说杂徭最高天数为三十九日。在规定限日——四十日以内,服杂徭是无偿的,超过了最高天数,就要免除相应的徭役义务。正丁服杂徭,超过四十日,免除役或调的一部分(或全部),超过七十日免除租调或役租之一部或全部,百日以上课役(租调役)全免。中男服杂徭四十日以上,免户内其他丁男的租;如果本户没有丁男则允许免除近亲户内丁男的租调役三项中的某一项。

还有一种意见认为杂徭既然又名轻徭,负担甚轻,可以不必提它。我认为,这是不对的。杂徭与正役相比是有轻重之别,问题在于怎样理解。所谓正役是重役,我认为有两方面的意思。第一,从事宫殿建筑等大的土木建筑工程,是一种重体力劳动,丁男才能承担。第二,正役属中央掌管,如被征发去京都服役,古代交通不便,旅途所费日程太多。唐代一天行程五十里,㉑路途愈远往返时日愈长。如贞观十一年马周上疏说:"今百姓承丧乱之后,比于隋时才十分之一。而供官徭役,道路相继,兄去弟还,首尾不绝。远者往来五六千里,春秋冬夏,略无休时。陛下虽每有恩诏,令其减省,而有司作既不废,自然须人。徒行文书,役之如故。"(《旧唐书·马周传》)若路途往返有二三千里或五六千里,服役一次大概就要二三个月乃至半年的时间。如果一家兄弟两人服役,真是"兄去弟还,首尾不绝"。可见正役负担之沉重!过去有人讲役,光讲正役二十天,包括留役不超过五十天,不分析路上来回所费天数,实是一种缺陷。

所谓杂徭乃轻徭,也有两种含义。一是从事于修筑道路、堤防、州县官廨修缮,以及官吏迎送等,比从事宫殿建筑等土木工程劳动强度要轻。二是在本州本县境内服役,离家比较近,路上所费天数比去京都要少得多。仅仅与正役相比这个意义上,杂徭才被称为轻徭。但轻徭负担并不轻。从杂徭义务来说,前已述及中央规定的无偿征发天数,大致在四十日以内,最高限度为三十九日。杂徭属地方掌管,由地方征发。由于各地情况不同,在限额以内,可能有多有少,有的可能不到三十九日。但一般说,地方官在限数内会尽可能多征发,甚至会巧立名目,变换手法,突破中央规定,无偿地加重杂徭,即使没有突破规定的最高日

561

数,以三十九日或接近三十九日计算,杂徭负担已是相当沉重。如《通典》卷35《禄秩》"门夫"条载:"诸州县不配防人处,城及仓库门各二人②须守护者,取年十八以上中男及残疾,据见在数均为番,地勿得偏,并每番一旬。每城门各四人,仓库门各二人。""其京兆、河南府及赤县大门各六人、库门各三人。""满五旬者,残疾免课调,中男免杂徭。"唐令规定残疾免役,②因此,被征发当门夫五旬,免课调(租调);中男不负担租庸调,仅负担杂徭,被征发当门夫,一年满五十日,免去应服的杂徭。再如中男当了执衣(是一种给官员当差的色役),可免去杂徭义务,执衣如果不上番而交纳代役钱(资课),一年不过一千文。在开元年间,如以两京地区米和绢价计算,一千文合米近六石(折粟近十石),或合绢近五匹。在唐代这样的封建社会,各种徭役间如何抵偿,会有统一规定,大致也是相当的。但因为系由统治者决定,又往往带有一定的随意性。因此不能像数学公式那样来计算,不能因中男当门夫五十日免除杂徭,就说杂徭义务日数是五十日;不能因中男当执衣,一年交纳代役钱一千文,折合粟近十石或绢近六匹,就说杂徭负担也同样是这些。但无论如何,这些具体数字,总能反映杂徭负担是相当沉重的。

(《文史哲》1981年第04期)

注释:

① 《资治通鉴》卷212《唐纪》"玄宗开元十年(722)八月"条:"初,诸卫府兵,自成丁从军,六十而免,其家又不免杂徭。"司马光等把征徭改为杂徭,是错误的。敦煌出土的户籍手实的实例可以为证。如伯3354号天宝六载户籍程思楚户,程思楚及弟思忠为卫士,但另一弟思太系白丁,须承担庸租,因此程思楚户为课户见输。

② 《通典》卷7《食货典·丁中》。

③ P.2507号《水部式》,北京图书馆有影印照片,罗振玉《鸣沙石室佚书》收录。

④《唐六典》卷3《户部郎中员外郎》条。
⑤《唐律疏议》卷3《名例律》"诸犯死罪非十恶而祖父母父母老疾应侍"条。
⑥《陆宣公集》卷22《中书奏议六》"均赋税恤百姓"。
⑦《资治通鉴》卷234《唐纪》"德宗贞元十年(794)夏四月"条。
⑧《唐六典》卷3《户部》"郎中员外郎"条。
⑨岑仲勉《隋唐史》第344页,认为杂徭亦曰色役。吉田虎雄《唐代租税の研究》第74页,也认为色役属杂徭。
⑩《旧唐书》卷1《高祖纪》。
⑪《资治通鉴》卷211玄宗开元二年正月条。
⑫《唐会要》卷93《诸司诸色本钱上》乾元元年敕:"诸使捉钱者给牒免徭役。"但在同卷《诸司诸色本钱下》元和六年五月御史中丞柳公绰奏则认为,捉钱户,给户人牒,"放免杂差遣夫役等""户免夫役",使州府"失丁夫"。夫役即杂徭和正役,丁夫即正役和杂徭,可见免徭役,即免除正役和杂徭。
⑬《唐会要》卷58《尚书省诸司中》"户部侍郎"条:"宝历二年正月户部侍郎崔元略奏:'准赋役,今内外六品以下官及京司诸色职掌人,合免课役。'"
⑭《通典》卷35《秩禄》"项门夫"条。
⑮《唐会要》卷83《租税上》。
⑯《唐会要》卷84《租税下》,大中六年三月。
⑰宫崎市定《唐代赋役制度新考》补"役"字,见《东洋史研究》十四卷第四号。吉田孝认为免下脱漏的可能是调字,见《唐代史研究会报告》第二集《日本にすせる唐代赋役令的继受》。
⑱见《均田法ヒその税役制度》。
⑲见《历史学研究》八卷五号《唐に於けろ杂徭の义务年限》。
⑳《唐六典》卷3:"凡陆行之程,马日七十里,步及驴五十里。"
㉑《唐六典》卷5《职方》"郎中员外郎"条:无"各二人"三字,往下联系起来阅读,可知《通典》此处"各二人",系后面仓库门各二人,在传写过程中于此衍入。
㉒《唐律疏议》卷3《名例律》"诸犯徒应役而家无兼丁者"条,疏议曰:"其残疾既免丁役,亦非兼丁之限。"

唐代均田制的性质

——唐代前期封建土地所有制的形式

一

封建土地所有制是封建制度的基础。唐朝前期继续推行北魏以来的均田制。因此,搞清均田制的性质,就能帮助我们了解唐朝前期封建土地所有制的形式。这无疑是北魏到唐前期历史的一个关键问题。均田制的性质是什么？比较流行的说法,认为它是一种土地国有制。[①] 笔者认为这个问题可以商榷。

要想弄清均田制性质这一问题,首先必须解决自北魏到唐实施均田制时,是如何处理社会上早已客观存在着的私有土地的？

有的同志认为：均田制是土地国有制。它既包括了国有土地,又包括了私有土地；私有土地包括在均田制范围以内后,就纳入了还授范围,成了国有土地。按照这种意见,在均田制施行期间,只有土地国有制而无土地私有制。

另有一种意见也认为：均田制是土地国有制；但均田制包括的土地,只是官田、无主土地,并没有涉及私有土地。土地私有制存在于均田制范围以外,与均田制这样一种土地国有制同时并存。持有这种意见的同志,否认私有土地包括在均田制范围以内,认为如果均田制包括了私有土地,就是触犯了土地私有制。因此,均田制是一定行不通的。

唐代均田制的性质

上述两种意见，虽很分歧，但有一点是共同的：即均田制是土地国有制。这就涉及施行均田令时如何处理社会上存在的私有土地，即均田制有没有包括私有土地？如果均田制包括了私有土地，那么私有土地有没有变为国有土地？在均田制施行期间，是否只有国有土地，而无私有土地？

笔者认为实施均田制时，首先着重处理的为地主和农民已占有着、耕种着的无主土地。通过均田令，把这些土地作为已受田，用永业和口分等名目登记起来。这样，就肯定了地权，避免了地产纠纷，稳定了农民的生产情绪，有利于恢复和发展生产。其次对于社会上存在着的荒田、无主土地以及官田，根据不同的情况，或由地主、农民主动请授一些，或由官府主动授与一些，使农民逐步开垦耕作。但不限于此，均田制也包括了私有土地。因为，与实施均田制时，着重处理荒地、无主土地以及产权不确定的土地紧密联系的，或者说隐藏在这些问题背后的，还有统治阶级与被统治阶级之间的矛盾问题（封建地主阶级与农民阶级之间的矛盾），统治阶级内部矛盾问题（这一部分豪强大族与另一部分豪强大族、豪强大族与中小地主、豪强大族和中小地主与封建政府之间的矛盾问题），封建统治秩序的稳定、巩固问题，等等。因此，封建政府在当时特定的历史条件下，企图通过实施均田制，建立一套占有土地的等级限额制度。一方面使农民占有一定数量的土地，把农民牢固地束缚在土地上面，以保证政府的赋役剥削，并缓和广大农民和封建统治阶级之间的矛盾，削弱农民的反抗；另一方面协调统治阶级的内部关系，使他们在占有土地、掠夺农民的劳动成果方面，有一定的"秩序"，按照规定的等级定额，"公平合理"地分占土地。这样以达到封建统治秩序的稳定和巩固，有利于整个地主阶级及其政府对广大农民的封建统治和封建剥削。为此，就力图把私有土地也一律纳入均田制范围以内。把农民原有的私有土地纳入均田制范围以内，就算作已受田，政府就可以酌情少授、不授官田，又可以成为赋役剥削的财产基础。而地主的私有土地，之所以要纳入均田制的范围，既表示政府承认他们已拥有的数量众多的土地是合法的，是予以保护的，又表示只承认其已过限额的原有土地为合法，但再进一步限外占田就是非法的。自北魏以迄于隋唐，实施均田制时，对于私有土地的处理，就是用桑田或永业田的名目，加以登记，计算在已受额中，充抵了应受额。但私田充抵应受额后，并没有改变私地的性质，私地仍为私地，与属于还授范围的露田或口分田是分得一清二楚的。这一点，我们可以从田令上得到证明。

先抄录《魏书·食货志》太和九年均田诏②有关条文如下：

1　诸男夫十五以上，受露田四十亩，妇人二十亩，奴婢依良。丁牛一头受田三十亩，限四牛。所受之田率倍之，三易之田再倍之，以供耕作及还受之盈缩。

2　诸民年及课则受田，老免及身没则还田。奴婢、牛随有无以还受。

3　诸桑田不在还授之限，但通入倍田分；于分虽盈，不得已充露田之数，不足者以露田充倍。③

4　诸初受田者，男夫一人给田二十亩，课莳余。种桑五十树。枣五株，榆三棵。非桑之土，夫给一亩，依法课莳榆枣。奴各依良。限三年种毕，不毕，夺其不毕之地。于桑榆地分杂莳余果及多种桑榆者不禁。

5　诸应还之田，不得种桑榆枣果，种者以违令论，地入还分。

6　诸桑田皆为世业，身终不还，恒从见口。有盈者无受无还，不足者受种如法。盈者得卖其盈，不足者得买其不足；不得卖其分，亦不得买过所足。

7　诸地狭之处，有进丁受田而不乐迁者，则以其家桑田为正

唐代均田制的性质

田分,又不足不给倍田,又不足家内人别减分。无桑之乡准此为法。④

只要综观上引七条,就可以看出北魏均田令是如何处理私有土地的。

第一、第二两条都是关于露田如何还授的规定。第五条进一步规定,不准在露田上面栽种桑榆枣果等多年生果木,因为露田与桑田不同,是要还授的。

其他四条都是关于桑田的。第三条所说的桑田,是指均田令施行前原有的桑田(即私有土地)。这一条规定原有的桑田不在还授范围,与属于还授范围内的露田性质不同,但要计算在已受田中,充抵应受的倍田额。原有的桑田充抵应受的倍田额后,还有多余,也不得充作露田。那么多余部分作何处理?以及桑田充抵倍田额后,桑田的名目有没有改变?在本条中是不够明确的,但结合第六条可以知道,多余的桑田是保持不动的,桑田充抵应受的倍田额后,桑田的名目并没有改变。

在这里必须交代一下,如果把第三条所说的"桑田通入倍田分",解释成为桑田计算在倍田额中后,就变成了倍田,是扞格难懂的。因为倍田是要还授的,如果桑田变成了倍田,也就成了要还授的土地。这和"桑田不在还授之限""桑田皆为世业,身终不还",就发生了矛盾。因此,我认为只有这样解释:桑田充抵应授的倍田额后,并没有改变桑田的名目,才讲得通,而且才能与我将在下面列举的户籍等上面的记载相符合。

第四条是指新受田者,可以请受二十亩田为桑田,结合第六条来看,知道受田者家中原有桑田已经达到应受桑田额的,就不再授与。

第六条所说的桑田包括原有的桑田和政府授与的桑田。它说明:一、桑田都是世代相传,永为私有,身死之后,不退还给政府,而由家内

567

亲人继承。二、原有的桑田或父祖等亲人遗传下来的桑田，已达到应受额的，政府就不再授与；超过应受额的部分可以保持不动；不满应受额的，可以依法请受。三、超过应受额的土地，可以出卖(不卖也可以)，但一丁二十亩的桑田，则不准出卖；不满应受额的，可以依法买足，但买进的土地，不准超过田令规定的应受额。

第七条所指的是在狭乡地区，土地不足，进丁受田时，无田可授，政府就以其家的桑田或减少其他人员已占有土地数量等办法来充抵成丁者应受之正田额，实际上并没有授与什么土地。所谓的以其家桑田为正田分，并没有把桑田变为正田，桑田仍为桑田，名目未变。

归纳上述四条中有关处理私有土地的规定可以看出：在实施均田制时，社会上客观存在着的私有土地，按令被包括进了均田制的范围；其处理办法为办理土地登记、计算授受额时，把原有的私田，用桑田的名目加以登记，计算在已受额中，根据不同的情况，或者充抵了应受的桑田，或者充抵了应受的倍田、露田(正田)；私田虽已计算在已受额中，充抵了应受额，但仍然是世代相传的，不属于还授范围，即使超过政府规定的应受额部分，也可以保持不动，既可传之于子孙，又可随时出卖，说明私有土地的性质没有改变；一丁桑田二十亩份额，即使是原有的，与新授的桑田一样，依令是不准出卖的，反映了国家政权对土地私有权转让一定程度的干涉。

北魏太和九年均田令关于处理私有土地的原则、办法，一直延续到唐代，基本上仍保持不变。《通典》卷2《食货·田制下》大唐开元二十五年令："丁男给永业田二十亩，口分田八十亩。其中男年十八以上，亦依丁男给。老男、笃疾、废疾各给口分田四十亩。寡妻妾各给口分田三十亩。先永业者，通充口分之数。"所谓"先永业者，通充口分之数"，就是说受田对象原有的或父祖等亲人遗传下来的永业田(即私有土地)，在办理土地登记，计算授受额时，用永业田的名目进行登记，计算在已受田额内,充抵了应受的永业、口分田额。[⑤]这样,私有土地就被包括进了均田制的范围。

出土的户籍手实上的具体记载,也足以证明私有土地被包括进了均田制范围。

伯2592号唐天宝六载敦煌户籍残卷郑恩养户:[⑥]郑恩养户,全家十二口,内受田者为丁男一人,十八岁中男一人,老寡一人。按照唐代田令,应受田为永业田四十亩,口分田一百九十亩,园宅田四亩,共为二百三十四亩。户籍合计部分记载,合应受田为二百三十四亩:已受为一百〇一亩,其中三十亩(应为四十亩)为永业,三十七亩(应为四十七亩)为口分,十二亩为买田,两亩为居住园宅;未受为一百三十亩(应为一百三十三亩)。可以清楚地看到:十二亩买田已计算在已受田内,充抵了应受的口分田额;但买田仍为买田,并没有充抵应受的口分田额而变成了口分田。

伯3354号天宝六载敦煌户籍残卷程什住户:程什住户,全家十三口,内受田者有身为户主的老男一人、丁男一人。按照田令应受田为永业田四十亩,口分田一百一十亩,园宅五亩,共为一百五十五亩。户籍上记载合应受田为一百五十五亩;已受六十四亩,其中四十亩为永业,十五亩为口分,九亩为勋田;未受为九十一亩。可知本户由父祖遗传下来的九亩勋田(按本户无应受勋田者,故知此勋田系父祖遗传下来的),已计算在已受田中,充抵了应受的口分田,但勋田仍为勋田,并没有充抵应受的口分田而变为口分田。

斯514号大历四年敦煌手实残卷索思礼户:索思礼户,全家八口(内有奴四口),内受田者为:户主索思礼系老男、上柱国,其子游鸾系丁男、上柱国。按令应受田为永业四十亩,口分一百一十亩,勋田六千亩,园宅三亩。户籍记载合应受田为六千一百五十三亩,已受为二百四十三亩,其中四十亩为永业,十九亩为勋田,十四亩为买田,一百六十七亩

569

为口分,三亩为居住园宅;未受为五千九百一十亩。本户的十四亩买田已计算在已受田内,充抵了已受的勋田;已受口分田一百六十七亩比应受口分一百一十亩,超过了五十七亩,也计算在已受额中,充抵了应受的勋田;但买田仍为买田,口分田仍为口分田,它们原来的名称并不因充抵了应受田额而有所改变。

斯514号大历四年敦煌手实残卷李大娘户:李大娘户,全家仅有户主寡妇李大娘一人。按令应受田为永业二十亩、口分田三十亩,园宅一亩,共为五十一亩。户籍记载合应受田五十九亩并已受:其中二十亩为永业,二十五亩为买田,十三亩为口分,一亩为园宅。这一户例子,不仅看到了买田二十五亩,在不改变其原来的名称前提下,已计算在已受额中。充抵了口分田应受额。而且还有值得注意的一点,即已受田五十九亩比按令计算的应受额五十一亩多了八亩,但在手实上以合法的语气写作合应受田五十九亩并已受。这是因为李大娘户已受田五十九亩中,有买田二十五亩是家内亲人遗传下来的缘故。[7]因此,多的八亩,就算成买田,而买地是私有土地,就可以保持不动。

斯514号大历四年敦煌手实令狐进尧户:令狐进尧户,全家两口,户主令狐进尧系老男、上柱国,应受永业二十亩,口分四十亩,[8]勋田三千亩,亡叔男海宾废疾,应受口分田四十亩;应受园宅为一亩,户籍记载合应受田三一百〇一亩;已受一百〇三亩,其中四十亩为永业,六十二亩为口分,一亩园宅;未受为二千九百九十八亩。本户已受永业田四十亩,比应受永业田二十亩多了二十亩,依然保持不动,是值得注意的。这多余的永业田二十亩,已计算在已受田中,充抵了应受的口分田或勋田。这和前举买田等的处理是相同的。

吐鲁番出土开元四年西州柳中县高宁乡户籍残卷佚名户:[9]该户户籍合计部分记载应受田为二百四十一亩:已受田为二十九亩半七十步,其中二十九亩半三十步为永业,四十步为居住园宅;未受为二百一十一亩五十步。考察户籍的田籍部分,已受田中有永业田七段共十二亩十五步,其下都注明为买附,知为买田。可见西州地区与敦煌地区一样,买田也被计算在已受田中,充当了应受的永业田。但有一点值得注意,即买田在合计部分就直接写成永业,而未写明为买田。这大概是买田与永业田的性质同为私有土地,而买田恰好是充作已受永业田的,故没有特别注明的必要。不像上面列举的敦煌户籍手实上的买田,是充抵应受口分田的,由于两种土地的所有制性质不同,故在合计已受田的细目中,必须注明是买田。

类似例子还可列举。仅从上举六个实例,可以看出如下几点:一、父祖或家内其他亲人遗传下来的永业田,自己购进的或家内亲人遗传下来的买田,父祖遗传下来的勋田,都是登记在户籍上面的。二、在计算应受、已受、未受额,办理土地登记时,这些永业田、买田、勋田,已计算在已受额中,充抵了应受额。三、永业田、买田、勋田,虽然计算在已受额中,充抵了应受额,但其原来的名称,一般没有变动。永业田、买田、勋田充抵口分田额后,仍保持原名不动;反之,口分田充抵勋田额的,名称同样不变。其所以在互相充抵应受额后,严格保持原名不变,是由于买田、勋田、永业田和口分田的土地所有权性质是不同的,是不能混淆的;而买田和永业田以及勋田的土地所有权性质虽是相同的,大概是为了了解这些已受田的来源,故一般也仍保持原名,但相互间区分就不那么严格,有的买田充抵永业田后,就改写成永业田了。四、买田充抵应受额后,还有多余,可以保持不动。总括一句话,永业田、买田、勋田都是私有土地,都包括进了均田制范围以内,计算在已受额中,充抵了应受田额,但土地的私有性质并没有改变。这和我们前面从田令上所得到的结论是一致的。

从唐代租庸调的征收等方面,也可以进一步论证私有土地已被包括进了均田制范围以内。

571

唐朝租庸调与均田制有密切联系。缴纳租庸调的是受田的课丁。《文献通考》卷2武德七年令："凡授田者,丁岁输粟二石,谓之租;丁随乡所出,岁输绢绫絁各二丈,布加五分之一,绵三两,输布者麻三斤,谓之调;用人之力,岁二十日,闰加二日,不役者日为绢三尺,谓之庸。"说得很明确,凡授田丁男才负担租庸调。[⑩]未授田者是不课的。换句话说,凡是交纳租庸调的课丁都是均田制范围内的受田丁。据《通典》卷6天宝中计账记载,天宝中唐政府掌握的户口,约八百九十万户,其中有课丁八百二十余万,地无分南北东西,都是一律交纳租二石,庸调绢二匹,绵三两(或布二端,麻三斤)。因此,这八百二十余万课丁,自然都算是均田制范围内的受田丁;征收租庸调的广大地区,自然也算是实施均田制地区。如果均田制只包括荒地、无主土地、官田,而不包括私有土地,那么,受田的课丁是不能如此众多的;均田制实施的地区,也是不可能如此广大的。只有均田制既包括了官田、无主土地、荒地,又包括了私有土地,均田制范围内的受田课丁才能如此众多,实施均田制的地区才能如此广大。因此,从租庸调制施行于唐统治的广大地区和全部课丁一律交纳租庸调,也可推知均田令上受田一词,既指直接受之于公的土地,又指计算在已受额中,充抵了应受额的私田。

从唐代地税(亦称义仓税)的征收,也能看出均田制包括了私有土地。《唐六典》卷3《户部·仓部》"郎中员外郎"条："凡王公以下,每年户别据已受田及借荒等具所种苗顷亩造青苗簿,诸州以七月已前申尚书省,至征收时,亩别纳粟二升,以为义仓。"原注："宽乡据见营田,狭乡据籍征。"所谓已受田和借荒,都是均田令上的用语。在狭乡地区,除了在籍的已受田外,没有借荒一类的土地,故称"据籍征";在宽乡地区,除在籍的已受田外,还有借荒一类的土地,故称"据见营田征"。换句话说,地税是向政府掌握的王公以下以至民户的全部已有耕地征收的。而据杜佑估计,天宝中地税征收的亩数,为六百二十余万顷。[⑪]这也就是所谓已受田和借荒田的总数。由此也能说明,均田制范围内的土地,既指受之于公的土地,也包括了私有土地。

兵役、杂徭等征发与课户的贫富有关。农业户贫富的区分,土地是重要依据。因此,为了区分农业户的贫富,也要求把私有土地和受之于公的土地一起登记在户籍上。从史籍记载来看,封建政府为了赋役剥削而核实土地面积,还多次检括过隐漏的土地。如开元时宇文融曾大力开展过检括籍外田。他为此还采用丈量土地的办法来实地勘查现有的耕地面积以确定土地所有者的土地是否隐漏。如果政府早先不把公私土地登记起来,也无从检查现耕田是否在籍,是否隐漏。因此,从封建政府检括隐漏土地及检括时采用丈量土地的方法,也可以看出封建政府力图掌管全部耕田,实施均田制时私有土地与公田一起已被登记起来。

二

以上从田令、户籍、手实中的实例、赋役制度等方面论证了私有土地已被包括进了均田制范围以内。那种认为均田制包括的土地仅仅是官田、无主土地,并没有涉及私有土地,土地私有制存在于均田制以外的意见,是不符合史实的。同时,我们又说明了私有土地虽被包括进了均田制范围以内,但只是用桑田、永业田名目登记起来,充抵了应受额,土地的私有权并没有变动。以下将着重论证实施均田制时,私有土地不可能变为国有土地,也没有变成国有土地;在均田制施行期间,土地私有制继续存在。

首先,我们认为实施均田制时,会把私有土地变成国有土地,这是不可想象的,这是不可能的。因为,从政府的性质来看,北魏到唐的政府,都是地主阶级的政府,在中央执掌大权的都是一小撮大土地所有者。北魏实施均田制时,北方的汉族大地主与拓跋贵族已经联合起来,建议实施均田制的李安世就是北方的汉族大地主;各朝执行均田令的官僚,自然也都是大大小小的地主,即使最基层的里正,不少也是地主。如果实行均田制时,把私有土地变为国有土地,并且纳入了还授范围,那么,就侵犯了土地私有者的利益,特别是侵犯了地主阶级的利益。这样的土地法令,作为大地主的代表,本身又是大地主的李安世,是不会建议的;即使李安世提出了这样的建议,不遭到大官僚、大地主们广泛反对,也是不可能的;地主阶级的总管理机关——封建政府,也是不会制订颁布的;即使颁布了这样的法令,也一定会由于官僚地主们的激烈反对,而无法执行的。列宁在分析资产阶级不敢实行土地国有化时,曾一针见血地指出:"道理很简单,因为没有一个阶级会自己反对自己。"[12]北魏实施均田制时,在中国,地主土地私有制早已根深蒂固,地主阶级是不会实行全部土地国有制的。因为那样做,就是侵犯地主阶级本身的利益,就是地主阶级自己反对自己。

从史实来看,也决不能证明实施均田制时,已把私有土地变成了国有土地,而只能证明私有土地的所有权没有变动。北魏李安世建议施行均田制的奏疏中,对于产权有纠纷的土地,其处理原则为:"事久难明,悉属今主。"[13]产权有纠纷的土地,尚且肯定归今主所有,而不收归国有;那么,没有产权纠纷的土地,仍为原主所有,其所有权保持不动,难道不是很自然的吗?唐代对于私有土地,在法律上是明文保护的。无论盗耕、盗卖、冒认、挟势侵夺,[14]挟势抑买[15]私田,都是非法的,都要受到法律制裁;即使政府因故征用私田,也必须用相应的公田予以调换,[16]或出钱估买。[17]甚至对违法侵占的山泽陂湖,在法律上也网开一面,只要是已施功者就不予追夺。既然政府对于私有土地是保护的,甚至对违法侵占公共的山泽陂湖之利而已施功者,尚且肯定其既得利益,那么,怎么能设想实施均田制时,会把私有土地变成国有土地呢?史籍

唐代均田制的性质

记载表明,实施均田制时,并没有引起豪强大族的反对,也足以证明均田制并没有把私有土地变成国有土地。

但是有人认为只要私有土地纳入了均田制范围以内,就算是国有土地。按照这样的意见,在均田制施行期间,只有国有土地而无私有土地;即使大土地所有者土地,也不是私有土地,而是国有土地。这就涉及到衡量土地国有制与土地私有制的标准问题。我们就从这方面来考察一下。

马克思指出:"不论地租有什么独特的形式,它的一切类型有一个共同点:地租的占有是土地所有权借以实现的经济形式,而地租又是以土地所有权,以某些个人对某些地块的所有权为前提。"从这段话中,可以看出土地所有权的重要标志是地租的占有。列宁也强调指出:"国有意味着转交土地所有权,即收地租的权利,而绝不是土地本身。……国有是把地租转交给国家。"考察地主土地有没有变成国有土地,就得看地租转归国家所有,还是仍归地主所有。如果地租仍归地主所有,那么,这些土地仍然是地主的土地,并没有变成国有土地。检之史乘,实施均田制的时期内,土地所有者对自己的土地继续保有收租的权利,是丝毫没有疑问的。

《通典》卷7《食货七·丁中门》:

> 其时(隋初)承西魏丧乱,周齐分据,暴君慢吏,赋重役勤,人不堪命,多依豪室,禁网骤紊,奸伪尤滋。高颎睹流冗之病,建输籍之法。于是,定其名,轻其数,使人知为浮客,被强家收太半之赋,为编氓,奉公上,蒙轻减之征。"原注:"浮客谓避公税依强豪作佃家也。

这里写得很清楚,在实施均田制的隋代初年、北齐、北周,以至西

575

魏,豪强地主依然存在。他们把土地出租给佃户,收取占收获量一半以上的高额地租。可见地主原有的土地仍为地主所有,并没有变为国有土地。因此,地主才有收租的权利。必须指出,上述记载,是在专制主义中央集权相当强的隋代初年,政府对于违反中央禁令的行为是有力量进行制裁的。对于户口的隐漏和诈老诈小以规避赋役行为,隋政府就采用检查隐漏户口、大索貌阅,进行检括,收到了相当的效果。但对于强家收太半之赋,却不能采取法律上的制裁措施,而只能采取轻税之征来争取佃户成为国家编户,可见地主出租的土地,以地租形式来剥削农民是合法的。

唐代租佃制,从现存资料来看是很盛行的。《唐律疏议》卷27《杂律下》"诸于他人地内得宿藏物"条:

> 问曰:官田宅私家借得,令人佃食;或私田宅有人借得,亦令人佃(食),作人于中得宿藏各合若为分财?
>
> 答曰:藏在地中,非可预见,其借得管田宅者以见住见佃人为主。若作人及耕犁人得者,合与佃住之主中分。其私田宅,各有本主,借者不施功力,而作人得者,合与本主中分;借得之人,既非本主,又不施功,不合得分。

这一记载在谈到处理所得宿藏物时,涉及三种人,即土地所有者(官府和土地私有者)、借田人(即租佃人)[18]、作人及耕犁人(即被雇佣来从事直接生产的农民)。很清楚地说明了租佃制的存在。既然租佃关系见于《唐律疏议》一书,可见唐代租佃制是合法的,而且是普遍的。[19]

《册府元龟》卷506《邦计部》:

(开元)十九年四月敕:天下诸州县并府镇戍官等职田四至顷亩,造帐申省,仍依元租价对定,六斗已下者依旧定,以上者不得过六斗。

官人职分田租价,记载这样清楚的,虽始见于这一敕文,但唐承前制,职分田之制在武德时已很完备。九品到一品的内外官各给二顷到十二顷为职分田。[20]这些职分田有许多也是出租的。吐鲁番出土的文书告诉我们,武周时该地就有职分田、公廨田的出租;[21]而天山县官田的地租,每亩豆二斗五升至五斗七升五合,麦二斗五升至六斗八升。[22]和文献记载很接近。要强调指出,职分田的出租是遍及全国各地的,而且它又不是鼓励的现象,而是当时社会上普遍存在着的租佃制的反映。由于当时各地普遍存在着租佃关系,因此,官吏的职分田也采取出租方式,进行剥削。

出土的许多租佃文书无可辩驳地证明唐代初年租佃制的盛行。如吐鲁番出土贞观十七年赵怀满耕田契残卷:[23]

贞观十七年正月三日,赵怀满从张(欢)(仁)……
步张园富贰亩田,壹亩与夏价小麦贰斛(贰)(斗)……
依高昌斛斗中取,使干净好,若不好,听向风常取赀……

仰耕田人了,若风破水旱,随大比列,麦到六月内上麦使毕,若过六月不(毕),壹月壹斛上生壹斗,若前却不止,听揿家财……麦值,若身东西无,仰收后者上,三人……

田主张欢仁
田主张园富

耕田人赵怀满

倩书氾延守

□□□□□

这件租佃契约,虽然残缺过甚,但从契约上大致还可以看到对租佃者的许多苛刻条件:租麦要交干净的、好的;如果田主认为不好,听凭向风扬净、租麦到期不交,每过壹月壹斛上增加壹斗;如果佃户交不出租麦,田主可以夺取佃户家财充抵;如果佃户未交租麦而逃亡,大概还得保人负责偿付,等等。这些条件对租佃者是何等苛刻,对租佃者的人格是何等蔑视。由此可见这是一件进行封建剥削的租佃契约。

大谷文书2828号吐鲁番出土唐高宗显庆四年租田契残卷:[24]

（前缺）

田柒亩,要经显庆伍年佃食,亩别与
夏价小麦汉斗中陆斗半,到陆月
内偿麦使毕,若过期月不毕,壹
月壹斛上生麦壹斗,取麦之日,使
干净好,若不净好,听向风扬取,田中租缲
百役,一仰田主了,渠坡水調,一仰佃田人了,
风破水旱,随大匕列,两和立契,获
指为信。先悔者罚　　　　田主阴丑子　（押）
麦五硕,入不悔人。　　　佃田人队正张君行
　　　　　　　　　　　　保人子友住　（押）
　　　　　　　　　　知见人队副竹师奴　（押）

出土的类似的租佃契约为数甚多,不再多举。从现有资料看,唐代前期

吐鲁番地区,租佃制是很发达的。出租土地的有地主、官府、寺院、道观、小土地所有者等。地租形态,主要为实物地租,其次为货币地租。有定额租,也有分成制地租。地租量大约占收获物的一半以上。从定额租来看,每亩租价一般为小麦、粟等粮食六斗左右,不少要高达一石以上;租种葡萄园等经济作物的,大多为货币地租,租价要随着每年收获量的增加而增加。从分成制来看,一般是对半分,即地主要获取收获物的一半。地租交纳期限,一般为先种田后交租,但也有先付租价后种田的,即所谓预付租价制。地租的交纳,多数为一年一次交清,但也有分夏秋两季交纳的。官有政法,民有私约。封建政府和民间习惯都保障土地所有者的收租权利。租价必须按期交纳,如到期不交,每月按租价增加十分之一。交不出地租,地主可以夺去佃户家财来充抵,或由保人负责偿付。官府还下催租帖,逼迫佃户缴纳地租。封建剥削是很残酷的。此外,在吐鲁番地区,农民之间为了就近耕作,相互进行租佃。吐鲁番地区虽然不大,但有关租佃制的种种形式,差不多应有尽有。可见租佃制是多么盛行。㉕

吐鲁番在唐代初年就是实施均田制地区,㉖但租佃制很盛行。这说明在唐代统治该地以前,已经广泛流行的租佃制,㉗不但不因为实施均田制而就此中断,而是继续盛行,且有发展;那么,在实施均田制的内地,战国以来流行的租佃制自然也不会中断,地主自然也可以一如既往将土地出租进行剥削。《全唐文》卷19,睿宗《申劝礼俗敕》有:诸州"逃人田宅不得辄容买卖,其地任依乡原例租纳州县仓,不得令租地人代出租课"。所谓任依乡原例租云云,就是说按照当地习惯把土地出租、收取地租是合法的。这说明租佃制在内地是普遍实行的,是法律所认可的。从常理来判断,唐代既然有上千顷、上百顷、几十顷、几顷土地的地主,一定会将土地出租进行剥削。而无地少地的农民,也必然会被迫向地主承租土地,受其盘剥。这在当时社会经济条件下是必然的。

由以上叙述，可以清楚地看到在实施均田制时期，租佃制是一直合法存在的，地主对其所有的土地仍然保持收租的权利。既然地主私有土地的收租权利，仍归地主所有，并没有因实施均田制而交给政府，那么，实施均田制时，私有土地虽被包括在均田制范围以内，但私有土地仍为私有土地，并没有变为国有土地，这难道不是很清楚的吗？

在这里应该说明的，地租的占有，虽然是土地所有权的重要标志，衡量私有土地仍为私有土地，还是变为国有土地，应该看地租归谁所有，但我们也不能对此做机械理解，以为地租归谁所有，土地所有权就一定归谁所有。例如官吏虽从职分田上可以得到地租，但这种地租其实是官吏的俸禄。职分田的土地所有权属于政府所有，而不属官吏所有。田令规定，职分田是更代相付，卖者坐如律。很清楚，官吏对它只有暂时的收租权利，而无土地所有权。再如均田户把自己的口分田出租，虽也可以收取地租，但出租者对于口分田是没有所有权的。因为田令规定口分田是属于还授范围的。这种地租，仅是土地使用权的转移。上述两种地租与土地私有者收取的地租，在判断土地所有权归谁所有时，是不能混同的。

土地继承权是私有土地的又一重要标志。马克思指出："我们在考察继承法时，必然要假定生产资料的私有制继续存在。如果私有财产在人们生前已经不存在，那么，它就不会被人转让，同时也不会在人死后，从死者那里传给别人。"[②]可以看出，遗产继承制度本身是以私有制的继续存在为前提的。因此，土地的继承权，也就是私有土地的标志。考察地主的土地是否为私有土地，就得看有没有土地的继承权。如果有继承权的土地，就是私有土地。从史籍记载来看，自北魏到唐，土地继承权的存在，也是丝毫没有疑问的。

先从令文看，北魏太和九年均田令、北齐河清三年令、隋开皇二年新令、唐武德七年令、开元二十五年令,都清楚写明,桑田或永业田"不在还授之限","皆传子孙""身死则承户者便受之",是有继承权的。㉙

《宋刑统》卷12《婚律》引《唐户令》应分条:

> 诸应分田宅财物者,兄弟均分。妻家所得之财不在分限。兄弟亡者,子承父分。兄弟俱亡,则诸子均分。原注:"其父祖永业田及赐田亦均分。口分田则准丁中老小法,若田少者亦依此法为分。"

这条令文告诉我们,唐代永业及赐田可以像其他遗产一样,由子孙均分,即永业田及赐田子孙有合法的继承权。而口分田则只在田少的特殊情况下,由子孙均分、继承。

从文献记载来看,体现土地继承权的事例是很多的。

《周书》卷32《唐瑾传》:"所得禄赐常散之宗族。其尤贫者,又割膏腴田宇以赈之。所留遗子孙者,并墝埆之地。"土地像俸禄、赏赐所得的财帛和住宅那样,完全由所有者自己处理,不仅可以留遗给子孙,而且还可以分给族人。

《北史》卷100《序传附李晓传》:㉚

> 天平初,迁都于邺,晓便寓居清河,依从母兄崔㥄乡宅。㥄给良田三十顷,晓遂筑室居焉。

北魏末年大动乱时,崔㥄的大批田产没有变动,而且可以随时处置转让,把多达三十顷的良田给了表弟李晓。

《隋书》卷47《韦世康传》:

> 初以诸弟位并隆贵,独季弟世约宦途不达,共推父时田宅尽以与之。

按韦世康是京兆杜陵人,关右著姓。祖旭魏南幽州刺史。父夐隐居不仕,魏周二代十征不出,号为逍遥公。他的土地哪里来的?应该是继承而来,又传给儿子。兄弟之间,又相互转让。可见不仅有土地的继承权,而且有自己处置的转让权。

土地继承问题还常常引起激烈的争讼。《北史》卷33《李灵传附法行传》:"异母弟宗侃与族人李衡争地相毁,尼(即法行)曰:我有地,二家欲得之,任来取之,何为轻致忿讼?宗侃等惭,遂让为闲田。"按法行父李元忠、祖李显甫是北魏以来有名大族、大官僚地主,到北齐灭亡时,子孙相传,土地仍然很多,还因争夺族产而致讼争斗。

唐代文献记载土地继承权的事例,则更为普遍。如王绩自述,唐初他在乡下有先人田十五六顷。⑪按隋末唐初,奴婢是不受田的,而王绩在当时又很不得意于仕途,按照田令规定,他家在唐初不可能有那么多的应受额。已有田十五六顷势必超过了应受额。由此可知,先人的田产,子孙有继承的权利,而且即使超过了田令规定的应受额,也是保持不动的。这和我们在从田令和户籍、手实上所得的结论是一致的。

《旧唐书》卷63《萧瑀传》:

> 初瑀之朝也,关内产业并给勋人。至是(武德五年)特还其田宅。瑀皆分给诸宗子弟。

从萧瑀将其田宅分给诸宗子弟来看,他对这些田宅无疑是有所有权的。否则,就无权将它分掉。

《旧唐书》卷51《于志宁传》:

> 显庆元年,(志宁)迁太子太傅。尝与右仆射张行成、中书令高季辅俱蒙赐地。志宁奏曰:臣居关右,代袭簪裘,周魏以来,基址不坠。行成等新营庄宅,尚少田园。于臣有余,乞申私让。帝嘉其意,乃分赐行成与季辅。

可见于志宁家的田产,自北朝以来,世代继承,一直保持到唐高宗时,没有变动。

《旧唐书》卷58《刘弘基传》:

> 永徽元年刘弘基遗令:"给诸子奴婢各十五人,良田五顷。"

说得很明确,良田和奴婢一样,当作遗产传给子孙。

《旧唐书》卷59《李袭志传附弟袭誉传》:

> 袭誉尝谓子孙曰:"吾近京城有赐田十顷,耕之可以充食;河内有赐桑千树,蚕之可以充衣;江东所写之书,读之可以求官。吾殁之后,尔曹但能勤此三事,亦何羡于人。"

这也说明赐田、桑田与所写之书一样可以传给子孙。

《旧唐书》卷96《姚崇传》:开元时名相姚崇在死前,"先分其田园,令诸子侄各守其分。仍为遗令以诫子孙。其略曰……比见诸达官身亡以后,子孙既失覆荫,多至贫寒,斗尺之间,参商是竞。岂唯自玷,乃更辱先,无论曲直,俱受嗤毁。庄田水碾,既众有之,递相推倚,或致荒废。陆贾、石苞皆古之贤达也,所以预为定分,将以绝其后事。吾静思之,深所叹服"。

这不仅明确告诉我们,在唐代,早先流行的遗产继承制度继续存在，土地像其他财产一样是有继承权的；而且还告诉我们，当时子孙争夺遗产，争夺继承土地的斗争很普遍，因此，姚崇要在死前处分定当。

前面列举的出土户籍、手实上有关实例，也说明永业田、勋田、买田等私有土地，都是可以传给子孙的。

由以上叙述，可见无论田令上，有关处理遗产的法令上、遗嘱上、文献及出土资料方面的实例，都无可辩驳地说明，永业田、赐田、勋田、买田等私有土地，像其他财产一样，都是有继承权的，都是可以由土地所有者自己处理的：或者传给子孙，或者分给宗亲，以致转赠给弟兄。既然存在着土地的继承权、转让权，那么，土地私有权的存在，就是无可怀疑的了。

在唐代，口分田在地少的特殊情况下，也可以由子孙继承，但这只是一种例外。因此，还不能据此就说口分田是私有土地。按照田令规定，口分田是属于还授范围，农民对它只有使用权而无所有权。

土地所有权的又一重要标志为土地买卖。恩格斯指出："对土地的完全而自由的所有权，不仅是意味着可以毫无阻碍和毫无限制地占有它，而且是意味着可以把它出让。"⑫列宁也强调指出过："并不是说马克思主义者，就不必全面地来评价小土地私有制。这种私有制的真正自由吗？没有土地买卖的自由是不行的。土地私有制意味着必须用资本来购买。"⑬从经典作家的分析中，可以看出，考察土地是否有私有权，就得看土地是否可以买卖。如果土地可以买卖，就应该是私有土地。从北魏到唐这一段历史时期来看，自战国以来的土地买卖也继续存在而没有中断。

前已叙述，北魏田令规定，原有的、父祖等遗传下来的桑田是有继承权的。如果这些桑田超过田令规定的应受额部分，可以出卖；不足田令规定的部分，可以买足。可见土地买卖虽受些限制，但是合法的，而且和土地继承权是结合在一起的。从田令上看，北魏对土地买卖的限制,似乎还相当严,但奴婢受田人数没有限制。贵族、地主可以通过奴婢买卖来实现土地买卖。因此,田令上关于土地买卖的限制,对于大土地所有者是很有限的。从实际方面来考察,土地买卖不仅很流行,而且是公开的,几乎没有什么限制。

《魏书》卷15《昭成子孙列传》:

> 初,高祖迁洛,而在位旧贵皆难于迁徙,时欲和合众情,遂许冬则居南,夏便居北。世宗颇惑左右之说,外人遂有还北之问,至乃榜买田宅,不安其居。

由于谣传要把都城迁回平城,在鲜卑贵族官僚中,出现了一股公开出卖田宅之风。既然在京都洛阳可以榜卖田宅,可见土地买卖是合法的。《魏书》卷71《夏候道迁传附子夬传》:

> 夬性好酒,居丧不戚,醇醪肥鲜,不离于口。沽买饮啖,多所费用。父时田园,货卖略尽,人间债犹数千余匹,谷食至常不足,弟妹不免饥寒。

由于生活腐化,"父时田园,货卖略尽",土地买卖是合法的,是没有什么限制的,而且又和土地继承权结合在一起。

北魏正始四年(507)张神洛买墓田券:㉞

> 正始四年九月十六日,北坊民张神洛从系(县)民路阿兜买墓田三亩,南齐王墓,北引五十三步,东齐(王)墓四引十二步,硕(赊)绢九匹,其地保无(寒)盗,若有人识者,折成亩数,出兜好□□□□□民私□(立)券文后,各不得变海(悔),若先悔者,出

585

绢五匹,画指为信,书券人潘□,时人路善王,时人路荣孙。

从买田券上看得很清楚,在民间土地买卖是照常进行的,是合法的。买田券上写明这三亩田是路阿兜自己的,并不是盗卖他人的。契约上除了买主、卖主外,还有代书人、证人。

《魏书》卷114《释老志》记载:神龟元年(518)冬,任城王澄上奏建议如何处理京邑及天下州镇众多的僧寺"侵夺细民,广占田宅"问题时说:"其地若买得,券证分明者,听其转之。若官地盗作,即令还官。"结合《张神洛买墓田券》,可以看出立券进行土地买卖是普遍的,合法的,得到政府保护的。谁有了买田券证,产权即归谁所有,即使像寺院的土地,在寺院院址迁动时,所买的土地仍属该寺所有。过去许多人以为只有东晋南朝买卖田宅要有文券,以为北朝没有,其实是不恰当的。自战国秦汉以来,买卖土地要有立券为凭的手续,[⑥]不仅在东晋南朝,而且在施行均田制的北朝同样继续流行,[⑦]直到唐代。

北齐北周土地买卖也是习以为常。

《隋书》卷79《独孤罗传》:北齐时,"寓居中山,孤贫无以自给。齐将独孤永业以宗族之故,见而哀之,为买田宅,遗以资畜"。不仅可以买进土地,而且将买的土地和其他资财牲口一起赠送他人。

《通典》卷2引《关东风俗传》:

> 自宣武(孝武)出猎以来,[⑧]始以永赐得听买卖。迁邺之始,滥职众多。所得公田,悉从货易。又天保之代,曾遥压首人田,以充公簿。比武平以后,横赐诸贵及外戚佞宠之家,亦以尽矣。又河渚山泽,有可耕垦肥饶之处,悉是豪势,或借或请,编户之人,不得一垄。纠赏者,依令,口分之外,知有买匿,听相纠列,还以此地赏之。至有贫人,实非剩长买匿者,苟贪钱货,诈吐壮丁口分,以与纠人。

亦既无田,即使逃走。帖卖者,帖荒田七年,熟田五年,钱还地还,依令听许。露田虽复不听买卖,买卖亦无重责。贫户因王课不济,率多货卖田业,至春困急,轻致藏走。亦懒惰之人,虽存田地,不肯肆力,在外浮游,三正卖其口田,以供租课。比来频有还人之格,欲以招慰逃散。假使暂还,即卖所得之地,地尽还走,虽有还名,终不肯住,正由县听其卖帖田园故也。

这一记载,描绘土地买卖、土地兼并颇为生动具体。第一,自孝武帝以后,允许赐田可以买卖。第二,东魏时官僚把所得公田多卖掉。第三,北齐时,政府搜刮出来的土地,横赐完了;公有的河渚山泽,可以耕垦的肥沃土地,被豪强势家用借田请田办法,全部侵占;田令禁止限外买匿土地,并奖励对违法买匿土地者进行告发,但人们用各种办法进行规避,禁令丝毫不起作用,反而成为土地买卖的合法外衣;政府迫于社会形势,准许帖买田地;露田虽然仍不准买卖,但社会上照样买卖,政府对此无能为力,也不大过问;穷苦农民,大多被迫卖掉土地来缴纳租课;逃亡农民遗留下来的土地,则由党长、里长、邻长负责出卖,以供租课。东魏、北齐土地买卖情况盛行,所卖的田地,有赐田、公田、露田、桑田。买卖土地的方式,有合法的,有非法的;有自己出卖的,有三正代卖的,出卖土地的,有官僚,有穷苦农民。《北史》卷63《苏绰传》附子威传:⑧

> 有从父妹适河南元世雄。世雄先与突厥有隙,突厥入朝,请世雄及其妻子,将甘心焉。周遂遣之。威以夷人昧利,遂标卖田宅,罄资产赎世雄。

田宅公开标卖,可见北周时土地买卖是合法的。隋代也有土地买卖的记载。

唐代,适应于北魏以来土地买卖的发展,土地不仅可以买卖,而且限制土地买卖的禁令,也大为放宽。

《唐律疏议》卷12《户婚上》"诸卖口分田者"条:⑱

> 即应合卖者,谓永业田卖供葬,及口分田卖充住宅及碾硙邸店之类。狭乡乐迁就宽者,准令并许卖之。其赐田欲卖者,亦不在禁限。其五品以上若勋官永业地亦并听卖。

官人永业田、赐田,法律规定可以出卖。庶民一丁的永业、口分田,北魏以来,田令上一直是不准出卖的,但到了唐初,已允许有条件出卖了。

从文献记载的实例来看,土地买卖从唐初起就一直是合法的,习以为常的。

《旧唐书》卷70《岑文本传》:贞观十七年岑文本为中书令以后,"有劝其营产业者。文本叹曰:'南方一布衣,徒步入关,畴昔之望,不过秘书郎、一县令耳!而无汗马之劳,徒以文墨致位中书令,斯亦极矣。荷俸禄之重,为惧已多,何得更言产业乎!'言者叹息而退"。

这里所谓营产业,主要是指购买大量土地。岑文本是否像他自己表白的那样,不购置地产,可略而不论。但既然有人劝他购买土地,而且听了他那一套冠冕堂皇婉言谢绝的话,退而叹息,可见当时身为大官僚,不购买大批地产,乃是使人敬叹的罕见行为,只有大量购买,才是常规。

《唐会要》卷61《御史台中·弹劾》:

> 永徽元年十月二十四日。中书令褚遂良抑买中书译语人史诃担宅。监察御史韦仁约劾之。大理丞张山寿断以遂良当征铜二十斤。少卿张睿册以为非当,估宜从轻。仁约奏曰:官市依估,私但

两和耳。园宅及田,不在市肆,岂用应估。睿册曲凭估买,断为无罪。大理之职,岂可使斯人处之?遂迁遂良及睿册官。

封建政府有严密的法令,规定土地买卖如何进行,以保障私有者的利益。"私但两和",私人之间买卖园宅土地,是完全合法的,只有凭借权势,抑低地价买人田地,才是非法,要受法律制裁。

《旧唐书》卷54《李峤传》:

(武周长安末,李峤在疏中奏)天下编户贫弱者众,亦有佣力客作以济糇粮;亦有卖舍帖田,以供王役。

《旧唐书》卷89《狄仁杰传》:

圣历初,仁杰上奏:"近缘军机,调发伤重,家道悉破,或至逃亡。剔屋卖田,人不为售。内顾生计,四壁皆空。"

这两条记载反映的土地买卖、土地抵押,并不是个别现象,一指天下编户,一指河北地区,范围都很广大,且在大臣奏疏中提出,可见问题是何等严重。这一点,当时突出的逃户问题亦可证明。

《旧唐书》卷99《张嘉贞传》:嘉贞在答所亲劝植田园时曾说:"比见朝士广占良田,及身殁之后,皆为无赖子弟作酒色之资,甚无谓也。"

开元天宝时,一方面是官僚们广占地产的确很普遍,有所谓"地癖",[⑩]有所谓"多田翁",[㊶]等等;另一方面是不少官僚子弟由于生活腐化,很快卖掉父祖所置地产。至于广大农民因破产而变卖田业,更是加速进行。

由上所述,可见北魏到唐中期施行均田制期间,尽管限制土地买卖

589

的禁令,有时严些,有时宽些;土地兼并情况,有时缓和些,有时激烈些,但其共同之点为土地可以买卖,也一直在进行买卖。尤其唐代,无论在官僚之间,无论在民间,土地买卖,从唐初起就习以为常。到了开元天宝时,土地买卖,土地兼并,比西汉成哀年间还要厉害。既然土地买卖在当时社会上是很普遍的,那么,实施均田制时,私有土地没有变成国有土地,土地私有制继续存在,自然是毋庸置疑的了。

马克思指出:"假设相对出现的不是私有土地的地主,却像在亚细亚一样,是那种对他们是地主同时又是主权者的国家,地租和课税就会合并在一起,或不如说不再有什么和这个地租形态不同的课税。"[42]根据这一论断,我们还可以从地租和课税究竟合而为一还是分而为二,进一步考察土地私有制是否存在。如果全部土地为国家所有而无地主的私有土地,那么,地租和课税就会合并在一起,就不会再有和地租形态不同的课税。从中国全部封建社会的历史来看,地租和课税一直都是分而为二,同时并存的。北魏到唐实施均田制时期并不例外,地租和课税一直都是同时并存的。以北魏为例,不仅同时存在国家收课税和地主收地租两种剥削,而且封建政府的财政收入中就有课税和地租两种。均田户负担的是课税,[43]屯田户负担的是地租。[44]据《通典》卷7《食货典·丁中门》记载,西魏、北齐、北周以至隋代,都是既有赋税力役,又有强家收太半之赋的地租。再如唐代,存在地租,前已叙述,不再重复。而课税方面,则有作为国家正税正役的租庸调,此外,还有杂徭、地税、户税等。这在《通典》《唐六典》《唐律疏议》《唐会要》、两《唐书》等上面,都有详略不同的记载,毋须征引。就封建政府而言,既征收课税,又有职分田等官田出租,收取地租。地租和课税分而为二,并没有混合为一,是一清二楚的。再有土地不足的农民(即半自耕农)仅仅依靠所谓已受田,还不足以维持生活,势必再租进一部分官私土地进行耕作。例如西州地区,早在武周时,广大的下等户,由于受田严重不足,普遍租进了或多或少的官私土地。这样,他们就要既纳地租,又交课税。这种情况,在土地不足的狭乡地区,是普遍存在的。土地不足的农民,都是要受国家赋役和地主地租两重剥削的。唐代逃户丢下的土地,往往由里正出租,收取地租,用来交纳逃户的租庸调。⑮政府法令也允许这样做,但不准强使"租地人代出租课",⑯既说明地租和课税同时存在,又说明两者性质不同。唐代地租和课税分而为二,不是混合为一,是毫无疑问的。因此,就不能说在均田制施行期间,只有国有土地而无私有土地;应该肯定地说私有土地是继续存在的。

在这里顺便说明关于封建国家对土地所有权干涉问题。

首先应该指出,不能把国家权力对土地所有权的任何干涉,作为国家土地所有制的表现,就作为否定土地私有制的论据。因为,第一,国家政权对于私人土地所有权的干涉,并不是基于国家对于土地有什么最高所有权,而是基于国家政权本身的力量,是上层建筑对于经济基础起反作用的具体表现。第二,从历史事实来看,不受国家政权干涉的土地私有制是没有的。不仅封建的中国,国家权力机关可以干涉土地私有权,封建时代的西欧未尝例外;即使在大家公认为私人土地所有制得到法律保护的古代希腊、罗马,以及近代资本主义国家,国家对私有土地的干预,也是屡见不鲜的。既然国家对土地所有权的干涉,在土地私有制下是常见现象,也就不能据此来证明全部土地的所有权为国家所有,从而否定土地私有制的存在。第三,肯定国家对全部土地所有权的标志,应该是地租和课税的合一,以及法律否认私人土地所有权的存在,即否认私人对土地有买卖、出租、继承、转赠、抵押等处置的权利,而不是国家对土地所有权的干涉。

其次,应该指出,中国自秦始皇起,就建立了专制主义的中央集权国家,皇帝有至高无上的权力。他是超乎法律之上的,他所下的诏书敕令就是法律。与封建时代的西欧相比,中国皇帝比之西欧国家的君主权力更大。正因为如此,在中国,封建国家权力机关对于土地所有权的干涉,比之西欧,就强有力得多。而这种干涉,又以实施均田制时期更为突出。但即使在均田制施行期间,也不能说,已形成了国家对全国土地的所有权。如以唐代为例,封建国家对土地所有权的干涉,最突出的表现在田令上,一为关于官僚地主和农民拥有土地最高额的限制:五品以上的官僚和有封爵的贵族,可以按照品级,请受永业田五顷至一百顷;有战功的可以按照勋级请受勋田六十亩至二十顷;农民一丁为百亩。二为关于土地买卖的限制:买进土地者,不得买过政府规定的应受额;出卖土地者,一般不准出卖一丁二十亩永业田。①但这些规定,其目的只是为了协调统治阶级内部关系,缓和统治阶级与被统治阶级之间的矛盾,以巩固其封建统治。它只是限制大土地私有制和土地买卖过分发展,并不否定土地买卖本身。前面已叙述过,实施均田制时,是承认土地私有制的,是承认土地可以买卖的。如果我们进一步考察,上述国家对土地私有权干涉的规定,实际作用是很有限的。例如唐代田令一方面限制一丁二十亩永业田出卖,另一方面又为出卖这些土地大开方便之门,规定身死家贫无以供葬,流迁,迁往宽乡,充住宅、邸店、碾硙,就允许出卖。在封建社会,土地是农民的命根子,农民离开了土地就无法生活,除非万不得已,是不会出卖土地的。这样宽的条件,对于农民出卖土地来说,不用再找规避禁令的借口,就足够了。所谓限制,实际上已被取消。从根本上来说,无论关于拥有土地最高额的限制,或者对于土地买卖的限制,都是起不了什么作用的。列宁曾指出:"在生活条件还勉强过得去的时候,农民决不会出卖自己的土地。如果在贫困或者其他情况(迁移,能劳动的人死亡等)下,不得不出卖时,任何法律也制止不住。人们会随时规避法律。禁止只有使出卖土地的条件更加恶化。……禁止一个人购买六口人以上的分地。购买人就借亲属等等名义订立假的欺骗性的契约。"[48]这一段话虽然不是针对中国说的,但它是从实践出发得出的结论。是普遍真理。土地买卖是由社会经济条件决定的,是经济规律起作用的表现,是必然会出现的,是不以人们的意志为转移的。无数史实说明,在均田制施行期间,人们就是用各种办法规避法律上的禁令,大肆进行土地兼并。前面引述《关东风俗传》所反映的,人们如何把禁止买卖土地的法令变成买卖土地合法外衣,就是很生动的例证。再如唐代,有用所谓"或改籍书、或云典帖"[49]等名义来兼并土地。到了开元、天宝时,据杜佑记载,限制土地买卖的法令,其实已完全失去作用。[50]还应该指出,当时封建政府虽三令五申禁止和限制土地买卖,但对于违法的土地买卖和土地兼并,不但听之任之,而且在法令上一再加以肯定。如天宝十一载诏中有:"其王公百官勋荫等家,应置庄田不得逾于式令,仍更从宽典,务使弘通,其有同籍周期以上亲俱有勋荫者,每人占田顷亩,任其累计,其荫外有余,如旧是无勋荫地合卖者,先用钱买得,不可官收,限敕到百日内,容其转卖。……其口分永业地先合买卖,若有主来理者,其地虽经除附,不限载月近远,宜并却还。至于价值,准格并不合酬备,既缘先已用钱,审堪责其有契验可凭,特宜官为出钱还其买人。其地若无主论理,不须收夺。"[51]对于违法兼并的土地,政府处理的办法为:违法所占的限外土地,可以用同籍周期以上亲[52]有勋荫者名义,变为合法所有。如再有多余,容许在百日之内转卖掉;所买土地若有主来理,只要有契验可凭,则由政府收赎;若无主来理,不须收夺,而由买主保持不动。对于土地兼并者既得利益都是肯定的。土地兼并者如有超过限额的土地,只要假借一下什么亲族之类的名义,自然就可以保持不动。至于卖掉土地的农民,哪敢再去理论要还。这样的诏令,真是官样文章,与其说对土地兼并者的干涉,不如说是肯定他们的既得利益。这说明在当时的社会经济条件下,土地买卖的发展是必然的。

用法令来限制它的发展,作用是很有限的,从根本上说是不起作用的。既然如此,从实质来看,这种干涉也就根本谈不上标志着国家对全部土地所有权了。

马克思指出:"土地所有权的前提是,一些人垄断一定量的土地,把它作为排斥其他一切人的、只服从自己个人意志的领域。"③如果说只有土地私有制的某一个标志,对土地私有制的存在还有怀疑,还认为地主对土地只是占有而不是所有的话,那么,土地的继承、出卖、出租、抵押、转赠④等权利,普遍存在,而又结合在一起,以及禁止其他人去侵犯私有土地的法令之存在,用马克思主义学说来衡量,应该说土地私有权的存在,是丝毫没有怀疑的了。因为土地的继承、出卖、出租、抵押、转赠等权利,从一方面说明私人对土地有着所有权,所以才可以自己处理;而法律上保护私有土地,则从另一方面说明私人有着所有权的土地,是排斥其他一切人去支配的。而地租和课税分而为二而不是混合为一,也说明私有土地的存在。这样,无可争辩地说明土地私有权是肯定存在的了。由此,就进一步说明实施均田制时,私有土地虽被用永业田或桑田名目登记起来,纳入了均田制范围,计算在已受额中,冲抵了应受额,但所有权性质并没有改变。私有土地仍为私有土地,并没有变为国有土地。

三

在这一部分,要说明在实施均田制期间,占支配地位的封建土地所有制形式,是地主土地私有制还是封建国家土地所有制?为此,先分别说明均田令上所指各种田地,何者为私有土地,何者为国有土地。

先谈新授的桑田或永业田。

北魏的桑田,从田令上看,一方面规定了新受田者一丁二十亩的限额,并于其上种桑五十树、枣五株、榆三根,限三年之内种毕;不毕,政府就收夺其不毕之田。又规定此二十亩桑田是不能出卖的。从新受的桑田,在一定条件下,政府可以收夺这一点来看,它和均田令实施前原有的私有土地是不同的,可以说政府对它还有条件地保留着所有权。另一方面又规定桑田不属于还授范围,是世袭的。世袭时,超过了田令规定的应受额的部分,政府也不予收夺,并可出卖。至于从实际情况来看,三年之内,种上桑五十树、枣五株、榆三根,一般都是可以做到的,因此被政府收回去的可能性几乎没有。至于一丁二十亩桑田不准出卖,其目的是让每一个农民保有最低限额的土地,以保证政府的赋役剥削。但在保持土地私有制而又允许土地可以买卖的情况下,禁止一丁二十亩桑田的出卖,是根本行不通的。既然如此,这种新授的桑田,可以说是私有土地。

北齐的桑田。河清三年令规定:"每丁给永业二十亩为桑田。其中种桑五十根,榆三根,枣五根,不在还授之限。"和北魏相比,有一点不同,即少了"限三年种毕。不毕,夺其不毕之地。"这大概由于这种规定在实践中不起作用,因此干脆把它去掉。至于出卖方面的限制,大致和北魏相似。但据前引《关东风俗传》,北齐时土地买卖很盛行,限制买卖土地的禁令,根本不起作用。不但桑田,连露田也公开地大量地进行抵押、买卖。既然北齐的桑田是世袭的,实际上又是可以抵押、买卖的,那么,无疑是私有土地。

在宜麻布之土,北魏、西魏、北齐还有麻田,也都是私有土地。⑤

北周田令,文献记载过于简略,可略而不论。隋代的永业、露田皆一遵北齐之制。

唐代一丁的永业田,前已指出是有继承权的,买卖方面的限制,也较前有所放宽。在狭乡地区的买田者,可以按照宽乡应受额买足。庶人家贫无以供葬者,流迁者,乐迁就宽乡者,甚至卖充住宅、邸店、碾硙者,都可以出卖一丁二十亩永业田。表面看来,出卖永业田似乎还是有条件的,似乎还受到一些限制。但正像我们已一再指出的那样,土地是农民的命根子,如无特殊困难,农民决不会出卖自己的土地。因此,上述出卖土地的那些条件,对农民来说,已完全够了。从事实来考察,限制出卖土地,自然更是行不通的。因此,唐代一丁二十亩永业田,应该说是十足的私有土地。㊼

其次,谈露田或口分田性质。

北魏太和九年均田令规定:"诸男夫十五以上受露田四十亩,妇人二十亩,奴婢依良。丁牛一头受田三十亩,限四牛。""诸民年及课则受田,老免及身没则还田。奴婢、牛随有无以还受。"北齐河清三年令也规定露田"悉入还受之分"。既然露田在还受范围,则受田者对它只有使用权而无所有权。其所有权是属于封建国家的。不过露田虽为国有土地,但在私有制早已根深蒂固的中国北部地区,必然会受到土地私有制的严重影响,这种所谓国有土地,正在通过买卖等途径,变为私有土地。㊽

到了唐代,按田令规定,口分田仍属还授范围。受田者对口分田仍然只有使用权而无所有权。口分田的所有权仍属国家。但与北魏相比,发生了很大变化。第一,一般民户的口分田已很少退还,田令规定:"其退田户内有合进受者,虽不课役,先听自取,有余收授。"㊾按此规定,在将应退口分田另行给授时,首先要满足本户内其他受田者(例如成丁)的应受额,唐代一般民户已受田与田令规定的应受额,相差甚远。因此,有了这一规定,一户之内口分田很少有可能退出,授给他户,实际上由该户子弟承袭下来。第二,口分田可以由子孙继承均分。前引《宋刑统》卷12引《唐户令》应分条注,口分田在田少情况下,可以由子孙均分。从令文上看,似乎又是一种例外,但结合唐代一般民户已受田普遍达不到应受额,因此,口分田的均分继承,实际上是相当普遍的。第三口分田可以出卖。田令明确规定,乐迁就宽乡者,并听卖口分。卖充住宅、邸店、碾硙者,虽非乐迁,亦听私卖。史籍记载,口分田的买卖,在高宗永徽时,在社会上已相当普遍。[59] 口分田还授首先满足本户,以及可以有条件地均分继承出卖,在唐以前社会上实际早已有了,唐代只是在法令上承认这种事实。经济基础决定上层建筑,上层建筑又反过来影响经济基础。田令上的上述规定,对口分田这种国有土地向私有土地转化,起了加速作用。北魏实施均田制时,露田的所有权属于封建国家所有,但由于土地私有制的影响,逐步向私有制转化。到了唐代,口分田所有权虽仍为国家所有,但从上述三点看,口分田已夹杂不少私有因素,口分田之为国有土地已近乎名存实亡了。

第三,官人永业田及赐田。

前引《关东风俗传》:"自孝武出猎以来,始以永赐得听买卖。"有继承权的赐田,从北魏末年起,开始允许买卖。到了唐代,令文上规定得很明确,官人永业田及赐田都是有继承权的,出卖、出租也不受禁限,自然都是私有土地。

但是有人说官人永业田及赐田,还不是私有土地。因为政府对这类土地可以追夺。我们认为这种说法,并不妥当。在论证方法上真可以说是抓住一点。不及其余。官人永业田、赐田的继承、出租、出卖具有普遍的性质,是经常起作用的因素,对于决定土地的所有权,有决定性作用;而赐田等被追夺,只是例外情况,只是指官僚们因故受到解职免职等处分,政府用强力追夺原先所赐之田。不能用例外的情况来否定一般,用个别来否定普遍。国家不仅对赐田,而且对住宅、金银等财物,都是可以追夺的。我们谁也不会因国家没收了某一官僚的住宅、金银等财物,而说国家对这些财产本来就是拥有所有权的。同样,国家对于赐田等追夺,也并不是基于国家对它有什么土地所有权。这是另外一个问题,是国家政权作为暴力机构的一种表现而已。

此外，还有园宅田，其所有权无疑是属于私人所有。至于各种官僚机构的公廨田和官僚们的职分田等，其所有权则属于封建国家所有。

根据以上叙述，可以看出，目前颇为流行的一种说法，即均田制的性质为封建国家土地所有制，是并不妥当的，应该说均田制是有两重性的。在均田制范围内，既有私有土地——在桑田或永业田名义下纳入了已受额中的社会上原有的私人土地，政府新授的一丁二十亩桑田或永业田，官人永业田及赐田，以及园宅田等；又有国有土地——露田或口分田、官僚们的职分田、各种官僚机构的公廨田等。这也就是说，均田令其实是一个两重性的土地法令。它既肯定了原先存在的私有土地保持不变，并使新授给的一丁二十亩永业田、官人永业田等成为私有土地；又肯定了口分田、公廨田、职分田等为国有土地。这两种所有制性质不同的土地，并存于同一均田令上，都包括在均田制内，又互相影响。如北魏新授的一丁二十亩桑田，虽是私有土地，但开初私有权是不完全的；而唐代的口分田是国有土地，却夹杂了不少私有制因素。这种现象，看来是很复杂的，甚至似乎是矛盾的，但事物的本来面貌就是如此。

这种复杂而又似乎矛盾的现象，是不难理解的。社会存在决定社会意识，经济基础决定上层建筑。均田令的两重性，乃是社会上存在着两种土地所有制的反映。第一，北魏以前，封建地主土地私有制在北方早已根深蒂固。北魏实施均田制时，北方汉族地主已与拓跋贵族联合，汉族地主已成为北魏政权的重要支柱。因此，均田制的施行，绝不可能也不会去改变地主土地私有制，侵犯土地私有者特别是大地主的利益，恰恰相反，一定会承认地主所有制。第二，自西晋永嘉之乱，中国北方经历了长期的大动乱，一方面是大量人口死于战祸饥荒，和原有居民大量逃亡、流徙，另一方面是匈奴、氐、羌、羯、鲜卑等族先后大批进入这一地区，以及这些少数民族建立的政权和北魏强制徙民，形成了中国历史上人口大迁徙浪潮之一。在这样的大变动过程中,出现了人口与土地经常分离,出现了大量的无主土地。这些无主土地,不管是有人耕种的或荒闲的,按照汉族历来的传统,名义上归国家所有。北魏在实施均田制前,就曾利用这种无主土地,以计口授田办法来安置强制迁徙的人口;在均田制施行以后,也曾用这种土地实行过屯田。在实施均田制时,这种无主土地的一部分,很自然地会在法令上肯定为国有土地。由此可见,均田制包括的两种所有制性质不同的土地,在社会上是客观存在的。均田令既没有改变现实存在的土地所有制,也没有创新出新的土地所有制。它只是用法律形式,把私有土地和国有土地肯定下来。由于这两种所有制性质不同的土地,处于同一个均田制范围以内,相互之间就会很自然地发生影响。还应该指出,均田制是在鲜卑族与汉族融洽过程中施行的,是融洽过程中的一个重大措施。"登国初,太祖散诸部落,始同为编民",[⑩]是北魏由部落制游牧社会向农耕社会转变的第一步,是有利于与汉族融洽的重大一步。随着鲜卑族进居中原,逐渐定居,逐渐与汉族融合,逐渐从游牧向农耕转变,部落制度逐渐破坏,单靠血缘主从关系,已经很难控制本部族了。有土才有民,须要通过土地才能控制人口。至于农耕为生的汉族人口,只有附着在土地上面,政府才能控制。征服者被征服,均田制的施行,正是鲜卑贵族学习汉族地主的统治办法的具体措施之一。实施均田制目的,就是为了把劳动人手束缚在土地上,恢复和发展农业生产,保证赋役剥削;也是为了协调统治阶级内部矛盾,缓和统治阶级与被统治阶级之间矛盾,以巩固封建统治。因此,在田令上要贯彻"分之有准,力业相称,细民获资生之利,豪右靡余地之盈""使土不旷功,民罔游力,雄擅之家,不独膏腴之美;单陋之夫,亦有顷亩之分"。[⑪]劳动力与土地结合,使土地得到垦殖开发。田令既保证豪强大族官僚地主可以保持数量众多的私有土地,可以通过奴婢、牛授田或

599

官人永业田、勋田多占土地，又要限制他们进一步无限制扩大土地所有；对广大农民，既要规定他们拥有土地的最高限额，又为了使他们在一般情况下能保持最低限额的土地，以保证政府的课役，规定了一丁二十亩永业田（桑田）为私有土地，并限制其出卖。这样，就使均田制表现为一套占有土地数量不同的等级限额制度。在它的范围内，既有私有土地，又有国有土地；既允许大土地私有者的合法存在，保证他们的利益，又限制其无限发展；既允许土地买卖，又限制土地买卖；以及私有土地与国有土地之间，相互影响、相互渗透等复杂现象。

既然均田制范围内私有土地和国有土地同时并存，那么，占支配地位的是地主土地私有制，还是土地国有制？

在均田制施行期间，国有土地数量是相当大的。从前后历史联系来看，无疑是一个显著特点，但与私有土地相比，笔者估计还是私有土地的数量多于国有土地。首先，从汉魏以来发展起来的豪强地主，永嘉之乱后，虽然遭到很大打击，有的被杀，有的逃亡，但多数还是留在北方。他们团聚乡党宗族，据守坞堡，组织武装，分割土地，占有人口。他们中许多人既是大地主，又是宗主、坞堡主，而且还有刺史、太守、将军等称号，集族权、行政权、军权于一身，拥有巨大势力。从匈奴、氐、羌到北魏各少数民族统治者，想要君临中国，巩固统治，必须取得汉族大地主支持。这些少数民族建立的政权对汉族大地主一般都采取拉拢优抚政策。北魏实施均田制时，豪强大族、中小地主、广大农民的原有私地，都没有变动。这是一个巨大的数量。其次，无主土地大量出现，只是在长期的民族斗争（实质上是阶级斗争）和大规模农民起义，对地主阶级加以沉重打击，对地主土地所有制进行有力冲击，人口大量死亡，大量流动后的暂时现象。均田制实施以后，国有土地就日益减少。从北魏到唐中叶约三百年内，施行均田制的各朝，有的一开始，有的不久，就因为土地兼并问题严重和缺少国有土地，而无法使农民保有一定数量的土地。北魏田令就有规定,在土地不足地区,进丁授田时,政府可以减额少授,以致不授。[62]因此,在实施均田制的整个时期的大多数年代里,根本谈不上国有土地的数量多于私有土地。其三,应该指出,实施均田制时,由政府分配的公田和无主土地,不能都算成国有土地。对于每一位农民来说,其受之于公的土地,首先要满足所有权属于个人的一丁二十亩永业田,其次才是所有权属于国家的口分田。由于社会的经济的原因,一般农户已受田都远远达不到田令规定的应受额。因此,就大量的贫苦农户或成丁农民来说,所有的土地数量之中,往往不是国有土地多于私有土地,而是私有土地多于国有土地。例如出土的西魏大统十三年敦煌地区计账文书[63]上的中等户叩延天富、王皮乱等的已受地,都是私有土地多于国有土地。隋文帝开皇十二年,狭乡地区一丁受田才二十亩,[64]刚刚满足应受的世业田,即农民手中的土地,几乎全为私有土地。唐太宗贞观十七年,灵口地区一丁受田为三十亩。[65]这三十亩中,先满足二十亩永业田,口分田只有十亩,即私有土地比国有土地要大一倍。武周时,狄仁杰在江西山区所见,一户不过十亩、五亩。[66]穷苦农民手中的土地,都属私有土地。出土的唐代吐鲁番户籍上民户的已受田,一般也都是私有土地多于国有土地。这些都是不同时代不同地区的例证,由于地区的不平衡性,很难以这些例子来推断其他地区,但作为穷苦农民已受田中私有土地多于国有土地,还是可以的。至于官僚地主所有的土地,无论是原来有的,或者通过赏赐、请射、兼并而来的,自然几乎全是私有土地。由此看来,私有土地的数量比国有土地要多,大致是可以肯定的。

　　判断地主土地私有制还是土地国有制占主导地位,要看土地数量,但不能光看数量多少,更重的要看哪一种土地所有制在当时社会上起着决定性作用,是向前发展的。从施行均田制的整个时期发展趋势看,占优势的,起决定性作用的,是封建地主土地私有制。它的存在和发展,影响着土地国有制的发展和变化。前已叙述,实施均田制时,对地主和农民原有的私地,采取了保护政策。田令肯定私有土地仍为私有土地,并没有把私有土地变为国有土地;相反,所谓国有土地,则通过新授的一丁二十亩桑田(永业田)、官人永业田、赐田等名义,大量地转化为私有土地。而限制和禁止土地买卖的法令,也逐步放宽。到了唐代,不仅一丁二十亩永业田出卖很少限制,连口分田也允许出卖,甚至可以世袭,兄弟均分。至于官人永业田出卖,抵押已经不受限制。从实际情况来考察,则限制、禁止土地买卖的法令,起不了什么作用。土地买卖、土地兼并,一直很盛行。不仅口分田通过抵押、买卖途径,为豪势之家兼并,转化为私有土地,而且政府直接掌握的职分田、公廨田、屯田,以及山林川泽,也被官僚、豪势之家,用盗耕、贸买、借请等方法,加以侵占,逐步变为私有土地。政府虽一再颁布禁令,限制和禁止土地兼并,但最终不是政府的禁令使土地兼并停止下来,恰恰相反,而是土地兼并的发展,一再冲破了法律禁限,最终使禁令完全失去作用。"经济发展总是毫无例外地和无情地为自己开辟道路。"[⑰]在当时社会经济条件下,地主土地私有制是一定要发展的,土地国有制是一定要削弱、瓦解的。这是不以长官的意志为转移的。企图用强力阻止地主私有制发展,巩固土地国有制,最终是无能为力的。随着社会经济的发展,随着地主私有制的发展,土地国有制就不断削弱,国有土地就不断减少。"虽有此制,开元之季,天宝以来,法令弛坏,兼并之弊,有逾于汉成哀之间。"[⑱]到了唐代中期,终于使以数量较多的国有土地存在为前提的均田制完全瓦解。

简括本文,笔者认为均田制既包括了国有土地,又包括了私有土地;但私有土地包括在均田制范围以内后,并没有改变私有土地的所有权。均田令是两重性的土地法令,在它的范围内,既有私有土地,又有国有土地。这两种所有制性质不同的土地同时并存,相互影响,相互渗透。但在均田制时期占支配地位的封建土地所有制形式，仍然是地主土地私有制，而不是封建国家土地所有制。

后记：

本文完成于1964年，是在吾师王仲荦教授指导下进行的。初稿写成后，蒙武汉大学唐长孺教授、北京大学王永兴先生审阅指正。此次发表前，又蒙中国社会科学院历史研究所熊德基、孙毓棠、郦家驹、黄烈诸位先生审阅指正。一并在此致谢。

对初稿进行审阅指正的还有山东大学卢南乔教授，最近已不幸去世，此文发表，表示对他的纪念。

1979年3月

（《历史论丛》第2辑，齐鲁书社1981年版）

注释：

① 漆侠先生在《关于中国封建经济制度发展阶段问题》一文中也说：曹魏屯田、北魏隋唐的均田都是封建国家土地所有制。见《山东师范学院学报》1978年第6期。
② 参阅《通典》卷1《食货一·田制上》。
③ 此条"于分虽盈"以下，《魏书》尚有"没则还田"四字，此系上一条"老免及身没则还田"之混淆，《通典》则无此四字。
④ 此条，在《魏书》应为第11条，这里为方便起见，顺序排为7。
⑤ 在唐代，"口分"一词，有时仅指口分田，有时则指包括永业、口分两项在内的应受额而言的。"先永业者，通充口分之数"的口分，是指包括永业田、口分田在内的应受额而言的。在同卷开元二十五年令有："其散官五品以上，同职事官给。……若当家口分之外，先有地非狭乡者，即回受。……其除名者，依口分例给。……若当家之内，有官爵及少口分应受者，并听回给。"这中间的口分一词，均指包括永业、口分田在内的应受额。如果把"先永业者

通充口分之数"的口号,解释成为仅指口分田,是并不恰当的,更进一步说先有永业田充抵口分田后,变成了属于还授的口分田,更是错误的。

⑥ 可参阅:《敦煌资料》(第一辑)(但有不少差错)。

⑦ 从手实上看李大娘户系下下户,原有四口人,翁杨义臣老男武骑尉、亡婿叔妻董寡、亡婿男朝宰中男等三人,均因逃走限满而已除籍。李大娘本人系四十四岁的寡妇,广德二年账后逃还附,代翁承户。由上述情况推断,本户二十五亩买田,不会是李大娘买的,而是其翁杨义臣为户主时买进的,李大娘承户时继承了下来。

⑧ 现存的唐朝田令,关于老男为户主应受田额有两种:《旧唐书·食货志》武德七年令为永业田二十亩,口分田四十亩,共为六十亩。《唐六典》卷3开元七年令为永业田二十亩,口分田三十亩,共五十亩。通行本《通典》以及明嘉靖十八年刻本、明刻本、傅振祥据宋版所校之明刻本《通典》开元二十五年令:老男为户主的授口分田二十亩。1960年(日)仁井田陞著《中国法制史研究——土地法、交易法》一书第80页云:据宋版口分田为三十亩(通行本作二十亩误)。出土的户籍手实上所载老男为户主应受田额大多数为永业田二十亩,口分田三十亩,共五十亩,也有少数为永业田二十亩,口分田四十亩共六十亩的。

⑨ 池田温《批评与介绍〈西域文化研究第二——敦煌吐鲁番社会经济资料〉》(上),(日)《史学杂志》第69编第9号。

⑩ 《文献通考》时代较晚,有人由于对授田理解不恰当,怀疑《通考》记载,不过参阅《唐会要》等文献,以及唐朝租庸调制渊源来看,租调力役与均田制有密切联系,是无可怀疑的。如《魏书·食货志》太和九年均田诏:"诸民年及课则受田,老免及身没则还田。"《隋书·食货志》载北齐河清三年令:"率以十八受田输租调,二十充兵,六十免力役,六十六退田免租调。"

⑪ 《通典》卷6天宝中计账地税项下注:"西汉每户垦田不过七十亩,今亦准此约数。"估算天宝时一户平均耕田面积约七十亩,按当时户为八百九十余万,则唐统治区的耕田面积共约六百二十万顷。北京大学历史系已故教授汪篯老师曾详加辩证,指出杜佑的估计比较符合实际(见《光明日报》1962年10月24日《史学·唐代实际耕田面积》一文)。

⑫ 《列宁全集》第13卷,第298页。

⑬ 《魏书》卷53《李孝伯传附李安世传》。

⑭ 《唐律疏议》卷13《户婚中》"诸盗耕公田者"条。

⑮ 《唐会要》卷61《御史台中·弹劾》"永徽元年"条。

⑯ 《旧唐书》卷98《李元纮传》:"百姓所有私田,皆力自耕垦,不可取也。若置

屯田即须公私相换。"《通典》卷 2 开元二十五年令:"亲王出藩,给田一顷作园……如无官田,取百姓田充,其地给好地替。"
⑰《唐会要》卷 61《御史台中弹劾》"永徽元年"条:"官市依估,私但两和。"
⑱ 借官田是否为租佃关系,尚可研究。借私田,一般是指租佃关系,借私田者与土地所有者关系为租佃关系。
⑲ 现存的《唐律疏议》一书,永徽时撰,日本学者仁井田陞、牧野巽两人考证,系开元二十五年重新修订过的(见《东洋学报》第一、二册)。最近杨廷福先生在《唐律疏议制作年代考》一文中,辩驳上说,断定为永徽律疏(见《文史》第五辑)。结合出土资料与其他文献记载,可以断定唐初租佃制的流行。
⑳《唐会要》卷 92《内外官职田》。
㉑ 见周藤吉之《佃人文书的研究》,《西域文化研究第二——敦煌吐鲁番社会经济资料》(上)。
㉒ 同上,大谷文书 1305 号。
㉓ 见新疆维吾尔自治区博物馆《新疆吐鲁番阿斯塔纳北区墓葬发掘简报》,《文物》1960 年第 6 期。
㉔ 本件图版见仁井田陞《中国法制史——土地法、交易法》,1960 年。本文书共一百三十二字,字迹漫漶很难辨认,笔者用贞观十七年赵怀满耕田契等残卷,对照辨认,在仁井田陞教授释文基础上又释出三十多个字。
㉕ 此段叙述,材料见《文物》1960 年第 6 期,1962 年第 7、8 期,1973 年第 10 期;1977 年第 1 期;《西域文化研究第二——敦煌吐鲁番社会经济资料》(上);《敦煌资料》(第一辑)等。
㉖ 从《文馆词林》卷 664,《贞观年中巡抚高昌诏》,可知唐初该地即施行均田令。
㉗ 近年来出土了相当多的高昌国时代租佃契约,已发表的见《文物》1962 年 7、8 期。
㉘《马克思恩格斯全集》第 16 卷,第 415 页。
㉙《魏书·食货志》《隋书·食货志》《旧唐书·食货志》《通典》卷 2、《册府元龟》卷 487《赋税》等。
㉚ 参阅《北齐书》卷 29《李璵传附从弟晓传》。
㉛《东皋子集》卷下《答冯子华处士书》,参阅《新唐书》卷 196《王绩传》。
㉜《马克思恩格斯文选》两卷集,第 313 页。
㉝《列宁全集》第 13 卷,第 291 页。
㉞ 罗振玉校写《地券征存》。
㉟ 笔者所见最早的买地券为汉建初六年(81)的,见《地券征存》,但推断土地买

卖有立契手续在汉以前即有。
㊱《隋书·食货志》:"晋自过江,凡货卖奴婢马牛田宅,有文券,率钱一万输估四百入官,卖者三百,买者一百。……历宋齐梁陈,如此以为常。"北朝买卖田宅也要文券。所不同的,东晋南朝要收税,北朝大概不收税。
㊲ 宣武应为孝武之误。出猎引申为出奔、逃奔。宣武出猎乃孝武出猎之误,是指永熙三年(534)孝武帝元修与高欢矛盾激化,西奔关中宇文泰。
㊳ 参阅《隋书》卷41《苏威传》。
㊴ 现存《唐律疏议》为永徽时撰,但是否开元二十五年重加修订,有不同意见(见前注杨廷福先生文章)。不过本条关于土地买卖的规定为永徽时的,则没有什么疑问。
㊵《旧唐书》卷187下《李憕传》。
㊶《太平广记》卷495"宇文融"条,出《明皇杂录》。
㊷《资本论》第3卷,第1030页。
㊸《魏书·食货志》记载均田户负担的课税为:其民调一夫一妇帛一匹,粟二石,以及征戍杂徭。
㊹《魏书·食货志》记载:"屯民,一夫之田,岁责六十斛,甄其正课并征戍杂役。"屯田民实为封建国家的佃奴,负担的是地租。
㊺《垂拱三年杨大智租田契》,见《文物》1973年第10期《吐鲁番县阿斯塔纳—哈拉和卓古墓群发掘简报》。
㊻《全唐文》卷19睿宗《申劝礼俗敕》。
㊼ 说到国家对土地买卖的限制,还有《通典》卷2开元二十五年令:"凡买卖皆须经所部官司申牒,彼此除附。若无文牒辄买卖,财没不追,地还本主。"《唐律疏议》卷13《户婚律中》:"妄认公私之田,称为己田,若私窃贸易,或盗卖与人者,一亩以下笞五十……依令,田无文牒辄买卖者,财没不追,苗子并入地主。"这两条记载联系起来,就可以看出土地买卖时有文牒,办理过除附手续的,才是有凭有据的,有案可查的。政府才可以据此考查这块土地所有权的变动,才好征税。如果土地买卖时,不办理除附手续,没有文牒,那么,发生争夺地产权纠纷时,就无从考查地产权的变动,政府就只有承认原主所有。因此,上述规定不仅不否定土地可以买卖和土地私有权,而且还说明土地买卖是合法的。土地买卖后,可以向政府申报,办理此除彼附手续,新的土地所有者的权利即买主的利益,就可以得到政府保护。这一规定,相当于我国解放前买卖土地后要向政府办理过户手续,一方面是为了税收,一方面是为了保证土地买卖的正常进行。由此可见,有人据此来否定土地私有制,证明土地国有制是不恰当的。

㊽《列宁全集》第 18 卷《农民土地的转移》。
㊾《册府元龟》卷 495《邦计部·田制门》。
㊿《通典》卷 2《食货二·田制下》大唐开元二十五年令,杜佑自注。
㉛《册府元龟》卷 495《邦计部·田制门》。
㉜《唐律疏议》卷 2《名例》"诸皇太子妃大功以上亲应议者期以上亲及孙"条:"期亲者,谓伯叔父母、姑兄弟姊妹妻子及兄弟之类。又例云,称期亲者曾高同。及孙者,谓嫡孙众孙皆是,曾玄不同。其子孙之妇,服虽轻而义重,亦同期亲之例。"期亲包括那么多人,只要利用同籍为名,就可以合法占有大量土地。
㉝《资本论》第 3 卷下第 20 章《导论》,人民出版社 1975 年版。
㉞关于转赠土地,除前面讲过的外,兹抄录一份材料如下:
西魏大统三年四月建立的中兴寺石像碑文(上略)将军殿中将军北襄州别驾从事张起字次兴众僧□檀越主施田廿五亩……宁远将军都督宗伯仁□白田檀越主施主寺田五十亩讨寇将军奉朝请宗清奴檀越主檀越主寺宅田一亩白田六亩……南阳郡功曹宗显祖大檀越主施白田卅亩,菌宅田十亩□□镇远府功曹参军宗思宾檀越主施寺并宅廿亩,襄威将军奉朝请南阳郡功曹宗璘凤檀越主施寺麻田十二亩。(下略)
——引自仁井田陞《唐宋法律文书研究》第 201—202 页
施赠的土地有宅田、园宅田、白田、麻田等,这些施主所以能把土地赠给寺院,因为拥有自己处置的权利,即拥有土地私有权,而且还刻在碑上,可见西魏时土地私有权的转让是合法的。
㉟《隋书·食货志》北齐河清三年令:"土不宜桑者,给麻田如桑田法。"至于北魏、西魏的麻田,笔者将在另一篇文章中说明。
㊱有的先生以吐鲁番出土的永业田退田文书为例,来否定土地私有制、论证国家对土地有最高所有权。对此笔者已作了回答。见拙文《关于吐鲁番文书中的唐代永业田退田问题》(《山东大学学报》1964 年第 2 期)。
㊲见前引《通典》卷 2 引《关东风俗传》。
㊳《唐令拾遗·田令》第 23 条。
㊴《新唐书》卷 51《食货志》:"永徽中禁买卖世业、口分田。其后豪富兼并,贫者失业。于是,诏买者还地而罚之。"
㊵《魏书》卷 113《官氏志》。
㊶《魏书》卷 53《李孝伯传附李安世传》。
㊷《魏书·食货志》:"诸地狭之处,有进丁受田而不乐迁者,则以其家桑田为正田分,又不足不给倍田,又不足家内人别减分。"

㉛ 斯 613 号汉文文书。
㉜ 《隋书·食货志》:"帝乃发使四出,均天下之田。其狭乡每丁才至二十亩,老小又少焉。"
㉝ 《册府元龟》卷 113《帝王部·巡幸》。
㉞ 《全唐文》卷 169 狄仁杰《乞免民租疏》。
㉟ 《马克思恩格斯全集》第 3 卷,第 222 页。
㊱ 《通典》卷 2《食货典田制下》"大唐开元二十五年令下"杜佑自注。

唐代前期的户等与租庸调的关系

一

唐代的户等,武德时沿袭隋代,为三等制,贞观九年改为九等制,[①]一直到唐末。根据什么来划分户等?"天下之户,量其资产,定为九等。"[②]划分户等高低的依据为资产。但所谓资产,指什么?史学界广为流行的意见为:主要指土地。进而推论,唐代农户户等的划分,主要依据为土地;而八等、九等农户的评定,取决于已受田多少。这似乎是毋庸置疑的问题。果真是如此吗?

首先,上述的"量其资产"指什么?令文未作交代,那种认为资产就是指土地或主要指土地,只是一种猜想、推论,缺乏根据。

第二,对出土的户籍进行考察,看上述说法能否成立?为求尽可能比较客观地全面地研究问题,我们把出土的开元四年、开元十年、天宝六载户籍上有户等与已受田记载的25户,用简表全部列出。

先举伯3877号开元四年(716)沙州敦煌县慈惠乡籍(抄录)五户为例。[③]

户主姓名	全户人口	应受田	已受田	户　等
董思勰	白丁残疾一、寡一	131 亩	28 亩	下上户
余善意	老男一、白丁一、丁妻一	161 亩	28 亩	下中户
杨法子	卫士一、卫士妻一、小男一、小女一	101 亩	39 亩	下中户
杨法子	卫士一、寡一	131 亩	15 亩	下下户
杜客生	卫士一、卫士妻一、白丁一、中女一	201 亩	40 亩	下下户

以上有七等户(下上户)一、八等户(下中户)二、九等户(下下户)二,共为五户,均系乡村农户,已受田共 150 亩,平均一户 30 亩。如果说,农户户等的划分,主要依据为土地,那么,户等越高,已受田应越多;户等越低,已受田应越少;同一户等的已受田数量应大致相近。但上表五户情况,恰恰相反。董思勰,下上户,户等最高,已受田仅 28 亩,与下中户余善意并列第三,比下中户杨法子少 11 亩,比下下户杜客生少 12 亩。杜客生,下下户,户等最低,但已受田 40 亩,名列第一。同为下下户,杜客生已受田比杨法子多 25 亩,两者的比例为 8 比 3,差距很大。如果按已受田决定户等高低,杜客生应上升两等,列入下上户,下中户杨法子也应升入下上户,董思勰则应由下上户下降为下中户。

其次,以开元十年(722)籍六户为例。

户主姓名	全户人口	应受田	已受田	户　等
郭玄昉□	白丁一、卫士一、丁妻一、中男一、中女一、小女三	201 亩	20 亩	下下户
氾尚元	寡一	51 亩	15 亩	下下户
赵玄表	白丁一、丁妻一、中女一	101 亩	30 亩	下下户
赵玄义	老男一、老男妻一、黄男一、中女二、黄女一	52 亩	11 亩	下中户

(续表)

户主姓名	全户人口	应受田	已受田	户　　等
曹仁备	卫士上柱国一、职资妻一、上柱国子一、丁妻一、小男一、小女一	3182亩	63亩	下中户
王万寿	白丁一、中女一	（缺）	11亩	下中户

说明：① 郭玄昉以下五户见伯3898号开元十年沙州敦煌县悬泉乡籍(草案)。
② 王万寿户见伯2864号开元十年沙州敦煌县莫高乡籍(草案)。

上表有八等户三、九等户三，共六户，已受田共150亩，平均一户25亩。同为下中户，曹仁备已受田为63亩，赵玄义、王万寿各有11亩，两者比例近于6比1，悬殊也很大。如果按已受田多少来评定户等，王万寿、赵玄义已受田，绝对数量少，相对数量又最少，比3户下下户分别少4亩、9亩、19亩，无疑应列入下下户。

其三，以伯3354号天宝六载(747)敦煌县龙勒乡、都乡里籍一四户为例。

户主姓名	全户人口	应受田	已受田	户　　等
郑恩养	白丁一、老寡一、丁妻一、中男一、小女四、黄女一、中女三	234亩	101亩	下中户
程智意	卫士飞骑尉一、职资妻二、小男一、中女五、小女四、黄女三	186亩	92亩	下中户
程大忠	上柱国(丁男)一、职资妻二、小男二、黄男一、中女一、小女六	3104亩	82亩	下中户
程思楚	卫士武骑尉一、白丁一、卫士一、职资妻三、丁妻二、卫士妻二、中女二、黄男二、小女一、黄女一	365亩	79亩	下中户

(续表)

户主姓名	全户人口	应受田	已受田	户　等
程大庆	武骑尉(丁男)一、职资妻二、黄男二、小女一、中女二	163亩	68亩	下中户
程什住	老男翊卫一、职资妻三、中女四、上柱国子一、丁妻一、小男一、小女一、黄女一	155亩	64亩	下中户
曹思礼	队付(丁男)一、职资妻一、寡一、中女三、小女三、上柱国子一、小男一、白丁一	364亩	62亩	下中户
杜怀奉	上柱国(丁男)一、卫士武骑尉一、小女二、寡二、白丁一、小男一、中女四	3325亩	78亩	下下户
刘智新	白丁一、老寡一、寡一、丁妻一、小男一、中女一、小女一	163亩	68亩	下下户
卑二郎	白丁一、寡一、中男一、中女五、小女三	234亩	57亩	下下户
阴承光	白丁二、老寡一、寡一、丁妻一、中女一	262亩	49亩	下下户
程仁贞	老男翊卫一、职资妻二、中女五	53亩	31亩	下下户
徐庭芝	小男一、中女三、老寡一、寡一	112亩	30亩	下下户
令狐仙尚	中女二	51亩	8亩	下下户

上表下中户七、下下户七，共14户。总的说，下中户已受田比下下户多。但下下户杜怀奉有田78亩，超过下中户程大庆等三户，与程思楚户接近；下下户刘智新有田68亩，超过程什住、曹思礼两户，与程大庆相等。如果八等、九等户取决于已受田多少，则杜怀奉、刘智新两户应定为八等户。再和同里仅有田八亩的令狐仙尚相比，杜怀奉、刘智新

已受田多八倍以上到近十倍,为什么会列为同一户等?

为什么上举三种户籍上都出现户等高已受田少,户等低已受田多?有人说,农村户户等的高低,取决于已受田多少,户籍上所以出现户等低已受田多,户等高已受田少,乃是有权势的户主与地方官吏勾结,上下其手的关系。这种解释,我们认为是牵强的,讲不通的。

一、从天宝六载户籍14户看,程智意以下到杜怀奉等7户,都是有官勋的户,为什么只有杜怀奉能利用权势降为九等,其他6户都不能如法炮制,而居于八等?

二、开元十年悬泉乡籍下中户赵玄义有田11亩,而下下户赵玄表等3户,分别有田30亩、20亩、15亩。这里出现的户等高已受田少,户等低已受田多,显然不能用地方官吏上下其手所能解释。从户籍所载情况看,赵玄表等3户列入九等户是合理的,并没有什么营私舞弊,降低户等的迹象。也没有理由说赵玄义的户等被官吏故意提高而成为八等户。《唐律疏议》卷13《户婚中》:"诸部内输课税之物,违期不充者,以十分论,一分笞四十,一分加一等。"唐令规定课税必须如期交纳。如果不能按期完成课税,从里正以上到州县长官都要受处分。户等提高,要加重户税等负担,差科时,也要首先被差配。如赵玄义是仅有田11亩的贫困户,提高了户等,无力交纳课税,负担差科,就会影响到所在地区差科课税任务如期完成,对里正、县令等都是不利的。那么,又有什么必要把赵玄义的户等故意提高?

三、唐户令规定:"诸户籍三年一造。起正月上旬,县司责手实计账,赴州依式勘造。乡别为卷,总写三通。其缝皆注某州某县[某乡]某年籍。州名用州印,县名用县印。三月三十日内讫,并装潢。一通送尚书省,州县各留一通。"④户等,由县令与乡城父老一起评定后,县司制成九等定簿,上送州,经州司覆核认可,注明于次年一式三份的户籍上。"州县之籍,恒留五比,省籍留九比。"⑤户籍要保存多年。编造户籍,评定户等,是唐政府一项重要的政务工作,认真对待。在这一工作过程中,地方官吏造伪作弊,当然会有,但不言而喻,其手法应比较隐蔽,尽可能做得少留或不留痕迹,以免被揭穿查实,受到惩处。但户籍上普遍出现户等高、已受田少,户等低、已受田多,而且都写得明明白白,若是营私舞弊,州县户部官吏稍一检查,就能发现。老于文案的奸吏,怎么会这样作弊!怎么会把暴露自己作弊的证据,毫不掩饰地写在国家长期保存的户籍上,让人轻易发现!这样做,岂不是太不近情理了吗?

《册府元龟》卷86《帝王部·赦宥》:开元二十九年(741)五月制:"州县造籍之年,因团定户,皆据资产,以为升降。其有小茸园庐,粗致蓄积,多相纠讦,便被加等。"评定户等高低的资产,与园庐、蓄积相对,说明资产的具体内容为园庐、金银钱币谷物等蓄积,并没有提及土地。《唐会要》卷85《定户等第》:天宝四载(745)三月敕:"每至定户之时,宜委县令与村乡对定。审于众议,察以资财,不得容有爱憎,以为高下;徇其虚妄,令不均平。使每等之中,皆称允当。仍委太守详覆定后,明立簿书。"所谓资财,显然也不是指土地。如果评定户等的资财是指土地,在手实和户籍上都有记载,用不着再"审于众议,察以资财"。为什么在关于评定户等的诏敕中不讲土地?我们认为那是由于土地与户等并无直接关系。

如果说文献记载,对评定户等依据的资产含义还不够明确具体,那么,出土的开元二十一年(733)十二月十五日西州蒲昌县九等定簿残卷,⑥为九等定户提供了实例。今过录于后:

(前缺)

并

仍准法

上使听裁者

开元廿一年十二月十五日史周石奴牒

（廿五日勘）　　将仕郎守丞杜方演

　　　　　　　　承务郎守令欧阳惠

　　十二月廿五日　录事　受

　　仓曹摄录事参军　付

　　（连元白廿五日）

蒲昌县

　当县定户

　　右奉处分，今年定户，进降须平，乡父老等
　　通状过者。但蒲昌小县，百姓不多，明府对
　　乡城父老等定户，并无屈滞，人无怨词，
　　皆得均平。谨录状上。

（后缺）

（前缺）

　　肆户下上户

户韩君行年七十一　　部曲知富年廿九　宅一堛　菜园坞
　　　　　老
　舍一所　车牛两乘　青小麦捌硕　粟肆拾硕
户宋克俦年十六　婢叶力年卅五　　宅一堛　菜园一亩
　　　　　　中　　　　　　　丁
　车牛一乘　牸牛大小二头　青小麦伍硕　　粟拾硕
户范小义年廿三　　　弟思权年十九　婢柳叶年七十
　　　　　五品孙

　　　　　　宅一堰　　粟拾硕
　　　老

　　户张君政年卌七　　弟小钦年廿一　　赁房住　　粟伍硕
　　　　卫士　　　　　　　白丁
　　　　　（小钦并依县）

　　（后缺）

　　开元二十一年，甲子属癸酉，为定户之年。⑦这一年十二月，蒲昌县向西州都督府呈报，本年当县定户，根据接到的"处分"，县令已面对乡城父老等评定。户等定得均平、允当，民众没有怨言。并随后附上九等定簿，请覆定。四户下上户后面，有"以上并依县"五字，乃是州司的覆辞，表示同意县司注定的户等。四户下上户，分别记载了户主、户内人口、园宅、车畜、小麦、粟等。从所记具体事项看，两点须作说明。一、户口项内，良口除户主、丁男、中男外，都没有女子、小男、黄男等，为什么？制成九等定簿，主要目的为了差科先后。因而，凡是与差科无关的良口，就没有记载。二、资产方面，除菜园外，没有耕地，又是为什么？唐代田令规定，"诸以工商为业者，永业、口分田各减半给之；在狭乡者并不给。"⑧西州为狭乡，是商人没有授田，但商人应该有店铺、商品、货币等资财。且范小义身份为五品孙，"工商之家，不得预于士；食禄之人，不得夺下人之利"。⑨范小义显然不是商人。既然不是商人，属应受田户。这四户，户等均为下上户，家有车牛、粮食、奴婢、部曲，经济条件比较好，绝对不可能没有耕地。因而可以断定，韩君行等四户是有耕地的，是有已受田的，但九等定簿没有列入。为什么在九等定簿上不记载土地？答案只能是，评定户等时，土地是被排除在资产之外的，土地与户等并无直接关系。由此可见，所谓"量其资产，定为九等"的资产，主要指土地；农村户等的高低，主要依据为土地；八等、九等农户的评定，取决于已受田多少，等等说法，统统是站不住脚的。正因为评定户等，是不问已受田多少的，因此，出现户等高而已受田少，户等低而已受田多，以及同一户等已受田数量悬殊，与法令规定并无抵触，明白写在户籍上也就不足为奇。

二

唐朝前期的税役，有租调役（庸）杂徭和兵役、色役，以及户税、地税。这里不打算全面进行探讨，仅就税役与户等关系，着重就户等与租庸调有无关系，发表意见。

地税，起于贞观二年(628)，到德宗建中元年(780)并入两税为止。开初，王公以下，按垦田亩收二升，置立义仓，以备凶年，与户等无关。永徽二年(651)改为按户等征收。上上户税五石，以下按等递减。开元时，又改为亩收二升；并规定商贾户无田者和田少者，按户等征收；上上户税五石，上中户四石，上下户三石，中中户一石五斗，中下户一石，下上户七斗，下中户五斗，下下户免收；夷獠户分两种情况：轻税诸州免收，岭南则按下中户之半征收，即每户二斗五升。

户税，又称税钱、税户、税户钱等。从唐初施行，王公以下，按户征收。"凡天下诸州税钱，各有准常。三年一大税，其率一百五十万贯；每年一小税，其率四十万贯，以供军国传驿及邮递之用。每年又别税八十万贯，以供外官之月料及公廨之用。"⑩税率与户等有密切关系。天宝七载至十四载(748—755)，八等户税452文，九等户税222文。⑪大历四年(769)，天下百姓及王公以下，每年税钱分为九等：⑫

上上户或现任官一品，4000文。

上中户或现任官二品，3500文。

上下户或现任官三品,3000文。

中上户或现任官四品,2500文。

中中户或现任官五品,2000文。

中下户或现任官六品,1500文。

下商户或现任官七品,1000文。

下中户或现任官八品,700文。

下下户或现任官九品,500文。

若一户之内,有数人在数处任官,则每一处按官品纳税。纳税的,限于正员官及占额内缺者,试官、员外官不在税限。百姓有邸店、行铺及炉冶,准式比本户户等提高二等征收,按上述九等税率按等如数征收。寄庄户一律按七等户收税,寄住户按八等户收税。各种浮客及权时寄住户,不论有官无官,分成两等:稍殷有者按八等户税率,其他按九等户税率征收。如果数处有庄田,亦每处按户等征收。诸道将士的户税,一律按九等户税率征收,以示优待。大历四年的户税规定比较详密,征收面宽了,税率也比天宝时有很大提高。户税到建中元年,也与地税同样并入了两税。

兵役:府兵、兵募、团结兵等征发,以及色役[13]差配,都是以丁为对象,但与户等也有关系。卫士、征人的"拣点之法:财均者取强,力均者取富;财力又均,先取多丁"。[14]"凡天下诸州差兵募,取户殷多丁,人材骁勇"。团结兵则"选丁户殷赡,身材强壮者充之"。[15]丁夫的差遣,"先富强,后贫弱,先多丁,后少丁。凡丁分番上役者,家有兼丁、要月;家贫单身、闲月之类"。[16]临时别差科,也是"先富强,后贫弱;先多丁,后少丁"。[17]兵役、色役、临时差科赋役,应首先从高户多丁中检点征发。

租调役(庸)和杂徭为唐代前期赋役制中最基本的四项,丁男的基本负担也是这四项。但杂徭一项,除丁男外,中男也须负担。杂徭,笔者打算另文阐述,这里不讲。唐代赋役令规定,课户每丁租粟二石;调绢二丈,加绵三两,或布二丈五尺,加麻三斤;役,又叫正役,一年二十天。若不役,每日收绢三尺,谓之庸。反之,若加役者,十五日免其调,三十日则租调俱免。包括正役在内,一丁一年服役最高期限为五十天(如遇闰年加二天)。租庸调征收对象为课丁,在我国史学界的看法是一致的,但跟户等有否关系,则存在分歧。邓广铭先生提出租庸调的征收,是不问户等高下,按课丁一律征收的。[18]韩国磐先生及已故的岑仲勉先生等持相反意见。[19]他们认为按课丁征收的租庸调,可参照户等的高下而有所增减。笔者同意邓先生的意见,而不同意岑、韩等先生的意见。现就岑、韩等先生所提出的论据逐一辨明如下:

第一,岑仲勉先生等认为租二石、调绢二丈等,只是授田足百亩者应纳之底额,然授田不足,故须参照户等高低而增减之。这是可以商榷的。唐代田令规定的一丁应受田百亩,是理想的受田额,是受田的最高限额,一般农民都是达不到这一标准的。出土的手实、户籍上记载,已受田普遍达不到应受额,说明了这一点。杜佑在天宝中计账地税项下自注云:"西汉每户所垦田不过七十亩,今亦准此约计数。"[20]所谓垦田,除已受田外,在宽乡地区还包括借荒田。天宝中唐政府控制的户八百九十余万、课丁八百二十余万。课丁加上不课丁以及其他受田的不课口,受田者的总数会大大超过总户数。这样,一丁平均受田亩数必然低于一户七十亩,八等九等户丁男的已受田势必更少。如按岑、韩诸先生意见,一丁租粟二石、调绢二丈等只是授田足百亩者底额,不足百亩者可以减少,那么八等九等户的课丁,基本上都属于减少之列。这种减少,即使对一丁来说,为数不大,但由于八、九等户在总户数中所占比重极大,合起来就是一个巨大数目。试问这一巨额由谁来分担?设想分摊转嫁到高户头上,是不可能的。高户数量少,而且根据唐代蠲复优免之制,多数可以取得优免特权,免纳租庸调。文献记载和出土的簿籍提

619

供了不少例证。以天宝年间敦煌差科簿为例。据西村元祐的统计，中下户（六等户）勋官、品子等的比例，高达百分之八七点五，白丁卫士仅占百分之一二点五。下下户则勋官、品子等占百分之三一点三，白丁占百分之六八点七。[21]户等愈高，因勋官等身份而免除租庸调的丁男愈多，高等户几乎都是带勋者。高等户的丁男，大量免纳租庸调，如果下等户丁男缴纳的又低于一丁应纳额，那么，八百二十余万课丁，总征收量就不可能达到平均一课丁租粟二石、庸调绢二匹、绵三两的。既然如此，杜佑是唐人，上距天宝时期年代不远，曾任宰相，熟悉唐的典章制度，就不会在天宝中计账上，再以一丁租粟二石、庸调绢二匹、绵三两来计算唐政府的财政收入。然而，杜佑却不折不扣地一律以一丁租粟二石、庸调绢二匹、绵三两计算的。这说明岑、韩先生等上述论点，是站不住的。

第二，韩先生指出："今所见敦煌户籍残卷，在户下不但注明课户不课户，且注明下中户或下下户。如平康乡先天二年籍'户主王行智'下，注明为'下中户，课户见输'。又如天宝六载户籍'户主曹思礼'下，注明'下中户空，课户见不输'。这正是为了受田有多寡，动产有多少，因而按户等高低可以升降所负担的服役。"[22]也是不能成立的。试看开元二十五年（737）户令："诸户主皆以家长为之。户内有课口者为课户，无课口者为不课户。诸视流内九品以上官及男年二十以上（上为下之误）、老男、废疾、[笃疾]、寡妻妾、部曲、客女、奴婢，皆为不课。"[23]所谓课口，就是一般土著户的丁男，按赋役令应纳租庸调。课户、不课户只说明户内有无负担租庸调的丁男。课户见输、课户见不输，前者表明课户内至少有一丁男在负担租庸调，后者表明课户内丁男由于服兵役，色役等原因而免纳租庸调。如伯3557号大足元年（701）沙州敦煌县效谷乡籍邯寿寿户：

唐代前期的户等与租庸调的关系

  户主邯寿寿年伍拾陆岁　　白丁　课户见输
  女娘子年拾叁岁　　　　　小女
  亡弟妻孙年叁拾陆岁　　　寡
   计布二丈五尺
   计麻三斤
   计租二石

本户有白丁即课口一人，系课户，现正按规定负担租庸调，谓之课户见输。伯3354号天宝六载籍曹思礼户为下中户共有十二口。户主曹思礼，伍拾陆岁，系丁男，但身份为队付，从九品下，免纳租庸调和杂徭，故为不课口。曹思礼侄儿琼章，贰拾叁岁，系丁男，但身份为上柱国子，故为课丁见不输。曹思礼弟思钦，肆拾贰岁，白丁，系应纳租庸调的课口。因本户有一课口，应纳租庸调，故为课户见输。

  伯3877号开元四年杨法子户：

  户主杨法子年叁拾玖岁　　卫士下中户　课户见不输
  妻　阴　年叁拾陆岁　　　卫士妻
  男乾昱年捌岁　　　　　　小男
  女娘子年壹拾贰岁　　　　小女

  本户共四口，下中户，户主杨法子年39岁，系丁男，应为课口，但身份是卫士。卫士在兵籍期间免纳租庸调和杂徭，谓之课见不输。可见课见输、课见不输，乃是关于优免与否的问题，与户等并无关系。

  从出土的户籍、手实看，不但不能证明租庸调的征收按户等高下而有所增减；恰恰相反，只能说明租庸调是不问户等高低，按课丁一律征收的。今将敦煌户籍上有租额记载的七户列表于下：

文书名称	户主姓名	课输别与户等	全户人口	应受田	已受田	租调量
伯3557号大足元年沙州敦煌县效谷乡籍	邯寿寿	课户见输	白丁一、小女一、寡一	131亩	44亩	租二石 调布二丈五尺 麻三斤
伯3877号开元四年沙州敦煌县慈惠乡籍（抄录）	董思勗	课户见输下上户	白丁残疾一、寡一	131亩	28亩	租二石
伯3877号开元四年沙州敦煌县慈惠乡籍（抄录）	佘善意	课户见输下中户	老男一、白丁一、丁妻一	161亩	28亩	租二石
伯3877号开元四年沙州敦煌县慈惠乡籍（抄录）	杜客生	课户见输下下户	卫士一、卫士妻一、白丁一、中女一	201亩	40亩	租二石
伯3898号开元十年沙州敦煌县慈惠乡籍（草案）	赵玄表	课户见输下下户	白丁一、丁妻一、中女一	101亩	30亩	租二石
伯2864号开元十年沙州敦煌县莫高乡籍（草案）	王万寿	课户见输下中户	白丁一、中女一	（残缺）	10亩	租二石
伯2864号开元十年沙州敦煌县莫高乡籍（草案）	白树合	课户见输下中户	品子（丁男）一、寡一、中女一	（残缺）	（残缺）	租二石

上述七户,见于四个乡,下上户一、下中户三、下下户二、未注明户等一。已受田除一户残缺外,其他六户最多 44 亩,最少 10 亩,共 180 亩,平均一户 30 亩。受田对象,六户有白丁、卫士、寡、老男,共 10 名,平均一人已受田 18 亩;即使排除老男、寡妻,仅以七名丁男计算,平均一丁不到 26 亩。租,除一名卫士因服兵役免纳外,其他一律两石。既没有因已受田不足一丁百亩而有所减少,也没有因户等不同而有重有轻。清楚地表明,租是不问户等高下、受田多少,是按课丁一律征收的。

第三,岑、韩等先生等引《通典》卷 6 天宝中计账江南租折纳布之夹注:"大约八等以下计之。八等折租每丁三端一丈,九等二端二丈,今通以三端为率。"并以此为据进一步说:"可见虽规定一丁租二石、绢二丈等,但这只是一般的标准,实际上可按户等高下而有增减。"㉓乍一看来,似亦有理,细加分析,这又是站不住脚的。

《通典》卷 6 记载天宝中计账有课丁八百二十余万。租庸调征收,分出丝绵郡县和出布郡县两类地区。出丝绵郡县,计三百七十余万丁。庸调绢七百四十余万匹,注云:每丁两匹(按两匹为调二丈和役二十日折庸六丈的合计),绵则百八十五万余屯。注云:每丁三两,六两为屯,则两丁合成一屯。租粟则七百四十余万石。注云:每丁两石。很清楚,出丝绵郡县的租庸调征收量,都是不问户等高下,按课丁一律租二石、绢二匹、绵三两。

出布郡县,计四百五十余万丁。租庸调征收,分两部分:庸调和租。庸调输布千三十五万余端。注云:"每丁两端一丈五尺,十丁则二十三端也。"按一课丁调布为二丈五尺,庸每日折布三尺七寸五分,二十日为七丈五尺,两项合计为十丈,即两端,与杜佑注二端一丈五尺,差一丈五尺。岑仲勉先生认为此一丈五尺为麻三斤之折合,㉖是正确的。可见出布郡县的庸调征收量,也是不问户等高下的,一律按丁布二端、麻三斤征收,与赋役令规定的应纳数一致。租,又分为江南和江北两类地区。江北郡县二百六十余万丁,纳粟五百二十余万石。不分户等,每丁一律二石。江南郡县百九十余万丁,折纳布五百七十余万端。杜佑注:"大约八等以下户计之。八等折租每丁三端一丈,九等则二端二丈,今通以三端为率。"八等九等户课丁折纳布数量是不同的。那么,是否可以据此断定,租庸调征收量实际上按户等高下而有增减? 不能这样断定。其一,租与租折纳布是两个不同概念。两者既有一致,又有区别。租折纳布按户等有高下,租不一定也按户等高下而有轻重。其二,如果以江南租折纳布为例,来论证租庸调征收量按户等高下而增减之,那是抓住一点,不及其余。从天宝中计账整体看,是绝对讲不通的。为什么出丝绵郡县的三百七十余万丁的租庸调不问户等高下按课丁一律征收? 为什么出布郡县的四百五十万丁庸调按课丁一律征收? 为什么江北郡县二百六十余万丁的租,一律按每丁租粟二石征收? 甚至连江南地区课丁的庸调部分,也不按户等高下而增减之,又是为什么? 试问面对这一连串问题,何以回答? 其三,前述出土的敦煌户籍,租每丁一律二石,并不因户等高下而有所增。其四,应该强调指出,如果以为江南的租,是按户等高下而有所增减,那么,九等户课丁缴纳的租应该低于租的底额二石,各类课丁的平均额应该等于一丁租二石。但天宝中布一端之价折合粟一石五斗到三石。⑤九等户一丁折纳布二端二丈,最低得折合粟三石六斗。八等户折纳布三端一丈,最低得折合粟四石八斗。八、九等户一丁折纳布最低比租粟二石高百分之八十到百分之一百四十。平均一丁折纳布三端,最低得折合粟四石五斗,比一丁租粟底额二石高百分之一百二十五。显然以此来证明粟二石为租的底额,而按户等高低增减之,是不能成立的。

乘便指出,有一种意见认为江南租高,是由于江南地区生产力高,因而租庸调比其他地区重。这种解释是不能接受的。首先,从天宝中计账看,江南的庸调与其他地区是相同的,而租却特殊例外,则很难讲通。其次,如果说江南产稻谷,一丁纳稻谷三斛,[22]但"稻谷一斗五升,当粟一斗",[23]稻谷三斛之价与粟二石(石、斛通)是相当的,并不重。其三,江南生产力超过北方,其时已在唐中叶以后。另有一种意见认为:唐代江南地区并不实行租庸调法,因而租高。也是不能接受的。因而此种说法,从赋役令上找不到什么根据。而天宝中计账,江南地区的庸调与其他地区相同,明显属于租庸调法范围,租岂能独外。

那么,折租纳布高于租以及八等、九等户丁男折纳布有轻重之分的原因又何在？我们认为乃是附加了运输费。所谓租折纳布,包括了租和因回造纳布而节省的运脚费这两个部分的折纳。

《魏书》卷110《食货志》:"山东之民,咸勤于征戍转运,帝(显文帝)深以为念。遂因民贫富,为租输三等九品之制。千里内纳粟,千里外纳米；上三品户入京师,中三品入他州要仓,下三品入本州。"《隋书》卷24《食货志》:北齐河清三年(564)定令,"垦租皆依贫富为三枭。""上枭输远处,中枭输次远,下枭输当州仓。""租入台者,五百里内输粟、五百里外输米。入州镇者,输粟。"这是唐代按户等高下输送租庸调实物到不同地点的历史渊源。唐代户令规定,租庸调的运费,"出庸调之家,任和顾送达"。输送的地点,也有远有近,分为"输本州",外配东都、京师等。[24]由于当时交通不便,运输费用很高。北魏时,民间雇车一乘,载运租粟四十斛,运费须布近者为四十匹,远者八十匹。计租粟一石,须布一匹到二匹。[25]唐代,《唐六典》卷3《户部》"度支郎中员外郎"条:"凡天下舟车水陆转运,皆具为脚直,轻重贵贱,平易险涩,而为之制。"注:"河南、河北、河东、关内等四道诸州运租庸杂物等脚,每驮一百斤,一百里一百文；山陂处一百二十文。车载一千斤九百文。黄河及余水,并从幽州运至平州；河,上水十六文,下水六文；余水,上五十文,下五文。从澧荆等州至扬州四文。其山陵险难驴少处,不得过一百五十文。"这是官定的运费价格。私人和雇,运费比官价高得多。江南地区距离东都、京师遥远,运费更高。开元十八年(730)宣州刺史裴耀卿上便宜事条曰:"江南户口稍广,仓库所资,惟出租庸,更无征防。缘水陆遥远,转运艰辛,功力虽老,仓储不益。窃见每州所送租及庸调等,本州正二月上道,至扬州入斗门,即逢水浅,已有阻碍,须留一月以上。至四月已后,始渡淮入汴,多属汴河干浅,又船运停留,至六、七月始至河口,即逢黄河水涨,不得入河。又须停一两月,待河水小,始得上河。入洛即漕路干浅,船艘隘闹,船载停滞,备极艰辛。计从江南至东都,停滞日多,得行日少,粮食既皆不足,欠折因此而生。又江南百姓不习河水,皆转雇河师水手,更为损费。"㉚江南人民运送租庸调,真是旷年长运,负担极为沉重,其中尤以租的运输费用为最重。"每计其运脚,数倍加钱。"㉜开元天宝时,民间"有用一斗钱运一斗米之说"。㉝开元二十五年,"江南诸州租,并回造纳布"。㉞由于折纳的布比租稻谷三石或糙米一石四斗,重量大大减轻,运脚费用自然降低很多。这样,因实行租回造纳布节省了大量运费。节省的运费如何处理?不外有两种可能。一是利归民众,二是利归政府。如果利归民众,就大大减轻了江南人民的运输负担。这是莫大的"德政",封建文人必然要大书特书"皇恩"浩荡。但史籍对此无丝毫记载。这说明回造纳布并没有减轻民众的运费,而是利归政府。自开元中期起,唐玄宗开拓边境,不断用兵,军费大增,唐朝的财政呈现紧张,"钱谷之司,唯务割剥,回残剩利,名目万端"。㉟巨额运费真是求之不得的大好财源,岂能轻易放过。而且把运脚作为政府收入,在开元以前早已实行。如永徽元年(650)以天下租脚直为京官俸料。㊱开元十八年裴耀卿建议改革漕运时,也打算用节省的运脚费,"更运江淮变造义仓"。㊲《旧唐书》卷105《王鉷传》:天宝四载,王鉷加勾户口色役使,"既为户口色役使,时有敕给百姓一年复。鉷即奏征其脚钱,广张其数,又市轻货,乃甚于不放"。租免除了,但运费继续征收,而且运费比租本身还重。此虽为天宝年间的事,但为租折纳布时附收运费,提供了很好的旁证。从史籍记载看,江南诸州租折纳布时,未见到有免去运费的诏敕。由此可见回造纳布而节省的运费,必然转化为唐朝的财政收入。既然如此,这一笔巨大运费,又是通过什么方式征收上来,以及它的去向如何? 遍阅唐代史籍,我们认为唯一合理的解释,乃是运费与租一并折纳成布同时上缴。因为除此之外,既未见到唐政府通过其他途径征收这笔经费,又未见到这笔经费的去向。正因为运费与租一起折纳布上送了。而租运送的地点按户等高低有远近之分,因而负担的运费多少不同,加在八等户头上的运费折纳布就比较大,九等户运输折纳布就比较小。杜佑注:江南郡县租折纳布,"八等折租每丁三端一丈,九等则二端二丈,今通以三端为率"。每丁租折纳布三端,远远超过租底额二石,以及八等、九等的租折纳布,两者相差四丈,就是附加了运脚费的缘故。由此看来,岑、韩先生等,以《通典》卷六天宝中计账,"江南租折纳布"条杜佑注为论据,得出租庸调是按户等高下而有增减之说,是不能成立的。

综上所述,唐代租庸调,每一课丁纳租粟二石、调庸绢二匹、绵三两,是一律的,并不因户等高低而有增减。从这一意义上讲,它与户等高低并无关系。但租庸调实物送达地点,则因户等高低而有不同:户等高,输送地点远;户等低,输送地点近。从这个意义讲,又与户等有关。可见对户等与租庸调关系全面地正确地理解,应该概括为两者既无关系,又有关系。租庸调的征收量与户等无关,每一课丁都是一律的;但运送地点、运输费用,则因户等高低而有远近之分、轻重之别。

附:唐开元、天宝年间的绢、布、粟比价

各种商品的价格,是由生产费用决定的。由于绢一匹、布一端的生产费用比粟一石的生产费用高,因而绢一匹、布一端的价格,通常都要高于粟一石的价格。在唐代除了战乱、饥荒以及其他特殊情况下粮食奇缺,受供求关系影响,粟一石的价格高于绢一匹或布一端外,正常年景,布一端或绢一匹的价格,总是比粟一石的价格要高。服务于正文目的,这里只录开元、天宝年间有关绢、布、粟的材料。先述布、绢比价。

唐朝赋役令规定,每一课丁的调,缴纳绢二丈或布二丈五尺,调庸为绢二匹或布二端,绢一匹与布一端之价,大致不相上下。

出土的天宝二年(743)交河郡市估案[⑧]有：

帛练行：

　　大练壹匹　上直钱肆百柒拾文　次肆百陆拾文　下肆百伍拾文

　　梓州小练壹匹　上直钱叁百玖拾文　次叁百捌拾文　下叁百柒拾文

　　河南府生　壹匹　上直钱陆百伍拾文　次陆百肆拾文　下陆百叁拾文

　　蒲陕州　壹匹　上直钱陆百叁拾文　次陆百贰拾文　下陆佰壹拾文

　　生绢壹匹　上直钱肆百柒拾文　次肆百陆拾文　下肆百伍拾文

　　缦紫壹匹　上直钱伍百陆拾文　次伍百伍拾文　下伍百肆拾文

　　缦绯壹匹　上直钱伍百文　次肆百玖拾文　下肆百捌拾文

布行：

　　常州布壹端　上直钱伍百文　次肆百玖拾文　下肆百捌拾文

　　维州布壹端　上直钱肆百伍拾文　次肆百文　下叁百捌拾文

　　火麻布壹端　上直钱伍百文　次肆百玖拾文　下肆百捌拾文

　　布壹端　上直钱肆百捌拾文　次肆百柒拾文　下肆百伍拾文

　　紫布壹端　上直钱伍百伍拾文　次伍百肆拾文　下伍百文

　　小水布壹端　上直钱叁百叁拾文　次叁百贰拾文　下叁百文

各个地区所产的绢布,质量有好坏,因而价格有高低。以上引生绢一匹与布一端之价相比,略低于紫布、常州布,略高于维州布,而与布几乎相等。可以说布一端与绢一匹之价大致相近。

次述绢粟比价。

《通典》卷7《历代盛衰户口》:(开元)十三年,封泰山,米斗至十三文,青齐谷斗至五文。自后天下无贵物,两京米斗不至二十文,面三十二文,绢一匹二百一十文。《新唐书》卷51:"是时(天宝),海内富实,米斗之价钱十三,青齐间斗才三钱,绢一匹钱二百。"两处记载,基本相同。天宝年间,京都地区,绢一匹二百一十三文,米一石一百三十文。所谓米,指粟米,而粟一石折合米六斗。因此粟一石之价,合七十八文。这样,绢一匹折合粟二石七斗三升强。

伯3348号(背)天宝四载(745)河西豆卢军和籴会计录有粟的价格两种:

壹万肆百伍拾伍硕肆斗壹胜捌合粟　斗估二十七文。

玖阡贰百肆拾柒硕柒胜肆合粟　斗估三十二文。

有绢的价格:

伍阡陆百匹大生绢　匹估四百六十五文

伍百伍拾匹河南府　匹估六百二十文

贰百柒拾匹缦绯　匹估五百五十文

贰百柒拾匹缦绿　匹估四百六十文

肆阡贰百柒拾捌匹壹丈陆尺叁寸大练　匹估四百六十文

壹阡七百匹陕郡　匹估六百文

天宝四载河西地区和籴粟每石价二百七十文—三百二十文,绢、练一匹四百六十文至六百二十文,两者价格悬殊。如以大生绢一匹价四百六十五文为例,则绢一匹折合粟约一石五斗以上(一石四斗五升三合到一石七斗以上,平均一石五斗以上)。

伯3348号背面天宝六载(747年)十一月河西豆卢军仓收纳籴粟牒:

行客任惣子粟壹百捌硕陆斗　斗估二十一文计
钱贰拾贰贯捌百陆文,折给小生绢陆拾匹　匹估叁百捌拾文

绢一匹折合粟一石八斗强。出土文献所载河西地区和籴粟与绢之比价,为绢一匹折合粟一石五斗至一石八斗,文献记载长安地区一匹绢折合粟二石七斗以上,两者相差颇大。这是由于河西驻军,绢粟不足,须从外地运入、交通不便,路途又远,运费高,因而价格贵,而粟的运费比布更高,所以相对来说,粟价更高。

综上所述,绢一匹折合粟一石五斗到二石七斗。而布一端与绢一匹之价又大致相近,因此可以得出布一端之价折合粟一石五斗到二石七斗之价。这就是正文中采用布一端至少折合粟一石五斗的根据。

(《魏晋隋唐史论集》第一辑,中国社会科学出版社1981年版)

注释:

① 《旧唐书》卷3《太宗纪下》。按《唐会要》卷85《定户等第》《通典》卷6、《册府元龟》卷486《户籍》,均系于武德九年,此乃辑录汇编时差误。
② 《唐六典》卷3。
③ 见池田温著《中国古代籍帐研究》,参见中国科学院历史研究所资料室编《敦煌资料》(第一辑)。以下所举敦煌、吐鲁番文书,见上述两书的均不再注明。
④ 《唐会要》卷85《籍账》。
⑤ 《唐六典》卷3《户部·郎中员外郎》。
⑥ 见《文物》1975年第7期。
⑦ 《唐六典》卷3《户部郎中员外郎》:每定户以仲年子、卯、午、酉,造籍以季年丑、辰、未、戌。
⑧ 《通典》卷2《田制下》。
⑨ 《唐六典》卷3。
⑩ 《唐六典》卷3《户部·郎中员外郎》。
⑪ 《通典》卷6《赋税下》天宝中计账税钱注。
⑫ 《旧唐书》卷48《食货志》。

⑬ 色役,从广义上讲也包括兵役,但通常用法不包括兵役。
⑭ 《唐律疏议》卷16《擅兴律》"拣点卫士、征人"条。
⑮ 《唐六典》卷5《兵部·郎中员外郎》。
⑯ 《唐律疏议》卷16《擅兴律》"丁夫差遣不平"条。
⑰ 《唐律疏议》卷13《户婚律》"差科赋役违法"条。
⑱ 《唐代租庸调法研究》,《历史研究》1954年第4期。
⑲ 岑仲勉《租庸调与均田有无关系》,《历史研究》1955年第5期;韩国磐《隋唐的均田制度》,第72页。
⑳ 《通典》卷7。
㉑ 见《敦煌、吐鲁番社会经济资料》(下):《唐代差科簿的研究》。此文后收入西村元祐著《中国经济史研究》。
㉒ 《隋唐的均田制度》,第72页。
㉓ 《通典》卷7《丁中》,参考《新唐书》卷51《食货志》。
㉔ 见韩国磐著《隋唐的均田制度》,第72页。
㉕ 《隋唐史讲义》,第373页注二九。
㉖ 天宝中布粟比价附于本文之后。
㉗ 《新唐书》卷51《食货志》:凡授田者,丁岁输粟二斛,稻三斛,谓之租。
㉘ 《通典》卷12《义仓》开元二十五年式。
㉙ 《通典》卷6《赋税》大唐开元二十五年户令。参阅《册府元龟》卷498《邦计部·漕运》《旧唐书》卷98《裴耀卿传》。
㉚ 《魏书》卷110《食货志》:"租车一乘,官格四十斛成载。私民雇价,远者五斗布一匹,近者一石布一匹。准其私费,一车布远者八十匹,近者四十匹。"
㉛ 《旧唐书》卷49《食货志下》。
㉜ 《唐会要》卷85《租税》上开元二十五年三月三日敕。
㉝ 《陆宣公集》卷18《请减京东水运收脚价于缘边州镇储蓄军粮事状》。
㉞ 《通典》卷6《赋税下》。
㉟ 《通典》卷6《赋税下》。
㊱ 《唐会要》卷93《诸司诸色本钱上》。
㊲ 《旧唐书》卷49《食货志》。
㊳ 见池田温著《中国古代籍帐研究》《敦煌、吐鲁番社会经济资料》(下);仁井田陞《吐鲁番出土的唐代交易法关系文书》。

唐代前期的临时别差科问题的提出

在专制主义中央集权的中国封建社会,皇帝拥有至高无上的权力。皇帝的意志就是法律,成文的律令格式,是皇帝意志的表现,而皇帝随时发布的诏敕,也同样具有法律效力。这种诏敕,或是对已有成文法规的补充、修正;或是作为权宜性措施予以贯彻。这一特点,在赋役制度上体现为:经常性征发,按照诏敕成文的赋役令处理;临时性需要,由皇帝随时发布诏敕进行征敛。"依赋役令,每丁租二石;调絁绢二文、绵三两,布输二丈五尺、麻三斤;丁役二十日。此是每年以法赋敛,皆行公文,依数输纳。若临时别差科者,自依临时处分。如有不依此法,而擅有所征敛;或虽依格、令、式,而擅加益入官者""以坐赃论""入私者,以枉法论"(《唐律疏议》卷 13《户婚律》"差科赋没违法"条疏议)。唐朝征发赋没,分为以法赋敛和临时别差科两个方面。所谓以法赋敛,即经常性赋役,也就是通常的租庸调。因国内外论者较多,不再多述,此处仅指出两点:第一,考察课丁男的租庸调负担,应该加上运输费用或路上来回日程。古代交通不便,课户将租庸调物运送到京师或其他指定地点运费昂贵,有的超过租庸调本身之价;如上京服役,离京远的,路上来回日程,比服役的天数还多。第二,以丁身为对象的经常性赋役,除租庸调外,还有杂徭。这在《唐六典》《唐会要》等文献中都有明确记载。杂徭,相对于一丁二十日的正役而言,又称轻徭、夫役、夫、小徭役,不仅丁男,中男也须负担,一年最多为三十九日。从唐朝赋役体制看,租庸调属中央直接掌管,收入归国库;杂徭由地方掌握,由州县征发使用,服役地一般在本州县境内,离家较近。杂徭问题,笔者另有短文,此不多述。本文着重探讨唐代前期的临时别差科。

一、什么叫临时别差科

所谓差科,总的含义指差发科配赋役,具体使用时,或指正规赋役,或指杂色徭役,或指税物、税钱。临时别差科,相对于以法赋敛而言,指经常性的、法定的赋役之外,在某些时候、某种场合,根据封建统治者的需要,由皇帝发布诏敕进行的临时征敛。

临时别差科的特点,就时间而言,顾名思义是临时的,不像经常性赋役每年有固定的征敛期限。就征发的力役、税物、税钱的项目和数量言,每次各不相同,不像租庸调每年都是相同的。就征敛的地区言,一般说,多数限于局部地区,不像租庸调遍及唐统治的广大地区。就涉及到的民户讲,不仅是有课口的户,没有课口的户也有可能被征敛,不像租庸调仅限于有课口的户。就政府财政收入的比重言,一般情况下,以法赋敛是主要的,临时别差科只是以法赋敛的补充,作用是次要的,但在某些特殊情况下,临时别差科的数量,也有可能超过以法赋敛的数量。

临时别差科的类别:临时别差科,既然是临时进行的征敛,随需要而定,情况复杂,难以分类。为便于研究,今姑且大致分之为三:(一)皇帝巡幸时的临时别差科,这是比较常见的。皇帝巡幸时,从行的有文武百官、后妃宫女、阉宦、护卫的兵士等,人数多达几万,甚至几十万,只应供顿任务十分繁重,必须临时征调一切可以征调的人力、物力、财力,以保证做好供顿工作。(二)军事需要的临时别差科,这也是常见的。战争关乎军民生死、国家安危,为了争取胜利,必须投入大量人力、物力、财力。以法赋敛不足以供应,势必靠临时征敛。(三)其他的临时别差科。

二、临时别差科是有偿征发,还是无偿征发?

前引《唐律疏议》差科赋役违法条疏议云:"若临时别差科者,自依临时处分。"究竟如何处分? 是有偿征发,还是无偿征发? 如果是有偿征发,又通过什么方式来体现? 这些问题都未作交代,现存的唐代令文,对此也缺乏记载。因此,只能通过具体史例来进行考察。

先考察皇帝巡幸时的临时别差科。《旧唐书》卷3《太宗纪》下:

> (贞观四年)冬十月壬辰,幸陇州,曲赦陇、岐二州,给复一年。

《册府元龟》卷490《邦计部·蠲复门》:

> (贞观)十三年正月,朝于献陵,免其县人一年租。

《唐大诏令集》卷79仪凤二年十月幸东都诏:

> 以来年正月幸东都,关内百姓宜免一年庸调及租并地丁(当作子)、税草。其当道诸县,特免二年。

《旧唐书》卷6《则天皇后纪》:

> 万岁登封元年(696)腊月甲申,上登封于嵩岳……丁亥,禅于少室山。乙丑,又制……洛州百姓给复二年,登封、告成县三年。

《册府元龟》卷490《邦计部·蠲复门》：

> 长安四年(704)四月，则天幸兴泰宫，曲赦寿安县，百姓给复一年，福昌、伊阙二县免今年租赋之半。

这里提出一个问题，为什么皇帝巡幸所过之处、所到之地，要下诏给复？封建史书往往把这类蠲免写成皇帝对臣民的恩赐，这是错误。当代有的史学家以这类蠲免为例说明某某皇帝的措施有利于人民云云，也是不妥当的。上述蠲免，不是什么"皇恩浩荡"，施惠于民，而是皇帝巡行，进行了临时征敛。正因为这样，凡是临时别差科重的，蠲免就多，临时别差科相对轻的，蠲免就少。上举数例蠲免年限有长短，半年、一年、二年、三年；内容有不同，或租、或租赋、或租庸调和地税、户税；原因就在于此。如武则天封禅嵩岳，嵩山坐落在洛州，封禅时洛州地区普遍提供了人力、物力，因而给复二年；而嵩山、少室山所在的登封，告成两县，临时征敛自然更重，特给复三年。

如果说上述蠲复，其因在于临时别差科，由于文献记载缺乏交代，或有怀疑。那么，请看以下史例：《册府元龟》卷490《邦训·部·蠲复门》：

> 开元二年(714)十二月甲辰，诏曰："惟此新丰，温汤是出。……虽千乘万骑，咸给于主司，而累月再来，颇勤于扫除。宜下蠲复之令，慰其望幸之心，新丰县百姓，免一年杂差科。"
>
> （开元）十一年(723)正月，行幸北郡。……汾、晋、蒲、绛、同、华、京兆、河南供顿户，并宜免今年地税。郑、卫、雒、相、仪、沁、磁、隰等州佐助夫，虽则役日不多，终是往返辛苦，各免户内今年差科（参阅《旧唐书》卷8《玄宗纪》）。

635

《唐大诏令集》卷66《开元十三年东封敕书》:

> (十一月,封泰山礼毕)其行过州县,供顿劬劳,并帖顿百姓,有杂差科并车马夫役者,并免一年租税,兖州免二年租税。

《唐大诏令集》卷79《巡幸东都赐赉从官敕》:

> 供顿州百姓,所据缘顿差科及充夫匠杂役供应等人,宜放今年地税,自余户等,免今年地税之半。

《册府元龟》卷490《邦计部·蠲复门》:

> (开元)二十四年(736)十月甲子,车驾自东都还京,至陕州。诏曰:"其供顿州,应缘夫役差科,并免今年地税。"

例证不再多举,由上引五条,可以清楚地看出,所谓放免杂差科、免差科、免地税、免租赋等,都是由于皇帝巡幸,只应供顿,进行了临时征敛。放免的项目、数额,也因临时别差科轻重而不同。这和前面分析所得结论是一致的。由此可见皇帝巡幸时的临时别差科,并不是完全无偿的,而是放免一部分法定赋役。

其次,请看军事需要的临时别差科。《唐大诏令集》卷2《神尧即位敕》:

> 义师所行之处,给复三年。

为什么要给复,因为军行所过,进行了征敛。

《旧唐书》卷4《高宗纪》上：

> [贞观二十三年（649年）六月甲戌，李治即皇帝位]诏曰："……雍州及诸州比年供军劳役尤甚之处，并给复一年。"

《册府元龟》卷147《女帝王部·恤下门》：

> 龙朔二年（662年）十二月，诏曰："海东二蕃（高丽、百济），久衍职贡。近者命师薄伐，军务是殷，缘河州县，劳于征役……多有蠲免，庶事优矜……"

上引数例，说明军事需要的临时别差科，也不是完全无偿的，而是放免一部分法定赋役。

其三，其他临时别差科，也蠲免一部分法定赋役。如《唐大诏令集》卷4《改元载初赦》：

> 诸州供明堂木及铜处，所司各类例节级给复。

上举三类临时别差科都有蠲复。这种蠲复，实际上是临时别差科的折免。那么，凡是临时别差科是否都有折免？这个问题，现存的成文法规没有记载。但我以为，一般说，在政治相对清明时，临时别差科都可以折免部分法定赋役。这可从唐代实行的各种折免规定得到旁证。

唐朝前期的赋役，基本的是租、庸、调和杂徭四项，都有具体数额。凡是征发超过法定额的，规定有折免。如丁男除正役二十日外，延长服役期限，折免租调。丁男服杂徭超过了法定天数，折免租、庸（役）、调。[①]残疾丁男充门夫，满五十日免租调，中男充门夫，满五十日免杂徭。②中男充烽子,免杂徭。③丁男当二年水手,免本年和下一年课役,并给予二千五百文资助。④诸郡贡品,常贡以官物充市,除此以外再增加的贡品,"亦折租赋"。⑤此类例证甚多。这种折免,见于格、令、式等成文法规,如何折免,规定得明确、具体。临时别差科,也有折免,但如何折免,未见有具体规定。这是由临时别差科的特点决定的。既然是临时的,征敛什么,征敛多少,视需要而定,每次各不相同,如何折免,不可能作出具体规定,只能作原则性规定:"若临时别差科者,自依临时处分。"由皇帝随时发布诏敕,视情况决定折免多少法定赋役。

任何一个剥削阶级要维护阶级统治,都须建立一定的统治秩序,使阶级压迫法定化、固定化。只有这样,阶级矛盾才能相对缓和,阶级统治才能相对稳固。唐朝所以对法定赋役以外的征发,有各种折免,正是维护、巩固封建统治的需要。

接着要问这种折免,能否补偿百姓所受的损失?回答是否定的。在阶级社会里,官府与百姓是统治与被统治关系,被统治的百姓从来都是吃亏的。临时别差科既然是应急需要,征发时多半不顾民力,对于经济力量薄弱的小农家庭,损害尤其严重。而临时别差科,折免多少法定赋役,又全由官府决定,百姓无权表示异议,承办官员大多为了骗取朝廷欢心,一面拼命征敛,一面少报损失,以示自己能干。百姓所受损失,不可能真正得到补偿。仍先以皇帝巡幸为例:

旧史记述隋炀帝杨广罪状之一:"东西游幸,靡有定居。"其实,隋炀帝巡幸所经,所到之处,进行临时征敛,也有蠲免。如大业四年(608)八月,亲祠恒岳。下诏:"车驾所经郡县,免一年租调。"第二年,西巡河右,次张掖。下诏:"陇右诸郡给复一年,行经之所,给复二年。"⑥所谓给复,实际上是提前征发法定赋役后的折免。但这种临时别差科对百姓损害很严重。史书记载炀帝"每之一所,辄数道置顿。四海珍羞殊味,水陆必备焉。丰厚者进擢,疏俭者获罪。奸吏侵渔,内外虚竭,头会箕敛,人不聊生。"⑦

其实,不仅隋炀帝,凡是皇帝巡幸,劳民伤财都是十分严重的。如唐玄宗东封泰山,"历汴、宋、许,车骑数万,王公妃主四夷君长,马、橐驼亦数万,所顿弥数十里"。汴州刺史齐澣"列长棚,帟幕联亘,上食凡千与",帝"以为知礼,喜甚"。⑧济州刺史裴耀卿"躬自条理,科配得所""为知顿之最"。⑨而齐州历城县令杜丰及其子兖州参军杜锤,没有做好供顿工作,被迫逃亡、自杀。⑩供顿工作的好坏,关乎地方官吏前程命运,或进阶升迁,或贬官丧身,当然要拼死征调。征调范围之广,数量之多,往往超过民众负担能力。百姓损失之严重,非所谓口头给复所能补偿。这一点,封建官僚也看得很清楚。如魏徵反对唐太宗行封禅大典时,就强调指出:"车驾东巡,千乘万骑",其供顿劳费,未易任也……给复连年,不偿百姓之劳。"⑪

再看因军事需要而产生的临时别差科。

例一,贞观十四年(640)唐太宗出兵西灭高昌。河西走廊作为远征军的后勤基地,进行临时征敛。其后果为"王师初发之岁,河西供役之年,飞刍挽粟,十室九空,数郡萧然,五年不复⑫"。

例二,贞观二十二年(648年)唐太宗为第二次大举进攻高丽做准备,在剑南道临时差科民户伐木造船。舟舰大者,翻或长百尺,其广半之""役及山獠""雅、邛、眉三州獠反"。蜀人则"苦造船之役""输直雇潭州人造船,"大船一艘,庸绢二千二百三十六匹。山谷已伐之木,挽曳未毕,复征船庸,二事并集,民不能堪"。"州县督迫严急,民至卖田宅、鬻子女不能供,谷价踊贵,剑外骚然。"⑬

例三,武周时山东地区抵抗突厥入侵进行临时征敛的情况。如狄仁杰奏疏云:"近缘军机,调发伤重,家道悉破,或至逃亡;剔屋卖田,人不为售,内顾生计,四壁皆空。重以官典侵渔,因事而起,取其髓脑,曾无心愧。修筑池城,缮造甲兵,州县役使,十倍军机。官司不矜,期之必取,枷杖之下,痛切肌肤。"⑭

军事需要的临时别差科之重,到了敲骨取体地步,岂给复、蠲免所能补偿!

其他临时别差科,对民众的危害也很严重。必须指出,临时别差科的特点是,"征发仓卒,朝命夕办",民众缺乏准备,临时借贷、采购,官吏豪富则乘机囤积居奇,提高利息。《隋书·食货志》记载炀帝时,"每急徭卒赋,有所征求,长吏必先贱买之,然后宣下,乃贵卖与人,旦暮之间,价盈数倍"。又"盛修车与辇辂,旌旗羽仪之饰。课天下州县,凡骨角齿牙、皮革毛羽,可饰器用,堪为氅毦者,皆责焉"。"百姓求捕,网罟遍野,水陆禽兽殆尽,犹不能给,而买于豪富蓄积之家,其价腾踊。""翟雉尾一,直十缣,白鹭鲜半之。"征课野禽的羽毛,尚且如此,其他可想而知。这虽然是指隋炀帝时情况,唐代前期没有那么严重,但临时别差科的急迫性以及官吏乘机营私舞弊,对人民造成的危害也是严重的。如唐高宗的一道诏书中就曾指出,临时别差科时,"州县官僚,缘兹生过,力役无度,贿赂公行,蠹政伤风,莫斯为甚"。⑮由此可知,临时别差科对民众的危害是多么严重。

综合以上叙述,所谓临时别差科是有偿的,并不是说给予什么报酬,而是以蠲复、给复为名,放免一部分法定赋役。临时别差科除了有偿的,还会有无偿的,特别在战乱、政治腐败时,无偿的临时征发更多。一句话,临时别差科加重了民众负担,危害严重。

三、唐代前期的临时别差科逐步增多

从唐代历史来考察,唐初相当长的一段时期,临时别差科比较少,后来逐步增多。

李渊建立唐朝后,就一再禁断横调,擅自差科。如:"武德二年二月十四日制:每丁租二石、绢二丈、绵三两,自兹以外,不得横有调敛。"[16]武德六年三月简徭役诏指出:"自隋氏失驭,刑政板荡,豺狼竞起,肆行凶虐,征求无度,侵夺任己。下民困扰,各糜聊生,丧乱之馀,百不存一。"朕"廓定凶灾,乂宁区域","每给优复,蠲其徭赋,不许差科,辄有劳扰"。"犹恐士民积习,不改前弊;州县官人,未称所委。迎送往来,尚致劳费。其河南、河北、江淮以南及荆州大总管内诸州所司""自今以后,非有别敕,不得辄差科徭役及迎送供承"。[17]同年四月又下了禁止迎送营造差科诏,强调"所在州县""道路送迎,廨宇营筑,率意征求,擅相呼召,诸如此类,悉宜禁断。非有别敕,不得差科。不遵诏者,重加推罚"。[18]

唐初战争还未完全停止,差科自然比较多,但唐高祖李渊已注意控制临时差科。明令宣布临时差科的权力归中央,非有别敕,不得擅自差科。违者,严加查究重处。这点,被比较认真执行了,后来作为成文法律固定了下来。《唐律疏议》"差科赋役违法"条中就有这一内容。

唐太宗继承皇位后,摈弃"震耀威武,征讨四夷"主张,采用"偃武修文"方针,临时别差科就比较少,并注意在农闲季节进行。如贞观六年,唐太宗准备东巡泰山,行封禅大典,魏徵认为唐承隋末大乱之后,户口未复,仓廪尚虚。东封泰山,供顿劳费,是"崇虚名,而受实害",表示坚决反对,其"事遂寝"。[19]贞观十四年(640)十月,将幸同州校猎,栎阳丞刘仁轨上言指出,正当秋收播种季节"直据寻常科唤,田家已有所妨。今既供承猎事,兼之修理桥道""动费一二万功",[20]实妨农事。建议推迟校猎。唐太宗大加赞赏,表示接受。凉州都督李大亮密表反对贡献名鹰,唐太宗也下书表扬鼓励。[21]贞观十九年(645)对高丽的战争,粮运困难,遂以牛羊代替部分军粮。并下了手诏:"所过营顿,无为劳费。"从洛阳出发后，唐太宗说他自己也"惟啖肉饭，虽春蔬亦不之进，惧其烦扰故也"。从辽东班师回来，"过易州境，司马陈元璹使民于地室蓄火种蔬而进之"。不仅未予赞赏，且给予陈元璹免职处分。事情虽小，但可见唐太宗注意不因车驾所过而太加重临时差科。贞观二十二年临时征发剑南民众伐木造舟，后来发现负担过重，就决定将造舟庸直改由官给。

李渊、李世民父子为什么都很注意减少、减轻临时别差科？一为隋炀帝"征伐巡幸，无肘休息""骄怒之兵屡动，土木之功不息""征税百端，猾吏侵渔，人不堪命""天下怨叛，以至于亡"。这个深刻教训，李渊父子必须考虑。二为唐初经济凋敝，如不休养生息，经济就不能恢复，政治统治也不会稳固。

这里乘便指出，史学界有的同志把唐初实行均田制和租庸调法，作为论证隋末农民战争作用的主要证据（或曰唐初推行让步政策的证据）。阶级斗争是历史发展的动力。隋末农民战争的作用，无疑应该肯定。但上述论据，我个人认为并不确当。因为唐朝的均田制和租庸调法系承袭隋代，就法定的租庸调额而言，唐与隋炀帝时并无不同。隋炀帝的横征暴敛，突出的表现在于大规模的接连不断的战争和土木工程，以及无休止的巡幸，导致法定赋役不足以供应，而进行无限度的临时征敛。唐初赋役的轻减，主要之点，不在于法定赋役有什么轻减，而在于临时别差科大大减少。

高宗、武则天统治时期，京师人口增多，关中粮食不足以供应，皇帝经常"西幸东巡，人未休息，土木之役，岁月不空"。唐高宗中叶以后，与周边一些国家和少数民族关系紧张，战争不断，规模又大。这样，临时别差科就逐渐增多、加重。

唐玄宗开元、天宝时期，随着追求边功，扩大军队，行政和军费急剧增加，贵族官僚生活奢侈腐化，最高统治者李隆基又"视金帛如粪土，赏赐贵宠之家,无有限极""用不知节,大抵用物之数,常过于所入",㉖国家财政经济发生困难。于是,"钱谷之司,唯务割剥,回残胜利,名目万端"。㉖临时别差科大为增多。甚至无偿征发,如天宝十载,征发关辅、河南、京兆人民对南诏用兵,行军所过,"郡县供食,驴马车牛,悉被虏夺,不酬其直,数年间,因渐减耗"。㉗

至安史之乱以后,临时别差科增多、加重的趋势愈益发展,因不在本题讨论范围之内,故不详论。

结束语

临时别差科就其本身特点言,其征敛时间、范围、项目、数额都是不固定的。因而无从确知农民的负担有多重,以及它在政府财政收入中占多大比例。我们只知道平时较轻,战时很重;唐初较少,以后逐步增多、加重。到安史之乱后,负担之重,已经超过法定赋役,在国家财政收入中的比重,已超过租庸调。

临时别差科(临时征敛)与以法赋敛(法定的经常性赋役)是整个赋役制中两个不可缺少的组成部分。一般情况下,以法赋敛起主要作用,临时别差科只是以法赋敛的补充,但在某些时候,临时别差科的作用会增大,甚至起主要作用。封建国家加强对民众掠夺,一面靠增加法定的赋役量,另一面靠加重临时别差科。以法赋敛,数额和期限都是固定的,"圣祖典章",非到万不得已,封建统治者不会轻易变动。临时别差科则不同,征敛什么,何时征敛,全由统治者临时决定。每当以法赋敛不足以应付需要,就通过临时别差科来解决。以法赋敛对民众来说虽然也是沉重负担,但封建政治家和财政家为避免竭泽而渔,明年无鱼,因而规定的征敛量,一般说都在民众可以负担的限度之内,且数额、期限相对固定,民众早有思想准备,事先筹划安排,较易完成。临时别差科的征敛量没有法定界限,容易超过民众负荷能力。特别是遇到大规模战争、皇帝巡幸,建宫殿、修运河、筑长城等或兴建巨大土木工程,以及在政府财政困难、政治腐败时,征发规模之大、数量之多,往往达到竭泽而渔的地步。而且临时别差科来得突然,朝命夕办,民众事先缺乏准备,贫弱者不得不借贷采购,受富商高利贷者的盘剥;单丁户主要劳力被抽走,生产中断,对于不能错过节气的农业,影响尤为严重。从上述意义上说,封建社会的民众,不仅苦于以法赋敛,更苦于临时别差科。

临时别差科这个问题,是专制制度的产物,在封建社会具有普遍意义。不仅唐代,历代除法定的经常性赋役外,都有临时征敛,一直延续到解放前夕。旧史上常见的横征暴敛,征税百端,百役并作,徭役无时,以及解放前多如牛毛的苛捐杂税,其实就是唐代所称的临时别差科的延续和发展。

临时别差科不仅仅是财政经济问题、赋役问题,而且是政治问题。临时别差科的危害是严重的、多方面的。繁重的临时别差科,往往使大量民户在短期内陷于困境,简单再生产中断,阶级矛盾激化,形成局部地区或全局性的社会危机。如本文前面所述,唐太宗对高昌用兵,河西地区搞得十室九空,数郡萧然,五年不复。在剑南伐木造舟,引起山僚武力反抗,社会动荡不安。秦和隋都曾是很富强的朝代,但都短命,重要原因之一,在于临时征敛太沉重、太集中,不仅迫使广大农民无法生活下去,连不少富户也搞得破产,最后导致大规模农民起义而被推翻。因此,临别差科的多少、轻重,不仅是农民负担沉重与否的一个重要标志,也是封建政治相对清明或腐败,封建统治相对稳定与否的一个重要标志。

临时别差科是赋役制中一个值得注意的问题。对它的研究,还可以从一个侧面帮助我们理解封建专制主义的特点以及当时的社会政治状况。本文仅就唐代前期的临时别差科发表一点肤浅意见,作为引玉之砖。不当之处,敬希批评指正。

1980年10月初稿
1981年5月二稿

(《中国古代史论丛》1982年第3辑,福建人民出版社1982年版)

注释:

① 《白氏六帖事类集》卷22《征役第七》引《充夫式》:诸正丁充夫,四十日□七十日并免租,百日以上课役俱免。
② 《通典》卷35《秩禄》。
③ 《唐令拾遗·军防令》。
④ 伯2507号开元二十五年《水部式》。
⑤ 《通典》卷6《食货典·赋税下》。
⑥ 《隋书》卷3《炀帝纪上》。
⑦ 《隋书》卷4《炀帝纪下》。
⑧ 《新唐书》卷128《齐澣传》。
⑨ 《旧唐书》卷98《裴耀卿传》。
⑩ 《太平广记》卷494 杜丰条,出《纪闻》。
⑪ 《资治通鉴》卷194 贞观六年,《旧唐书》卷71《魏徵传》。
⑫ 《旧唐书》卷80《褚遂良传》。
⑬ 《资治通鉴》卷199。
⑭ 《旧唐书》卷89《狄仁杰传》。
⑮ 《唐大诏令集》卷111 龙朔三年八月《罢三十六州造船安抚百姓诏》。
⑯ 《唐会要》卷83《租税》上。
⑰ 《唐大诏令集》卷111。
⑱ 《唐大诏令集》卷111。
⑲ 《资治通鉴》卷194。
⑳ 《旧唐书》卷84《刘仁轨传》。
㉑ 《旧唐书》卷62《李大亮传》。
㉒ 《资治通鉴》卷197。

㉓《资治通鉴》卷 198。
㉔《旧唐书》卷 94《卢藏用传》
㉕《文献通考》卷 23《国用》。
㉖《通典》卷 6。
㉗《通典》卷 7《食货典·历代盛衰门》。

唐代课户、课口诸比例释疑

《通典》卷7《食货典》"历代盛衰户口门"记载,"唐天宝十四载,"管户总八百九十一万四千七百九[十]:应不课户三百五十六万五千五百一[十],应课户五百三十四万九千二百八十。管口总五千二百九十一万九千三百[零]九:不课口四千四百七十万九百八十八,课口八百二十万八千三百二十一。此国家之极盛也"。已故著名史学家范文澜引述以上数字后提出:"通典所记不课户比课户少,不课口与课口相比,竟多至五比一,实难通解,只好存疑。"①这个疑问,提出十七年了,至今未见回答。不仅此也,我以为上述所载不课户占百分之四十,比例如此之高,也值得问一个为什么。

一

《通典》卷七《食货典》"丁中门":"按开元二十五年令云:'诸户主皆以家长为之。户内有课口者为课户,无课口者为不课户。'"

《新唐书·食货志》:"凡主户内有课口者为课户。"

首先要交代一点,所谓主户,就是土著户,又叫土户、编户、百姓、居户、实户、正户等。相对于土户,有客户。客户即离开本籍地客居于他乡的户,又叫浮客、浮逃户、浮寄户、佃客等。"此等浮衣寓食,积岁淹年,王役不供,簿籍不挂。"②唐朝前期的客户,在现住地没有正式户籍,

647

一般也没有土地,不负担租庸(役)调。因而,唐代前期国家计账上的课户、不课户,课口、不课口,是指土户,不包括客户。

什么叫课口、不课口？课口,又叫课丁,即依赋役法应该负担租庸(役)调的丁男。反之,凡是在国家户籍上而又不应负担租庸(役)调的人口,叫不课口。不课口有多种:

(1) 全部妇女。

(2) 部曲、客女、奴婢。

(3) 男子中的非丁男。唐代丁中制有过几次变动。讨论天宝十四载的课口、不课口,丁男年龄,应为二十三岁至五十九岁。③

(4) 笃疾、废疾。

(5) 视流内九品以上官。必须指出,所谓视流内九品以上官,指流内官,相当于流内官,包括文武职事官、散官、勋官、封爵,不包括流外官。这是身份性不课。还有身份性亲族免课。

(6) 贵族和高级职事官免课。《唐律疏议》卷 12《户婚律》"相冒合户"条疏议:"依赋役令,文武职事官三品以上若郡王期亲④及同居大功亲,⑤五品以上及国公同居期亲,并免课役。"所谓免课役,就课输状况说,唐代有两种含义:一为不课,一为课丁见不输。本条之免课役含义为不课还是课丁见不输,我还不能断定,今姑且算作不课。这里要注意三点,其一,贵族和高级职事官亲族享受不课特权,有同居与不同居区别。⑥其二,限于职事官,不包括散官、勋官。⑦其三,职事官仅限于五品以上,不包括六品以下,封爵则限于国公以上。⑧

(5)、(6)两条结合起来考察,可知品官亲族不课,仅限于少数高级职事官。而品官中的多数,也包括散官、勋官、六品以下职事官,仅限于本身不课,其亲族中之丁男(包括子弟)仍为课口。敦煌石室所出唐代户籍手实亦证实了这一点。如天宝六载敦煌郡敦煌县龙勒乡都乡里籍程大庆户,共有八口,其中七口,均非丁男,仅户主程大庆四十七岁,系丁男,身份为武骑尉,勋官视流内七品不课;故户籍记载本户为不课户。同籍程思楚户,共十七口,户主程思楚,四十七岁,身份为卫士武骑尉,视流内七品勋官应为不课口,但其弟思太三十五岁,身份为白丁,应为课口。户籍记载本户系课户见输,可见勋官程思楚仅本人不课,户内期亲丁男并不免课。再如大历四年沙州敦煌县悬泉乡宜禾里手实赵大本户,共七口。户主赵大本为老男,其长子明鹤三十六岁,会州黄石府别将,系七品职事官,故不课。次子思祚二十七岁,白丁,三子思奉二十六岁,白丁,均为课口。户籍记载本户为课户见输。可见七品职事官也是仅本人不课,户内期亲丁男并不免课。类似例子甚多。这都证实了上引赋役令规定,职事官五品以上亲族才可以享受免课役优待。把有九品以上职事官和勋官的户都算作不课户,是不确当的。

(7) 皇族、皇亲免课。《通典》卷6《食货典》"赋税下":"武德元年诏,诸宗姓有官者,宜在同列之上;未有职任者,不在徭役之限。"《唐六典》卷3《户部郎中员外郎》:"诸皇宗籍属宗正者及诸亲……悉免课役。"所谓皇宗,据同书卷16《宗正寺》记载,唐玄宗时为九庙之子孙,其族五十九,实存为八庙三十三族:光皇帝之族一,景皇帝之族四,元皇帝之族一,高祖之族十三,太宗之族六,高宗之族三,中宗之族一,睿宗之族四。以上三十三族嫡系相承之当代宗子的五等亲,[⑨]有免课役优待。

皇亲免课。《新唐书·食货志》记载:"太皇太后、皇太后、皇后缌麻以上亲,内命妇一品以上亲……皆免课役。"内命妇仅贵妃、淑妃、德妃、贤纪为一品。[⑩]所谓一品以上亲,指三等亲,[⑪]即贵妃、淑妃、德妃、贤妃之小功亲丁男享有免课役特权。外命妇未作交代。但公主、长公主、大长公主(以上视正一品)、郡主(视从一品)三等亲范围内的丁男,也应有免课役优待。

(8) 孝子、顺孙、义夫、节妇等旌表不课。《唐六典》卷3《户部郎中员外郎》:"若孝子、顺孙、义夫、节妇,志行闻于乡闾者,州县申省闻奏,同籍悉免课役。"敦煌唐写本开元户部格残卷引证圣元年四月十九日敕:"其得旌表者,孝门复,终孝子身;义门复,终旌表时同籍人身。"这类旌表免课,从敦煌户籍实例看,系不课户,户内丁男都为不课口。如天宝六载敦煌郡敦煌县龙勒乡都乡里籍杜怀奉户,户主杜怀奉四十五岁,上柱国;亡兄男崇真三十七岁,卫士武骑尉,均系勋官不课。但亡兄男崇宾二十三岁,白丁,应为课口。本户既然有一课口,当为课户,然而户籍记载为不课户。究其原因,乃户内现存十二口系五世同居,属义门不课口。

不课口主要有以上八种。下面考察不课口数量。

其一部曲、客女、奴婢。唐代部曲、客女系前代之残余,为数有限。私有奴婢数量也不多。

其二妇女,数量在不课口中占第一位。如人口构成以男女比例为一比一,则妇女不课口占总口数[12]一半,约二千五六百万。

其三,男子中的非丁男不课口。数量很多,仅次于妇女不课口。上面已经交代过,天宝十四载,丁男年龄应为二十三岁至五十九岁,则非丁男年龄为二十二岁以下,六十岁以上。如以年龄组计数,丁男有三十七个年龄组;非丁男年龄组,二十二岁以下为二十二个年龄组,六十岁以上有多少个年龄组,无从断定。但唐人寿命比今人寿命低得多,六十岁以上高龄者不多。据此推知,非丁男的总数虽然很多,但应比丁男数要少。

其四,丁男中的不课口,共有六种:(一)笃疾、废疾丁男,(二)旌表不课户丁男,(三)四品五品及国公同居期亲丁男,(四)一品至三品职事官和郡王期亲丁男和同居大功亲丁男,(五)皇族皇亲丁男,(六)本人为视流内九品以上官者。包括职事官、散官、勋官、封爵。职事官,据《通典》卷14所载,天宝时内外文武职事官共一万八千八百零五人。勋官为数最多,有的学者估计天宝时,多达百万。散官,"入仕者皆带散位,谓之本品",多与职事官重复,单纯散官为数不多。封爵则很少。考虑到职事官、散官、勋官、封爵往往重复,以及一部分视品官、品官年龄在五十九以上,因而丁男因视流内九品以上官不课,总数大约有一百几十万。

以上所述,可以看出,课口理应比不课口少得多,但少到如《通典》所载,仅八百二十余万,则不合道理。

再估算不课户与课户数量。

不课口中数量最多的为妇女,但全户为妇女而无男子男丁的户不会很多。因为以男子继宗的社会,没有男口的户,女子出嫁或老死,就成为绝户。换句话说,没有男口的户,只能短期存在。因而同一时期,全户为妇女的不课户,不可能很多。

仅有老男和黄、小、中男笃疾、废疾而无健康丁男户,也不会很多。因为前者多半会成为绝户,后者有可能成为课户。

部曲、客女随主附贯,别无户籍,奴婢律比畜产,都没有单独的户籍。因此,计账中不课户,根本没有部曲、客女、奴婢户。

勋官、散官、六品以下职事官不课户,数量也并不多。因为这些品官、视品官,仅本身不课,只有户内无其他丁男时才为不课户,如户内有丁男,仍为课户。

职事官五品以上、封爵和皇宗、皇亲不课户,范围有限,数量不多。

孝子、顺孙、义夫、节妇等旌表不课户,敦煌户籍中仅见到一例,《册府元龟》卷138《帝王部·旌表门》搜录有唐一朝三百年间例子,为数也不多。[13]

根据以上分析,不课户数量不会很多。但《通典》记载天宝十四载不课户达三百五十六万,占总户数的百分之四十,比以上估算显然多得多。

限于材料,我们今天不可能得知课口、课户与不课口、不课户的具

651

体比例数，但由上分析可以窥知《通典》所载课口、课户数量过少，不课口、不课户数量过多，则是毫无疑问的。那么，问题的症结何在？

二

据敦煌、吐鲁番户籍实例，课输用语，除课口、不课口，课户、不课户之外，课口又分为课口见输和课口见不输两种；与之对应，课户也分课户见输和课户见不输两种。所谓课口见输，指课口而现正负担租庸调；课口见不输，指课口因服兵役、色役等原因而现在不纳租庸调。课口见输，又分为租庸调全纳、仅纳租调或仅纳租者。课户见输，即有课口见输的户。课户见不输，即有课口但见不输的户。举例如下：

伯3557号武周大足元年(701)沙州敦煌县效谷乡邯寿寿户，邯寿寿为白丁，现正负担租调，故为课口见输，户籍上注明该户为课户见输。伯3877号唐开元十年(722)沙州敦煌县莫高乡赵玄表户，赵玄表身份是白丁，但原为卫士，按照唐朝制文，卫士八等以下，每年五十八放令出军，仍免庸调，⑬仅纳租二石，应为课口见输，故本户注明为课户见输。伯3557号武周大足元年(701)沙州敦煌县效谷乡索辩才户，索辩才年五十岁，系丁男课口，但身份是卫士。卫士在兵籍期间，免租庸调杂徭，故为课口见不输，本户注明为课户见不输。课口、课户分见输和见不输的例子甚多，篇幅所限，此处不再举例。

明了课口、课户有见输、见不输之分。接着要问杜佑所说的课口、课户是指什么？我的回答是指课口见输、课户见输。把以下两条记载加以对照研究，就很清楚。《通典》卷6《食货典·赋税下》记载，天宝中天下计账，户有八百九十余万，课丁八百二十余万。同书卷7《食货典·历代盛衰户口》记载，天宝十四载管户总八百九十一万四千七百九［十］，课口八百二十万八千三百二十一。这两个数字实际上来源于同

652

一计账。再从天宝中计账八百二十余万课丁,每丁一律收庸调绢二匹、绵三两,租粟二石看,所谓课丁(课口),是指课口见输,而且都是全输课丁,[15]不包括课口见不输。从这一点进而推知,所谓不课口,包括不课口与课口见不输;所谓课户仅指课户见输,不课户则包括不课户和课户见不输。这样,本文一开始所提出的课口与不课口,课户与不课户比例问题,就迎刃而解了。因为课口见不输、课户见不输有许多种,为数甚多,是归入课口、课户一类,还是归入不课口、不课户一类,对两者的比例关系影响很大。

我对敦煌、吐鲁番户籍残卷中邯寿寿、索辩才等四十七户户籍实例作了一下统计,这四十七户中,不课户二十,课户二十七。不课户二十,又分为无丁不课户十四,勋官不课户五,旌表不课户一。课户二十七,又分为课户见输十五,课户见不输十二(卫士课见不输七户、上柱国子课见不输四户,单贫放免课见不输一户)。课户与不课户之比,为二十七比二十,课户比不课户多四分之一以上。如按杜佑记载,把课户见不输归入不课户一类,则不课户为三十二(不课户二十、课户见不输十二),课户为十五(即课户见输十五)。不课户与课户的比例,约为二比一,不课户比课户多一倍以上。

四十七户共有丁男四十七,其中不课丁十三人,课丁三十四人。不课丁十三人,分为勋官不课十人,职事官不课一人,笃疾不课一人,旌表不课一人。课丁三十四人,分为课丁见输十六人,课丁见不输十八人(卫士见不输十一人、上柱国子见不输六人,单贫放免见不输一人)。课丁与不课丁比例为三十四比十三,课丁比不课丁多一倍半以上。如把课丁见不输归入不课丁一类,则不课丁为三十一人(不课丁十三人、丁见不输十八人),课丁为十六人(即课丁见输十六人)。不课丁与课丁的比例,近二比一,不课丁比课丁多近一倍。[16]

以上实例清楚说明,课丁见不输是归入课丁项,则课户多于不课户,课丁多于不课丁;反之,则不课户多于课户,不课丁多于课丁。

唐朝疆域辽阔,各地情况不同。当然不能说以上四十七户例子就能推算天宝时全境情况,还必须结合文献记载进行考察。

从文献记载看,唐朝前期课口见不输类别多,数量大,与出土实例可以互为印证。今举其数量大者如下:

第一,兵役。唐代凡是服兵役者,无论府兵、兵募、圹骑、官健、团结兵等,在军籍期间,依法免租庸调杂徭,皆是课口见不输。天宝末,禁军、边防军、地方军等,总数多达百万。即兵役一项,课口见不输就有上百万。

第二,色役。所谓色役,指各种各样徭役,包括职掌色役、丁役、匠役等。凡是服色役的人,视所服役种和服役天数,免去租庸调和杂徭之全部或一部分。如伯 2570 开元《水部式》规定:

(从白丁中差科配置于河阳桥、大阳桥的水手、木匠、竹匠)分为四番,并免课役,不在征防杂抽使役及简点之限。
(沧、瀛、贝、莫、登、莱、海、泗、魏、德和胜州等所差海运、平河、转运水手,二年一替)折免将役年及正役年课役。
(都水监短番渔师)分四番上下,免其课役及杂徭。

《通典》卷3《乡党》:

里正、坊正,并免课役。

《日本令集解》卷13引开《元式》:

防阁、庶仆、邑士、白直等诸色杂任免课役。

《唐六典》卷3：

> 诸色杂有职掌人，悉免课役等。

因服色役而免纳租庸调为课口见不输的，数量很大。如职掌，仅据《通典》卷40《秩品》记载，内职掌和外职掌有四十多种，总数三十四万九千八百六十三。其中除去一部分为流内官不课外，职掌人课见不输，就有三十多万。职掌外色役人课见不输，为数更多。仅开元二十二年一次精简，"遂减诸司色役二十二万二百九十四"。[17]可见色役人数之多，就现有材料推算天宝末色役人课见不输总数当近百万。

第三，单贫丁放免课口见不输。《通典》卷6《食货典·赋税下》："天宝五年制，天下百姓，单贫不能存济者，租庸[调]每乡通放三十丁。"所谓单贫，即单丁而贫苦者，无力负担租庸调，政府被迫放免，一旦经济情况好转，仍须负担课役。这种单贫放免，为课口见不输、课户见不输。如开元四年（716）西州柳中县高宁乡籍江义宣户系白丁亲侍，"侍丁孝者，免徭役"，[18]应纳租调，为课口，但因单丁贫苦暂放免，故为课口见不输，本户为课户见不输（课户不输）。

唐制约五百户为一乡，天宝十四载有户八百九十余万，约有乡一万七千八百，每乡放免单贫丁三十名，共约五十五万课口见不输。

以上三类课口见不输就有二百五十万。此外，还有勋官上柱国子、柱国子课口见不输，为数也较多。凡水旱虫霜为灾，十分损七以上课役俱免；[19]"诸人居狭乡，乐迁就宽乡者，去本居千里外复三年，五百里外复一年"；"没落外蕃得还者，一年以上复三年，二年以上复四年，三年以上复五年"；[20]一家之中，有十丁以上者，放两丁征行赋役；五丁以上者，放一丁，[21]等等，都是课口见不输。

综上所述，《通典》卷7《历代盛衰户口》所载，天宝十四载不课口与

655

课口相比,多至五比一,不课户与课户相比为二比三,不课口、不课户比例占如此之高,其因在于课口有课口见输和课口见不输之分,课户有课户见输和课户见不输之分;在于杜佑所记的课口、课户是指课口见输、课户见输,不包括课口见不输、课户见不输;所谓不课口、不课户,不仅仅指不课口、不课户,还包括了课口见不输、课户见不输。当然,还有其他一些因素,如诈老、诈小,也会使课丁、课户减少,不课丁、不课户增多。但这是很次要的原因。

范文澜在同书 240 页引《通典》所载:肃宗乾元三年(760)有户一百九十三万三千一百七十四,内不课户一百一十七万四千五百九十二,课户七十五万八千五百八十二;有口一千六百九十九万三百八十六,内课口一千四百六十一万九千五百八十七,课口二百三十七万七百九十九。接着又提出,不课户、不课口与课户、课口的比例,也同样不可解。这个问题与上面关于天宝十四载课口与不课口、课户与不课户比例关系的分析道理相同,不再重复。需要指出的一点是,不课口、不课户在总口数、总户数中所占比例更高,不课户从百分之四十,上升到百分之六十;不课口与课口比例,从五比一,上升到七比一。这是由于安史之乱中服兵役、劳役的人增多,以及封建王朝力量削弱,诈老、诈小,挂名色役,丁男逃避等情况更为严重之故。

还应该指出,以往由于对《通典》所载课口、课户与不课口、不课户含义,缺乏分析,因而许多学者以为不课口、不课户都是不负担赋役的。这样,就大大缩小了封建政府征敛赋役面,扩大了特权阶层不课面,在此影响下,对唐代社会阶级结构作出不正确估量。前面已说明《通典》所载不课口、不课户,内有相当大一部分是课口见不输、课户见不输。而课口见不输、课户见不输,其中多数正在为政府服役,如兵役、部分色役,负担之重超过纳租庸调的课口;至于单贫放免课口见不输,则已被掠夺得到了不能再提供剩余价值了。他们不是特权阶层,而是政府盘剥的对象。因而,研究唐代前期封建政府赋役对象,不能仅限于《通典》所载的八百二十余万课口,还须注意不课口中的课口见不输。

(《历史研究》1983 年第 3 期)

注释：

① 《中国通史简编》第三编第一册,238 页。
② 《唐会要》卷 85《逃户》证圣元年李峤奏。
③ 《通典》卷 7《食货典》"丁中门"：天宝三载十二月制,自今已后,百姓宜以十八以上为中男,二十三以上成丁。
④ 期亲范围为：己之祖父、父、子、嫡孙、兄弟、侄儿、伯叔父。
⑤ 大功亲范围为：己之祖父、父、子、嫡孙、庶孙、兄弟、侄儿、伯叔父、从兄弟。
⑥ 《新唐书·食货志》所载,无同居、不同居区别。
⑦ 据唐写本敦煌户籍,柱国、上柱国子为课口见不输。
⑧ 《新唐书·食货志》所载,县男父子也有免课役优待,比《唐律疏议》所引赋役法规定的五要宽。
⑨ 《唐六典》卷 16《宗正寺》。五等亲为：周亲、大功亲、小功亲、缌麻亲、袒免亲。
⑩ 《唐六典》卷 12《内侍省》。
⑪ 《唐六典》卷 2《吏部司封郎中员外郎》：凡皇家五等亲及诸亲三等,存亡升降,皆立簿籍,每三年一造。
⑫ 此处所谓总口数,指良民,不包括部曲、客女、私有女婢。
⑬ 《册府元龟》卷 59《帝王部·兴教化门》,亦有一部分,但与《旌表门》多重复。
⑭ 《通典》卷 6《赋税下》龙朔三年秋七月制。
⑮ 实际上不可能都是全输课丁,应该有仅输租调或租的课丁。财会部门为统计总收入,或杜佑出于行文方便,把部分输丁合并成全输丁。
⑯ 四十七户材料并见池田温《中国古代籍账制度研究》。
⑰ 《唐六典》卷 3。
⑱ 《新唐志·食货志》。
⑲ 《通典》卷 6《赋税下》。
⑳ 《通典》卷 6《赋税下》。
㉑ 《唐会要》卷 83《租税上》天宝元年正月一日赦文。

房山石经题记中的唐代社邑

《房山石经题记汇编》已由书目文献出版社正式出版了。这一汇编共收题记、碑刻六千八百余条。其时间上起唐贞观二年,下至民国。内容包括刻经的缘起、经过,每一次刻经的目的、数量、时间,刻经组织的名称、人数,经主姓名、籍贯、官职、寺职,以及造像、修寺、供斋等佛事活动情况,不仅对研究云居寺石经镌刻史来说是最宝贵的资料,而且对研究北京及其周围地区古代政治、军事、工商业、行会、社邑组织、社会风俗等方面,亦颇有价值。

从题记看,出资镌刻石经的,除一人、家独资镌刻或若干人、家联合镌刻外,比较普遍的是组成社邑。如:

燕州角邑社官张二郎、录事张庭宾等造经一条,天宝六载四月八日上。①

楼南长店邑社官王思明、录事李道祥合邑人等造经一条,[天宝]七载四月八日上。②

什么是社邑?社邑,中国古已有之。在先秦时代是以祭祀土地神为中心的地缘组织。西汉末,东汉初,佛教传入中国,至东晋南北朝而兴盛。随即出现了僧俗基于佛教信仰,以合力修建佛像、窟院,举行斋会、写经、诵经、印沙佛像等活动而自行结合的组织,叫法邑、义邑,数量甚多。文献记载,唐代民间的社邑组织,也很普遍。除了以祭祀土地神为中心的社邑,修寺、造像、诵经、设斋奉事僧佛的社邑,还有吉凶相助的社邑。[③]在敦煌遗书中,有一批唐后期至北宋初(吐蕃和归义军张氏、曹氏时期)的社邑文书,包括立社条件,请求入社、退社状,社司牒状及处分,社司转帖、社司入破历、纳赠历、社斋文、社人建窟功德记等,[④]是目前所见社邑文书中最丰富、最系统的。其活动内容,除了修建佛窟,举行斋会、燃灯等佛事活动外,还有社众间的互助。最重要、最普遍的是丧葬互助。此外,有遇到意外灾难时的互助,修建庄宅时的互助,男女完婚时的互助,社人因公远行时去则相送、回则迎接洗尘,以及共同修理渠堰等。房山石经题记所见社邑,主要是刻经社邑。数量之多,为他处所未见。由于题记所见社邑,绝大多数是唐代的,故本文以唐代社邑为题进行探讨。

题记中的唐代社邑,起于唐玄宗开元十年(722),[⑤]迄于唐昭宗乾宁元年(894),[⑥]长达一百七十三年。就社邑上经的年代言,主要集中于唐玄宗天宝年代和德宗贞元年代。以社邑的组成言,可以分为两类:一是以行业命名的行业性社邑,二是以村名、乡名、县名、郡州名等命名的地区或跨地区社邑。今分三部分阐述如后:

一、行业性社邑情况

最多的是纺织品行业社邑,有小彩行邑、大彩帛行社、綵帛行邑、丝绸綵帛行邑、丝绵彩帛行邑、丝绢丝帛行邑、丝绵行邑、布绢行社,布行社等,其次为米行邑、幞头行邑、屠行邑、肉行邑、杂货行邑、长店邑、油行邑、磨行邑、炭行邑、五熟行邑、生铁行邑、椒笋行邑、果子行邑、靴行邑、□宝行邑、诸行石经邑等。为清晰起见,分类排比按年代顺次列表于后。凡无上经年代的,据前后题记之纪年进行推补。

行业性社邑上经情况表

顺次	社邑名称	上经年月日	社官等姓名及人数	材料出处
(一)1	小彩行邑	天宝元年(742)四月八日		83—2⑦
2	小彩行社⑧	天宝二年(743)四月八日	社官邰文璟,斋头徐崇福等	83—3
3	小彩行邑	〔天宝二年(743)?〕	社官冯大娘等	83—4
4	小彩行邑	天宝二年(743)四月八日	社官冯大娘等廿人	83—5
5	小彩行石经〔邑〕	〔天宝二年(743)?〕		84—1
(二)1	绢行社	天宝二年(743)四月八日	社官游自勖一十三人等	83—10
2	绢行社	天宝六载(747)四月八日	社官游金应等	87—9
3	绢行邑	天宝七载(748)四月八日	社官游金应合邑人等	88—7
(三)1	大绢行社	〔天宝九载(750)四月八日〕	社官游金应合邑人等	92—4
2	大绢行社	〔天宝九载(750)?〕	邑人等	92—5
3	范阳郡市⑨大绢行社	天宝十载(751)四月八日	社官游金应合邑人等	93—7
4	大绢行邑	〔天宝十载(751)?〕	造经三条	95—11
5	范阳郡大绢行邑	天宝十一载(752)四月八日	社官游金应合社人等	95—12
6	大绢行〔邑〕	天宝十一载(752)四月八日		95—17

(续表)

顺次	社邑名称	上经年月日	社官等姓名及人数	材料出处
(四)1	范阳郡绢行邑⑩	天宝十二载(753)四月八日	平正游金应等上经三条	98—3
2	范阳郡绢行邑	天宝十二载(753)四月八日	平正游金应合邑人等上经三条	98—12
3	范阳郡绢行邑	天宝十二载(753)四月八日	平正游金应合邑人等上经三条	98—14
4	范阳郡〔绢行邑〕	天宝十三载(754)四月八日	社官游金应合邑人等	100—6
5	范阳郡〔绢行邑〕	天宝十三载(754)四月八日	社官游金应合邑人等社人张国钦	100—7
6	范阳郡〔绢行邑〕	天宝十三载(754)四月八日	社官游金应合邑人等	101—5
7	范阳郡绢行邑	〔天宝十四载(755)?〕	邑人张国钦等	103—10
8	范阳郡绢行邑	〔天宝十四载(755)?〕	邑人张国钦等	103—15
9	范阳郡绢行邑	〔天宝十四载(755)?〕	邑人张国钦等	103—18
(五)1	大彩帛行社	天宝四〔载〕(745)	社官游金应等	84—14
(六)1	丝绸彩帛行社	〔天宝四载(745)?〕	社官游金应等	84—16
(七)1	丝绸彩帛行社	〔天宝四载(745)?〕	社官游金应等	85—2
(八)1	丝绸彩帛行经吕(邑)	〔天宝五载(746)?〕	经吕(邑)庄严	85—16
2	丝绵彩帛行经(邑)	〔天宝五载(746)?〕	李昌俊	86—1
(九)1	范阳郡丝绵〔彩〕帛绢行等社	〔天宝五载(746)?〕	社官游金应、李崇宾、刘谏铨等	86—5

661

(续表)

顺次	社邑名称	上经年月日	社官等姓名及人数	材料出处
（十）1	彩帛行〔社〕	〔天宝六载(747)?〕	王元封等十二人	87—5
2	范阳郡彩帛行〔社〕	天宝十四载(755)四月八日	社人刘正仙等	102—5
（十一）1	新绢行社	天宝六载(747)四月八日	社官权思贞等	87—9
2	小绢行社⑪	天宝七载(748)四月八日	社官权思贞合邑人等	89—3
3	范阳郡小绢行社	天宝八载(749)四月八日	社官权思贞、录事孙光逸等七人	90—15
4	范阳郡小绢行社	天宝十载(751)四月八日	社官権（权）思贞合邑人等	93—11
（十二）1	范阳郡布绢行社	〔天宝三载(744)?〕		84—2
（十三）1	布行〔社〕	天宝六载(747)四月八日	布行人等	87—8
（十四）1	〔丝绵行社〕	〔大历八年(773)?〕	倪怀憎、娄希祥、刘谏铨等十一人⑫	108—12
2	丝绵行社	〔大历九年(774)?〕	娄希祥、刘铨⑬等廿三人	109—12
3	〔丝绵行社〕	〔大历十三年(778)?〕	刘大娘、贺兰三界、倪憎⑭宝藏等卅三人	111—3
4	丝绵行〔社〕	大历十三年(778)四月八日	刘铃（铨）合邑一十二人等	111—8
5	丝绵行造经〔邑〕	〔大历十四年(779)?〕	倪憎、刘谏诠、贺兰三〔界〕等六十人	111—18

(续表)

顺次	社邑名称	上经年月日	社官等姓名及人数	材料出处
6	幽州丝绵行〔社〕	〔贞元三年(787)?〕	经主贺婆等[15]	120—2
(十五)1	涿州诸行市邑	建中三年(782)四月八日	平正蔺〔壁〕、魏光等三十人[16]	114—10
2	彩帛行邑	建中五年(784)四月八日	平正蔺〔壁〕、录事魏光等卅四人	117—7
3	涿州〔彩〕曾(缯或帛)行邑	建中五年(784)四月八日	平正蔺〔壁〕、录事魏庭光等卅三人	117—7
(十六)1	范阳郡幞头行社	〔天宝七载(748)?〕	社官赵冲等	90—8
2	范阳郡幞头行社	〔天宝八载(749)?〕	社官赵冲等	90—13
3	范阳郡幞头行社	〔天宝九载(750)?〕	社官赵冲等	91—15
4	幞头行社	〔天宝十载(751)?〕		92—9
5	范阳郡幞头行邑	〔天宝十一载(752)?〕	社官赵冲子[17]、游子骞合邑人等	94—1
6	范阳郡幞头行邑	〔天宝十一载(752)?〕		95—6
7	范阳郡幞头行邑	〔天宝十一载(752)?〕		96—6
8	范阳郡幞头行邑	〔天宝十二载(753)?〕	游子骞、李子路合邑	98—7
(十七)1	涿州幞头行邑	贞元七年(791)四月八日	邑人孙荣、杨环[18]、李日新等十九人	125—3
2	涿州幞头行邑	贞元八年(792)四月八日	经主孙荣、阳环、李新等十九人	125—19
3	涿州市幞头行邑	〔贞元十年(794)?〕	阳环、孙荣等一十人	134—8
(十八)1	涿州靴行邑	贞元七年(791)四月八日	任国兴等一十四人	127—3
(十九)1	郡市白米行社	天宝二载(743)四月八日	社官邰文璟[19]、吴庭芝等五十人	83—8

(续表)

顺次	社邑名称	上经年月日	社官等姓名及人数	材料出处
2	白米行社	〔天宝三载(744)?〕		84—4
3	白米行社	天宝四载(745)四月八日	社官吴庭芝、录事牛福子等	85—3
4	白米行社	天宝四载(745)?	孙周祥等	85—4
5	白米行社	天宝五载(746)?		85—15
6	白米行社	天宝五载(746)?		86—8
7	白米行邑	天宝七载(748)四月八日	社官吴庭芝、录事牛福子合邑人等	89—8
8	〔白米行邑〕	天宝七载(748)四月八日	录事〔牛〕福子六十人等	89—4
9	范阳郡白米行石经社	〔天宝八载(749)?〕	社官吴庭芝、录事胡乾运合邑等	90—19
10	范阳郡大米行社	天宝十载(751)四月八日	社官吴庭芝合邑人等	93—5
11	范阳郡白米行社	天宝十一载(752)四月八日	牛福㉠等合社人	95—16
12	范阳郡白米行邑	〔天宝十二载(753)?〕	录事张庭林合邑人	97—18
13	范阳郡白米行石经邑	〔天宝十三载(754)?〕		100—10
14	范阳郡白米行	〔天宝十四载(755)?〕	王六娘造经一条㉑	102—9
15	范阳郡白米行社	〔天宝十四载(755)?〕	吴庭等	102—14
16	范阳郡白米行社	〔天宝十四载(755)?〕	吴庭芝等	103—8
(二十)1	郡粳米行社	〔天宝五载(746)?〕	社官何弘礼等	86—8
2	米行	〔天宝五载(746)?〕	何弘礼等	86—9

房山石经题记中的唐代社邑

(续表)

顺次	社邑名称	上经年月日	社官等姓名及人数	材料出处
(二一)1	范阳郡军南门白米行廿四人社	〔天宝十四载(755)？〕	许燕客等	102—7
(二二)1	涿州范阳县米行社	元和十四年(819)四月八日	张希倩等	160—2
(二三)1	范阳郡肉行社	〔天宝五载(746)？〕	社官龙候师、刘师子、卫奴子等九人	85—17
2	范阳郡肉行社	〔天宝九载(750)？〕	〔社〕官卫〔奴子〕合邑等	91—17
(二四)1	范阳郡屠行邑	〔天宝十载(751)？〕	社官卫奴子合邑人等	93—8
2	屠行邑	天宝十一载(752)四月八日	社官安令璨、社录柳庭宾合社人	95—13
3	屠行邑	天宝十二载(753)四月八日	平正安令璨合邑人等	97—15
4	范阳郡屠行邑	〔天宝十三载(754)？〕	社官赵如璘、刘师子妻等	101—1
(二五)1	涿州市肉行石经邑②	建中〔二〕年(781)四月八日	肉行铺人平正李光俊、刘金俊等卅三人③	113—1
(二六)1	楼南长店邑	天宝四载(745)四月八日	社官王思明等廿一人	84—19
2	楼南长店邑	天宝七载(748)四月八日	社官王思明、录事李道祥合邑人等	89—2
3	范阳郡楼南长店邑	〔天宝十载(751)？〕	社官王思明合邑人等	93—9

(续表)

顺次	社邑名称	上经年月日	社官等姓名及人数	材料出处
4	范阳郡宴设楼〔长店邑〕	〔天宝十载(751)?〕		93—10
5	宴设楼长店邑	天宝十一载(752)四月八日	邑人王思明等	95—7
(二七)1	郡市炭行邑	〔天宝四载(745)?〕		85—1
2	范阳郡炭行邑	〔天宝十三载(754)?〕	社官鲁思言、录事王仲三合邑人等	101—10
(二八)1	□□行社	〔天宝二年(743)?〕		84—5
(二九)1	范阳□行社	〔天宝六载(747)?〕	赵坦妻等	86—11
(三十)1	市行邑	〔天宝六载(747)?〕	李崇、张庭、傅周等十九人	86—2
(三一)1	范阳郡□宝行邑	天宝十载(751)	合邑人	93—18
(三二)1	范阳郡五熟行石经邑	〔天宝十三载(754)?〕	邑主何令宾、史崇海等九人	101—12
(三三)1	生铁行社	天宝四载(745)?	社官何承昭等廿人	84—8
(三四)1	范阳郡生铁行社	天宝五载(746)?	社官吴〔承昭等〕	85—5
(三五)1	石经邑	贞元五年(789)四月八日	廿五人等	122—6
2	幽州石经邑油行	贞元八年(792)四月八日	李承福等廿一人	129—3
3	〔幽州油行石经邑〕	贞元九年(793)四月八日	李承福合邑廿八人	131—6
4	幽州油行石经邑	贞元十年(794)四月八日	邑人李永(承)福合邑廿七人等	133—16

(续表)

顺次	社邑名称	上经年月日	社官等姓名及人数	材料出处
5	幽州石经邑	贞元十三年(797)四月八日	社官李承福、录事高荣门、卢庭芬等卅三人	139—8
6	幽州油行邑	贞元十四年(798)四月八日	社长李福、卢芬等廿五人㉔	143—9
7	幽州油行邑	贞元十五年(799)四月八日	社官李承福、卢庭芬合邑廿七人等	146—6
8	幽州油行石经邑	贞元十七年(801)四月八日	社人李承福、卢庭芬等十五人	149—10
(三六)1	幽州潞县路城乡潞河油邑	〔贞元十五年(799)?〕	邑录马浮江等五十人	148—4
(三七)1	幽州石经邑	建中三年(782)四月八日	社官卢庭〔晖〕录事李开(闰)国等卅七人	114—1
2	幽州邑	建中四年(783)四月八日	平正卢庭晖、录事闰国合邑五十四人等	116—13
3	幽州社邑	〔建中(五)年(784)〕	平正卢庭晖、录事李闰国五十四人等	117—3
4	幽州石经邑	贞元元年(785)四月八日	卢晖合邑六十六人等㉕	118—14
5	石经邑	贞元三年(787)四月八日	邑官卢庭晖、录事李润国合邑人等	120—3
6	幽州造石经邑	贞元〔五年(789)?〕四月八日	社官卢庭晖、〔录事李闰〕国合邑八十六人等	121—18

（续表）

顺次	社邑名称	上经年月日	社官等姓名及人数	材料出处
7	幽州石经邑	贞元六年(790)四月八日	邑官卢庭晖、录李润国合邑人等	123—18
8	幽州石经邑	贞元六年(790)四月八日	平正卢庭晖、录事李闻国合邑一百五人等	129—11
9	幽州造石经邑	贞元七年(791)四月八日	平正〔卢庭晖〕录事季(李)闻国合邑九十人	126—16
10	幽州石经邑	贞元九年(793)四月八日	平正卢庭晖、录事李间(闻)国合邑一百一十人	131—7
11	幽州石经邑	贞元十年(794)四月八日	社官卢庭晖、录事李闻合邑一百廿五人	133—13
12	幽州市诸行石经邑	贞元十一年(795)四月八日	社官卢庭晖、录事李闻国合邑一百一十七人	135—3
13	幽州石经邑	贞元十二年(796)四月八日	合邑九十二人	136—17
14	幽州石经邑	贞元十三年(797)四月八日	社官李闻国、录事武莫训八十三人等	138—15
(三八)1	范阳郡石经邑	〔天宝十三载(754)?〕	社官张崇宾、录事崔诠廿人等王什二娘⑧	101—2
2	范阳郡杂行邑	〔天宝十三载(754)?〕	社官陈仙、录事刘仙、张宾等廿三人	101—7

(续表)

顺次	社邑名称	上经年月日	社官等姓名及人数	材料出处
3	杂行邑	〔天宝十四载(755)?〕	张崇宾廿一人等、王什二娘	101—17
(三九)1	涿州市杂货行邑	贞元五年(789)四月八日	邑人陶光嗣、录事魏庭光等廿七人	122—7
2	涿州市杂货行邑	贞元六年(790)四月八日	邑人陶光嗣、录事魏庭光等卅二人	124—3
3	涿州杂货行邑	贞元七年(791)四月八日	邑人陶光嗣、录事魏庭光等卅四人	126—18
4	涿州石经邑杂货行㉗	贞元八年(792)四月八日	陶光嗣、平正魏庭光、录事韩士湛等卅三人	128—2
5	〔涿州杂货行邑〕	贞元〔九〕年(793)四月八日	陶光嗣、平正魏庭光、韩湛等㉘	132—2
6	〔涿州市新(杂)货行邑〕	贞元十年(794)四月八日	陶光嗣、平正魏庭光、录事韩湛等	132—8
7	杂货行邑	贞元十一年(795)四月八日	社官魏光、录事韩堪(湛)陶光嗣等卅多人	134—16
(四十)1	涿州范阳县市杂行邑㉙	贞元五年(789)四月八日	刘进朝、孔怀江等卅二人	122—10
(四一)1	涿州椒笋行石经邑	贞元元年(785)四月八日	平正丁景晖、录事魏〔庭光〕、陶光嗣等卅四人	118—3
2	涿州邑	贞元二年(786)四月八日	邑人丁景晖、陶嗣等卅三人㉚	

669

(续表)

顺次	社邑名称	上经年月日	社官等姓名及人数	材料出处
(四二)1	涿州果子行社	〔建中三年(782)?〕	社官张庭玉、平正赵希俊等	118—10
2	果子行社	贞元元年(785)四月八日	焦玉祥等五十二人	114—3
(四三)1	涿州磨行邑	贞元七年(791)四月八日	平正霍黻、高神超、谷莫(英)㉝等十九人	125—18
2	涿州磨行邑	贞元八年(792)四月八日	经主霍愚、谷英才、李仙朝等	130—3
3	涿州磨行邑	贞元九年(793)四月八日	合邑一十七人等	130—7
4	涿州磨行维摩邑	贞元十三年(797)四月八日	录事谷英才等廿八人	138—12
5	涿州磨行维摩邑	贞元十四年(798)四月八日	录事谷英才等廿六人	144—2
6	涿州范阳县维摩邑㉜	贞元十五年(799)四月八日	录事谷英才卅人等	148—9
(四四)1	幽州磨行〔石经〕邑	贞元七年(791)四月八日	邑人王怀章等廿九人	127—11

以上行业性社邑,前后四十四个,刻经题记一百四十五则,㉝显著的特点是比较集中。一是地区集中,除潞河油邑一则外,均集中于幽州范阳郡市以及大历四年从幽州分出去的涿州治所。㉞二是时间集中,除一则为宪宗元和年代外,属于玄宗天宝年代为八十七则,占总数百分之六十;代宗大历年代为五则;德宗年代为五十二则,其中建中年代八则;贞元年代最多,为四十四则,占总数百分之三十,即玄宗天宝年代和德宗贞元年代合计为一百三十一则。占总数的百分之九十。这是为什么?因为:一、幽州范阳郡是内地通往东北地区的重要通道。二、幽州范阳郡,

隋为涿郡，隋炀帝修运河，"导洛至河及淮，又引沁水达河北，通涿郡"。涿郡处于南北大运河的北端，大运河两岸以至南方的物产，可以沿着大运河北上而达于涿郡。大米行社等题记之多，原因在此。三、幽州范阳郡是唐代幽州总管府、大总管府、大都督府、范阳节度使的治所，一直是军事政治重镇。《旧唐书·地理志》：范阳节度使，理幽州，管兵九万一千四百人，马六千五百匹，衣赐八十万匹段，军粮五十万石。经略军，在幽州城内，管军三万人，马五千四百匹。边境军事所在地，很自然地影响到民风尚武及武事用品的需要。《旧唐书·与服志》："幞头起于后周，便武事者。"幞头行社，就是民风尚武、幞头买卖兴盛的反映。四、河北道在唐代盛产蚕丝，是唐代纺织业中心，《通典》卷6《食货典》：幽州范阳郡贡绫二十匹，范阳节度使所属的定州博陵郡贡细绫千二百七十匹、两窠细绫十五匹、瑞绫二百五十五匹、大独窠绫二十五匹、独窠绫十匹。《朝野佥载》卷3："定州何名远大富，主官中三驿，每于驿边起店停商，专以袭胡为业，赀财巨万，家有绫机五百张。"天宝年代幽州范阳郡纺织行业所以那么兴盛，社邑所以那么多，与河北道是唐代纺织中心密切相关。五、唐朝经过一百二十年和平发展，到开元、天宝年代达于鼎盛。史载：开元"十三年封泰山，米斗至十三文，青齐谷斗至五文，自后天下无贵物。两京米斗不至二十文，面三十二文，绢一匹二百一十文。东至宋汴，西至岐州，夹路列店肆待客，酒馔丰溢。每店皆有驴赁客乘，倏忽数十里，谓之驿驴。南诣荆襄，北至太原、范阳，西至蜀川、凉府，皆有店肆，以供商旅，远适数千里，不持寸兵"。⑤政治安定，农业、工商业发展，一派和平繁荣景象。天宝年代范阳郡有纺织、大米、肉行、屠行、生铁、宴设楼等行社多达二十八个，刻经题记八十七则，⑥正是工商业兴盛发达的表现。

安史之乱中，河北地区成为战场，兵连祸接，人民陷于水火之中，南北交通阻绝，工商业衰落。天宝末至大历末（756—779）二十多年，行社刻经活动几乎绝迹，就是这方面的反映。兴元元年（784）靠泾原兵变叛唐称帝的朱泚失败,支持朱泚的朱滔也兵败退归幽州,于贞元元年(785)死去。刘怦、刘济父子相继掌握幽州大都督府大权,表示归顺朝廷,唐朝亦无力对幽州用兵,战争停止,幽州地区(包括涿州)恢复了相对和平安定的局面,工商业也渐次复苏。贞元年代有行社刻经题记五十七则,正是工商业复苏的反映。贞元年代社邑刻经活动增多,另一个原因是当地的最高统治者幽州节度使刘济的提倡。但与天宝年代相比,不仅刻经活动减少,而且天宝时范阳郡二十八个行社,包括一批有名的行社,贞元时均已消失不见,说明贞元年代幽州地区工商业虽有恢复,但盛况已大不如前。

二、地区和跨地区社邑情况

以村名、乡名、县名、州郡名等命名的地区和跨地区社邑,分布于幽州范阳郡之蓟县、幽都县、永清县、良乡县、潞县、安次县,涿州之范阳县、归义县、固安县,莫州(文安郡)之莫县、清苑县、任丘县,瀛州,易州(上谷郡)之遂城县、涞水县等地。今亦分类排比按年代顺次列表于后。一部分地名社名未详的社邑,亦暂且归入此类。

地区和跨地区社邑上经情况表

顺次	社邑名称	上经年月日	社官等姓名及人数	材料出处
(一)1	〔燕州角邑㊿〕	天宝二年(743)四月八日	张〔二〕郎五十五人等	83—8
2	燕州角邑	天宝三载(744)	社官张子明合村人等	84—6
3	燕州角邑	天宝五载(746)四月八日	诸社人等、社官张二郎合邑人等	85—13

(续表)

顺次	社邑名称	上经年月日	社官等姓名及人数	材料出处
4	燕州角邑	天宝六载(747)四月八日	社官张二郎、录事张廷宾等	87—19
5	燕州角邑	天宝七载(748)四月八日	社官张二郎、录事张廷宾合邑人等	89—1
6	燕州角石经邑	〔天宝八载(749)?〕	社官张二郎等	91—3
7	顺义郡角邑[39]	天宝九载(750)四月八日	社官张二郎、张廷宾合邑人等	92—1
(二)1	范阳郡邑	天宝七载(748)	邑人平正阳元峤、录事邹法岸廿人等	87—14
2	石经邑	〔天宝八载(749)?〕	平正阳峤[40]录事邹法岸合邑廿人等	90—1
3	公孙王厥造经邑[41]	〔天宝九载(750)?〕	平正阳元峤录事邹法岸廿人等	92—13
4	石经邑	〔天宝十载(751)?〕	平正阳峤[42]录事邹法岸廿一人等	93—4
5	范阳郡邑	天宝十一载(752)四月八日	邑主蔡令正等	95—9
6	公孙王厥〔造经邑〕	〔天宝十二载(753)?〕	平正平尚竞、录事邹法岸合邑人等	96—3
(三)1	范阳郡邑(?)	〔天宝九载(750)?〕	邑人无量寿等	91—18
2	〔范阳郡邑?〕	〔天宝九载(750)?〕	邑人无量寿等	92—2
3	〔范阳郡邑?〕	〔天宝九载(750)?〕	邑人无量寿等	92—6
4	范阳郡无量寿邑	〔天宝十一载(752)?〕	邑人等	94—11
5	范阳郡无量邑	〔天宝十一载(752)?〕	邑人等	94—12

(续表)

顺次	社邑名称	上经年月日	社官等姓名及人数	材料出处
（四）1	昌平县石经邑	天宝〔九载(750)?〕二月八日	邑主真空、寺上座僧实际、平正曹思亮	91—6
2	昌平县石经邑	〔天宝十载(751)?〕	邑主真空、寺僧实际、平正曹思亮、录事雍直合邑人等	92—10
3	昌平县石经邑	〔天宝十一载(752)?〕	邑主真空、寺上座僧实际、平正曹思亮、录事雍珽合邑人等	95—4
4	昌平县造经邑	〔天宝十二载(753)?〕	经主平录高元嗣、曹思亮合邑等	96—15
5	昌平县石经邑	〔天宝十三载(754)?〕	真空邑主、平正邑人侯思谦、高元嗣、曹亮㊸	99—1
6	昌平县石经邑	天宝十四〔载〕(755)	平正曹思亮、录事李侟娘等	102—15
（五）1	永清县邑	天宝〔六载〕(747)?	合邑人等	86—18
2	范阳郡永清邑	天宝七载(748)四月八日	社官王令晖、录事孙如玉合邑人等	89—9
3	永清县邑	〔天宝十三载(754)?〕	社官董神祐合邑卅九人等	101—6
（六）1	永清县〔邑?〕㊹	贞元三年(787)四月八日	僧惠融、尼智满、邢惠崇等廿人	120—4
2	永清县〔邑?〕	贞元六年(790)四月八日	经主僧惠融、邢惠崇等廿人	122—3

(续表)

顺次	社邑名称	上经年月日	社官等姓名及人数	材料出处
3	〔永〕清县造石经邑	贞元八年(792)四月八日	邑主会福寺僧智果、道士玄志、平正邢惠崇、录事刘令班等七十多人	129—13
(七)1	范阳郡〔女观上石邑经〕	天宝九载(750)二月八日	女官祁妙行廿二人等	91—10
2	蓟县会川乡白狼观女观上石经邑	〔天宝十载(751)?〕	邑主祁妙行合邑人等	92—14
3	范阳郡女观〔上石邑经〕	〔天宝十一载(752)?〕	祁妙行合邑人等	95—6
(八)1	蓟县石崖村邑	〔天宝九载(750)二月八日〕	邑主艾二娘等	91—4
2	石崖村石经邑	〔天宝十载(751)?〕	邑人平正赵三藏、社官孟洪净合邑人等	92—16
3	范阳郡、蓟县石崖村邑	〔天宝十一载(752)?〕	社官孟洪净等卅二人	94—7
4	蓟县石崖村邑	〔天宝十二载(753)?〕	平录孟洪净合邑等	96—7
5	石崖村邑	〔天宝十三载(754)?〕	合邑人等	99—10
(九)1	幽州蓟县石崖村、中平村	建中五年(784)四月八日	刘惠仙、中平村马思悌等	116—4
(十)1	幽州蓟县招贤乡西綦村	贞元十四年(798)四月八日	院主尼智满合村人等	141—14
(十一)1	蓟县招贤乡平村	贞元十四年(798)四月八日	院主尼净空合村人?阎净和	142—6

(续表)

顺次	社邑名称	上经年月日	社官等姓名及人数	材料出处
(十二)1	蓟县招贤乡西綦村、平村	贞元十五年(799)四月八日	院主智满、净空、邑人綦胤、阎净和	145—9
2	幽州蓟县招贤乡西綦村平村	〔贞元十七年(801)?〕	众人等	149—5
(十三)1	蓟县归仁乡李曲村邑	〔贞元十三年(797)?〕	邑人录事裴庭倩;幽都县南四邑及诸村等石经邑	137—16
(十四)1	蓟县安次幽都三界邑	贞元十五年(799)?四月八日	邑主僧道悟、邑人石幼玉等合邑卅二(五)人	147—14
(十五)1	良乡县造石经邑	〔天宝十载(751)?〕	平正陶令迪、录事王日恒合邑等	93—15
2	〔良乡县造石经邑〕	天宝十二载(753)	平正陶令迪、录事王日恒合邑卅人等	98—9
(十六)1	良乡县昌乐乡北陶村邑	〔贞元十二年(796)?〕	邑主僧道一、邑录赵荣、陶令平等	136—9
2	良乡县昌乐乡北陶村〔邑〕	〔贞元十三年(797)?〕		137—13
3	北陶村石经邑	贞元十四年(798)二月八日	邑主僧道一,合邑一百人等	141—13
4	良乡县北陶村邑	〔贞元十四年(798)?〕	邑主僧道一	142—15
5	良乡县昌乐乡北陶村邑	贞元十五年(799)四月八日	邑主僧道一合邑人等	147—12
6	陶村邑	贞元十六年(800)四月八日	邑主僧道一合邑人等	149—4

(续表)

顺次	社邑名称	上经年月日	社官等姓名及人数	材料出处
7	良乡县北陶村邑	〔贞元十七年(801)?〕	邑主僧道一	149—6
8	长(良)〔乡〕县北陶村邑	〔贞元十八年(802)?〕	邑主僧道一、王〔零〕晖李德藏等	149—13
9	陶村邑	〔贞元廿年(804)?〕	邑主僧道一合邑人等王零晖、周德藏	151—16
10	陶村邑	〔元和元年(806)?〕	邑道一合邑人等(卅人)	154—2
11	良乡县北陶村邑	〔元和二年(807)?〕	邑主僧道一、录事口荣合邑等	155—17
12	良乡县北道(陶)村邑	〔元和四年(809)?〕	邑主僧道一	156—16
13	陶村邑	〔元和六年(811)?〕	邑主僧道一	157—9
(十七)1	长社	元和六年(811)四月八日	邑主僧道一、李二娘廿多人	156—19
(十八)1	良乡县观音乡成村石经邑	〔贞元十二年(796)?〕	邑主常精进、平正僧道丕、录事张彦愤、邑人黄庭偃等卅多人	136—6
2	良乡县〔成〕村造石经邑	〔贞元十五年(799)?〕	邑主常精进、僧道丕等七十多人	145—17
(十九)1	交道村石经邑	〔贞元十三年(797)?〕	邑主尼照空、录事赵常秘、王零晖一百廿多人	139—16
2	幽州良乡县交道等村石经石	〔贞元廿年(804)?〕	邑主尼照空、勾当录僧恒、信平正王普国等一百人	152—4

677

(续表)

顺次	社邑名称	上经年月日	社官等姓名及人数	材料出处
3	良乡县交（道）等村	〔元和元年(806)?〕	邑主尼照空、王零晖、当邑录僧恒信等五十多人	154—16
4	良乡县交道村邑	〔元和四年(809)?〕	邑主尼照空、比丘僧恒信、王晖等七十多人㊺	156—4
(二十)1	良乡县尚义乡北乐城村邑	元和十一年(816)四月八日	邑人张希品、僧守诣等十人	158—9
(二一)1	良乡县金山乡中继村邑	〔贞元廿年(804)?〕	邑主周内正、王晖等卅多人	151—12
(二二)1	石经邑	〔天宝十三载(754)?〕	邑圭惠昭、平正大慈、录事修德等卅多人	100—17
2	路县石经邑	天宝十三载(754)	大慈、缘（录）事终（修）得（德）等	102—4
(二三)1	幽州潞县石经邑	建中五年(784)二月八日	邑主染怀俊、录事王日新等卅三人	115—6
2	潞县石经邑	贞元元年(785)四月八日	邑主染俊合邑卅九人同造后入邑人何道真、王日新等㊻	116—1
3	潞县石经邑	贞元元年(785)四月八日	邑主染怀俊录事□何道真等	117—19
4	幽州潞县造石经邑	贞元六年(790)四月八日	平正王班、录事李翰合邑卅人等邑主康少荣㊼	125—1

678

(续表)

顺次	社邑名称	上经年月日	社官等姓名及人数	材料出处
(二四)1	潞县临高村邑	〔天宝十四载(755)?〕	邑主赵法意等	104—8
(二五)1	涿州范阳县礼让乡石经邑	〔贞元十二年(796)?〕	平正□录事邑人胡庭皎等十多人	136—14
2	范阳县礼让乡张沉村邑	〔贞元十五年(799)?〕	邑主韩进海、刘玉等卅多人	146—12
3	涿州范阳县礼让乡张琛(沉)村邑	〔贞元十七年(801)?〕	经邑緫人僧弘披、韩进海等卅多人	149—16
4	范阳县礼让乡张汎(沉)村邑	〔贞元十八年(802)?〕	僧弘丕、经邑头韩进海、庞俊、胡皎、刘希玉、道士阳沛等五十多人	150—4
5	范阳县礼让乡张沉村邑	〔贞元廿年(804)?〕	邑弘丕、道士紫雾、庞俊一百多人	151—17
6	张沉村邑	〔元和元年(806)?〕	邑主僧弘披、韩进海、庞俊等七十多人	153—2
7	张沉村邑	〔元和三年(808)?〕	邑主僧弘披、录事韩进海等五十多人	155—9
8	礼让乡张沉村邑	〔元和六年(811)?〕	邑主释进海、庞希俊⑬等	157—18
(二六)1	范阳县礼让乡邑	〔太和六年(832)?〕	邑人成如伦等十二人	167—5
(二七)1	涿州范阳县仁义乡西郭村邑	〔贞元十二年(796)?〕	邑主僧道秀、僧凝寂、录事王子进等五十七人	136—18

(续表)

顺次	社邑名称	上经年月日	社官等姓名及人数	材料出处
2	涿州范阳县仁义乡西郭村	〔贞元十四年(798)?〕	邑主僧道秀、录事王口庭等	141—15
(二八)1	涿州范阳县先贤乡阳康村邑	〔贞元十四年(798)?〕	邑主尼照严、崇伫等卅多人	142—15
(二九)1	〔团柳村石经邑〕	〔天宝九载(750)?〕	平正马元〔超等〕	91—14
2	石经邑	〔天宝十载(751)?〕	平平马元超、录事郭思礼一百九人等	93—3
3	团柳村石经社	天宝十一载(752)二月八日	录事郭礼、平正马超合邑人等㊽	94—13
4	〔团柳邑〕	天宝十二载(753)二月八日	平录郭礼、马超合邑等	96—12
5	〔团柳村石经邑〕	天宝十二载(753)二月八日	平录郭礼、马超合邑等	97—13
6	〔团柳邑〕	天宝十二载(753)二月八日	平录阳八、胡抚合邑人等	97—16
7	团柳邑	天宝十三载(754)二月八日	邑人等	67—19
8	团柳北邑	〔天宝十三载(754)?〕	平正阳八、录事常悊六十五人等	99—11
9	〔团柳邑〕	天宝十四载(755)	邑人录事郭思礼等	102—19
10	〔团柳邑〕	天宝十四载(755)?	一百一十三人等	104—10
11	团柳邑	乾元元年(758)四月八日	平正刘惠开	105—10
12	〔团柳邑〕	乾元元年(758)四月八日	邑录事郭思礼合邑人等	105—17

(续表)

顺次	社邑名称	上经年月日	社官等姓名及人数	材料出处
13	团柳邑	〔759?〕	合邑人	106—14
14	团柳邑	〔759—762?〕	邑主僧智雄、平正刘惠开合邑人等	107—5
15	团柳邑	〔759—762?〕	邑主僧智雄、平正刘惠开合邑人等	107—8
16	团柳邑	〔大历九年(774)?〕	平正常惄、录事张廷昭合邑一百一十九人等	109—1
17	团柳邑	大历十三年(778)二月八日	平正常惄、录事张庭昭一百五人等	110—5
18	团柳邑	建中元年(780)二月八日	平正常崇折(惄)录事张廷昭七十人等	111—17
19	团柳邑	建中二年(781)四月八日	平正常崇惄,录事张廷昭等	113—8
20	团柳村邑	贞元七年(791)四月八日	平正品子张廷昭、录事甄景珪七十人等	127—14
21	团柳村石经邑	贞元八年(792)二月八日	平正张庭昭、录事甄景珪合五邑十七人等	128—7
22	团柳村石经邑	贞元十三年(797)四月八日	诸村邑人平正张庭昭、录事高山亮等	139—5
23	团柳邑	元和元年(806)四月八日	平正张庭昭、邑人阳光朝等四十人	153—12
24	团柳村并诸村邑	元和二年(807)?	邑人平正张昭等㊾	155—13

681

(续表)

顺次	社邑名称	上经年月日	社官等姓名及人数	材料出处
(三十)1	横沟邑	〔天宝五载(746)?〕	邑人周令澡等十四人	85—18
2	横沟邑	〔天宝五载(746)?〕	邑人十四僧人等	86—13
(三一)1	归义县石经邑	〔建中元年(780)?〕	邑主寺庙僧志清、录事高口印邢惠直等十八人	112—5
2	归义县造石经邑	贞元二年(786)二月八日	邑人净满等卅多人	119—2
3	归义县邑	〔贞元六年(790)?〕	合邑卅四人高申进、刘合祥等	121—6
4	归义县邑	贞元五年(789)二月八日	邑主僧谭论、僧重华、邢惠真廿三人	121—12
5	归义县邑	〔贞元六年(790)?〕	邑僧升昙郭惟烈等卅三人	122—14
6	归义县邑	〔贞元六年(790)?〕	僧口昙、郭惟烈等卅多人	123—19
7	归义县造石经邑	〔贞元七年(791)?〕	僧弁昙、刘惠真卅多人	125—13
8	归义县〔邑〕	〔贞元八年(792)?〕	郭惟烈、寺主僧道谦卅多人	128—11
9	归义县〔邑〕	〔贞元九年(793)?〕二月八日	白狼寺主道谦、郭珣十乡人	130—10
10	归义县石经邑	〔贞元十二年(796)?〕	五十八人等：邑主云居寺僧净超、平正染英宾、录事史子朝	135—9

(续表)

顺次	社邑名称	上经年月日	社官等姓名及人数	材料出处
11	〔归义县石经邑〕	贞元十三年(797)四月八日	邑主僧净超、平正梁英宾㉛七十多人	138—16
12	归义县卢僧村邑	贞元十四年(798)四月八日	邑主僧净超十七人	142—8
13	归义县造经邑	〔贞元十四年(798)?〕	王命(令)进、刘希、黄士源卅六人	140—8
14	归义县邑	〔贞元十五年(799)?〕	王令琳、对希俊、黄士源卅九人	145—13
15	归义县邑	〔贞元十六年(800)?〕	王朝、王令琳、李国清卅多人	148—15
16	归义县邑	〔贞元十七年(801)?〕	王令琳、李国清卅多人	149—1
17	归义县邑	〔贞元十八年(802)?〕	王令琳、成光照、黄士源卅多人	150—1
18	归义县邑	〔贞元十九年(803)?〕	王令琳、成光照、黄士源卅多人	150—9
19	归义县邑	〔贞元廿年(804)?〕	王令琳、王希芝、黄士源卅多人	151—1
20	归义县邑	〔贞元廿一年(805)?〕	王令琳、成光照、王希芝、黄士源廿多人	151—8
21	归义县邑	〔元和元年(806)?〕	王琳、王芝、黄源卅七人㉜	153—8
22	归义县郭下邑	〔元和二年(807)?〕	王希芝、黄士源、王今(令)琳等卅多人	154—2

(续表)

顺次	社邑名称	上经年月日	社官等姓名及人数	材料出处
23	归义县石经邑	〔元和四年(809)〕	邑人郭下、王珊、阳晖、张华、成玉十多人	156—2
(三二)1	归义县清平白沟两乡邑	〔贞元十三年(797)〕	邑主僧谈成、僧法成七十多人	138—4
2	归义县清平白沟两乡邑	〔贞元十四年(798)?〕	邑主僧谈成、僧法成七十多人	140—16
(三三)1	固安县〔邑〕	〔建中三年(782)?〕	录事成万金等十多人	113—13
2	固安县邑	〔建中三年(782)?〕	邑主僧崇明、社官贾庭钊等七十多人	114—14
3	固安县邑	〔建中四年(783)?〕	邑人都勾当维那口邑主僧法明等五十多人	116—8
4	〔固〕安县邑	建中五年(784)?	邑人张坚固刘惟一等廿多人	117—1
5	固安县造石经邑	〔贞元元年(785)?〕	邑主刘希朝、录事张坚固等廿八人	119—8
6	固安县邑	贞元二年(786)四月八日	邑人张坚固等十八人	119—19
7	固安县造石经邑	贞元五年(789)四月八日	合邑卅二人等	122—5
8	涿州〔固安县邑〕	贞元六年(790)四月八日	经主涿州固安县令贾政与合邑卅人等	124—7

(续表)

顺次	社邑名称	上经年月日	社官等姓名及人数	材料出处
9	涿州固安县〔邑〕	贞元七年(791)四月八日	摄令贾政、平正田崇晖、殷琢卅三人等	127—7
10	〔固安县邑〕	贞元八年(792)四月八日	令贾［政］、丞崔、尉李邑人合邑卅五人等成万金	128—9
11	〔固安县邑〕	贞元九年(793)四月八日	县令贾、主簿李、尉李、录事张坚固、贾庭钊、李俊合邑卅人等	131—14
12	固安县石经邑	贞元十年(794)四月八日	邑人李俊潮、李俊、李阳、史芬十五人	132—12
13	〔固安县邑〕	贞元十一年(795)四月八日	前令贾政、社官李春阳、录事田晖廿多人㉝	134—10
14	固安县石经邑	贞元十二年(796)四月八日	前县令贾政社官李春阳合邑卅人等	136—2
15	固安县石经邑	贞元十三年(797)四月八日	录事李春阳、元边宝、孙俊卅多人㉞	137—19
16	固安县邑	〔贞元十四年(798)?〕	社官李春得、修果、田晖元边宝、李燕宾卅多人	142—11
17	固安县邑	〔贞元十五年(799)?〕	邑人张崇宾、李燕宾、无边宝、田庭晖、李张六卅人	148—12

(续表)

顺次	社邑名称	上经年月日	社官等姓名及人数	材料出处
18	固安县邑	〔元和元年(806)?〕	邑人张坚固、李张六卅多人	153—15
19	固安县邑	〔元和六年(811)?〕	邑人张进都、刘惟一等廿人	157—15
(三四)1	固安县魏村邑	〔贞元十四年(798)?〕	合邑人等史期进魏抱选五十多人	141—8
(三五)1	固安县归仁乡马村〔邑〕	〔贞元十五年(799)?〕	经主马加仙等四十多人	145—1
(三六)1	文文(安)郡邑	〔天宝十载(751)?〕	邑主比丘僧惠远合邑廿一人	93—2
2	文安郡石经邑	天宝十一载(752)二月八日	社官孙倩、录事邢昌合邑二百人等⑩	94—8
3	文安郡石经邑	天宝十一载(752)二月八日	录事邢琼昌〔社〕官孙晈晴合邑二百人等	94—18
4	文安郡邑	〔天宝十二载(753)?〕	合邑人等	98—17
5	文安郡邑	〔天宝十三载(754)?〕	合邑人等	99—6
6	文安郡邑	〔天宝十三载(754)?〕	合邑人等	99—7
7	文安郡邑	〔天宝十三载(754)?〕	合邑人等	99—8
8	文安郡邑	〔天宝十四载(755)?〕	邑人冀如兰等九人	102—2
9	石经社⑪	天宝十载(751)二月八日	社人武冲子、赵堪举、冀元礼合邑人等	94—5
10	文安郡社	〔天宝十三载(754)?〕	社人庞楚琼、妻昝三娘等社人	99—12
11	文安郡鄚县邑	〔天宝十四载(755)?〕	合邑人等	101—19

(续表)

顺次	社邑名称	上经年月日	社官等姓名及人数	材料出处
12	石经社	〔天宝十四载(755)?〕	社官武冲子、庞楚琼、妻笞三娘等七人	102—10
(三七)1	清菀县石经邑	〔天宝七载(748)?〕	录事染什六、平正王盆生等	88—17
(三八)1	任丘县邑	〔天宝十二载(753)?〕	合邑人等惠真	98—5
(三九)1	瀛莫二州石经邑	贞元十四年(798)腊月八日	邑主王羡合邑人等	144—19
2	瀛莫州邑	〔永贞元年(805)?〕	经主王羡、郑如谦、王岸、张如休等	152—15
3	〔瀛莫州〕石经邑	元和元年(806)十二月八日	录事郑谦等㊿	153—19
4	瀛莫州造经邑	元和六年(811)四月八日	邑主王发进、邑人白如玉等	156—18
5	瀛莫州经邑	〔元和六年(811)?〕	邑主王有进、录事张庭凑、白如玉等	157—3
6	瀛莫州邑	元和七年(812)四月八日	邑官王友进、刘希旻、白如玉等六人	158—2
(四十)1	莫州邑	元和十三年(818)	邑人符裕真、郑希倩、郑太冲	158—11
2	〔莫州邑〕	元和十四年(819)	邑见人符豫真、郑希倩	159—16
3	莫州邑	元和十四年(819)四月廿日	邑人符豫真、郑希倩	160—6

687

（续表）

顺次	社邑名称	上经年月日	社官等姓名及人数	材料出处
4	莫州诸县石经邑	开成元年(836)四月八日	邑主甄再兴、都维那符豫真、邑官程寂、邑官崔如道、邑人傅晖寂等十一人	171—14
5	莫州邑	乾宁元年(894)四月八日	邑录常凌、都勾当维那赵行简等	185—11
(四一)1	上谷郡遂城县造经邑	天宝十三载(754)三月十八日	平正韩神刚,录事胡智惠合邑人等	99—16
2	上谷郡遂城县邑	天宝十三载(754)三月十八日	平正韩神刚,录事胡智惠合邑人等	100—3
3	上谷郡遂城县邑	〔天宝十四载(755)?〕	邑人卅一人等史回向、李日新	102—7
4	遂城县邑	〔天宝十四载(755)?〕	平正韩神刚,录事胡智惠卅人等	103—2
5	遂城县造石经邑	〔天宝十四载(755)?〕	韩神刚,录事胡智惠卅人等	103—7
6	遂城县邑	〔天宝十四载(755)?〕	[合邑卅三人等?]	104—9
7	遂城县造石经邑	〔圣武元年(756)?〕	平正韩神刚,录事陈希泉合邑卅三人等	104—16
8	遂城县邑	〔圣武元年(756)?〕	合邑卅三人等	104—19
9	遂城县邑	圣武二年(757)三月廿七日	平正史道明、录事毕子钊卅二人等	105—3
10	遂城县邑	圣武二年(757)三月廿七日	平正史道明、录事毕子钊卅二人等	105—7
11	遂城邑	〔758〕?	平正史朋⑧	106—4

(续表)

顺次	社邑名称	上经年月日	社官等姓名及人数	材料出处
(四二)1	〔易〕州涞水县邑	大历十三年(778)四月八日	贺光美远合邑六十人等	111—1
(四三)1	涞水县楼村邑	〔贞元二年(786)?〕	僧广演、僧法珍、尼法缘、社庭俊等廿多人	119—14
2	涞水县楼村邑	〔贞元七年(791)?〕	邑主僧广演、勾当人刘惠岸、僧法珍、尼法缘等卅一人	125—9
3	〔楼村邑〕	〔贞元九年(793)?〕四月八日	邑主僧广演、尼法缘、刘惠岸合邑等五十人	131—19
4	楼村邑	贞元十年(794)〕二月八日	邑主僧广演刘惠岸廿一人	132—14
5	涞水县邑	〔贞元十一年(795)?〕	邑主僧广演等五十多人	134—4
6	涞水县楼村造石经邑	贞元十三年(797)四月八日	邑主僧广演、刘惠岸廿多人	139—11
7	涞水县石经邑	〔贞元十三年(797)?〕	经主杜庭俊、刘惠岸廿多人	139—14
8	涞水坊市邑	〔贞元十五年(799)?〕	邑主僧广演并涞水坊市邑人惠岸杜庭俊卅七人	147—19
9	易州涞水县邑	〔贞元十七年(801)?〕	邑主僧广演下邑人杜庭俊等十八人	149—7

(续表)

顺次	社邑名称	上经年月日	社官等姓名及人数	材料出处
10	易州涞水县邑	贞元廿年(804)四月八日	邑主僧广演等廿多人	151—5
(四四)1	涞水县邑	贞元十二年(796)四月八日	平正口口口口令晖王力清廿六人	136—11
(四五)1	涞水县石经邑易州易县易水乡石经邑	〔贞元十三年(797)?〕	录事刘崇晖、邑主傅令祥等平正严惠超	135—19
(四六)1	易州石经〔邑〕	〔贞元五年(789)?〕	寺僧道秀、邑主开文、僧道因等卅多人	121—2
2	易州石经邑	〔贞元十四年(798)?〕	邑主僧秀道等卅多人	142—18
(四七)1	涿(?)州易县邑(?)	贞元十三年(797)?二月八日	观口寺邑主和尚道秀、平正无量恩邑人阳什一娘等十人	137—11
(四八)1	诸村社?	贞元六年(790)四月八日	经主僧宝光并诸社人等	123—12
2	〔诸村社?〕	贞元七年(791)四月八日	比丘僧宝光合邑人等	126—15
3	〔诸村社?〕	贞元八年(792)四月八日	〔僧〕宝光合邑人等	129—10
4	〔诸村社?〕	贞元十年(794)四月八日	比丘惠觉宝光同邑下	132—17
5	〔诸村社?〕	贞元十一年(795)四月八日	比丘宝光邑下合邑人等	134—13

(续表)

顺次	社邑名称	上经年月日	社官等姓名及人数	材料出处
6	〔诸村社?〕	贞元十二年(796)	比丘宝光合邑诸村经	135—18
7	诸村社?	贞元十三年(797)四月八日	邑主僧宝光下诸村邑人	137—18
8	〔诸村社?〕	〔贞元十四年(798)?〕	比丘道进、宝光下邑人	144—9
(四九)1	先贤店社	大历八年(773)二月八日	社人王承鼎白如珪等十多人	108—10
2	先贤店造经邑	开成三年(838)四月八日	邑录李士连、邑人张进华等	172—6
(五十)1	藏中村邑	建中三年(782)四月八日	王和尚净超、录事田口元卅人	113—16
(五一)1	〔马〕村造经邑	建中元年(780)二月八日	平正王无录、录事孟孝庄、邢抱金等六十多人	112—9
2	马村院邑	建中四年(783)四月廿三日	平正益孝庄、录事邢抱金七十人等⑧	115—6
(五二)1	北王邑	〔建中五年(784)?〕	邑主智行等	117—11
(五三)1	广阳邑	贞元十四年(798)四月八日	邑人一百一十五人	143—18
(五四)1	俄碾庄邑	贞元十五年(799)四月八日	邑主僧道悟卅四人等	145—5
2	俄碾庄邑	贞元十五年(799)四月八日	合邑卅四人	146—4

（续表）

顺次	社邑名称	上经年月日	社官等姓名及人数	材料出处
（五五）1	南王邑	〔太和九年(835)?〕	邑人史自京等十多人	167—11
（五六）1	口口阳县加录乡邑	〔大历十三年(778)?〕	邑主僧会真、僧志坚等	110—15
（五七）1	〔社邑名称未详〕	〔天宝四载(745)?〕	社官粟仲瑶等	86—6
（五八）1	〔社邑名称未详〕	〔天宝七载(748)?〕	安平县经主崔起柞清苑县录事卫思贞等十七人	89—18
（五九）1	口石经邑	天宝十一载(752)二月八日		94—10
（六十）1	〔社邑名称未详〕	〔天宝十三载(754)?〕	邑人口录(士)张龙朝、李崇道等廿一人	100—11
（六一）1	〔社邑名称未详〕	〔天宝十三载(754)?〕	邑主僧智怀、社官张希口等	100—15
（六二）1	〔社邑名称未详〕	〔天宝十三载(754)?〕	邑人张希峤、王汕、张璿等	101—18
（六三）1	〔石〕经邑	天宝十四载(755)四月八日	社官王珪、曹令珪等	103—5
（六四）1	〔社邑名称未详〕	〔(758)?〕	僧都师景俊合邑程希謝等	105—18
2	〔社邑名称未详〕	〔(758)?〕	邑主僧景俊、弟子程希謝等	106—10
3	〔社邑名称未详〕	〔(758)?〕	邑主僧景俊、弟子程希謝等	106—12

(续表)

顺次	社邑名称	上经年月日	社官等姓名及人数	材料出处
(六五)1	〔社邑名称未详〕	大历十一年(776)?	九庭珣殿殿智周合邑人等	110—3
(六六)1	〔社邑名称未详〕	〔贞元八年(792)?〕	邑人李明论、吴胜金、高希祥	128—8
(六七)1	〔社邑名称未详〕	〔贞元八年(792)?〕	邑主苏远旻、李希玉、李待进等廿多人	128—19
(六八)1	〔社邑名称未详〕	贞元八年(792)	邑主僧谋空、都师僧惟寂、典座僧法坚、录事刘珊等六十人	151—9
(六九)1	〔社邑名称未详〕	〔贞元十四年(798)?〕	口寺邑主口口、常道村邑主宁延超郭下邑人王光晖,净心邑主、寺家庄邑主贾澄真等	144—10
(七十)1	〔社邑名称未详〕	〔宝历元年(825)?〕	邑主和尚真性、李进江张利湛、王利佺(诠)王日兴邑录王返晟等七十多人	159—3
2	〔社邑名称未详〕	宝历二年(826)四月八日	邑人李进江、曹昌旻、王利诠、王日兴等五十多人	159—10
3	〔社邑名称未详〕	〔太和五年(831)?〕	邑主僧名文、邑人周政文、张利湛、胡廷皎等	166—7
4	〔社邑名称未详〕	〔太和七年(833)?〕	邑主僧名文邑录道士政宗邑人胡庭皎	166—19

(续表)

顺次	社邑名称	上经年月日	社官等姓名及人数	材料出处
(七一)1	造经邑	开成三年(838)四月八日	邑录李士连等邑人张进华	172—6
(七二)1	〔社邑名称未详〕	中和二年(882)四月八日	金刚经社官史良楚社长崔谦恭	181—11

据上表统计,地区和跨地区社邑为七十二个,刻经题记为二百五十二则,起自天宝二载(743),迄于乾宁元年(894)。其中,1.天宝年代为七十九则,占百分之三十一点七,绝大多数是以郡县命名的社邑所刻,其成员可能是城市居民,与工商业发展有关。2.安史之乱时期(756—763)为十三则,内有二则为圣武二年(759)三月廿七日。[51]圣武为安禄山所建燕国年号,说明即使在大战乱期间,幽州附近有些社邑刻经活动仍在继续。3.代宗大历年代为六则。4.德宗时代为一百一十七则,内建中年代十四则,贞元年代一百零三则;顺宗永贞年代一则,宪宗元和年代为二十六则,即贞元至元和年代为一百三十则,占总数百分之五十一。此一时期,刻经活动之所以多,其原因与第一部分所说相同。一是兴元以后,幽州地区相对安定,生产有所恢复;二是与刘济等统治者迷信崇佛,带头刻经有关。5.元和以后,直至唐末,仅十则。社邑刻经活动所以那么稀少,以致停止,乃是长庆元年(821)幽州军乱,朱克融自为留后,战祸又起之故。

这一部分与上一部分结合起来考察,两者既有相似之处,又有不同。相似之处是,社邑刻经活动都集中于天宝年代和贞元年代。不同之处是,天宝年代的社邑绝大多数为行业性社邑和以州郡县命名的社邑,其成员以工商业者和城市居民为主。贞元年代则以村名、乡名的社邑为多,其成员以乡村居民为主。这是贞元年代城市工商业已大不如天宝时兴盛的反映。

三、社邑的组织结构及上经月日

从题记看,社邑由社官、平正、录事、邑人等组成。邑人是社邑成员的统称,又称社人、众人、经主,相当于敦煌文书中的社众、社人、社子。邑人有职衔的,姓名前冠以官职、寺职等名称,一般邑人则均称邑人某某。社官又称邑官、邑主、邑头、社长。录事,又称社录、邑录、勾当录。平正、录事,又称平、录。社官、平正、录事是社邑的头头。他们是怎样产生的,其任务是什么?单凭题记,看不清楚。我们可以参照敦煌文书中的社邑文书进行研究。

敦煌社条规定:"义邑之中,切籍三官钤辖。老者,请为社长,须制不律之徒;次者,充为社官,但是事当其理。更拣无朋后(厚)德,智有先诚,切齿严凝,请为录事。凡为事理,一定至终。只许三官获裁,不许众社紊乱。"®所谓"三官",指社长、社官、录事。社邑以社长、社官为首,录事主持社邑的日常工作。他们是社邑的负责人。此外,还有司监察之职的虞候。社长、社官、录事、虞候,均由社众协议推举产生,称为众请社长、众请社官、众请录事、众请虞候。他们在社条规定的职权范围之内工作。如遇重大事情以及社人退社,有人要求入社等,三官须召集社众商量决定。社人违反社条,三官可以按规定处罚,但开除社人出社,须经社众商量决定。三官不称职,或辞职不干,则由社人另行举人代替,名曰再请社长、再请社官、再请录事。三官虽由社众推举,但被推举当上三官的,一般都是社会地位比较高的。社邑是自行结合的组织,入社是自愿的,但一经入社,则不许随便退社。有的社条还规定,父母死亡,子女相承,直至绝户为止。®社条规定的社众义务,每一成员包括社长、社官都须履行,否则要按条处罚。房山石经题记中虽未见社条,但我的推测刻经社邑也会有社条。理由有三。其一,赞宁撰《大宋僧史略》下《结社法集》云:"今之结社,共作福因,条约严明,愈于公法。"按《僧史略》系赞宁于宋太平兴国三年(978)奉命修撰,赞宁至道中卒。所谓今,当指宋初,所谓条约,当指社条。说明社邑有社条是通行惯例。其二,10 至 11 世纪之交《重修云居寺壹千人邑会之碑》:"协人唱和,结一千人之社、一千人之心,春不妨〔耕〕,秋不〔废获〕,立其信,〔导〕其教,无贫富后先,无贵贱老少,施有定例,纳有常期,贮于库司,补兹寺缺。"[64]施有定例,纳有常期,类似于敦煌的社内正月建福一日,人各税粟一斗,灯油一盏,[65]"社内每年三斋二社,每斋人各助麦一斗,每社各麦一斗,粟一斗。其社官、录事行下文帖,其物违时,罚酒一角"。[66]"凡有七月十五日,造于兰盆,兼及春秋二局,各纳油面,仰录事于时出帖纳物",[67]就是社条的内容。可见幽州地区的社邑也按惯例,订有社条。其三,上录两部分唐代社邑多达一百一十七个,其中不少社邑,前后延续的时间都比较长。如范阳郡白米行社为十三年,幽州石经邑、幽州良乡县昌乐乡北陶村邑、涿州范阳县礼让乡张沈村邑,各为十六年,归义县石经邑为二十九年,固安县邑为三十年,团柳村邑为五十七年。延续时间如此之长,如果没有一定的条规是不可想象的。其四,从题记列名中,我们还看到有的社邑,父死之后,儿子列名。这反映了房山刻经社邑也有类似敦煌社邑成员父母死亡,子女相承,直到绝户为止的规定。

  题记中所见社官、平正、录事,相当于敦煌的三官:社长、社官、录事。他们大概也是由社众协商推举产生。他们都是社会地位较高,热心于刻经供佛活动的人。担任这种职务,一般是只尽义务,没有报酬。企求这种职务的人自然很少,竞争不激烈。因而他们的任职,虽然也有因故变动的,但总的说来比较稳定。如大绢行社(绢行社,范阳郡绢行邑)的社官,一直由游家担任。天宝二年,第一任是游自勖,第二任是游金应,自天宝六载一直担任到天宝十三载。在此期间,游金应还担任过平正,并任大彩帛行社、丝绸彩帛行社、丝绢彩帛行社、丝绵彩帛行社、丝绵彩帛绢行等社社官。可见游家在范阳郡纺织业界有很高地位。新绢行社(小绢行社)，自天宝六载至十三载，社官一直是权思贞。幽州油行邑，十多年中，社官一直是李承福。幽州石经邑，从建中三年(782)到贞元十一年(795)，前后十四年，社官、录事始终是卢庭晖、李润国。直到贞元十三年才稍有变动，改由李润国为社官，武莫训为录事。燕州角社，八年之中，社官一直是张二郎。北陶村邑，十六年中，邑主始终是僧道一。团柳村邑，自天宝九载至元和二年前后五十多年，先后任平正的有马元超、郭思礼、阳八、刘惠开、常慭、张庭昭，任录事的有郭思礼、常慭、马元超、张庭昭、甄景珪、高山亮，其中多数都任职多年。这些例证都说明社邑负责人，任职多是比较稳定的。

社邑人数，每一社邑的人数多少不等，同一社邑每一次刻经供佛的人数也不相同。据以上两部分有人数记载的一百九十九则题记统计，最少为六人，最多为二百人，绝大多数为五十人以下。刻经社邑，目的是供佛求福，保佑平安，参加者一般不会随便退出，因而比较稳定。如范阳郡石经邑，天宝七载至十一载五次题记，分别为二十、二十、二十、二十一、二十一人，归义县造经邑，贞元十四年至元和二年十次题记，人数都是三十多人。遂城县造经邑七次题记，分别为三十一、三十、三十、三十三、三十三、三十二、三十二人。但有的社邑人数变动甚多，如张沈村邑人数记载分别为三十多人、四十多人、五十多人、一百多人、七十多人、五十多人，团柳村邑为一百〇九、六十五、一百一十三、一百一十九、一百〇五、七十、七十、五十九、五十人，涞水县楼村邑十次题记，依次为六十人、二十多人、三十一人、五十人、二十一人、五十多人、二十多人、三十七人、十八人、二十多人。有的社邑题记上人数，前后虽然相差不多，但核对姓名，多不相同。人数所以有多少，成员所以有变动，一种是正常原因，如绝户、退社、新入社，以及一户有时刻一人，有时刻多人；另一种原因是，有的名曰社邑，但缺少固定的社人，而是由僧人邑主劝说信徒出资刻经供佛,因此这次与下一次不仅人数不等,而且成员也有很大变动,如涞水县楼村邑,我推测即属于这种情况,这是刻经社邑衰落的反映。

社邑成员的成分。行业性社邑成分比较简单,都是同行业者。地区和跨地区社邑,除村民、市民外,还有寺院的三纲、普通僧尼、僧官,道观的道士、女冠,以及当地的一些头面人物,如县令、丞、尉、主簿等现任和前任的地方官吏,除汉族外,还有少数民族。这说明刻经求佛,不分阶级、阶层、僧俗、民族,都可参加;还说明唐代佛道两教上层之间争斗虽很激烈,但下层僧尼和道士却和平相处,甚至参加同一个社邑,从事镌刻石经,祈求佛祖保佑。幽州范阳郡在唐代是边境地区,民族杂居,不同民族的人参加同一社邑,进行活动,有利于民族融洽。

上经月日。以上两部分有上经月日的题记共一百七十七则。其中四月八日一百四十六则,二月八日二十四则,十二月八日两则,三月十八日两则,三月廿七日两则,四月廿三日一则,多数与佛教节日有关。如四月八日为释迦诞生节日,又称浴佛节,各地佛寺届时都要举行诵经法会,浴佛供佛,施舍僧侣及庆祝活动。早在《法显传》中就有佛诞日举行行像等庆祝活动的记载:于阗国,"从四月一日,城里便扫洒道路,庄严巷陌。其城门上张大帷幕,事事严饰,王及夫人、采女皆住其中。瞿摩帝僧是大乘学,王所敬重,最先行像。离城三四里,作四轮像车,高三丈余,状如行殿,七宝庄校,悬缯幡盖。像立车中,二菩萨侍,作诸天侍从,皆金银雕莹,悬于虚空。像去门百步,王脱天冠,易着新衣,徒跣持华香,翼从出城迎像,头面礼足,散华烧香。像入城时,门楼上夫人、采女遥散众华,纷纷而下。如是庄严供具,车车各异。一僧伽蓝,则一日行像,自月一日为始,至十四日行像乃讫"。⑧

云居寺于四月八日也举行盛大的庆祝活动。《重修云居寺一千人邑会之碑》云:"风俗以四月八日供庆佛生。凡水之滨,山之下,不远百里,仅有万家,预馈供粮,号为义食。是时也,香车宝马,藻野缛川,灵木神草,赩赫芊绵;从平地至于绝顶,杂沓驾肩;自天子达于庶人,归于福田;维摩互设于香积焉,将通成于米山。面丹崦者,熙熙怡怡,谓耆阇于斯;俯清流者,意夺神骇,谓殑伽无碍。醵施者,不以食会而由法会;巡礼者,不为食来而由法来。观其感于心外于身,所燃指续灯者,所炼顶代香者,所堕岩舍命者,所积火焚躯者,道俗之间,岁有数辈。"真是热闹。四月八日社邑上经题记多达一百四十六则,占总数百分之八十二以上,说明云居寺上经供佛,主要是在佛诞日举行的。再如二月八日为释迦出家之日,佛寺也有庆祝活动。敦煌文献中有不少关于寺院举行行像、斋僧等活动的记载。云居寺这一天上经日期为二十四则,占总数的百分之十三以上,说明也在这一天进行上经等活动。十二月八日是成道节,俗称腊八节,寺院也要举行燃灯等庆祝活动。《庚戌年(950)十二月八日夜某社社人遍窟燃灯分配窟龛名数》就记载了敦煌腊八节社人进行的燃灯活动。总之,上经月日,多与佛教节日有关。由此可以看到,这些风俗,云居寺附近与中国各地都是相同的。

　　以往有人认为初唐以后,金石上社邑名称逐渐稀少,那是囿于所见之限。房山石经题记汇编的发表,使人们对此有了新的认识。仅以上所录,唐代就有社邑一百一十七个,绵延一百七十三年。实际上远远超过此数。因为,其一,以上所录仅限于为本邑成员祈求福佑的刻经社邑。此外,题记上尚有为相公、为尚书、为仆射、为王,即为本地区最高统治者节度使刻经求福的社邑,如见于汇编178页5行、180页4行邑官(邑主)吕元冀、257页邑官王叔华、邑录赵少汶等为首的社邑是奉为相公、奉为司徒造经,实际上是利用社邑组织,向社众摊款,性质与上不同,故未过录。其二,有的题记虽无确证,不能断为社邑所刻,但从其多年连续刻经及人数之多推测,乃是有组织刻经,这种组织应是社邑。如张季明为首的题记,从建中五年(784)到贞元十一年(795)?前后十二年,共上经八次,⑩人数前四次分别为八、十七、二十四、三十三人,后四次都是四十多人,反映出已是比较稳定的组织。题记上虽无社邑、社官、平正、录事等名称,但可推测是社邑。

社邑不限于房山,它是唐代社会上比较普遍存在的群众性组织。其活动主要是供佛求福,但其作用、影响远不止此,是值得重视的一个问题。故草此文,作为引玉之砖。不当之处,敬希方家批评指正。

1988年3月

此文发表于《文献》1989年1期,后收入法源寺主编的一本文集中。

写作此文也属偶然,一次去法源寺拜访周老(绍良)。他拿出房山石经题记印本稿询问我社邑是什么意思,我那时整理敦煌文献见过社邑,已作过初浅研究。其后稿本正式出版,就写了此文。

(《文献》1989年第1期)

注释:
① 《房山石经题记汇编》(以下简称汇编)第87页19行。
② 汇编第89页2行。
③ 《全唐文》卷3《高祖立社诏》、卷33《玄宗敬祀社稷诏》、卷154韦挺《论风俗失礼表》;《续高僧传》卷14《唐苏州武(虎)丘释智琰传》、卷28《益州福寿寺僧宝琼传》,《册府元龟》卷63《帝王部·发号令二》咸通五年五月五日诏。
④ 见《敦煌社会经济文献真迹释录》(第一辑)第269—414页。
⑤ 汇编209页正法念经:开元十年二月八日建,邑人靖守祥合邑人等同造石经一条。
⑥ 汇编185页11行:莫州邑,乾宁元年(894)四月八日邑寻常凌记。
⑦ 83X2,指汇编第83页2行,以下均同此。

⑧ 社邑或称邑,或简写邑、社。
⑨ 天宝年代行社,一般都在范阳郡市。范阳郡市大绢行社、简写为大绢行社。
⑩ (二)绢行邑、(三)大绢行邑、(四)范阳郡绢行邑,名称虽有不同,考其实,可能是一个社邑。
⑪ 小绢行社。原刻误为"绢行小社"。新绢行社、小绢行社、范阳郡小绢行社,据社员姓名推测为一个社。
⑫ 刘谏铨亦见于(九)1 范阳郡丝绵彩帛绢行等社。
⑬ 刘铨即上一则之刘谏铨。双名单称,在敦煌吐鲁番文书及汇编中到处可见,是当时的习惯。
⑭ 倪愔即前一例之倪怀愔。
⑮ 经主贺婆等,是否为社邑、题记无确证,今姑录于此。
⑯ 魏光即魏庭光。诸行市邑与彩帛行邑,邑人姓名多同,故推作同一个社邑。
⑰ 赵冲子即赵冲。
⑰ 杨环即阳环。
⑲ 郤文璟即(一)1 小彩行社郄文璟。按郄即郤。
⑳ 牛福即牛福子。
㉑ 此则可能不是行社而系王六娘个人所造。
㉒ 涿州市肉行石经邑,原写为石经邑涿州肉行,据意推改。
㉓ 涿州市肉行石经邑邑人姓名与涿州市杂货行邑邑人姓名多有相同。
㉔ 李福即李承福;卢芬即卢庭芬。
㉕ 卢晖即卢庭晖。
㉖ (三八)1 范阳郡石经邑与 3 杂行邑,人数相近,又都有张崇宾、王什二娘,故归入同一个社邑。
㉗ 涿州石经邑杂货行,应为涿州杂货行石经邑。
㉘ 韩湛即韩士湛。
㉙ 涿州范阳县市杂行邑与涿州杂货行邑,不仅名称有异,尤为重要的,上经人姓名无相同者,故定为二个社邑。
㉚ 陶嗣即陶光嗣。
㉛ 谷莫,莫,英之讹误。谷英即下一则之谷英才。
㉜ 涿州范阳县维摩邑,按涿州治范阳县,与涿州磨行维摩邑为同一地区,其录事就是谷英才,故此则与以上几则定为同一社邑。
㉝ 汇编上二则以上并在一起的,算一则,因此,实际不是一百四十五则,而是一百四十六则。
㉞《旧唐书·地理志》:涿州:本幽州之范阳县,大历四年,幽州节度使朱希彩奏

请于范阳县置。

㉟《通典》卷7《食货典》。

㊱ 上表大历年代刻经题记有五则,其中四则是推测的,确证的仅大历十三年一则。

㊲《旧唐书·地理志》:燕州,隋辽西郡,寄治于营州。武德元年改为燕州总管府,六年,自营州南迁,寄治于幽州城内。开元二十五年,移治所于幽州北桃谷山。天宝元年改为归德郡。乾元元年,复为燕州。据此,燕州天宝年代为归德郡,题记之燕州,指燕州角。

㊳ 张子明,疑即张二郎,子明为名,二郎即兄弟中排行第二。

㊴《旧唐书·地理志》:顺州,贞观六年置,寄治于营州南五柳城,天宝元年改为顺义郡。郡所理,在幽州城内。顺义郡所治与燕州所治均曾在幽州城内,社官又都为张二郎,故燕州角邑和顺义郡角邑,定为一个社邑,前后改名。

㊵ 阳峤即阳元峤,峤为双名元峤之单称,乃唐代通行之习惯。

㊶ 从平正阳元峤、录事邹法岸廿人等与上二则完全相同看,应为同一个社业。

㊷ 杨元峤即阳元峤。

㊸ 曹亮即曹思亮。

㊹ 此一永清县造石经邑,与上一永清邑,似无延续关系,故作二个社邑。

㊺ 王晖即王令晖。

㊻ 染俊即上一则之染怀俊。

㊼ 王琎,即王廷琎,李翰即李国翰。

㊽ 庞希俊即庞俊。

㊾ 郭礼即郭思礼,马超即马元超。

㊿ 张昭即张庭昭。

(51) 梁英宾与上一则染英宾应为同一人,梁染形近而有一误书。

(52) 王琎即王令琎,王芝即王希芝,黄源即黄士源。

(53) 李春阳即李阳,田晖即田令晖。

(54) 元边宝,一录无边宝,元无形近,必有一误。

(55) 孙倩、邢昌即下一则之孙皎倩,邢琼昌。

(56) 社人武冲子据汇编103页10行系文安郡莫县宜和乡人,故推测此石经社为文安郡石经社或文安郡莫县石经社。

(57) 郑谦即上一则郑如谦。

(58) 使朋,使即史,音同。朋即明,日月不分。使朋即史明,史明即史道明。

(59) 益孝庄,即上一则之孟孝庄。益与孟形近而误,邢抱金即刑抱金,刑与邢,音同形近。

⑥ 录土,土当为士之误,士即事,同音。录士即录事。此条人名中有一"李日新"与第102页8行上谷郡遂城县之李日新,未知是否为同一人。
⑥ 圣武二年正月,安禄山已被其子安庆绪所杀,三月已是载初元年,题记仍具神武二年,系不知改元之故。
⑥ S.6537号背,《敦煌社会经济文献真迹释录》第218页有录文及照片。
⑥ 《敦煌社会经济文献真迹释录》第283页S.6537号立社条件:"凡为立社,切要久居,本身若云亡,便需子孙承受……直至绝嗣无人。"
⑥ 汇编第19页。
⑥ 《敦煌社会经济文献真迹释录》第274页显德六年正月三日女人社再立条件。
⑥ 同上书,第269页。
⑥ 同上书,第284页。
⑥ 章巽《法显传校注》。
⑥ 汇编第20页。
⑦ 敦煌研究院藏。
⑦ 汇编115—14、117—15、122—18、126—2、129—6、130—2、133—1、133—18。

均田制的实质

一

关于北魏到隋唐的均田制的实质问题,以往的研究者,有两种答案。第一种答案认为:均田制的实质,是国家把荒地分配给农民耕种,使农民固着在国有土地上,借以抑制豪强大族的势力,并和他们争夺劳动力,以保证国家的赋役收入。第二种答案认为:均田制并不是限制豪族地主的土地法,而是一部完全反映他们要求的土地法;均田制不仅没有触动豪族地主的土地所有权,而且还促进了它的进一步发展。均田制对于农民来说,不仅没有分配土地给农民,反而使农民丧失了一部分土地,或者是限制农民只能占有少量土地,这就是均田制的实质。[①]前一种答案概括了大多数专家的意见,着重点在于把荒地分给农民与限制豪强大族,是比较流行的;有的专家甚至说,是没有什么可争论的。后一种答案,是针对着前一种的。

上述两种不同的意见,牵连到一大串问题。狭义地讲,至少涉及以下三个问题:一、均田制与私有土地的关系问题。二、均田制与豪强大族官僚地主的关系。三、均田制与广大农民的关系问题。本文准备就这三个问题,分别阐述一下我们的一些粗浅的意见。并透过这三个问题,来看一看均田制的实质到底是什么。

均田制的实质

在阐述上述三个问题之前,先稍稍谈一下李安世关于建议施行均田制的奏疏问题。《魏书》卷53《李安世传》(参照《通典》卷1、《元龟》卷495载李安世奏疏):

> 时民因饥流散,豪右多有占夺。安世乃上疏曰:"窃见州郡之民,或因年俭留移,弃卖田宅,漂居异乡,事涉数世。子孙(据《元龟》)既立,始返旧墟,庐井荒毁,桑榆改植,事已历远,易生假冒;强宗豪族,肆其侵凌,远认魏晋之家,近引亲旧之验。又年载稍久,乡老所惑,群证虽多,莫可取据,各附亲知,互有长短,两证徒具,听者犹疑,争讼迁延,连纪不判,良畴委而不开,柔桑枯而不采。侥幸之徒兴,繁多之狱作。欲令家丰岁储,人给货用,其可得手?愚谓今桑井难获,宜更均量,审其径术,令分艺有准,力业相称,细民获资生之利,豪右靡余地之盈,则无私之泽,乃播均于兆庶,如阜如山,可有积于比户矣。又所争之田,宜限年断,事久难明,悉属今主。然后虚妄之民绝望于觊觎,守分之士免于凌夺矣。"高祖深纳之。后均田之制,起于此矣。

从这一段记载来看,其建议施行均田制的直接原因,可以归结为三点:一、长期战乱之后争夺产权不明土地的斗争很激烈。二、由于地产纠纷严重影响了生产。三、在争夺产权不明的土地时,豪强大族明目张胆地恃势侵夺。总括起来说,中心问题,是地产纠纷问题。但实行均田制的原因,不仅是地产的纠纷;还有李安世没有说的或者说得不明确的问题,即统治阶级与被统治阶级的阶级矛盾问题、统治阶级的内部矛盾问题。李安世建议解决这些问题的原则,也可以归纳为三点:一、分艺有准,力业相称。这就是说占有土地的数量,要有一定的标准或者说要有一定的限额;而所谓标准,就是占有土地额,要和劳动力成正比例。

705

这样使土不旷工,人无游力,劳动力和土地结合起来,土地得到开垦,劳动人手被固着于土地上面,以保证地主阶级及其政府对农民的剥削。二、细民获资生之利,豪右靡余地之盈。这就是说,让农民也要有点土地,以苟延残喘而存活;豪强大族尽管可以占有大量土地,但不要无限制扩大土地所有。这样使阶级矛盾得以缓和,地主阶级的统治秩序得到稳定、得到巩固。三、所争之田,宜限年断,事久难明,悉属今主。这就是说,产权有争讼的土地,应以一定的年限为断,长期难以断明产权属于谁的,现在谁占有的,就归谁所有。在这里,他对产权没有争议的私有土地如何处理,没有明说。但既然产权有纠纷难以判明谁所有的土地,政府承认谁占有就归谁所有,那么,没有纠纷的私有土地,当然仍为原主所有,土地所有权当然不会触动。这难道不是不言自明了吗?

李安世着重所指和要处理的土地,很清楚,是产权有争议的土地、无主土地,并不是产权没有问题的有主土地。但这个问题,在当时,不是一般的地产纠纷问题,而是关乎阶级斗争、恢复生产、稳定和巩固封建统治秩序,以及涉及拓跋贵族与汉族的世家大族、一般地主、广大平民、国家等各方面的大问题,事实已证明,就事论事,光从地产纠纷来进行处理,是行不通的。因此,李安世建议在占有土地方面,要建立一套制度,克服纠纷混乱,维持一定的秩序。

李安世建议中的那些原则,在北魏的均田令中得到了体现,而且一直延续到隋唐,基本上没有变动。

二

均田制与私有土地的关系。从均田令和出土文献可以看到,私有土地已被包括进了均田制的范围之内,即在办理户籍土地登记,计算应受、未受、已受田时,用桑田或永业田的名目,把私有土地登记下来,算入已受额中,充抵了应受额——根据情况,或充桑田、永业,或充露田、口分,或充倍田,或充功勋田等。用私田充抵应受田额,足数的,即不再请受公田;不足数的,可以依法请受;多余的,可以保持不动,可以出卖。私有土地,虽纳入了均田制的范围,计算入已受额中,但土地所有的性质,没有变动,私有土地不属于还受范围(绝户除外)。身终不还,传之子孙,永为私有(关于这个问题的论证,见拙著《唐代均田制的性质》,此外删略)。

那么为什么要把私有土地纳入均田制范围内?

北魏到唐实施均田制时,着重处理的,主要为地主和农民已占有、耕种着的无主土地产权如何处理问题,其次为荒闲土地进一步开垦问题,但其目的不仅限于此,统治者实施均田制是想建立一套占有土地的等级限额制度,一方面协调统治阶级的内部关系,使他们在掠夺农民的劳动成果方面,有一定的秩序,按照规定的等级限额"公平合理"地占有土地,另一方面,让农民也能占有一定数量的土地,既缓和统治阶级和广大农民之间的矛盾,削弱农民反抗,又使农民固着在土地上,向政府提供赋役,以建立稳固的封建统治秩序。把私田一律纳入均田制范围内,对于建立占有土地的等级限额制度而言是必需的,对于政府征发赋役是不可或缺的。众多的私有土地纳入了均田制范围,既可以成为赋役的财产基础,又有利于建立土地的等级限额制。

三

下面就让我们观察一下均田令规定的一套占有土地的等级限额制度。

《魏书·食货志》太和九年均田令(参照《通典》卷1):

诸男夫十五以上受露田四十亩,妇人二十亩,奴婢依良;丁牛一头,受田三十亩,限四牛。② 所受之田率倍之,三易之田再倍之,以供耕休(休据《通典》)及还受之盈缩。

诸初受田者,男夫一人给田二十亩,课蒔余种桑五十树、枣五株、榆三根。

以上规定,到了北齐稍有变动。

《隋书·食货志》载北齐河清三年令:

京城……职事官及百姓请垦田者,名为受业田。奴婢受田者,亲王止三百人,嗣王止二百人,第二品嗣王以下及庶姓王止一百五十人。正三品及皇宗止一百人;七品以上限止八十人,八品以下至庶人,限止六十人。奴婢限外不给田者,皆不输。

其方百里外及州人,一夫受露田八十亩,妇人四十亩。奴婢依良人、限数与在京百官同。丁牛一头受田六十亩,限止四年(牛)。

又每丁给永业二十亩为桑田,其中种桑五十根、榆三根、枣五根,不在还受之限。

北齐与北魏相比,有两点不同。(一)奴婢受田的人数有了限止。(二)北魏的露田率倍之的倍田,到北齐,干脆算进了露田数中。

北周一夫一妇共受田为一百四十亩,与北齐之制相同。

隋代与北齐等相比,又有一点不同。即增加了按官品高低而授予不同数量的官人永业田。《隋书·食货志》载:自诸王以下,至于都督,皆给永业田各有差。多至一百顷,少者至四十亩。③

唐代与隋代相比,官人授永业田的规定更完备,更详密,取消了一般妇人及奴婢的授田,规定十八岁以上之中男及丁男给永业田二十亩、口分田八十亩。④

从以上简单的叙述,可以看到:(一)在一般地区,普通农民可以占田的数量,北魏为一夫一妇共八十亩(加上倍田为一百四十亩),北齐、北周、隋代为一夫一妇共一百四十亩,唐代为一丁男百亩。数量虽有不同,但有限额是相同的。(二)北魏丁牛四头受田及奴婢受田(人数有限止)的规定,使一般地主可以占有较多的土地,而豪强大族则通过占有奴婢来取得大量的土地。自北齐到唐,豪强大族、官僚、地主,按品级的不同,或者通过占有奴婢,或者直接依靠官品,依法可以占有大量的土地。总而言之,自北魏到唐,豪强大族、官僚地主,或按奴婢的多寡,或按官品的高低,可以按等占有大量的土地。把(一)(二)两点概括起来,就是一套占有土地的等级限额制度。其包括的对象,上自豪强大族官僚地主,下至广大农民。

这一套占有土地的等级限额制度,起了什么作用,其目的是什么?

先从豪强大族、官僚地主方面谈起。这一套占有土地的等级限额制度,对于豪强大族、官僚地主来说,最主要的一面,是赤裸裸地、直接地保护豪强大族、官僚地主的利益。最明显者为:从条文上看,奴婢、丁牛、官勋等授田的规定,保证豪强大族、官僚地主可以多占土地。从令文的沿革看,随着社会上奴婢数量的减少,到隋代就增加了官品授田;到了唐代,虽取消了奴婢授田,但随之而来,官品授田的规定更详密,官勋授田更广泛,授予官勋更滥,获取官勋更易。总之,随着社会情况的变动,有关授田的令文就随着变动,但万变不离其宗,变来变去,都是保证豪强大族官僚地主可以多占土地,可以大量占有土地。此外,他们还可以利用借荒等名义限外占田。但另一方面,这一套制度,也规定了豪强大族、官僚地主扩大土地所有要有一定的限度,阻止他们无限制地扩大土地所有。以北魏而言,田令上奴婢受田的人数,还没有限制,豪强大族通过占有奴婢来土地所有,似乎就毫无限制。其实并不完全如此。

因为按奴婢有无来授田的规定,比之没有这一规定,就意味着稍有限制。而况北魏时奴婢虽多,但到底只是残余,数量是有限的。这使豪强大族增多奴婢的贪欲,受到了一定的限制,因之扩大土地的所有,也受了限制。如果说北魏的限制,还不够显著,那么到了北齐,就规定得清清楚楚了。自北齐起,奴婢授田的人数,分等有了限额,最高为亲王三百人,假定这三百人都是奴(实际上是不可能的。一定是既有奴,又有婢),受田的最高限额为三万亩。唐代按官品受田,最高为亲王一万亩,一万或三万亩的受田额,对于一位亲王来说绝不会嫌定得过高了,达不到,而是一定嫌定得过低了,使他在扩大土地所有时,有些碍手碍脚,不能随心所欲。因此,不得不说,这一规定,对豪强大族官僚地主,无限制扩大土地所有,是有所约束的。

当然田令上有了某些限制的规定,并不等于实际上起了限制作用。从北魏到唐,有时田令完全变成空文。大家熟知的,北齐时强弱相凌,恃势侵夺,富有连畛互陌,贫无立锥之地。唐玄宗开元二十五年田令下杜佑的夹注云:"虽有此制,开元之季,天宝以来,法令弛坏,兼并之弊,有逾于汉成哀之间。"这些记载,确实都是田令最后未起限制作用的最好说明。但法令上的限制最后不起作用,并不等于法令上就没有限制的作用。从史籍上看,田令上限制豪强大族官僚地主扩大土地所有的一面,或多或少是起过一些作用的。

《魏书·源怀传》:自景明(500—503)以来,北蕃连年灾旱,高原陆野,不任营植。唯有水田,少可菑亩。然主将参僚,专擅腴美,瘠土荒畴给百姓,因此困弊,日月滋甚。诸镇水田,请依田令,分给细民,先贫后富。……诏曰:一依所上,下为永准。

《北史》卷74《高隆之传》:高欢时,初给人田,权贵皆占良美,贫弱咸受瘠薄,隆之启神武均平之。

《旧唐书》卷58《长孙顺德传》:太宗时,长孙顺德为泽州刺史,前刺史张长贵、赵士达并占境内膏腴之田数十顷。顺德并劾而追夺,分给贫户。

《新唐书》卷197《贾敦颐传》:贾敦颐永徽中迁洛州。洛多豪右,占田类逾制,敦颐举没者三千余顷,以赋贫民。

《唐律》13《户婚律》中:诸占田过限者,一亩笞十,十亩加一等,过杖六十,二十亩加一等,罪止徒一年。若(占)于宽闲之处者不坐。

疏议曰:王者制法,农田百亩。其官人永业准品。及老小、寡妻,受田各有等级。非宽闲之乡,不得限外更占。

仅举此数例,就能说明均田令中有关条款,是有限制豪强大族、官僚地主过分扩大土地所有的一面,而且或多或少起过一些作用。否则就不会发生权贵占田逾制的问题,更不会有依据田令,把他们已占有的肥美之地,进行追夺分给贫民的问题。尤其《唐律疏议》说得最清楚。所谓限额,即田令规定的各个等级的受田数。超过这个限额,就叫作过限。过限就是违法,要受法律制裁。一般来说,均田令中有关条文限制豪强大族官僚地主的一面,在中央集权力量较强,较有作为的时候,常常能显露出来,起些作用。

均田令果然有限制豪强大族、官僚地主的一面,但能不能就此说,限制豪强大族就是均田制的实质呢?我看是不成的。因为这只是次要的一面,又是均田令中一部分表面现象,而不是实质。但有的同志,在否定限制豪强大族是均田制的实质时,完全否定了均田令中限制豪强大族的一面,并且认为均田制不仅不限制豪族地主的土地所有,而且还促进了它的进一步发展,我看恐怕是走到了极端,也难以使人信服。

我们认为豪强大族官僚地主,虽然可以利用均田令中的有关条款,来扩大土地所有,但不能据此就说均田令不仅对豪强地主无丝毫限制作用,反而促进了它的发展。因为须知没有这些条款,他们同样可以扩大土地所有,而且可以更自由地无限制扩大土地所有。而有了这些条款，使他们在占有土地方面，也有了一个限额，对他们过多地扩大土地所有，或多或少能起些作用。史实证明也起过一些作用。

我们还认为均田令公布以后，豪强大族对土地的兼并，虽然并没有就此停止，但也不能据此就说均田令不但不限制豪强大族兼并土地，反而促进了它的发展。因为在均田制施行期间，土地兼并继续发展，并不等于均田令促进了它的发展。从当时客观的经济发展条件来看，土地兼并是必然要发展的。对于这种发展趋势，均田令中限额占田的规定，是抑制不住的，最多只能起些延缓作用而已。不仅如此，土地兼并地继续发展，以致猛烈发展，最终必然要使田令完全变成一纸空文。这是客观规律，是不以人们的意志为转移的。从史籍记载上看，当均田制施行之后的一段时期，社会经济就有所恢复和发展，阶级矛盾也有所缓和，而土地兼并问题也就没有被人作为严重的社会经济问题提出来。这在北魏及唐初施行均田制的初期，尤为显著。它说明均田令的公布，不仅没有加速土地兼并，而且使土地兼并问题，有所缓和。另一方面，当土地兼并日益发展，以致成为严重的社会经济问题而影响到封建统治秩序时，统治阶级代表人物及其政府解决这一问题的办法，并不是废止田令，而是一再重申田令，重申禁止土地买卖，指责豪强大族官僚地主兼并土地，违反法令。这说明土地兼并的激烈发展，并不是执行田令的结果，而是田令弛坏的结果。因此，为了阻止土地兼并的发展，就要重申田令。杜佑所谓"虽有此制，开元之际，天宝以来，法令弛坏，兼并之弊，有逾于汉成哀之间"，很清楚地说明，在杜佑看来，由于均田制令文的弛坏，才使土地兼并，得以激烈进行，而不是均田令促进了土地兼并。这种看法，并没有进一步看到土地兼并的发展是抑制不住的，随着土地兼并的激烈发展，均田制是必然要破产的。但杜佑认为均田制并没有促进土地兼并，而是由于均田令弛坏，使土地兼并得以激烈进行，是说得正确的。因此，我们认为把土地兼并的发展，算在均田制的账上，说均田制促进了土地兼并的发展,是不确当的。

就豪强大族官僚地主而言,均田令中一套占有土地的等级限制规定,既保证他们可以占有大量土地,又阻碍他们无限制地扩大土地所有。前者是主要的,经常起作用的,后者是次要的,又在一定时期起些作用。前者说明均田令是地主阶级意志的表现,是保护地主阶级利益的,后者亦未尝不是。两者的本质是相同的,只是表现形式不同而已。前者是赤裸裸地直接地表现出来,通过直观就能看得清楚,后者比较隐蔽,须要透过现象才能看到本质。因为地主阶级为了稳定封建秩序,巩固统治,必须要有一套维护封建统治的制度法令,而均田制就是其中重要的组成部分。均田令中一套占有土地的等级限额制度,不仅保证了豪强大族官僚地主,可以多占土地,可以占有大量土地,而且通过这一制度的实施,把地主阶级的统治秩序建立起来,巩固起来,从根本上保护了地主阶级的利益。具体地说,比较明显的大致有三点:一、通过均田令的实施,可以解决地产纠纷,肯定地权,以利于恢复和发展生产。二、让豪强大族官僚地主按照等级,分获土地,可以在一定时期内,一定强度上缓和统治阶级的内部矛盾。三、限制豪强大族无限制地扩大土地所有,让农民也有点土地,可以在一定时期内,一定程度上缓和阶级矛盾,这三点,从北魏与唐朝初年均田制施行的情况来看,是不可否认的。这使地主阶级统治的秩序,得以稳定,得以巩固,从根本上保护了地主阶级的利益。

四

再就广大农民方面观察一下均田令中的限额授田的规定。

任何剥削阶级的政府,都是代表极少数人对绝大多数人进行统治,实际上总是以强者为靠山,但表面上又假惺惺地装作是弱者的保护人。

它所发布的法律法令、往往具有虚伪的外观。前面已叙述过,田令规定,一般地区,普通农民的受田,北魏为一夫一妇八十亩(加上倍田为一百四十亩);北齐、北周、隋代为一夫一妇一百四十亩,唐代为一丁男百亩。这些规定额,乍一看来,难免会使人迷惑,难免会使人产生这样的想法:政府授田给农民这么多的土地,其出发点果然是为了赋役剥削,但对于农民来说能有这么多的土地,处境总算还是不错的。但看了北魏均田令第十一条一个但书,就会恍然大悟,原来这一诱人的果实,是并不真实的。

诸地狭之处,有进丁受田而不乐迁者,则以其家桑田为正田分,又不足不给倍田,又不足家内人别减分;无桑之乡,准此为法。

根据这一条的规定,土地不足的地区,进丁受田而没有土地可授时,第一,可以用其家原有的桑田抵充露田。第二,不给倍田。第三,这一家庭内的各受田丁口,分别减额。一句话,可以不授,可以少授。这样,即使不能说把上面冠冕堂皇规定的按丁授田数,全部一笔勾销,至少可以说,减额少授,以至不授,像授足一样,都是合法的。由此可见,北魏均田令关于授田的规定,倒是够"灵活"的。对于一夫一妇的农民家庭可以授足八十亩,可以少授,以至不授。在这种"美妙"的"灵活"性的外衣掩盖之下,北魏的农民,如果土地不足,自己当然无话可说,政府对此也可安之若素,不负责任。北魏均田令中这一规定,一直延续到唐代。敦煌出土的西魏大统十三年计账户籍文书、敦煌吐鲁番出土的唐代户籍手实说明,无论按宽乡标准计算应授田地区,或者按狭乡标准计算应受田地区,已受田一般都是远远达不到田令规定的应授田额的。这就是很好的说明。

这一点很重要,忽视了它,就不能正确理解均田制。以往的研究者中有一些人，就因为忽视了这一点，而产生过如下两种偏向。第一种偏向，就是把均田令规定的授田额，当作农民的实际受田额，相信政府真按规定量如数把荒田分配给了农民。第二种偏向，即当出土资料表明，农民的已受田，都是远远达不到应受田时，就认为均田令只是一纸空文，根本没有实施。这两种意见，一方面是对立的，但另一方面又有相同之处，即都以田令规定的受田额，作为衡量均田制有否实施的标准。

其实，从北魏到隋唐，田令规定的受田额，都是应受额，都是受田的最高限额。农民能否受到土地，得视具体的情况而定，有时多些，有时少些，有时则一无所受。因此，相信政府一定会授给，甚至相信政府会授足，是不对的；反过来，因为农民所有的土地未达到应受额，而就说均田令只是一纸空文也是不对的。

既然均田令上规定的农民的受田额，并不是农民实际受田额，只是最高限额。那么，是否就可以同意如下的一种说法：均田令反而使农民丧失了一部分土地，或者是限制农民只占有少量土地。我们认为是不能同意这种说法的。

从田令的条文上看，对农民占有土地的数量，虽然有着限制：最高受田额，北魏时一夫一妇为八十亩（加上倍田为一百四十亩），北齐、北周、隋代一夫一妇为一百四十亩，唐代为一丁男为一百亩。超过这一限额，就是违法，是不允许的，是要受到法律制裁的。但法令有限额的规定是一回事；而这种限额，对于农民来说，是否有限制作用，会不会由于贯彻这一规定而使农民丧失一部分土地，则是另一回事。为了回答这一问题，必须先观察一下当时农民实际占有土地的情况。

首先看一下敦煌出土资料。据西魏大统十三年户籍计账文书上的记载，西魏时，敦煌地区一丁男应受田为三十亩、一丁女应受田为十五亩。一夫一妇应受田为四十五亩。从户籍部分看，没有一户受田是足额的。从计账部分看：三十三户应受田总计为十八顷四十七亩，已受总计为十顷四十六亩,未受总计为八顷一亩,已受占应受额的56%弱;从有丁男的二十六户来看,二十六户计有丁男三十七人,应受总计为一千七百一十三亩,已受总计为九百三十亩,已受占应受额的54%弱,平均每一户已受田为35.8亩,每一丁男已受田为二十五亩强。⑤都是远远达不到应受额的。唐代的情况与西魏相似。根据对敦煌地区的户籍手实上比较完整的有丁男的三十一户的统计,三十一户合计为丁男四十八人,共受田一千六百七十八亩,平均每户已受田为54.4亩,每一丁男已受田35.1亩强。⑥与一丁男百亩的应受额相差甚远。

其次,从文献记载上看,《通典》卷6"唐天宝中计账地税"一项下面的夹注,天宝时,平均每一户的耕田为七十亩。那么,一般自耕农民每一丁男所有的土地,自然比七十亩还要少。而天宝时期,大家知道,经过唐初以来一百三十多年的发展,生产力有了不少提高,耕田面积,有了很大的扩展。《元次山集》卷9《问进士第三》:"开元天宝之中,耕者益力,四海之内,高山绝壑,耒耜亦满。"就是很好的说明。既然在生产力有了不少提高的天宝时期,平均每一户所能种植的耕田面积,只有七十亩,那么,自北魏到唐初这一段时期,也不可能再多。谷霁光先生在《汉唐间一丁百亩的规定与封建占有制》一文⑦中,论证了一丁百亩已经属于小地主占有范畴,根本不是自耕农所能达到的水平。是颇有道理的。一丁百亩的标准,一般农民确实是难以达到的。如果占有土地的数量,超过了一丁百亩,也就不成其为农民,而成为地主了。既然如此。自北魏到唐,关于一般农民最高受田限额的规定,对于农民来说,不是定低了,在占有土地时,感受到限制,而是定高了,不可能达到。因而这一限额对于一般农民,实际上并没有什么限制作用;也就不会发生这样的问题——由于贯彻这一限制,反而使农民丧失了一部分超过限额的土地。何况田令对于超过限额的私有土地,是保持不动的。因而田令公布后,不仅达不到一丁百亩的农民,根本不会丧失土地,而且超过了一丁百亩的小地主,同样也不会由此丧失掉超过限额的一部分土地。

还应说明,封建政府虽然并没有按照规定额如数授给农民土地,农民占田的数量也达不到政府规定的最高受地标准,但也不是说农民就连一点土地也没有得到。如果这样说,也是不符合史实的。

从北魏到唐这一时期来看,凡是经过激烈的阶级斗争之后,尤其是隋末农民大革命给予豪强大族以沉重打击之后,农民就能取得较多的土地。均田令中有关条款有利于农民的一面,就能显露出来。反之,在较长的和平发展时期之后,田令中有关限制豪强,授田给农民的规定,就日渐弛坏,以致成为空文。这说明农民能够获得较多的土地,并不是出于帝王相臣的恩赐,而是依靠自己的斗争。具体些说,在均田制施行时期,农民获取土地的途径大致有三:(一)在长期战乱或激烈的阶级斗争,尤其是疾风暴雨式的农民大革命之后,社会上有相当无主的土地,事实上已为广大农民所占有着、耕种着。参照事久难明,悉属今主这一原则的精神,政府通过均田令承认了这一既成事实。用桑田(永业)、露田(口分)的名目,登记下来,就算是农民的已受地。这是农民取得土地的主要途径,数量也较多。(二)农民在力所能及时,可以按照应受额,请受荒闲无主土地。这需要具备主客观两方面的条件。一方面,一般只能在人口稀少、土地较多的地区,才具有客观的可能性。另一方面,开垦荒田,是向大自然作艰苦斗争的过程,只有当农民具备了扩大再生产的能力,才能进行。从北魏到唐,客观方面的条件,在不少地区,是经常存在的。但主观方面的条件,就不是这样。由于小农本身经济力量薄弱,统治阶级对小农无情压榨,使小农生产经常只能在简单再生产的过程中,反复进行,有时甚至连简单再生产也被中断,只在所谓政治比较"清明",政府实施"与民休息"政策的时期,农民中的一小部分(主要是富裕农民)才有可能有些积累逐步开垦荒田,扩大耕地面积。(三)政府在一定时期,一定地区,把政府所掌握的一部分土地,分授给农民。这当然不会经常,数量不会众多。但从散见于史籍上的记载来看,也是不可否认的。试以唐代西州为例。唐代西州是土地严重不足的狭乡地区。但唐太宗贞观十四年取得高昌以后,为了巩固对西州的统治,于贞观十六年下诏:"彼州所有官田,并分给旧官人、首望及百姓等。"这诏文所指西州所有官田的具体数额,到底有多少,史无明文,不得而知,而且分配对象中包括了旧官人、首望,因此,分到百姓手中的土地,估计是不会多的。但无论如何可以说政府或多或少把土地分授给农民。最有说服力的证明为,吐鲁番出土的给田文书,一直到开元二十五年,西州高昌还在进行土地的还授。西州是狭乡地区,土地严重不足,政府还把一部分土地授给农民,那么在田多的地区,政府授给农民以一定量的土地,这种可能性,更是不能排斥的。唐代田令规定,农民把土地出卖之后,政府就不再授予。但是唐代政府还一再下令对于弃卖田宅,外逃归来的农民,要分授一些土地,进行安置。这些官样文章,能否兑现,虽然是大成问题的,但也说明政府在可能条件下,是会分授一些土地给农民的。唐代史籍记载与出土资料也证明了这一点。

唐代政府把土地分授一些给农民,并不是出于对农民的仁慈,而是为了稳固自己的统治,为了进行赋役剥削。

唐代均田制与租庸调制是密切相关的。征收租庸调的直接对象,主要是政府直接控制的均田制农民。如果农民没有一定数量的土地,连苟延残喘的生活也不能维持,自然就谈不到向政府缴纳租调、提供力役。政府即使用强力进行征发,也只会引起农民的反抗,使阶级矛盾尖锐化,危及地主阶级及其政府对农民的统治。因此政府为了缓和阶级矛盾,稳定统治秩序,为了对农民进行赋役剥削,在一定时期一定地区,分授一些土地给农民,从阶级斗争的角度来看,也并不是不可理解的。

法令上除了对农民授田最高限额的规定外,还要求农民保持最低限额的土地。这一点以往的研究者,一般是不大注意的。

《魏书·食货志》太和九年均田令:"诸初受田者,男夫一人给田二十亩,课莳余种桑五十树、枣五株、榆三棵。""诸桑田皆为世业、身终不还,恒从见口;有盈者无受无还,不足者受种如法;盈者得卖其盈,不足者得买所不足,不得卖其分,亦不得买过所足。"

上引令文规定:第一、一丁男受田时,给田二十亩为桑田。第二、桑田与露田不同,露田是还受田,桑田是世业田,世代相传,身死不退。第三、一丁男桑田不满二十亩,可以依法受足或买足。第四、桑田多余的不退还,而且可以出卖,但一丁男二十亩的份额,则不准出卖。由这四点看来,在一般情况下,即使得不到露田,一丁男至少可保有桑田二十亩。这可以说是均田令要求农民保有土地的最低限额。北魏这一最低限额,以后各朝大致都延续了下来。到了唐代则增加了一条补充条款:"诸庶人有身死家贫无以供葬者,听卖永业田;即流移者亦如之。"

只在特殊情况下,才允许出卖一丁的二十亩永业田,一般情况下,是不允许的。从敦煌出土的唐代户籍手实看,一丁永业田二十亩,绝大多数是足额的。说明这一最低限额,在现有的均田户中,基本上是保持着的。

均田令所以要求一丁男至少要保有二十亩永业田,其根本目的并不是为了保护小农,而是为了保证政府对农民的赋役剥削,为了稳定对农民的统治。正因为如此,均田令才规定二十亩桑田不准出卖,政府在一定时期还或多或少分授给农民一些土地,使农民至少能保持最低额的土地,以保证农民能固着于土地上,以利政府的统治和剥削。

但这一如意算盘是打不成的。想使小农永远稳定下来的企图,只是一种不可能实现的幻想。因为小农经济地位是极为脆弱的,极不稳定的。它本身必然会向两极分化,在政府苛重的赋役压榨下,在豪强大族,在商人高利贷者的进攻下,绝大多数必然会贫困破产。这是不以封建政府的法令为转移的。不仅如此,而且当农民贫困破产,被迫出卖仅有的一点土地时,政府限制出卖二十亩永业田的法令,不但不对农民起丝毫保护作用,反而对农民起有害作用。[8]因为如果能公开出卖,自由出卖,卖主还是可以取得较为"公平合理"的地价。相反,由于政府限制出卖、禁止出卖,农民卖掉桑田,就是一种违法行为,就不敢公开进行。这样有势力的买主乘农民之危,压低地价。《通典》卷2《食货·田制》下引《关东风俗传》记载,北齐时豪强对土地的兼并非常激烈,农民不仅出卖桑田,而且也出卖露田。政府严令禁止,并且奖励告发。但毫无效果。其书称:"纠赏者依令:口分之外,知有买匿,听相纠列,还以此地赏之。至有贫人,实非赜长买匿者,苟贪钱货,诈吐壮丁口分以与纠人。"这段文字的意思是说,由于政府禁止土地买卖,贫苦的农民到了需要急用钱货,被迫出卖的土地时,就与买主串通,由买主装作以纠人的身份,向政府告发贫苦的农民非法获得土地,贫苦农民自己也假意承认买主所告发的为事实,于是政府就把该段土地赏给了纠人(实际上是买主)。这样一来,北齐政府奖励告发买卖土地的法令,走到了它自身的反面,变成了贫苦农民出卖土地的一种合法外衣。这说明了在经济规律面前,违背它的法律最终是无能为力的。土地买卖是当时的必然趋势,依靠一纸禁令,企图使它停止,是行不通的。而且还说明这种禁令,对于无法生活下去,而非出卖土地不可的农民,不仅没有好处,反而增加了许多困难。

对于上述叙述进行简单归纳,均田令对于农民既规定了占有土地的最高限额,又规定要保持最低限额的土地,其目的是使社会上能有一个数量众多的小自耕农阶层,并且使它比较稳定,以利于政府统治和剥削。

概括本文,均田制是协调统治阶级内部关系,调节统治阶级与农民阶级关系,其实质是建立一种剥削秩序,使地主阶级及其政府对农民的压迫、剥削,制度化、法定化,以巩固封建统治。在法令上表现为关于豪强大族官僚地主、一般农民,占有土地数量不同的一套等级限额制度,既保证官僚地主可以依法占有数量众多的土地,又限制了他们无限制地扩大土地所有(尽管这是行不通的)。同时,既规定农民占有土地的最高限额,又要求农民要保持最低限额的土地(尽管这也是行不通的)。具体办法是,第一,承认地主、农民在长期战乱后,已占有着、耕种着的无主土地这一事实,把这些土地,用桑田(永业)、露田(口分)名目予以登记,就算是已受田。在一定时期,一定地区,还可以按应受额授受一些土地。第二,在不触动土地私有权的前提下,把地主和农民的私有土地,用永业(或桑田)名目进行登记,计算在已受田中,充抵应受额。不足应受额的,可以依法请授,超过的保持不动。这种办法,承认了占有土地的既成事实,肯定了地权,避免了争地纠纷,稳定了农民的情绪,有利于恢复和发展生产。这在均田制施行的开初一段时间,表现得比较明显。但随着时间推移,生产恢复和发展,土地兼并激烈,阶级矛盾尖锐,均田制日趋弛坏,以致最后崩溃,统治阶级企图通过均田制来巩固统治的梦想必然幻灭。

(《纪念李埏教授从事学术活动五十周年史学论文集》,云南大学出版社1992年版)

注释:

① 《历史研究》1963年第5期《关于北魏均田制的实质》。
② 在日本史学界,有限四牛及限四年之争,但一头牛至少可以用来耕作十多年,限止四年,于理不通。
③ 《通典》卷2载隋代田令的这一条,少者至三十顷,与《隋书》不合。我们认为以《隋书》的记载为是。
④ 自北魏到唐还有老小寡妇癃疾等授田的规定,我们在这一段的比较中,有意

识把它省略了。
⑤ 每一丁男已受田为二十五亩强,是把丁女等的受田都算在丁男账上后的结果,其实每一丁男已受田额,并没有这样高。
⑥ 每一丁男已受田 35.1 亩强,是把各户的老男、寡妇等的受田及勋田等都算在丁男账上后的结果,其实每一丁男受田额还达不到这么高。
⑦《江西大学学报(社会科学版)》第一期,1963 年 9 月。
⑧《列宁全集》卷 18《农民土地的转移》:从经济的观点来看,对土地转移的任何禁止和限制,都有莫大的害处。在生活条件还勉强过得去的时候,农民绝不会出卖自己的土地,如果在贫困或者其他情况(迁移、强劳动的人死亡等)下不得不出卖时,任何法律也制止不住。人们会随时规避法律,禁止只有使出卖土地的条件更加恶化。

唐代水车的使用与推广

水车又名翻车、龙骨车、水龙、踏车等。在近代化的扬水机发明前,它是一种效用最高、社会上普遍使用的灌溉工具。文献记载,汉灵帝中平三年(186),掖庭令毕岚作翻车、渴乌,施于桥西,用洒南北郊路,以省百姓洒道之费。[①]又《魏略》云:马钧作翻车,令儿童转之,而灌水自覆。我国至晚在东汉时,已发明了水车,用于引水灌溉,比欧洲使用水车要早十五个世纪。我国劳动人民这一伟大创造,在农田灌溉方面发挥了多大作用?汉魏以后,历两晋南北朝,以至隋朝,现存文献缺乏记载。到了唐代,才清楚地知道水车广泛使用于灌溉,对于促进农业生产起了很大作用。《太平广记》卷250 邓玄挺条(出《启颜录》):

> 唐邓玄挺入寺行香,与诸僧诣园,观植蔬,见水车,以木桶相连,汲于井中。乃曰:"法师等自蹋此车,当大辛苦。"答曰:"遣家人挽之。"

邓玄挺所见的水车,乃是北方灌溉旱田用的立井式水车。这是有关这种水车的最早记载。刘禹锡诗中有:"伊哑转井车。"[②]也是指这种水车。从"遣家人挽之"来看,它的动力是利用人手力量推动回转,汲取井水,以灌农田。我国在唐代以前,碾硙磨面早就利用牛马骡驴等畜力回转,因此,这种立井式水车很自然地会利用畜力来运转。再从邓玄挺的问话"法师等自蹋此车"看,蹋此车即踏此车。当时社会上早已广泛使用了脚踏水车,邓玄挺和诸僧熟悉踏车的含义,才会有那样的发问。邓玄挺《旧唐书》卷190有其传,死于武周永昌元年(689)。因此,可以窥见武周以前,已有了手推的、牛拉的立井式水车和脚踏水车。北方旱田灌溉,既使用水车,那么在湖泊纵横的水网地区,水车使用,必定更为广泛。《杜诗镜铨》卷8《春水诗》有"连筒灌小园",注引李实曰:"川中水车如纺车,以细竹为之,车首之末傅以竹筒。旋转时,低则舀水,高则泻水。"在长江流域上游的四川地区,有利用水力转动的竹筒水车,已使用于农业灌溉。这种水力转动的竹筒水车,陈廷章的《水轮赋》③曾形象地加以描绘。"水能利物,轮乃曲成。升降满农夫之用,低徊随匠氏之程。始崩腾以电散,俄宛转以风生。虽破浪于川循,善行无迹;既斡流于波面,终夜有声。""信劳机于出没,惟与日而推移。""殊辘护以致功,就其深矣;鄙桔槔之烦力,使自趋之。"形容这种凭借水力转动的水车,起动旋转是多么灵巧自如,戽水功效是多么高,不用人力畜力,可以长年累月,日夜不停地转动戽水。"钩深致远,沿徊而可使在山;积少之多,灌输而各由其道。""低徊而涯岸非阻,委曲而农桑是训。惠可周于地利,空沾负郭之田。材足任于天津,寄临川之郡。池陂无漉,畎浍既潴。""当浸稻之时宁非沃壤;映生蒲之处,相类安车。"有了水转筒车,可以把较远的水源引到近处,把低水位的水提到高处,蓄积起来,通过各种渠道,蜿蜒曲折流向需水地方,滋润农桑。广阔的农田,可以普遍受益,肥沃的负郭之田,灌溉更有保障。在湖泊纵横、水力丰富的地区,水转筒车的作用更大。有了它,池塘再也不会干涸,田塍沟渠里流水滚滚。由于有了好的水利灌溉,土地得到改良,一块块农田变成膏腴沃壤,水稻长势茂盛,丰收有望。水转筒车的作用是多么大呀!真是人无灌溉之劳,田有常熟之利。

四川地区还有使用人力转动的水车。《太平广记》卷205皇甫直条(出《酉阳杂俎》)记载：元和中，蜀将皇甫直为了从池中找寻宝物，乃"集客车水，竭池穷泥"。唐宪宗时，四川地区人力转动的水车，大概已普遍使用，因此，为了从池塘中寻找东西，就立即想到利用水车把水戽干。

在长江下游的江南地区，水车的使用尤为广泛。《全唐文》卷78李蟠《请自出俸钱收赎善权寺事奏》记载，太和中，江南道常州义兴县境(治即今江苏省宜兴县境)天旱水小，农田缺水时，就利用水车，"车声才发，雨即旋降"，戽水的效用很高。《旧唐书》卷17上《文宗纪》："太和二年三月丙戌朔，内出水车样，令京兆府造水车，散给缘郑、白渠，以溉水田。"《册府元龟》卷497《邦计部·河渠门》："文宗太和二年闰三月，京兆府奏，准内出样造水车讫。时郑、白渠既役，又命江南征造水军匠(水军匠应为水车匠之误)。于禁中亲指准，乃赐畿内诸县，令依样制造，以广溉种。"这两条记载有密切联系。前一条系封建中央政府颁发水车式样于京兆府，令该府依样制造，散发给郑国渠、白渠一带百姓，用来车水灌溉。后一条系京兆府报告执行上述诏令情况，以及又一次下令从江南道征发水车工匠，令依样制造水车。为什么要这样做呢？关中地区早在战国时期，已大规模地开渠引水，以溉农田。郑、白渠是主要的灌溉渠，本可溉农田四万余顷。到唐代后期，由于王公贵族、富商大贾，竞造碾硙，堰遏费水，渠流梗涩。枯旱季节，漫溢灌溉，难以进行，严重影响春耕生产。因此，封建政府才制造水车，发给沿渠百姓，戽水灌田。但关中地区缺少会制造水车的工匠，就一再下令从江南地区征发工匠来制造。由此可见江南地区会制造水车的工匠很多和使用水车的普遍。

如果上述一些记载还嫌不够的话，那么，在日本有一条关于唐代广

泛使用水车的材料,记载颇为具体生动,未见国内史学界引用,现抄录于后:

> 太政府符
>
> 应作水车事
>
> 右被大纳言正三位兼行近卫大将良峰朝臣安世宣称:耕种之利,水田为本。水田之难,尤其旱损。传闻唐国之风,渠堰不便之处,多构水车。无水之地,以斯不失其利。此间之民,素无此备,动若焦损。宜下仰民间,作备件器,以为农业之资。其以手转、以足踏、服牛回等,备随便宜。若有贫乏之辈,不堪作备者,国司作给。经用破损,随亦修理。其料用救急稻。
>
> 天长六年五月廿七日。④

日本天长六年当唐朝文宗太和三年(829)。文件中说得很清楚,当时唐朝统治地区,水利灌溉为"渠堰不便之处,多构水车",即一为开造堰渠,导引江河湖泊之水,进行灌溉;二为广泛使用水车。水车种类有依靠人力运转的手转水车和脚踏水车,有依靠畜力的牛拉水车。所谓"无水之地,以斯不失其利",并不是附近没有水,而是指有水但水位不高,不能进行漫溢灌溉的,中国就广泛使用水车吸水灌溉。"传闻唐国之风",也不是一般的所谓传闻。唐代广泛使用水车的情况,当时日本出使中国的官员,来唐的留学生、学问僧、商人等,在中国实地考察后是了解的。日本民族善于学习别国的先进经验。在当时到中国的日本友人看来,中国的水利灌溉工作是比较先进的,由于广泛使用手转、脚踏、牛拉等水车进行灌溉,种植水稻就不会"动若焦损",收获就有保证。因此把水车式样带回日本。天长六年五月,天旱水小,眼看水稻就要焦枯而死,就学习中国,以广泛动员民间力量为主,官府帮助为辅,因地制宜,制造手转、脚踏、牛拉等各类水车。由此说明我国到唐朝时，不仅水车广泛使用于农业灌溉，而且手转、脚踏、牛拉水车等已传到日本。过去有人根据马远所画的《柳阴云锥图》，说南宋时中国已有了牛转水车。其实，牛转水车早在唐代已广泛使用，且已传到日本。因此，它的创造年代应大大提前。

唐代水车广泛使用，对于农业生产，特别是长江流域经济发展，起了很大作用。

我国江南地区，湖泊纵横，雨量充足，水利资源丰富，气候温暖，适宜于种植水稻。唐代在江南地区，广泛进行水利建设，疏凿湖塘，开筑渠堰，导引江湖之水，流向所要灌溉的田地，种植水稻。但这种漫溢灌溉，一到降雨量少的枯水季节，江湖水位下降，就难以进行，如不辅以水车等工具进行灌溉，水稻缺水，就会影响生长，严重的甚至焦枯而死，颗粒无收。再有水位低的地方，不用机械把水提向高处，无法灌溉农田，种植水稻。因此，广泛使用水车后，水位高，可以漫溢灌溉的，辅以水车，收成更有保证；水位低，不能漫溢灌溉的，就用水车戽水。这样就可以扩大水稻种植面积。唐代中后期，长江流域尤其是江南地区，大规模种植水稻，水车广泛使用，当是重要原因之一。"东屯大江北，百顷平若案。六月青稻多，千畦碧泉乱。插秧适云已，引溜加溉灌。"⑤"百顷平若案"，江淮地区已大面积种植水稻。"引溜加溉灌"，大概是指用两种方法进水，主要的方法是引溜，即导引江湖之水进行漫溢灌溉，其次，辅以水车，戽水灌溉。极目闾门外，也是千里秧苗。⑥苏州一带也是大面积种植水稻。"三吴当中央，罢亚百顷放"。⑦罢亚即穲䅉，就是籼米，又名早稻。罢亚百顷放，自然是大面积种植了。这样大面积的水稻，靠什么来灌溉？除了构筑堤堰，穿渠引水，就靠牛拉、脚踏、手转、水转水车等戽库水灌溉。

水稻比之麦禾等旱田作物产量要高。大量种植水稻，就能提供更多粮食。"江东诸州,业在田亩。每一岁善熟,则旁资数道。""军国大计,仰于江淮。"⑧"湖南、江西管内诸郡,出米至多,丰熟之时,价亦极贱。"⑨唐代中后期,东南地区所以能生产大量粮食,以致可以调往北方,这与水车广泛使用,稻田面积扩大,收成有一定保证是分不开的。

稻田面积扩大,粮食产量增加,为经济作物的发展准备了条件。唐代中后期,南方地区茶叶、蚕丝等发展很快。如种茶业,产地包括江淮、浙东西、岭南、福建、荆襄、四川等,分布广,所产茶叶行销全国各地。这与粮食产量增加有密切联系。

稻田种植面积扩大,也反映了精耕细作程度提高。《唐六典》记载:"凡营稻一顷,将单功九百四十八日,禾二百八十三日。"在相同面积上稻田所投下的劳力为旱田的三倍以上。江南大量种植水稻和经济作物的发展,就要求有更多的劳动人手。唐代南方人口显著增加。玄宗开元末天宝初,江南道有户一百七十多万,比隋大业时相应地区约增加一百三十万户。唐代后期,封建政府控制的户口大幅度减少,各州户口普遍下降,但长江流域一些州比之北方地区的州,户口减少比例相对要小,个别的还有增加。如苏州元和时有十万多户,比开元时增加三万多户,⑩襄州开元时三万六千多户,元和时为十万七千多户,增加近两倍。⑪户口所以增加,原因是多方面的,但唐代江南地区人口显著增加,与生产发展需要有关。唐代后期,长江流域一系列城市发展起来,扬州、成都、江陵、杭州、苏州、洪州等城市,比起北方地区一些城市,在经济上的地位提高了,经济重心从黄河流域向长江流域转移。这都和长江流域经济发展有关,它的基础是稻田面积扩大,粮食产量增加。而唐代水车的广泛使用,尤其是应该引起我们注意的。

后记:此文发表于《文史哲》1978年第4期。这是一篇豆腐干那样小块文章,发表后曾受当面讥笑。我之所以发表此文,是看了中学历史教科书,说牛拉水车从宋代开始。我提了意见,牛拉水车在唐代已传入日本,唐代早已有了。但人民教育出版社不予理睬,第二年照旧不改。

(《文史哲》1978年第4期)

注释:
① 《后汉书》卷78《张让传》又注:翻车,设机车以引水;渴乌,为曲筒,以气引水上也。
② 《全唐诗》卷357刘禹锡《同乐天和微之深春二十首》之十九。
③ 陈廷章《水轮赋》,见《全唐文》卷948、《文苑英华》卷33。
④ (日)《类聚三代格》卷8。
⑤ 《全唐诗》卷221杜甫《行官补稻畦水归》。
⑥ 《白香山诗集·长庆集》卷1《杂兴三首》。
⑦ 杜牧《樊川诗集》卷1《郡斋独酌》。
⑧ 《权载之文集》卷47《论江淮水灾疏》。
⑨ 《元和郡县图志》卷21《山南道襄州》。
⑩ 《唐大诏令集》卷72《乾符二年南郊赦》。
⑪ 《元和郡县图志》卷25《江南道苏州》。

唐代茶业

一

我国是茶树原产地,也是世界上饮用茶叶最早的国家。相传已有几千年的历史。茶在古代称"荼",又名槚、蔎、茗、荈、皋芦,等等。到了唐代,才将"荼"字改成"茶"字。

古籍中有关茶事的记载,最早见于《周礼·地官》:掌荼,"掌以时聚荼,以供丧事"。《晏子春秋》卷6亦云:婴相齐景公时,"食脱粟之食,炙三弋、五卵、茗菜耳矣"。可见战国时茶叶曾作为祭祀用品,偶有啖之者。公元1世纪,文献上已有烹茶买茶的记载。王褒《僮约》中说:"烹荼尽具,已盖藏。""武阳买荼,杨氏荷担。"王褒为蜀人,武阳亦蜀地,可见西汉时,蜀地茶叶不仅作为饮料,而且作为商品买卖了。从汉至魏晋南北朝,饮茶习俗逐渐传到长江下游,茶树栽培和茶叶加工也有相应发展。到了唐代则进入了一个新的阶段。唐代茶业在中国和世界茶业史上占有重要的地位。本文试图从唐代茶业盛况、世界第一部茶书和封建官府的掠夺阻碍茶业发展等方面对唐代茶业作一初步探讨。

二

唐代茶业盛况,首先表现在饮茶风俗的普及。《封氏闻见记》卷6

《饮茶》载:"茶,早采为茶,晚采为茗……南人好饮之,北人初不多饮。开元中泰山灵岩寺有降魔师,大兴禅教,学禅务于不寝,又不夕食,皆许其饮茶。人自怀挟,到处煮饮,从此转相仿效,遂成风俗。自邹、齐、沧、棣,渐至京邑,城市都开店铺,煎茶卖之,不问道俗,投钱取饮。其茶自江淮而来,舟车相继,所在山积,色额甚多。楚人陆鸿渐为茶论,说茶之功效,并煎茶、炙茶之法,造茶具二十四事,以都统笼贮之,远近倾慕,好事者家藏一副。有常伯熊者,又因鸿渐之论,广润色之,于是茶道大行,王公朝士,无不饮者。""穷日尽夜,殆成风俗。"

《茶经》六之《饮篇》也记载:"滂时浸俗,盛于国朝,两都并荆俞间,以为比屋之饮。"

《唐会要》卷84《杂税》载:长庆元年(821)左拾遗李珏奏:"茶为食物,无异米盐。人之所资,远近同俗,既祛渴乏,难舍斯须,田闾之间,嗜好尤切。"

南北朝时期,饮茶风气在长江流域虽很普遍,但在北方还比较少见,到了唐代,由于南北交往密切,陆羽、常伯熊等人提倡,饮茶习俗,风靡全国,上至王公朝士,下至百姓、路人,普遍爱好饮茶。甚至达到"穷日尽夜""无异米盐"的程度,足见茶已成为人们日常生活必需品了。

当时茶叶不仅普及内地,而且在边疆兄弟民族居住的地区也进一步传开,茶马交易亦应运而生。

李肇《唐国史补》卷下载:"常鲁公使西蕃,烹茶账中,赞普问曰:'此为何物?'鲁公曰:'涤烦疗渴,所谓茶也。'赞普曰:'我此亦有。'遂命出之,以指曰:'此寿州者,此舒州者,此顾渚者,此蕲门者,此昌明者,此湿湖者。'"可见内地很多名茶已经进入西藏地区。

《封氏闻见记》亦载:"茶道大行……始自中地,流于塞外,往年回纥入朝,大驱名马,市茶而归。"《新唐书》卷196《隐逸·陆羽传》也有同样记载:"此后尚茶成风,时回纥入朝,时驱马市茶。"

用大量的优良马匹,换回茶叶,可见回纥居住地区饮茶风气之盛。茶马交易,在兄弟民族之间起到了互通有无的作用,进一步密切了汉族与边疆兄弟民族的关系,有利于政治上进一步统一。而始于唐朝的茶马交易,到了宋朝则更为发展了。

其二为茶叶种类众多,名品益众。就茶叶的种类和品质而言,唐代茶叶分为觕(粗)茶、散茶、末茶和饼茶四大类;由于各地条件和茶树品种不同,采摘和加工殊异,茶叶品质又有优劣之分;广大群众只能饮用价格低廉的粗茶,细茶和名品专供王公贵族、官僚地主、富商大贾享用。陆羽《茶经》曾把唐境茶叶产地分为山南、淮南、浙西、剑南、浙东、黔中、江西、岭南等八大产区,逐一品评,定列等次。《唐国史补》卷下记载:由于"风俗贵茶,茶之名品益众,剑南有蒙顶石花,或小方,或散牙,号为第一;湖州有顾渚之紫笋;东川有神泉,小团、昌明、兽目;峡州有碧涧、明月、芳蕊、茱萸;福州有方山之露牙;夔州有香山;江陵有南木,湖南有衡山;岳州有㴩湖之含膏;常州有义兴之紫笋;婺州有东白;睦州有鸠坑;洪州有西山之白露;寿州有霍山之黄芽;蕲州有蕲门团黄。而浮梁之商货不在焉"。

这里记载的名茶已有廿多种,这些名茶是劳动人民经过长期辛勤劳动和精心加工制作的结果。虽然不能说都是唐朝才出现的,但在唐朝不断总结经验加以提高,并逐一品评,定列等次是无疑的,说明这些名茶已为唐人所熟知,也反映了唐朝茶业之盛。

其三为产区的扩大。由于饮茶风气盛行,茶叶需要量大增,促使农户大力植茶,茶树栽培区迅速扩大。据《茶经》《新唐书·地理志》《唐国史补》等记载,当时产茶地达五十多州。遍及今四川、广东、贵州、云南、福建、浙江、江苏、江西、安徽、湖北、湖南、河南、陕西等十四省。其地理位置,多在秦岭淮河以南,气候温湿,适宜茶树生长。这些地区,许多丘陵和山坡上都种植有茶树。"江淮人,什二三以茶为业",[①]泸州境内

"作业多仰于茗茶",②祁门县"邑之编籍民五千四百余户,其疆境亦不为小,山多而田少,水清而地沃,山且植茗,高下无遗土"。③真是畸角山麓,遍植茶树。也有在平地设置茶园的,只不过种茶"若于平地,即须于两畔深开沟垄"④而已。因此唐朝茶叶产量很大。据《元和郡县志》记载,仅浮梁茶的买卖,每岁就有七百万驮。⑤《文献通考》卷18《榷茶》载:穆宗即位,两镇用兵,帑藏空虚,禁中起百尺楼,费不胜计。盐铁使王播乃增天下税。率百钱增五十。江淮、浙东西、岭南、福建、荆襄、播自领之,两川以户部领之。江淮、浙东西、岭南、福建、荆襄、两川(川东、川西)是重点产茶地区,唐政府要靠这些地区的茶税来解决财政困难,因此要由盐铁使王播和朝廷的户部直接掌管茶税,可见这些地区产茶量之大、销售量之多和在国库收入中之重要地位。

我国直到1949年前,传统的产茶省份为广东、广西、福建、四川、云南、贵州、湖南、湖北、江西、浙江、江苏、安徽、河南、台湾、山西、山东、陕西、甘肃等十八省,其中最后四省,位于我国北方,产量少,品质差,在我国茶叶产地中所占地位并不重要,主要产茶地是前面十四省,产地的中心地区是皖南丘陵、浙闽丘陵、江南丘陵和四川盆地。上述1949年前的产茶省份和产茶中心地区,除台湾省外,在唐代就是重要的产茶地区。由此,可得出一重要结论,我国茶叶生产布局、茶叶生产的中心在唐代已经基本形成,可见唐代茶业在中国茶叶发展史上所占地位之重要。

种植茶园的,大量是农民。"江南百姓营生,多以种茶为业。"祁门县"编籍民五千四百余户""千里之内,业于茶者,[什]七八矣"。⑥茶农又分自耕农和佃农两种。自耕农,依靠全家男女老少劳动,在自己的土地上种植茶树,采摘茶叶,加工制造,"由是给衣食,供赋役"。⑦靠出卖茶叶换取钱帛粮食,缴纳赋税,维持生活;佃农租种地主的茶园,缴纳"茶租"。经营茶园的,除广大农民外,也有地主。地主经营茶园有两种方式:一是自己经营,雇佣长工、短工种植、采摘、制造。"九陇人张守珪,仙君山有茶园,每岁召采茶人力百余人,男女佣工杂处园中。有一少年,自言无亲族,赁为摘茶"。⑧采摘茶叶很费人力,采摘季节,地主茶园里总是雇佣大批短工进行采摘,被雇佣的有男工、女工和童工。地主经营茶园的另一种方式是出租。如陆龟蒙于顾渚山下置茶园,"岁入茶租十许簿"。⑨顾渚山位于吴兴西北的长城县(今长兴县),是名茶紫笋产地,许多地主在那里竞置茶园,剥削渔利。封建政府,从胡庭到州县,也利用官田,设置茶园,甚至用暴力把民园变成官园。《穆宗即位赦》中即提到官有茶园。⑩《册府元龟》卷493《邦计部·山泽门亦》载:"元和十一年,讨吴元济,二月诏寿州以兵三千,保其境内茶园。"寿州黄芽是当时名茶,唐朝对淮西用兵时,特别强调要以兵三千保护寿州茶园,足见寿州茶园规模之大,以及这类茶园在经济地位上之重要。

其四为贸易的繁荣。随着饮茶普及全国,唐代茶叶买卖,呈现空前盛况。在城市里,以茶为饮料的茶店茶铺,到处可见,专门经营茶叶的茶商也应运而生。茶商又分为行商和坐贾两种,行商从产地采购茶叶,转运到城市里,通过"牙人"转贩给城市里的坐贾,坐贾收购大批茶叶后,以批发和零售方式,再转卖出去。

《太平广记》卷24《刘清真》(出《广异记》):"唐天宝中,有刘清真者,与其徒二十人于寿州作茶,人致一驮为货,至陈留遇贼。"寿州是当时主要产茶区之一,霍山黄芽又是当时的名品,不仅在内地畅销,而且远销藏族地区,许多茶商到此采购,刘清真就是其中一个例子,他雇佣了二十人,买了二千斤茶叶,从陆路向北方运送。

《太平广记》卷172《崔碣》(出《唐阙史》):"有估客王可久者,膏腴之室,岁鬻茗于江湖间,常获丰利而归。"河南洛阳富商王可久每年靠贩运南方茶叶获取巨利。《太平广记》卷290亦载:鄱阳细民吕璜,"以货茗为业,往来于淮浙间。时四方无事,广陵为歌钟之地,富商大贾,动逾数百。璜明敏,善酒律,多与群商游"。吕璜本是江西一个微不足道的人,因在江淮一带贩卖茶叶,竟能在唐代最大的商业城市广陵,与第一流的富商大贾结交游乐,过花天酒地的生活,可见经营茶叶获利之厚。

当时南方茶叶,通过扬子江、南北大运河和陆路交通,转运集散,贩往北方。"其茶自江淮而来,舟车相继,所在山积,色额甚多",于是"设邸阁,居茶取直",⑪即设置邸阁,存放商人的茶叶,收取栈租。在茶叶出口地和转运中心,更是茶商云集。江州就是当时浮梁茶的出口地,茶商很多。《全唐诗》卷435白居易《琵琶行》诗云:"老大嫁作商人妇,商人重利轻别离,前月浮梁买茶去……"可见一斑。江州治今九江市,九江市是我国解放前三大茶市之一,由来已久。在唐代,该地已是最大的茶叶集散中心之一。一些偏僻的山区,也因种植茶树而得到开发,热闹起来。如:

《全唐文》卷802张途《祁门县新修闾门溪记》载:"祁之茗,色黄而香,贾客咸议,愈于诸方,每岁二三月,银缗缯素求市,将货他郡者,摩肩接迹而至……或承负,或肩荷,或小辙而陆也。如此纵有多市,将泛大川,必先以轻舟寡载就其巨艎。"茶商云集,一片热闹繁忙景象。

《全唐文》卷751杜牧《上李太尉论劫江贼书》中也讲到茶山热闹情景:"茶熟之际,四远商人,皆将锦绣缯缬、金钗银钏,入山交易,妇人稚子尽衣华服,吏见不问,人见不惊。是以贼徒得异色财物,亦来其间,便有店肆为其囊橐,得茶之后,出为平人。"真是"山泽以成市,商贾以起家"。⑫由于买卖兴隆,盛况空前,用珍贵的纺织品和金银器入山交易已习以为常,以致一些惯盗也可以趁机把所劫"异色财物"安然地出售,换取茶叶。

茶业的兴起,对唐朝社会发生了直接的影响:山区开发了,一些偏僻的地区,变成了热闹的城市,一批以经营茶叶致富的商人也出现了;同时也推动了水陆交通的建设。《新唐书·地理志》记载:江南道歙州新安郡歙县"东南十二里有吕公滩,本车轮滩,湍悍善覆舟,刺史吕季重以俸募工凿之,遂成安流"。祁门县"西四十里有武陵岭,元和中令路旻凿石为盘道,西南十三里有阊门滩,善覆舟,旻开斗门以平其隘,号路公溪"等。这些地区水陆交通的改善,重要原因之一,是为了改善茶叶的运输。

三

唐朝以前,有关茶事的记载,虽见于史书、诗赋、故事、寓言、传说或医药书中,但多属于一些零星片段的论述;到了唐朝,由于饮茶之风盛行,文人以茶为题材的诗文不胜枚举,虽对饮茶风俗有一定刺激作用,但仍不系统。以茶事写成专著者,首推陆羽。

陆羽、字鸿渐,一名疾,字季疵。复州竟陵(今湖北天门县)人,出身贫苦,幼年被父母弃之河边,由竟陵西僧寺智积和尚收养,童年因不愿学佛,"师怒,使执粪除污墑以苦之,又使牧牛三十""令薙草莽",充当苦役。但他读书很用功,甚至以竹画牛背为字。天宝中(742—755),他离开师傅去当伶人,被河南太守李齐物看中,备受赏识,亲授诗书,并介绍他到火门山邹夫子处读书。此时,他有机会走遍汉水、巴山各地,广泛了解茶叶生产情况,为写《茶经》打下了基础。

至德初(756),陆羽渡江南下,与吴兴释皎然为友,常谈茶事,极口推崇顾渚茶"天下第一"。上元初(760)迁居苕溪,自号桑苎翁,"阖门著书",朝廷曾召他为太子文学,迁太常寺太祝,但陆羽不肯就职,贞元(785—804)末卒。[13]

陆羽青少年时代,正值所谓盛唐时期,茶叶生产迅速发展,饮茶风俗经六朝以来,已由帝王贵族、深达贫富各阶层。陆羽适逢其时,他隐居浙江吴兴苕溪,也是出茶之地,为他研究茶叶提供了良好条件。加上他多年遍游很多茶区,深入实际,广采博访,积累了丰富经验。皇甫曾送陆鸿渐采茶诗云:"千峰待逋客,春茗复丛生。采摘知深处,烟霞羡独行。幽期山寺远,野饭石泉清。寂寂燃灯夜,相思一磬声。"正是他不畏艰苦,翻山越岭,披云戴雾,风餐泉饮,深入实际采摘鲜嫩茶叶生涯的真实写照。

皇甫冉也有一首描写陆羽在今江苏栖霞山一带采茶诗,说他冒险爬上悬崖峭壁,采满一筐好茶,已经是日落西山了,"归知山寺远,时宿野人家"。反映了陆羽不但对江浙一带茶区情况十分熟悉,而且有机会接触茶区人民群众。这些实践活动,无疑有助于他从事茶叶研究。吴兴苕溪也是唐朝主要产茶区之一。《茶经》就是在这里写成的,大约成书于760—780年之间。

陆羽一生有关茶叶著作,除《茶经》三卷外,还有《茶记》一卷,《顾渚山记》二卷(其中多茶事)等。可惜除《茶经》三卷流传至今,其余均已亡佚。

《茶经》分上、中、下三卷十节。分论一之源,叙述茶之起源;二之具,记载采茶制茶用具十五件;三之造,论述茶叶类别和采制方法;四之器,介绍烹饮茶具和全国主要瓷窑产品的优劣;五之煮,论述烹煮茶叶的方法和水的品第;六之饮,讲饮茶风俗;七之事,汇集历史上有关茶的典故、传说和药方等;八之出,列举当时全国名茶产地及其品质等次;九之略,告诉人们采制茶叶用具哪些可以省略,哪些是必备的;十之图,要求用绢帛书写《茶经》,"陈诸座隅",作为指导。

《茶经》是我国,也是世界上第一部茶叶专著,对茶叶知识的传播和茶叶生产的发展起过积极作用。在世界茶史上具有极其重要的地位。它是我国古代文化遗产的一部分,为研究茶史提供了极为重要的资料。

《茶经》虽然时隔一千多年,但书中有些论述直到今天,仍有一定参考价值。如有关茶树对土壤的要求:"上者生烂石,中者生砾壤,下者生黄土。"与近代研究基本吻合;当谈到叶片舒展程度与制茶品质关系时说:"阳崖阴林,紫者上,绿者次,笋者上,芽者次,叶卷者上,叶舒者次。"这种体察细微的描述,如果不是认真总结群众生产经验和采制茶叶的切身体会,是不可能有这样独到见解的。

就采叶和加工而论,《茶经》要求只采春茶,不采夏茶、秋茶;"凡采茶,在二月、三月、四月之间",虽与今天茶叶生产状况不尽符合,然而直到今天,有些珍贵名茶,仍然要春季采摘,以保证质量。另外"有雨不采,晴有云不采,晴采之"也是有科学道理的。近代研究证明,每天采叶时间和天气情况不同,叶片中生理变化也不相同,可以影响茶叶质量。至今我国有些传统名茶,对每天采叶的时间和天气情况仍有严格规定。唐朝茶叶加工,据《茶经》记载主要是蒸青制法,要经过"蒸之、捣之、拍之、焙之、穿之、封之,茶之干矣"。就是说:要经过蒸气杀青,捣碎制饼,穿起来烘干等一系列过程。现在湖北恩施所产玉露茶是我国长期保留下来的一种传统的蒸青制法。"它在绿茶中独树一帜,与日本玉露茶两相比美,观其外形,亭亭玉立,貌美容妍,十分鲜艳,令人神怡;用杯泡饮,品尝之下,玉液琼浆,实胜甘露。"[14]由此可以想见《茶经》中所记载的蒸青茶也是一种相当好的制法。据笔者调查,近年来安徽宣城、郎溪、广德地区也在试验恢复蒸青制法。除蒸青,唐代还有炒青制法。

由于封建社会制度和小农经济的特点,小商品生产者,对于自己的生产技术往往保守秘密,不肯轻易传授别人。茶树栽培特别是茶叶加工技术性很强,技术高低,直接影响茶叶品质优劣。陆羽《茶经》问世,不仅使茶树栽培和茶叶加工等技术在国内得到进一步传播,而且影响到国外。英人威廉·乌克斯谓:"当时中国人对于茶叶问题,并不轻易与外国人交换意见,更不泄露生产制造方法,直至《茶经》问世,始将其真情完全表达。"[15]

此外,陆羽对烹茶用水和茶具也很有研究。他特别强调:"其水,用山水上,江水中,井水下。"山水又以乳泉最好。今天科学地来看,不同水源，所含成分不同，确能影响泡茶烹茶的汤色和滋味以及香气的挥发。陆羽还将当时全国主要瓷窑所产茶具——盌，分别等次加以品评。他从品茶角度，根据茶具色泽、器形等标准，把越窑评为第一，鼎州、婺州、岳州、寿州、洪州的产品依次评列。虽然不能反映当时全国陶瓷业的全貌，但仍为今天研究陶瓷史的重要参考资料之一。陆羽对茶具的精辟品评，无疑对唐朝陶瓷业的进一步改良也有促进作用，名盌名茶相得益彰。陶瓷业的发达，也有助于饮茶风气的盛行。

总之，陆羽《茶经》是我国一份珍贵文化遗产，陆羽的功绩是汇集了古代有关茶叶的零星片段的知识，认真地总结了劳动人民的生产经验，加上自己多年研究的切身体会，著成世界上第一部茶叶专著。它是在唐代茶叶生产发展的基础上写成的，反过来又推动了当时茶叶生产，扩大了饮茶习俗，对于茶叶知识的传播和茶叶贸易都有积极贡献。不仅我国人民曾制陆羽瓷偶，以示纪念，[16]而且在世界茶史上的地位也是世界公认的。英国威廉·乌克斯在《茶叶全书》中说："中国学者陆羽著述第一部完全关于茶叶指数级，于是在当时中国农家以及世界有关者，俱受其惠。""为最大之事功，故无人能否认陆羽之崇高地位。"

但是，《茶经》中关于茶树栽培技术的记载，相当概括，在谈到茶树对土壤要求和栽培方法时，只有"上者生烂石，中者生砾壤，下者生黄土，法如种瓜，三年可采"。因此，长期以来，对唐以前茶树栽培和茶园管理措施，一直无法确知。有些学者便根据"法如种瓜"的简要记述，联系《齐民要术》中的"种瓜法"加以推断，据《齐民要术》所述种瓜法，是挖坑深广各尺许，施肥作基肥，播子四粒。这与当前的茶子直播法并无大差别。[17]这样推测有一定道理。但贾思勰是北魏时人，《齐民要术》主要是总结北魏以前的农业生产知识。唐朝茶叶生产迅速发展，茶树栽培技术应有相应提高。因此，仅据《齐民要术》中种瓜法来推断唐朝茶树如何栽培，不免使人产生不少疑问。唐人韩鄂的《四时纂要》回答了我们的疑问。

《四时纂要》对唐朝以前茶树栽培和管理措施的记载,包括种植季节、茶园选择、播种方法、中耕除草、施肥灌溉和遮阴措施,等等。现抄录如下:

> 种茶:(二月中)于树下或北阴之地开坎,圆三尺,深一尺,熟劚,著粪和土,每坑中种六七十颗子,盖土厚一寸强。任生草,不得耘,相去二尺种一方,旱时以米泔浇。此物畏日,桑下、竹荫地种之皆可。二年外方可耘治,以小便、稀粪、蚕沙浇拥之,又不可太多,恐根嫩故也。大概宜山中带坡峻,若于平地,即须于两畔深开沟垄泄水,水浸根必死。三年后每棵收茶八两,每亩计二百四十棵,计收茶一百二十斤,茶未成开,四面不妨种雄麻、黍、稷等。
>
> 收茶子:熟时收取子,和湿沙土拌,筐笼盛之,穰草盖,不尔即乃冻不生。至二月出种之。[18]

这段记载,到目前为止,是我国有关茶树栽培和管理技术问题最早最详细的记载,它反映了我国在一千多年前的唐朝,茶树栽培技术已经达到相当高水平了。这些宝贵经验,不仅在我国长期沿用,而且影响到国外。从唐朝起,我国茶树栽培技术就传入日本、朝鲜等国。桓武天皇延历二十四年(805),传教大师(最澄)从中国返日,携回茶种,种植于比叡山麓的近江湖畔(坂本村井神)。[19]次年,即嵯峨天皇大同元年(806),弘法大师(空海)从中国返日时,也携回大量茶子,在国内种植,并将制茶方法在国内传播。[20]据李朝时的《东国通鉴》,828新罗兴德王的使者金氏,从唐朝文宗处受赐茶子,带回国内,种植于全罗道的智异山。[21]

四

茶叶业在唐代的发展和它在农业中所占地位的提高,说明了农业中商品经济份额的增长。它是唐代商品经济的组成部分,它的发展又是唐代商业发展的反映。但唐代社会经济形态是封建社会,茶叶生产受到封建生产关系的支配。茶的种植、采摘和加工制造,主要是个体农民的家庭副业,经营方式绝大多数是小规模的,零星的。茶农几乎完全受制于封建统治阶级,他们受到地主剥削,缴纳茶租,以致受封建高利贷的盘剥;茶叶的运输,操纵在封建性中间商人手中;封建官府对茶农的掠夺,更是无所不用其极。在这种生产关系支配下,生产力的发展自然受到严重阻碍。

封建官府对茶农的掠夺,一为贡茶。东晋常璩《华阳国志》中已有贡茶记载。到了唐朝,随着茶叶生产的发展,不仅作为地方上一种贡品,贡献皇室享用,而且成为朝廷一种变相的财政收入,所贡的数量越来越多。仅据《新唐书·地理志》记载,当时主要贡茶地分布于五道十七州府。贡茶,对地方官吏来说,是向朝廷献媚效忠,博取皇上欢心;对农民来说,是奴役和掠夺。每当茶叶收获季节,地方官府迫使茶农采摘鲜嫩茶叶,精心加工制造,飞速送京贡献。所贡的当然是上等名茶。从贡茶州府看,多数为名茶产地。《元和郡县志》卷32《剑南道雅州严道县》:"蒙山在县南十里,今每岁贡茶为蜀之最。"蒙山所产之茶,就是陆羽《茶经》中所谓"蒙顶石花,或小方,或散芽,号为第一"。因此是全蜀之最。可见品质越高,纳贡就越多。看一下紫笋茶产地湖州、常州贡茶情况,这一点就更为明显。赵明诚《金石录》卷29《唐义兴县重修茶舍记》:"义兴贡茶非旧也,前此,故御史大夫李栖筠实典是邦,山僧有献佳茗者,会客尝之,野人陆羽以为芬香甘辣冠于他境,可荐于上。栖筠从之,始进万两。此其滥也。厥后因之,征献浸广,遂为任土之贡,与尝赋之邦侔矣。每岁选匠征夫至二千余人"。官吏效忠,害了百姓,从此,"征献浸广",贡茶越来越多。(宋)谈钥《嘉泰吴兴志》卷20《土贡》条:"紫笋茶,大历五年始于顾渚置茶贡院,则有碧泉涌沙,粲如金星。则金沙泉亦大历后所进也。"在紫笋茶产地特设置茶贡院进行掠夺,还不惜工本,专门制造金沙泉这一名品以进贡。宋人计有功《唐诗纪事》卷35《袁高》条:"案高制,湖州造贡茶最多,谓之顾渚贡焙,岁造一万八千斤。"《元和郡县志》卷25《江南道湖州长城县》也记载:"顾山,县西北四十二里,贞元以后,每岁以进奉顾山紫笋茶,役工三万人,累月方毕。"可见贡茶的掠夺是十分惊人的。不仅采摘制造,花费大量的劳动,而且还须飞速送京,《全唐诗》卷590李郢《茶山贡焙歌》:"十日王程四千里。"通过驿道,以最快速度,把新制的各种名茶,送达京师,供最高统治集团享用。

通过贡茶,皇室掠夺了大量名茶,"元和十二年五月出内库茶三十万斤,付度支进其直"。[22]内库一次能拿出三十万斤茶叶,可见皇室掠夺茶叶之多。

除地方官府的贡茶外,朝廷甚至还在名茶产地特设茶贡院,专门监督贡茶的采摘制造,进行残酷掠夺,严重阻碍了茶叶生产的进一步发展。

封建官府对茶农掠夺方式之二为茶税和榷税。茶叶收税,始于唐德宗建中三年(782)。在此之前,茶叶并不收税。《旧唐书》卷49《食货志》下:建中三年九月,"天下所出竹、木、茶、漆,皆十一税之,以充常平本"。以"充常平本"为名,开始收税,但茶与竹、木、漆同列杂课税中,尚无单独茶税一项。建中四年(783)"泾原兵变",唐德宗逃至奉天,为了争取民心,镇压朱泚叛变,兴元元年(784)春正月癸酉诏:"其垫陌及税间架竹木茶漆榷铁等诸色名目,悉宜停罢。"[23]茶税也一度停止。

贞元九年（793），再度征收茶税，单独列为一项。其征收方法，"量斤论税"，税率以斤为单位，按茶叶品质分上中下三等估价，在产茶州县或茶山外的交通要道，设置税场，委派人员，进行征收，税率为茶价的十分之一。"是岁得缗四十一万贯"，成为财政上一笔很大的收入。恢复茶税，名义上是为了减免灾区两税，但"税茶无虚岁，遭水旱处，未尝以税茶钱拯赡"。茶税年年征收，灾区的两税并不减免。既要无耻掠夺，又要巧立名目，是统治者惯用手法。上行下效，地方官吏也如法炮制，诸州府也以解决军费困难为名，纷纷设立茶盐店，对茶叶征收通过税。这种通过税，直到元和十三年（818）朝廷才下诏，令诸州府停止征收。这种诏令，未必能够贯彻，相反过了二年到820年，穆宗即位，由于统治阶级内部激烈斗争，皇室奢靡豪华，财政困难，茶税猛增百分之五十。

对茶业摧残的另一方式为榷茶。文宗太和九年（835）十月，专门设立榷茶使，专管榷茶，由王涯担任，实行茶叶专卖。"诏下，商人计鬻茶之资，不能当所榷之多。复以江淮间百姓茶园，官自由作，量给其直，分令使者主之"。"使茶山之人，移树茶场，旧有贮积，皆使焚弃"。茶税之重，使茶商无利可图。为了垄断茶叶，进行专卖，竟然派遣使人深入私人茶园，作价收购全部茶叶，并由官场造作，甚至强迫茶农把私有茶树移栽到官营茶场，强令百姓把贮存的茶叶焚而弃之。简直是要毁灭茶叶生产，真是利令智昏，荒唐到了"有同儿戏，不近人情""朝班相顾而失色，道路以目而吞声"。"天下大怨"，人民强烈反抗，"江淮人什二三以茶为业"，皆公言要"杀尽使人，入山反耳"。同年十二月榷茶法被迫停止，改为征收茶税，提高出售价格，把增加的税率转嫁到消费者头上。既缓和与茶农、茶商的矛盾，又保证政府的收入。在税茶管理机构方面，随后也有变动。文宗开成元年（836）李石为相，取消榷茶使，茶税征收重又并入盐铁使，恢复贞元之制。此后茶税又进一步增加。武宗即位，崔珙为盐铁使，加重江南及淮南茶税，元和十三年朝廷命令诸道州府停征的茶叶通过税，又恢复了。"是时，茶商所过州县有重税，或掠夺舟车，露积雨中，诸道置邸以收税，谓之搨地钱"。⑩重重设卡，强征茶税，严重影响茶叶买卖，茶农茶商纷纷以逃税漏税，进行反抗。逃税漏税有两种方式：一为少报斤数。茶税税率以斤为单位计算，因此，茶商把十六两一斤改为二十两一斤，甚至以五十两为一斤，以减少税款；二为私自买卖。茶税越重，茶叶私自卖买越多。到武宗时"兴贩私茶，群党颇众，场铺人吏，皆与通连""法虽严，终难行"。⑪私贩十分严重，严刑峻法，对于有组织的私茶商人不起作用。相反，茶农私卖自己生产的茶叶十斤百斤，被人检举，则要受到罚款、杖刑、重役。许多茶农被迫斫掉茶园，使茶叶生产陷于绝境，私贩越来越多，大量的茶叶买卖逃漏税收，既影响政府的财政收入，又影响纳税茶商的买卖。人民的反抗，迫使统治阶级不得不改变政策。

宣宗时，盐铁转运使裴休总结过去的经验，立税法十二条，于大中六年（852）正月二十六日，获准施行。重申茶税统一由朝廷派出机构征收，严禁地方官府重重设卡收税。加强对私贩的取缔惩办，派"强干官吏先于出茶山口及庐寿淮南界内布置把捉，晓谕招收，量加半税"。⑫采用武力与宣传相结合措施，加强缉私。对查获的私茶，除收正税外，按原税率加征百分之五十的罚款。然后发给"自首帖子"，到处可以通行，不再征税。并规定，贩卖私茶三次，每次满三百斤，处以死刑；成群结队有组织的长途私贩，不论多少，一律处死；受人雇佣搬运私茶三次，满五百斤，处死；旅店主人和牙人介绍私茶买卖，四次，满一千斤，也处死。种植茶园的农户，私卖茶叶百斤以上杖脊，犯三次，处以重徭役；如果把茶园斫掉，所在地区的刺史县令要以放纵私盐贩那样论处。

这次整顿，取得了显著效果，达到了舟船通，商旅安，课利厚，"天下税茶增倍贞元"。⑬政府的税收增加了，一年的茶税达八十余万贯。这次整顿，不光用行政手段加强缉私，更重要的从税制上采取了措施，纳税茶商的利益得到了保障,纳税后,可以行销各地,有利于茶叶贩卖。从这点说,对茶叶生产也起到了好的影响。裴休的茶法,符合朝廷的利益,所以,同年淮南、天平节度使,浙西观察使,再以军用困竭为名,奏请依旧征茶税时,朝廷坚决驳回,不予允准,重申必须按裴休的茶法十二条行事,茶税由朝廷统一征收,地方政府不得擅自征税。

由上所述,可见封建官府的掠夺,严重地影响茶业发展,有时甚至使茶叶生产濒临绝境。由于人民的反抗斗争,才迫使封建统治者稍稍改弦更张,使茶叶生产和贸易得以继续进行。宋代茶业又有新的发展,但其基础则奠定于唐代。

作者附记:

本文承孙毓棠、骊家驹、张泽咸等先生提出过很多宝贵意见,在此表示衷心感谢。

(《社会科学战线》1979年4期)

注释:

① 《册府元龟》卷510《邦计部·重敛门》。
② 《全唐文》卷772李商隐《为京兆公乞留泸州刺史洗宗礼状》。
③ 《全唐文》卷802张途《祁门县新修阊门溪记》。
④ 唐韩鄂《四时纂要》春令卷之二。
⑤ 《元和郡县志》卷28《江南道饶州浮梁县》下载:"每岁出茶七百万驮、税十五余万贯。"按:如果把出茶七百万驮理解为一县出产七百万驮,合七百万担,数量过大,欠妥;出,恐为出售解,指浮梁一带的茶叶在浮梁集散,每岁卖出七百万驮,收税十五余万贯。
⑥ 《全唐文》卷802张途《祁门县新修阊门溪记》。
⑦ 《全唐文》卷802张途《祁门县新修阊门溪记》。
⑧ 《太平广记》卷37《阳平谪仙》。

⑨《甫里先生文集》卷16《甫里先生传》。
⑩《唐大诏令集》卷2。
⑪《新唐书》卷182《裴休传》。
⑫ 宋人陈师道语,见陆羽《茶经序》。
⑬《新唐书》卷196《隐逸传》,《全唐文》和《茶书全集》本《茶经》有陆羽传。
⑭ 庄晚芳《玉露茶》(香港《经济导报》1978年5月24日,总1570期)。
⑮ 威廉·乌克斯《茶叶全书》,中国茶叶研究社社员集体翻译,1949年。
⑯《大唐传载》:陆鸿渐嗜茶,撰《茶经》三卷,行于代,常见鬻茶邸烧瓦瓷为其形貌,置于灶釜上,左右为茶神,有交易则茶祭之。
⑰ 庄晚芳《陆羽〈茶经〉浅介》,《自然》杂志1978年1卷2期。
⑱《四时纂要》春令卷之二。有关这段记载的科学价值,将另文阐述。
⑲ 见《日吉社神道秘密记》,转引自《植物と文化》季刊第九号,小川英树《饮茶の历史》。
⑳ 见《弘法大师年谱》转引自《植物と文化》季刊第九号,小川英树《饮茶の历史》。
㉑ 转引自《植物と文化》季刊第九号,桥本实《茶の传播史》。
㉒《册府元龟》卷493《邦计部·山泽门》。
㉓《唐大诏令集》卷5《奉天改兴元元年敕》《旧唐书·德宗纪》。
㉔《旧唐书》卷49《食货志》下。
㉕《唐会要》卷88《盐铁·元和十三年盐铁使程异奏》。
㉖《册府元龟》卷510《邦计部·重敛门》文宗太和九年条。
㉗《唐会要》卷87《转运盐铁》。
㉘《旧唐书》卷49《食货志》下。
㉙《册府元龟》卷510《邦计部·重敛门》。
㉚《新唐书·食货志》。
㉛《册府元龟》卷494《邦计部·山泽门》武宗开成五年十月条。
㉜《唐会要》卷84《杂税》。
㉝《新唐书》卷54《食货志》。

邸报：世界上最早的报纸

创始于西汉初期的报是世界上最早的报纸。根据《大英百科全书》及《美国百科全书》上有关报纸历史的记载，西方报业鼻祖是古罗马的凯撒于公元前59年所创建的"每日纪间"，但中国的邸报比它还早一个世纪。

邸报还是世界上发行时间最久的报纸。自汉、唐、宋、元、明到清代的两千余年中，邸报的名称虽屡有改动，发行却一直没有中断，性质及内容也基本未变。

西汉行郡县制，在全国设立若干郡，以下再设若干县。各郡在京都长安都驻有代表，其所驻之处称为邸，相当于现在各省驻京办事处。驻京代表的主要任务是在皇帝和各郡首长之间当联络官。邸报由此而产生。代表们定期地把皇帝诏书及宫廷大事，写在竹简或丝绢上，然后由信使快马加鞭，通过秦代所建立的驿道，传送给各郡首长。

东汉年间，太监蔡伦改进造纸术，就更方便邸报的发行了。到了唐代，邸报已成了发行全国的新闻刊物，虽然其主要读者对象仍限于朝野官吏。汉代有关邸报的记载比较简略，主要见于根据《汉书》编成的《西汉会要》。到了唐代，有关邸报的材料就更丰富了，而且对它起的作用，有更明确的记载。宋尤袤写的《全唐诗话》里，就有"韩胡不得意，多家居。一日，夜将半，客扣门急……"等述。

唐代由于驿道的改善，邸报的传送就更快了。从唐都长安有贯通全国各个主要城镇的驿道。驿道上设有供信使换人或换马的驿站。遇到紧急情况,用最快的马传送,一天可行五百里。

唐代邸报又称杂报。唐作家孙樵所著《经维集》中有一文《读开元杂报》,谈到了邸报的内容。大意如下:

我往来于京师长安之南的襄阳汉中之间,曾见到写有字的纸条,有数十条之多。有一条说某日皇帝亲耕藉田,以示对农业的重视。

另有一条说某日皇帝与百僚行大射礼,以鼓励尚武精神。

第三条说某日各少数民族首领要求皇帝准许他们的仆从去泰山祭天。

第四条说某日皇帝从秦山祭天回来,对路途上有功的人员进行赏赐。

第五条说某日宰相与百僚讨论国务达若干时刻之久。等等。

我当时不知道这些纸条有什么用,后来一位熟悉情况的人告诉我,这些条条都是记载朝廷大事供各郡首长参考的。后来我回到长安,拿这些条条与朝廷出版的《开元录》核对,条条相符。

到了宋代,邸报发行的时间更为固定,读者对象除官吏外,还有学者。这时邸报又称邸传或小报。

明代设通政司,专门管理邸报的出版发行事宜。到明末崇祯年间,邸报从手抄或木版印刷改为活字印刷。到了清代,邸报又改名为京报,一直出版到1911年清帝退位才停刊。这期间,中国第一张近代的报纸"中外新报"于1858年在香港创刊。

(《八小时以外》1980年第1期)

试论唐朝茶树栽培技术及其影响

我国西南部自然条件优越,气候温湿,雨量充沛,土壤肥沃,是茶树的原产地。我国也是世界上饮茶最早的国家,而且已有两千多年的种茶历史了。现在世界上四十多个产茶国家都曾直接或间接从我国引进过茶树或茶子。

茶叶,一开始是直接采用野生鲜叶,后来由于茶叶应用范围扩大,不仅作为药物,而且逐渐以用作饮料为主要用途。需要量日渐增多,野生茶树远远不能满足需要。人们势必要采拾茶子或挖掘野生茶苗,加以人工繁殖。我国人工栽培茶树的历史十分悠久。相传西汉时,四川已有人工栽培茶树。东晋常璩《华阳国志》是汇集东晋以前的典籍修撰的。其中有关巴蜀产茶问题除谈到巴郡、蜀郡、南中郡皆出茶,所产之名茶已列为贡品以外,还有"园有芳蒻、香茗"的记载。园有香茗,当为人工栽培的茶树。后来茶树由云南、四川一带逐渐扩大到陕南、豫南和长江流域等地。但是由于资料缺乏,至今对唐朝以前茶树栽培技术还无法详知。

至唐朝,饮茶习俗风靡全国,茶叶生产有了巨大的发展,据陆羽《茶经》《新唐书·地理志》《唐国史补》等文献记载,唐朝全国产茶地已有五十多州郡,相当于现在的云南、四川、贵州、广东、广西、福建、浙江、江苏、安徽、江西、湖北、湖南、河南、陕西、甘肃等十五个省区。可见,我国的主要产茶区,除台湾省外,早在唐朝已基本奠定下来了。当时"江南百姓营生,多以种茶为业";①"江淮人,什二三以茶为业";②祁门县"邑之编籍民五千四百余户,其疆境亦不为小,山多而田少,水清而地沃,山且植茗,高下无遗土",③可见这些地区已经是畸角山麓,遍植茶树。甚至平地也有设置茶园,种植茶树的。

唐朝茶园已有三类:一是茶农经营的茶园。茶农分自耕农和佃农两种。自耕农在自己的土地上,种植茶树,采摘茶叶,加工制造,"由是给衣食,供赋役"。佃农租种地主茶园,缴纳"茶租"。如陆龟蒙于顾渚山下置茶园租给茶农,"岁入茶租十许簿"。④顾渚山位于吴兴郡西北的长城县(今江苏长兴),是名茶紫笋茶产地。二是地主经营的茶园。地主依靠雇佣长工、短工种植茶树,采摘鲜叶,加工制造。如"九陇人张守珪,仙君山有茶园,每岁召采茶人力百余人,男女佣工杂处园中。有一少年自言无亲族,赁为摘茶"。⑤可见每当采茶季节,地主茶园便要雇佣大批男工、女工和童工采摘茶叶。三是官营茶园。封建政府从朝廷到州县,也利用官田设置茶园,甚至用暴力把民园变为官园。从唐穆宗曾令有关州府将茶园割属所管官府来看,唐朝官营茶园是相当普遍的。⑥又据《册府元龟》记载:"元和十一年(816)讨吴元济,二月诏寿州以兵三千保其境内茶园。"⑦寿州黄芽是当时名茶,唐朝廷因吴元济乱对淮西用兵时,特别强调要以兵三千保护寿州茶园,足见寿州茶园规模之大。

茶叶生产在唐代的发展,必然在茶树栽培方面创造许多宝贵经验。但是,长期以来由于资料缺乏,对唐朝以前茶树栽培方法和茶园管理措施,一直无法确知。有些学者只能根据陆羽《茶经》中的简要记述,加以推断。陆羽《茶经》关于茶树种植方法仅有"法如种瓜,三年可采"一句概括性的话。庄晚芳先生认为:"《茶经》中谈到种茶'法如种瓜'。根据《齐民要术》的种瓜法推断,挖坑深广各尺许,施肥作基肥,播子四粒。这与当前的茶子直播法并无大差别。"⑧这样的推测,有一定道理。但贾思勰是北魏时人,《齐民要术》主要是总结北魏以前的农业生产经验。

而且主要是黄河流域中下游地区的农业生产经验。距唐朝时隔几百年,而且唐朝全国南北统一,经济重心逐渐南移,南方农业生产有很大发展。特别是茶树栽培,由于气候的关系,长期以来主要集中于秦岭、淮河以南,茶叶生产迅速发展,茶树栽培技术定会有相应发展。因此,如果仅据《齐民要术》中种瓜法来推断唐朝茶树如何栽培,不免使人产生不少疑问。唐韩鄂《四时纂要》回答了我们的疑问。

《四时纂要》在《新唐书·艺文志》"农家类"曾著录,《文献通考》亦存目,并引《郡斋读书志》说:"谔(鄂)遍阅农书,取《广雅》《尔雅》定土产,取《月令》《家令》叙时宜,采氾胜种树书,掇崔实试谷之法,并删《韦氏月令》《齐民要术》编成。"又引《书录解题》说:"虽时令之书,然皆为农事。"[9]此书大约成于晚唐,无疑是总结唐以前农业生产经验的。《四时纂要》在国内早已散佚,1961年日本东京山本书店将明万历十八年朝鲜重刻本《四时纂要》影印发行。该书对晚唐以前茶树栽培和管理方法包括种植季节、茶园选择、播种方法、中耕除草、施肥灌溉和遮阴措施等都有所论述。现抄录如下:[10]

种茶:(二月中)于树下或北阴之地开坎,圆三尺,深一尺,熟劚,著粪和土,每坑种六七十颗子,盖土厚一寸强,任生草,不得耘,相去二尺种一方。旱即以米泔浇。此物畏日,桑下竹阴地种之皆可。二年外方可耘治。以小便、稀粪、蚕沙浇拥之,又不可太多,恐根嫩故也。大概宜山中带坡峻,若于平地,即须于两畔深开沟垄泄水,水浸根必死。三年后,每棵收茶八两,每亩计二百四十棵,计收茶一百二十斤。茶未成开,四面不妨种雄麻、黍、稷等。

收茶子:熟时收取子,和湿沙土拌,筐笼盛之,穰草盖,不尔即乃冻不生,至二月出种之。

到目前为止,这是我国有关茶树栽培和管理方法等问题的最早最详细的记载。甚至后世一些农书或茶书均不如《四时纂要》详细。例如:元朝王祯《农书》转录《四是类要》(《四是类要》至今未见,它和《四时纂要》究竟是什么关系?是否就是《四时纂要》?有待进一步研究。)的种茶内容与《四时纂要》虽然基本相同,但不如《四时纂要》详尽。其中有关种植密度和产量以及茶在幼苗阶段与雄麻、黍、稷等高秆作物间种等,均为王祯《农书》所不载。同样,明朝《农政全书》和清朝《授时通考》等农书的有关茶树栽培的记载都是如此,并未超过《四时纂要》的内容,可见唐朝茶树栽培技术对后世影响之深。现扼要阐述如下:

首先,关于茶园选择问题。《神农本草经》中已谈到茶"生益州川谷山陵道旁,凌冬不死"。陆羽《茶经》中说:"其地,上者生烂石,中者生砾壤,下者生黄土。"《四时纂要》指出茶园选择标准是"宜山中带坡峻"之地,若于平地建立茶园,则须于两畔开沟泄水。这是因为茶树怕水淹,"水浸根必死"。山坡上种植茶树,排水良好;若在平地建立茶园,容易碰到涝灾,不利于茶树生长,唐朝茶园主要是在丘陵地带的山坡地上,平地也有少量茶园,这种布局是合理的。

其次,关于茶子应用沙藏催芽的方法:把成熟的先用湿沙土拌和,再放入筐笼中,上面盖以穰草。这样可以达到保湿保温,防止冻坏的目的。既可以保持茶子生活力,又可以在播种后提前出芽。这是我国人民发明的茶子沙藏催芽法,至今还有实用价值。过去人们常以王祯《农书》的记载为依据来推断这一方法发明于何时。甚至有人认为到了明代,才有这种方法的记述,其根据是徐光启《农政全书》的记载:"熟时收茶子,和湿沙土拌,罗筐盛之,穰盖,不尔冻则不生。"其实,这和《四时纂要》记载的沙藏催芽方法完全一致。《四时纂要》的明确记载,使我们知道茶子沙藏催芽方法,早在唐朝已广泛应用,它的发明至少是在唐朝或唐朝以前。

第三，关于茶树种植方法。《四时纂要》记载的种瓜法如下："种瓜：是月(二月)当上旬为上时，先淘瓜子以盐和之，箸盐则不笼死。当开方圆一尺，净去浮土。坑虽大，若杂以就土，令瓜不生。深五寸，纳瓜子四介、大豆三介于坑傍。瓜性弱，苗不能独生，故得大豆以起土，瓜生则掐去豆苗。"这是一种直播法，与庄晚芳先生据《齐民要术》中种瓜法的推断基本一致，但也不完全相同，我们认为《茶经》中种茶"法如种瓜"一句，以唐代《四时纂要》所载当时种瓜法来理解可能更为接近一些。而且这种每坑播籽四粒的直播法，仅是唐朝茶树种植方法之一。

《四时纂要》记载的关于茶树种植方法，是一种多子穴播法：先在"树下或北阴之地""开坎，圆三尺，深一尺"，相去二尺种一方，每亩240坑，先把土捣碎，并铲除杂草和树根，以免树木草根自行滋生，妨碍了茶子发芽生长，然后"著粪和土"，作为基肥，再把经过沙藏催芽处理的茶子在每个坑里播种六七十颗，上面盖土一寸。这种播种方式是一种"多子穴播法"。它在茶树抵抗不良环境方面有很大优越性，已为近代科学所证实。现在世界上不少国家在高山或高纬度地区种植茶树，仍采用多子穴播法，我国早在一千多年前的唐代就已经应用了。

第四，灌溉和施肥：茶在幼苗阶段，"旱，即以米泔浇"之，而且"任生草不得耘"，以免伤害正在生长的幼芽或幼苗。"二年外，方可耘治"，当然包括锄草、疏苗，也可以移栽他处。茶园除了要施足基肥，还要施用以氮肥为主的追肥，促使茶树苗壮生长，增强抗御病虫害的能力，并使茶叶鲜嫩，有利于提高茶叶的产量和质量。因此，《四时纂要》强调"以小便、稀粪、蚕沙浇拥之，又不可太多，恐根嫩故也"。小便、稀粪和蚕沙都是速效有机肥，也是解放前我国农村广泛使用的农家肥，作为追肥，既能速效，又容易办到，是相当合理的。

最后，特别值得指出的是，对于茶树，当时已经认识到"此物畏日"，因此要种在"树下或北阴之地""桑下竹阴地种之皆可"。可见唐朝已经认识到茶树是一种喜阴而宜短日照的植物,并且采用遮阴措施。茶在幼苗阶段与雄麻、黍、稷等高秆作物间种,对茶树来说,既能增强抵抗自然灾害的能力,又有遮阴作用。现代研究指出:一定的阳光照射,可以促使茶树茂盛,但是日光太强或者终日在烈日下暴晒,不利于茶树生长和茶叶成分中有机物质的合成,而且叶片容易老梗,降低茶叶质量,如果有林木适当遮阴,就可以避免以上这些不利因素而引起的疾病。我国人民早在唐朝就已认识到茶树"畏日",并采用遮阴措施以提高茶树的成活率,是难能可贵的。此后,这一经验又得到了进一步的发展。例如:宋代茶书中强调茶宜"朝阳照射"。宋代《子安试茶录》中说:"茶宜高山之阴而喜日阳之早。"明冯时可《茶录》还强调朝阳照射比夕阳照射为好:"产茶处,山之夕阳胜于朝阳,庙后山西故称佳,总不如洞山南向受阳气,特专称仙品。"黄儒《品茶要录》说:"茶之精绝者,其白合未开,其细如麦,盖得青阳之轻清者也。又其山多带砂石,而号佳品者,皆在山南,盖得朝阳之和者也。"就遮阴而言,宋代继承并发展了这一技术措施。宋徽宗《大观茶论》是这样分析的:"种茶之地,崖必阳,圃必阴。盖石之性寒,其叶抑以瘠,其味疏以薄,必资阳和以发之。土之性敷,其叶疏以暴,其味疆以肆,必资阴荫以节之。"因此,"今圃家皆植木以资茶之阴,阴阳相济,则茶之滋长得其宜"。[①]也就是说高山悬崖上,由于云雾多,气温低,茶树必须向阳;一般茶园则要有遮阴树,目的是创造一个合适的温度和日照条件,使茶树生长得其宜。现代研究指出:茶树在强光高温条件下,叶片气孔关闭,妨碍蒸腾作用,影响正常生长,减低产量;叶温过高也会影响光合作用中有机物质的合成,因此在强光高温地区,如果有遮阴树适当遮阴,就可以吸收一部红外线而降低叶温,又能提供光合作用所必需的可见光。可见我国唐宋以来采用遮阴措施是有道理的。

北宋沈括在《梦溪笔谈》中说:"今茶之美者,其质素良,而植之木又美,则新芽一发,便长寸余,其细如针,唯芽长,为上品。其质干,土力皆有余故也。"[12]以什么树遮阴最好呢?明,罗廪《茶解》中说:"茶,固不宜加恶木,惟桂、梅、辛夷、玉兰、玫瑰、苍松翠竹与之间植,足以蔽霜雪,掩映秋阳。其下可植芳兰幽菊,清芬之物。"可见对于遮阴树的选择是很讲究的。现在我国有些茶区仍然保留着遮阴树的传统种法。例如,著名的婺源茶,就是栽培在乌桕树下的,安徽歙县、江苏吴县东西山茶园周围或茶园中都有果树、桂花等树木作为遮阴防护,调节小气候之用,来提高茶叶产量和质量,还能提供木材和水果,真是一举两得。根据《四时纂要》的记载,茶树遮阴措施,至少可以追溯到我国唐朝,就已在生产中应用了。

综上所述,唐朝茶叶生产的巨大发展,在茶树栽培方面积累了很多宝贵经验,在继承前人种茶经验的基础上,到唐朝,已经形成了包括茶园选择、土壤条件、种子贮藏和催芽方法、播种方式和密度、施肥灌溉以及遮阴措施等一整套茶树栽培技术,为唐朝以后茶树栽培技术的发展奠定了基础。其中茶园选择标准、茶子沙藏催芽法、播种方法(直播法和多子穴播法)和遮阴措施等栽培技术,不仅一直为宋、元、明、清各朝所沿用,而且至今还有实用价值。可见唐朝茶树栽培技术影响之深远。在国际上,也产生了深远的影响。英人威廉·乌克斯在《茶叶全书》中说:中国在唐朝陆羽《茶经》问世之前,"中国人对茶叶问题并不轻易随便与外国人交换意见,更不泄露生产制造方法,直至《茶经》问世,始将其中真情完全表达",使"当时中国农家以及世界有关者俱受其惠"。其中日本就在唐朝从我国引种了茶子。延历二十四年(805),高僧最澄(后通称为传教大师),由中国研究佛教返日,携回若干茶种,种植于近江(滋贺县)阪木村之国台山麓……次年,即大同元年(806),另一僧侣弘法大师(名空海)又从中国研究佛法归去,亦对茶树非常爱好,"携回大量茶子,分植各地,并将制茶常识传播国内"。种茶在日本获得成功,弘仁六年(815)又在首都附近五县广为种植。[13]可以想见,中国茶树栽培技术,早在唐朝就已传入日本。

附注:《唐代茶业》《试论唐代茶树栽培技术及其影响》,是我和自然科学技术史研究所张秉伦同志合作而成,秉伦用力居多。今秉伦同志已先我乘鹤西去。将两篇文章收入这本集子内表示我对他的纪念。

(张秉伦、唐耕耦《科技史文集》(第三辑),
上海科学技术出版社 1980 年版)

注释:
[1]《全唐书》卷 967《禁园户盗卖私茶奏》。
[2]《册府元龟》卷 510《邦计部·重敛门》。
[3]《全唐文》卷 802 张途《祁门县新修闾门溪记》。
[4]《甫里先生文集》卷 16《甫里先生传》。
[5]《太平广记》卷 37《阳平谪仙》。
[6]《唐大诏集》卷 2《穆宗即位敕》。
[7]《册府元龟》卷 493《邦计部·山泽门》。
[8] 庄晚芳《陆羽茶经浅介》,《自然杂志》1978 年 1 卷 2 期。
[9] 王毓瑚《中国农学书录》。
[10] 唐韩鄂《四时纂要》卷 2。
[11] 宋徽宗《大观茶论·地产》。
[12] 元刊《梦溪笔谈》卷 24。
[13] 威廉·乌克斯《茶叶全书》第一章《茶之起源》。

《古代长江中游的经济开发》一书介绍

《古代长江中游的经济开发》,黄惠贤、李文澜主编,武汉出版社1988年出版。全书430多页,收入论文24篇,是从中国唐史学会、湖北省社会科学联合会等发起的"三——九世纪长江中游社会经济讨论会"收到的论文中精选而成。著名史学家武汉大学唐长孺教授为此书写了序言。书末有附录一篇,综述了"公元三——九世纪长江中游社会经济学术讨论会"情况。论文的作者27名来自日中两国的大学、科研、文博等18个单位,大多是研究中国公元三至九世纪的专家、学者。这是一本内容充实而又有特色的学术论文集。

新中国成立以来,对社会经济史的研究比较重视,但区域经济的专题研究很不够。我国幅员辽阔,自古以来,各个地区发展很不平衡,如不很好地研究区域开发史,就不可能对全国的经济发展史有一个正确、全面的认识,综合性的经济发展史研究也就谈不上有多少深度。

近年来,从事魏晋南北朝隋唐史研究的不少学者注意开展区域性专题研究,这本论文集就是这方面研究成果的重要表现。笔者虽也曾涉足于社会经济史研究,但过去对古代长江中游地区不甚了然。读了此书,认识到古代荆楚地区文化也是很灿烂的,在隋唐时期经济文化发展也是比较高的。论文之贵,在于创新。所谓新,是指在扎实的材料基础上分析研究得出的新见解。但近年来,相当多的历史学论文,不下功夫,粗制滥造,泛泛而谈,空发议论,毫无新意。而本书的作者,探讨六朝隋唐时期长江中游地区经济发展时,角度虽然不同,但论述都很认真,不仅利用常见文献,还大量运用考古文物资料以及自然科学研究成果,注意纵横比较,视野较广,研究较深,所得结论,或令人信服,或值得重视。例如湖北省社会科学院李文澜《江汉平原开发的历史考察》一文,利用历史文献、考古资料、文物遗存以及自然科学研究成果,考察了江汉平原开发的历史过程,指出了江汉平原独特的环境在开发进程中的作用,强调江汉平原的开发是由多种因素合力形成的。至关重要的是要使各种相互联系、相互制约的因素,保持综合平衡。武汉大学黄惠贤《公元三至十九世纪鄂东南地区经济开发的历史考察》一文,从郡县废置着眼,就历史阶段和历史经济区两个方面论述了汉清之间鄂东南地区经济开发的基本情况。陈国灿《古代荆沙地区的经济开发及其演变》,将荆州州治江陵及其近邻沙市作为一个城市经济区,对其发展作了历史考察。厦门大学郑学檬《试论唐五代长江中游经济发展的动向》,从置县、人口、农作物品种、产量等方面,对长江中游经济发展作了综合考察,得出唐五代时期该地区经济体现了江南超过北方的新动向。中国社会科学院历史研究所张弓《唐代长江中游地区大土地制发展管窥》,从考察寺观地产着手,揭示了唐代长江中游的丘陵地区和山区已进入全面开发时期。北京师范大学黎虎《六朝时期江沔地区的屯田和农业》,从兴建屯田、南北互市、侨置郡县等方面,说明三至六世纪南北对立时期江沔地区的经济发展情况。武汉大学牟发松《火耕水耨与南方稻作农业的发展》,研究了火耕水耨及其演变,得出了六朝时期南方大多数地区新的稻作方式已经形成,只在少数落后地区仍继续保留火耕水耨的耕作方式。西安交通大学胡戟《李皋与江陵创造的唐代粮食单产纪录》,以读两《唐书·李皋传》札记的形式,列举唐代和历代亩产量材料,通过仔细折算和对比,得出了唐代江陵地区粮食亩产量在全国名列前茅,同时又指出由于自然和人为原因制约着荆楚地区的发展,使该地区在相当长的时期内在全国并没有占据东南江淮那样的重要地位。浙江丝绸学院赵丰《唐宋前后长江中游地区纺织原料结构的变迁》，对长江中游湘、鄂、赣三省纺织原料作了历史考察，得出了该地区六朝到唐前期，纺织原料以麻苎为主，蚕丝为辅；中唐到两宋，演变为麻苎与蚕丝并重；元明时期麻、蚕丝、棉三足鼎立。山东省社会科学院王赛时、北京师范大学林立平合写的《唐代江海地区经济初探》，从漕运、户口、产业等方面说明了唐时该地区经济发展情况。复旦大学彭神保《六朝时期的荆州》，论述了南朝时荆州地区在经济、军事方面此处的重要地位。四川大学王炎平《从政治与经济的关系看三国至五代南方经济的发展》，阐述了在不同条件下，分裂与统一对经济发展的不同影响。武汉大学孙继民《关于唐代长江中游人口经济区的考察》，通过人口分布与变动的考察，指出全国经济重心的南移，首先是人口南移。湖北省社会科学院历史研究所夏日新《东晋南朝长江中游地区侨州郡长考》，通过侨州郡县的考察，得出北方南下的流民在当地经济发展中起了生力军作用。武汉大学杨德炳、中南民族学院王延武合写的《魏晋南北朝时期蛮族对长江中游地区开发作用之探讨》，强调了此一时期蛮族大规模出山和北迁汉水、淮水流域，对长江中游地区之开发起了促进作用，作出了特殊贡献。湖北省社科院历史所王力平《唐肃、代、德时期的南路运输》，考察了安史乱后到德宗贞元二年，沟通关中地区与江汉流域以及整个东南地区水陆联系的南路交通的特点及兴废过程。沙市市博物馆袁纯富、湖北省社科院历史所刘玉堂、华中师范大学郑敬高等的文章，则从地理变迁论述了武汉地区的开发进程。武汉大学朱雷《东晋十六国时期姑臧、长安、襄阳的互市》独辟蹊径，从见于《渐备经十住胡名并书序》中的互市、互市人着手进行研究，得出了东晋十六国时期凉州的姑臧、关中的长安、东晋的襄阳，均设有互市机构。互市人奔走于对立政权统治地区，进行贸易活动，并担负了政治思想文化交流任务。襄阳的"互市",成为沟通关中与河西走廊交通的窗口。从上举例证,可以看出此书大大有利于我们提高对长江中游开发史的认识。唐长孺教授曾吟诗赞道"若论古史开新貌,未必南荆逊北州",形象地肯定了此书的学术价值。

还应该指出的,日本京都大学教授谷川道雄《六朝时代的襄阳与江陵》一文,对我们了解日本学者关于长江中游史研究的现状和成果是有帮助的。

通古今之变,经世致用,是中国史学的优良传统。本书不少文章的作者通过认真分析长江中游这一经济区域发展过程中成功与失败、水利与水患、产业结构的变化等,提出了对现实经济建设可供借鉴的有益意见。这一点,读者只要读一下李文澜、黄惠贤、陈国灿、赵丰等文章就可见到。

最后,值得特别强调的一点是,当前学术著作很难找到出版机会,论文集则是难上加难,武汉出版社居然不怕亏本出版了这一本历史论文集,其支持学术研究的精神实然令人钦佩。

(《中国史研究动态》1989年第6期)

唐代前期的兵募

唐代前期的主要军队为府兵和兵募。关于府兵,论著甚多;唯独兵募,笔者孤陋,至今未见专文论述,故试作本文,以补其缺。

一、什么叫兵募

唐代前期的"兵募"一词,一般都点开理解:或把兵当成名词,募当成动词;[①]或把兵募当作并列的两个名词,兵为府兵,募为临时招募之兵。我认为兵募乃一专门名词,系指临时从民丁中征募的军队,又叫募兵、募人、征人等。[②]

兵募与府兵不同。府兵是一种固定的兵制,有固定的兵员和编制。"凡三年一检点"(《唐六典》卷5《兵部》),"成丁而入,六十出役"(《通典》卷29《折冲府》),一经检点入军,原则上老兵才能从兵籍上除名。兵募不是一种固定的兵制,平时没有固定的兵员和编制;有事征募,期限较短,事罢即归,或到期轮换,回到家乡就恢复民丁的身份。因此,兵募的征召、差发、统领、装备、任务等方面,与府兵有许多不同。

《唐六典》卷5《兵部》记载:

> 凡天下诸州差兵募,取户殷丁多,人才骁勇;选前资官、勋官、部分强明堪统摄者,节级权(旧唐志"权"作"擢")补主帅以领之。

761

其义征者,别为行伍,不为募人之营。

上述条文,涉及兵募的许多基本问题,下面结合具体史例,逐一予以说明。

1. 兵募的性质。兵募系临时募行。既云募行,应为自愿投募从戎;但在专制主义中央集权的封建国家,超经济强制贯彻于各个方面,兵募亦不例外。唐廷把招募任务下达到各州县,有关州县必须如数如期完成。招募时,应募者多,就实行自愿;应募者少,就采用强制手段征发。因而兵募实际上是自愿与强制相结合。唐初,大致在高宗显庆五年以前,自愿的成分多,强制成分少(《册府元龟》卷117《帝王部·亲征》);其后,强制成分越来越多,最后发展成为"差点勒遣"。麟德元年(640)以后,"州县发遣兵募,人身少壮。家有钱财参逐官府者,东西藏避,并即得脱。无钱参逐者,虽是老弱,推背即来"(《旧唐书·刘仁轨传》)。睿宗景云二年(711),韩琬《陈时政疏》则曰:"往年招募之徒,人百其勇,争以自效;顷年差点勒遣,逃亡相继。"(《唐会要》卷62《谏诤》)自愿应募,已经变成强制征发。《唐六典·兵部》所载:"凡天下诸州差兵募。"就是差点勒遣。《唐律疏议》卷十六"拣点卫士、征人"条律文:"诸拣点卫士取舍不平者,一人杖七十,三人加一等,罪止徒一年。"疏议曰:"拣点卫士。注云:征人亦同。征人谓非卫士,临时募行者。"征人即兵募。一方面说是临时募行,另一方面又有拣点不平之规定,可见所谓募行,实际上是强制征发。

2. 兵募如何召集差发。唐承隋制,军队的征集、差发之权都归朝廷,归最高统治者皇帝掌握。军防令明确规定:除了特殊情况,"差兵十人以上,并须铜鱼敕书堪同,始合差发"。违者要受徒刑以至绞刑的严惩。(《唐律疏议》卷16《擅兴律》)无论是府兵、北衙禁军、兵募、健儿等,概莫能外。但具体如何执行,各类军队不尽相同。"凡天下诸州差兵募"与《旧唐书·刘仁轨传》所说的"州县发遣兵募",其含义并不是说州县有权差发,而是根据皇帝的诏敕,负责具体执行。唐代募兵的许多事例说明了这一点。如高宗仪凤二年(677)十二月,唐朝为了抗击吐蕃进犯,下诏:"令关内、河东诸州,广求猛士。在京者,令中书、门下于庙堂选试;外州委使人与州县相知拣[点]。"(《唐大诏令集》卷102)第二年正月又遣左金吾将军曹怀舜、李知十等,分往河南、河北道,以募猛士(《唐会要》卷78《诸使杂录上》)。

从以上叙述中又可以看出,兵募的差发与府兵的差发并不相同。"凡发府兵,皆下符契,刺史与折冲堪契乃发"(《新唐书·兵志》),卫士"若有差行、上番,折冲府据簿而发之"(《唐六典》卷5《兵部》)。而兵募则由地方政府单独负责,与折冲府无关。正因为如此,如果征人有冒名相代者,地方政府要承担责任,从基层有关的里正到州县长官要受处分;卫士有冒名相代者,则处分折冲系统的长官——队正、队副、折冲都尉等。

"凡天下诸州差兵募",还说明兵募差发范围比府兵广得多。府兵仅限于有折冲府的州,主要在京师周围和边境沿线地区,即关内、河东、陇右等地;即使在这些地区,还有许多州未置府兵。兵募的征发,从原则上说,包括唐境所有州府。从史实来考察,兵募征发不仅地区广,而且视需要而定,比较灵活。或就近征发,如西州戍兵来自陇右,西南戍兵出自剑南;或在特定地区征发,如水军来自江淮,对抗吐蕃大举进犯,则在关内、河东、河南、河北等道征发。兵募包括的地区虽然很广,但征发最多的乃是河南、河北、河东、关中、陇右等道。这是因为,这些地区人口众多,"人擅骁勇",有尚武传统;而唐的边防重点在西北、东北两面,就近征募,比较便易。

3. 兵募的选取原则。取"户殷、丁多、人才骁勇者"。《唐律疏议》卷16"拣点卫士、征人"条疏议:"拣点之法,财均者取强,力均者取富,财力又均,先取多丁。"很明确,府兵和兵募的选取原则是相同的。富户首先

763

当兵,这是西魏、北周以来的传统,唐初亦然;身材强壮是当兵的首要条件;先取多丁,是为了照顾单丁户,唯一的男劳力当了兵募或府兵,远离家乡去服役,就会影响农业生产。这和民兵性质的团结兵不同。团结兵"选丁户殷赡,身材强壮者充之"(《唐六典》卷5《兵部》),没有多丁这一条。因为团结兵不脱离生产,不离开家乡,单丁户也能承担。

4. 各级主帅如何擢补。"选前资官、勋官、部分强明堪统摄者,节级擢补主帅以领之。"所谓前资官,又叫"停家职资"(《唐律疏议》卷28《捕亡律》),既非现任文武官;勋官,唐代习惯上分为百姓勋官和职事勋官两种,凡是百姓因从军等获取勋级而未担任职事官的叫百姓勋官,或叫勋官,凡职事官兼有勋级为职事勋官。[③]兵募系临时征募,因此,组建队伍时,要临时选拔各级主帅统领,前往指定地点,编入行军或戍守。这和府兵不同。府兵平时有固定的兵员,组织健全,从折冲都尉以下到火长,配备齐全,不需要临时选拔各级主帅来统领。

5. 兵募和义征的区别。"其义征者,别为行伍,不入募人之营。"募人即兵募,募人之营即兵募组成的营伍。所谓义征,据《旧唐书·刘仁轨传》记载,他和兵募同是投募从戎,不同之点在于义征为"不用官物,自办衣粮",而兵募的装备则由官府供给。《册府元龟》卷485《邦计部·输财》记载:贞观十八年唐太宗征辽东,"安州人彭惠通请出布五千段,以资征人",帮助唐廷装备兵募,受到唐太宗嘉赏,被授以宣义郎(从七品下文散官),曲折地反映了官府负责兵募装备的情况。这是唐初的情况,但到底如何供给,还不够清楚。《唐六典》卷5《兵部》载:

凡军行器物,皆于当州分给之;不足则自备,贫富必以均焉。

这条规定,不少史学前辈认为指府兵而言,我以为不然。无论从条文的顺序或从条文的内容看,乃是关于兵募的规定。从条文顺序看,

《唐六典·兵部》所载各类军队依次有府兵、北衙禁军、健儿、团结兵、高丽、羌兵、城傍子弟、兵募。如果说上条所记内容系指府兵,为什么不紧接在差卫士之后,而列在差兵募之后?从条文内容看,也不适用于府兵。府兵是常备兵,军行器物,按规定皆早已自备齐全,平时贮藏于武库,"有所征行,则视其入而出给之;其番上宿卫者,惟给弓矢、横刀而已"(《新唐书·兵志》)。兵募因系临时募行,军行器物,缺乏准备。唐廷又禁止民间拥有重武器,违者要受严惩。这样一来,临时募行者穷苦的固然实现不会有准备,富有的限于禁令,也会缺少足够的装备。怎么解决?首先由当地政府负责供给,"不足则自备"。杜甫《后出塞》诗:"招募赴蓟门,军动不可留。千金买马鞭(一作"鞍"),百金装刀头。"生动地描绘了兵募自置装备的情况。自备有困难,"贫富必以均焉",通过亲邻互相资助来解决。敦煌出土唐开元二十四年(736)九月岐州郿县尉口勋牒判集许资助防丁第二十八④记载了互相资助的情况:"或一室使办单衣,或数人共出袷服。"这种资助,不仅"旧俗如此",而且官府强力推行:"其应办衣资等户,衣服者最精,故者其次,唯不得破烂,及乎垢恶。仍限续得续纳,无后无先。皆就此衙押付官典,至今月廿日大限令毕。辄违此约,或有前科。"有一叫宋智的,"兼一户人共一毡装,助其贫防,不着百钱",抗拒不缴,被"帖狱留问"。⑤

6. 兵募的任务。未见法令上有具体规定,但从史例看,其任务有二:一是出征,二是在军镇防守,不番上宿卫。因此,上述"凡军行器物皆于当州分给之"云云,就没有征行与宿卫之分。这一点亦可资佐证本条规定确指兵募,而非府兵。

二、兵募的作用

兵募虽然不是一种固定兵制,但在唐代前期的作用却不可忽视。

为了说明这一点,首先必须澄清一下府兵的作用问题。府兵在唐代前期各类军队中处于重要地位应该肯定。但长期以来,它的作用被过分夸大了。在这方面开其端的为《邺侯家传》(见《玉海》卷138所引,以下简称《家传》)。《家传》系唐人著作,唐人讲唐代府兵,后世许多人便信以为真。近人虽指出其不当,但其错误影响至今没有肃清。下面予以辨析,并述唐代前期兵募的作用。

首先必须指出,西魏宇文泰实行府兵制后,募兵继续盛行,隋末尤为普遍。如隋炀帝第一次进攻高丽,就有大量募兵(《隋书·炀帝纪》);第二次进攻高丽,"征天下兵,募民为骁果",大业十一年,隋炀帝在雁门被突厥包围,"诏天下诸郡募兵"。至于利用募兵镇压农民起义的史例,《隋书》《旧唐书》等记载更多。

至于唐代,从李渊起兵到唐建立军队的主力根本不是府兵。李渊原为隋朝的太原留守,起兵时"甲士三万",由两部分组成。一是原来归他统辖的隋军,大量的是强制征募而来的军队和州郡兵,府兵即使有也是很少的一部分。二是李世民、长孙顺德等在起兵前临时招募的军队。以上两部分军队统称"义士"。李渊于进军长安途中,把战斗部队迅速扩大到二十多万,很快攻占长安,于第二年建唐。

唐朝建立后,消灭敌对政权,完成统一,依靠的军队也不是府兵。这从以下四次大战可以得到证明。

1. 西灭薛仁杲。时为武德元年,尚在唐朝建立府兵之前,[①]当然不能把它算在府兵账上。

2. 北灭刘武周。武德二年十月,李渊"悉发关中精兵,以益世民所统,使击武周"(《资治通鉴》卷187)。大部队出发时,唐高祖下了一道赦书,云:"其义士、募人有背军逃亡者。自武德二年十月二十日以前,罪无轻重,皆赦除之。"(《唐大诏令集》卷83)赦书只说义士、募人,而未提府兵,说明所谓"关中精兵",乃是太原起兵进占长安时的老部队与临时征募的军队,府兵实际上尚未建立起来。

3. 东灭王世充、窦建德。武德三年七月李渊命李世民"督诸军、击世充"(《资治通鉴》卷188)。所谓"督诸军",主要包括:一是山东各地的唐军。这当然不是府兵;二是消灭刘武周军后东调的唐军。这也难说是府兵。当时战斗紧张,既没有充裕的时间,也没有必要把部队按府兵制进行整编、改建。

4. 南灭萧铣。时在武德四年九、十月,使用的军队是巴蜀兵,[7]巴蜀地区当时未置府兵。

从以上叙述,可以清楚地看出,唐朝完成统一大业根本不是府兵。《家传》云:唐朝"平定天下""亦府兵也",违反史实,绝对不能相信。

太宗和高宗时,府兵达到鼎盛期,其武功是否都可归之府兵呢?无论从府兵制特点来分析,从史实来考察,答案都是否定的。

从府兵制特点来看,兵额有限,能够用于出征的数量不会太多。府兵从二十一岁到五十九岁,都在兵籍上,本身免除租庸调和杂徭。[8]府兵数量过多,就要严重影响政府的财政收入。"若次男以上,并点入军,租赋杂徭,将何取给?"(《唐会要》卷85《杂录》)因此,兵额必须严加控制。据文献记载,府兵兵额最多为六十多万。府兵又是轮番制(五番到九番),即使按五番计算,一次上番最多为十多万。如果一次征发府兵太多,就会影响它的正常运转。府兵的主要任务是:番上宿卫,保卫皇帝、保卫京师;征行;镇戍防守。放在第一位的是宿卫。除了宿卫和戍守,能用于出征的数量不多。遇到大规模的战争,需要数量众多的兵员时,不得不求助于其他兵源。兵募是主要的一种。如唐太宗第一次对高丽的战争,虽然是御驾亲征,但统帅的军队多数是募兵,府兵只是一小部分。[9]唐太宗自己说是接受了隋炀帝失败的教训,[10]这只是次要原因,更重要的是因为府兵兵员不够。唐太宗出征前,以房玄龄留守京师,肖瑀留守洛阳,又命刘洎辅佐太子李治在定州监国。这样一来,兵力分散,府兵兵员明显不够。尉迟敬德上疏云:"陛下亲征辽东,太子在定州监国。长安、洛阳心腹空虚,恐有玄感之变。"(《资治通鉴》卷197)长安、洛阳镇守兵也显得不够,可见府兵数量与实际需要有很大距离。贞观二十二年(648)唐太宗准备第二次进攻高丽,主力也是募兵。这从太宗"遣陕州刺史孙伏伽招募勇敢之士"(《册府元龟》卷135《帝王部·好边功》),以及房玄龄反对这次战争的疏文"罢应募之众"(《旧唐书·房玄龄传》),可以得到证明。

府兵的最主要任务为:番上宿卫,保卫天子。天子出征,府兵从行的理应较多。唐太宗御驾亲征,府兵只占一小部分,那么其他将领统兵出征时,府兵所占比重自然更少了。

再考察一下唐高宗时灭百济、高丽使用兵募的情况。

唐灭百济,时在高宗显庆五年(660)。《旧唐书·刘仁轨传》述兵募云:"显庆五年,破百济勋,及向平壤苦战勋,当时军将号令,并言与高官厚赏,百方购募,无种不道。洎到西岸,唯闻枷锁推禁,夺赐破勋。"所谓"破百济勋",指显庆五年兵募在灭百济之战中所获勋级;"平壤苦战",指龙朔元年(661)至龙朔二年二月,苏定方指挥唐军围攻平壤之战。可见,这两次大战,都有大量兵募参加。

显庆五年,唐灭百济后,进而企图征服高丽,不断调遣兵募去朝鲜半岛。《旧唐书·高宗纪》载:显庆六年(661)正月乙卯,"于河南、河北、淮南六十七州,募得四万四千六百四十六人,往平壤带方道行营"。麟德元年(664),熊津都督府的镇兵都为兵募。这些兵募说:"自显庆五年以来,征人屡经渡海。"(《资治通鉴》卷201)戍守百济的兵募,其任务不仅是为了镇压百济民众的反抗,而且为了进攻高丽(《资治通鉴》卷200、201)。

高宗乾封元年(666),发兵大举进攻高丽,于第二年攻占平壤,高丽灭亡。这次战争,唐朝出动的兵力很多,到达平壤城下的军队有五十多万。从前面的叙述中可以知道,其中除一部分府兵和少数民族的部落兵之外,大量的是兵募。

总之,贞观时期和高宗总章二年以前一系列战争,唐朝行军的组成,府兵只是一部分,大量的兵员是兵募;府兵只起骨干作用,主力则是兵募。《家传》云:贞观中北灭突厥、西灭吐谷浑、高昌,高宗时东灭百济、高丽等,"亦府兵也",显然夸大了府兵作用,不可相信。

唐高宗中期以后,府兵制开始衰殆,边境形势日趋紧张,战斗频繁,边防线越来越长。从高宗晚年起,在边境要地设置的军镇(军、城、守捉、镇四者统称军镇)急剧增加。到玄宗开元中,达六十多个,常驻的军队共有六十多万。府兵更无法满足需要,无论是出征和守备,兵募使用得很多,作用更大了。

例一,《旧唐书·高宗纪》载:"咸亨三年(672)春正月辛丑,发梁、益等一十八州兵募五千三百人,遣右卫副率梁积寿往姚州击叛蛮。

例二,对吐蕃的战争。仪凤二年(677)十二月乙卯下诏:"于关内、河东诸州召募勇敢。"(《旧唐书·高宗纪》)三年正月又于河南北"募猛士,不问布衣及仕官"(《资治通鉴》卷202)。"又令益州长史李孝逸、巂州都督拓王奉等发剑南、山南兵募以防御之。"(《旧唐书·吐蕃传上》)

例三,高宗时对突厥的战争。调露元年(679)十月,单于大都护突厥阿史德温博、奉职二部俱反,唐高宗两次命裴行俭为定襄道行军大总管统一指挥各路大军进行镇压。战争规模相当大,一次出动兵力多达三十万。当时唐朝不可能集中如此多的府兵用于一个方面作战。从唐军取得胜利后,高宗下的一道诏书:"曲赦定襄军及远征突厥官吏兵募等"(《旧唐书·高宗纪》)可以知道,唐军的主力是兵募。

例四,武则天时与突厥默啜的战争。圣历元年(698),武则天以武重规为天兵中道大总管与幽州都督张仁愿等将兵四十五万,又以狄仁杰为河北道副元帅知元帅事统兵十多万,抵抗默啜进犯,临时征募的很多。《唐书兵志笺正》卷2云:所谓天兵军者,"就全军言之,则本为有事召集,无事遣归之征募"。武重规等统帅之军队大量为兵募,至于狄仁杰统帅之军十多万,也多为临时招募之兵。(《资治通鉴》卷206、《旧唐书·李元纮传》)

以上所举多为行军方面的例证。至于军镇方面的部队,一般都为兵募。如高宗时熊津都督府的镇兵,系州县发遣之兵募(《旧唐书·刘仁轨传》)。姚州镇守的是蜀州兵募(《旧唐书·张柬之传》)。戎州西南安戎城的戍兵为剑南兵募(《资治通鉴》卷202《唐纪》高宗永隆元年)。朔方军的镇兵亦为兵募。《旧唐书·解琬传》载:"琬景云二年(711)复为朔方军大总管。琬分遣随军要籍官河阳丞张冠宗、肥乡令韦景骏、普安令于处忠等,校料三城兵募,于是减十万人,奏罢之。"唐玄宗开元时,缘边镇兵共六十多万,大多是兵募。

《旧唐书·张说传》载:"先是,缘边镇兵常六十余万,说以时无强寇,不假师众,奏罢二十余万,勒还营农。""时当番卫士,浸以贫弱,逃亡略尽。说又建策,请一切罢之,别召募强壮,令其宿卫。"《张说传》把镇兵与府兵分为两个问题来谈,前者讲镇兵,后者讲府兵,那时府兵连宿卫都不够,根本谈不上去当镇兵。"奏罢二十余万,勒还营农",明显是指兵募。因镇兵是从民丁中差发的兵募,裁减下来不当镇兵,就恢复民丁身份,还家营农。如果镇兵是府兵,那么,不充任镇兵,应继续保持府兵身份;当时正缺少宿卫之士,理应轮番上京宿卫,那里谈得上勒还营农。

例证不再多举,总之,唐代前期兵募的作用是很大的。在行军方面,兵募是主力;防守边境方面,也主要靠兵募(唐代前期边境上的镇戍,开初由府兵承担,但每一镇戍,多则几百人,少则几十人,只能起巡逻警戒的作用);设置在边境要地上的军阵,其镇兵一般都为兵募。

在此,补充交代两点:一、《资治通鉴》等著作,往往把唐代前期的兵募改写成兵。试以《旧唐书》与《资治通鉴》对照,就很清楚。许多人不加校比,往往把兵都当作府兵,其结果夸大了府兵作用,忽视了兵募。二、唐代无论出征和防御、反击,一般都不是一种军队,尤其是规模大的战争,使用的军队种类颇多。因此,在评估唐代前期军队作用时,不仅要讲府兵、兵募,还要讲其他各类军队,并注意不同时期的变化情况。

三、兵募到长征健儿的变化

唐玄宗开元时期,唐代的兵制发生了很大变动,兵募变为长征健儿是其中的一个重要方面。它的变化过程,大致如下:

1. 从应募投戎到差点勒遣。本文第一部分已交代,兵募应是自愿投募从戎,但实际上是自愿与强制相结合。唐太宗贞观年间到高宗显庆五年,百姓自愿应募投戎很踊跃,这是因为,从政策上讲,唐廷认真实行悬赏招募,奖励军功。唐朝兵力又强,周边地区的少数族政权和邻国,没有能与之匹敌者。兵士只要勇敢作战,很易获得勋赏。唐太宗的一道诏书说:"若能齐力一心,屠城陷敌;高官厚秩,朕不食言。"(《册府元龟》卷117《帝王部·亲征二》)情况确实如此。如薛仁贵应募从征高丽,安市城下冲锋陷阵,所向无敌,即升游击将军(武散阶从五品下),接着又被拔擢为果毅都尉,后来成为有名的将领。《刘仁轨传》记述兵募说:"贞观、永徽年中,渡辽海者即得一转勋官;东西征役,身死王事者,并蒙敕使吊祭,追赠官职,亦有回亡者,官爵其子弟。"那时,一为勋官,不仅可以借此获取勋田,优免租用调和杂徭,而且社会地位也得以提高,是一种很大的荣誉。贞观二十年(646)河南洛州赵义深致西州张隆信的书札中说:"在此亲眷,皆悉□知大兄得勋官云骑尉,居子等喜悦不可言。"[①]云骑尉为十二转勋级中第二转,尚且喜悦不可言,可见勋官在那时是备受尊重的。应募从戎是向上爬的一个阶梯,对于地主富户具有一定的吸引力。当时,北朝以来的尚武风气也比较强,亦有利于召募的进行。显庆五年以后,富强者不愿应募,贫弱者则被强制征发,也是有原因的。首先是唐廷不认真执行勋赏政策。"近日征役,虚有赏格,而无其事。""自苏定方定辽东,李勣破平壤,赏绝不行。"(《旧唐书·魏元忠传》)苦战前,"军将号令,并言高官重赏";胜利后,活着的"枷锁推禁,夺赐破勋",身死者,无人顾问(《旧唐书·刘仁轨传》)。另一方面又滥与勋赏,特别是武则天上台以后,"海内士僚九品以上,每岁逢赦,必赐阶勋。至于朝野宴集,公私聚会,绯服众于青衣,象板多于木笏"(《全唐文》卷274刘子玄《应制表陈四事》)。因军功而获得勋级的百姓军官,其地位也随之下降,"频年征役,唯取勋官,牵挽辛苦,与白丁无别"(《旧唐书·刘仁轨传》)。咸亨五年(674)以后,"战士授勋者,动以万计。每年纳课,亦分番于兵部及本郡当上省司。又分支诸曹,身应役使,有类僮仆。据令乃与公卿齐班,论实在于胥吏之下"(《旧唐书·职官志》)。经过几十年的和平生活,以及唐朝提倡以文入仕,尚武风气也逐渐丧失。这一点,首先在上层统治集团中就很突出。唐初,封建贵族、官僚地主不仅踊跃从戎,而且是军队的核心,如李世民及其骑兵扈从,在许多次战斗的关键时刻,带头冲锋陷阵,对取得胜利往往起决定性作用。唐太宗以后,再也没有这样的亲王。乾封元年(666)李勣为辽东道行军大总管,统率大军征高丽,动员"其婿杜怀恭偕行,以求勋效。怀恭辞以贫;勣赡之;复辞以无奴马,又赡之。怀恭辞穷,乃亡匿岐阳山中"(《资治通鉴》卷201)。杜怀恭不愿从征高丽,不是他个人的问题,而是贵族官僚地主在和平环境下,贪图安逸生活,怕艰苦、怕战死的一种反映。其后,这种情况越来越严重。上层统治者轻视武功,必然会影响到社会下层。从高宗中叶以后,对外战争又时遭惨败,当兵募不仅难捞到什么好处,相反会带来一系列灾难。因此,百姓不愿投募从戎,官府乃采用强制征发。从显庆五年以后,经武则天,到睿宗时,普遍实行

"差点勒遣"。

2. 从临时的、不定期的差发到定期差替和镇兵本地化。兵募不是常备兵,而是临时募行。无论从征和军镇驻防,每次为期多少年,并无具体规定,而是由皇帝诏敕临时决定。从文献记载看,有一年、二年、三年、四年、五年、六年。《旧唐书·刘仁轨传》记载与熊津都督府的兵募问答云:"旧留镇五年,尚得支济。尔等始经一年,何因如此单露?答云:发家来日,唯遣作一年资装,今已二年。"可见兵募的年限,并不固定,而是临时约定;但唐廷可以违约抑留。这样做的结果是:兵募"唯思西归,无心展效",严重影响士气,削弱部队战斗力。这个问题,在高宗中叶以前,还不突出。那时军镇很少,兵募用于军镇驻防的不多,而多用于临时出征,事罢既归。但从唐高宗晚期起,随着军镇急剧增加,需要大量兵士常驻军镇。这种临时的不定期兵募,越来越不适应形势需要。大约与由应募投戎到差点勒遣转变的同时,实行了另一种转变:从临时的、不定期的差发到定期差替和镇兵本地化。

《唐大诏令集》卷2神龙元年(705)二月五日中宗即位赦云:

> 天下军镇不要者多,转输艰辛。府库虚耗,事须改弊,不可循常……其应支兵,先取当土及侧近人;仍随地配割,分州定数;年满差替,各处本州。永为格式,不得逾越。

从赦文语气看,这种年满差替办法和镇兵本地化在中宗以前已经实行,中宗以后"永为格式",但多少年差替不清楚,需要进一步探讨。

《唐会要》卷83《租税上》记载:

> 大历十四年(七七九年)八年,杨炎上疏:"旧制:人丁戍边者,蠲其租庸,六岁免归。元宗方事夷狄,戍边者多死不反。边将怙宠

而讳败,不以死申,故其贯籍之名不除。至天宝中,王鉷为户口使,方务聚敛,以丁籍且存,则丁身焉往,是隐课而不出耳。遂按旧籍,计除六年之外,积征其家三十年租庸。天下之人,苦而无告。

首先要说明的,上述所谓人丁戍边者,不少先生都以为指府兵,鄙见则以为指兵募。理由有三:第一,人丁戍边的人丁即民丁(避讳,"民"改为"人")。从兵制看,兵募系从民丁中临时差发,其主要任务之一为戍边,故兵募戍边,亦称民丁戍边。府兵的主要任务为宿卫。开元时,府兵制已衰殆,府兵即使有戍边的,为数也极少。因此,人丁戍边如指府兵,那么,王鉷按隐课而不出补收租庸调时,涉及面就比较小,不会说"天下之人,苦而无告"。第二,从蠲免制看,唐代前期当兵的,在役期间,本身都免除租庸调和杂徭,戍边回来,即恢复民丁身份。据法就应该担负租庸调和杂徭。府兵则不同,戍边归来,其身份仍然是府兵,应继续免除租用调和杂徭。即使按先天二年(713)正月敕:"天下卫士取年二十五已上充,十五年放出;频经征镇者,十年放出。"(《通典》卷28《将军总叙》)进行计算,其本身的租庸调至少应该免除十年,而不是六年。何况如果是府兵隐而不出,家属不是代纳租庸调,而应该按缘坐法问罪没官。第三,从天宝中上推三十六年,时为唐玄宗开元初,与开元时期的许多诏敕对照来看,也可以断定为兵募。如开元九年(721)十月诏云:"如闻诸道兵募、丁防年满,或征役处分及在路死者,不得所由谍报,本贯无凭破除,仍有差科,亲邻受弊。宜令今年团日,堪责同行火队,的知实死,即可破除。自今已后,每有兵募、丁防放归,令州军具存亡夹名,牒本贯。"(《册府元龟》卷63《帝王部·发号令》)本诏所云兵募、丁防即杨炎疏文中的戍边人丁。

从杨炎疏文,可知唐玄宗开元初或开元以前,兵募差替的期限为六年。开元五年正月镇兵以四年为限诏,则交代得很清楚。开元五年以前,按规定镇兵年限,一般为二年、三年,但实际上"递加年限",多被抑留,乃有"壮令应募,华首未归"。因此,要重申前令,兵募差替一般军镇仍为二年、三年,"碛西诸镇,道阻且长",延长为四年(《唐大诏令集》卷107)。

3. 从定期差替的兵募到长征健儿。细读开元五年正月镇兵以四年为限诏,可以看出其内容充满着矛盾:兵募原则上是定期差替的,但实际上有的已并不差替;唐廷既不准军镇延长兵募年限(仍旧以三年、二年为限),又承认非延长不可(如碛西镇兵);既不准年满延留,又允许留镇(在情愿的名义下)。这些矛盾说明了定期差替的兵募已走到了尽头,行不通了,但唐廷却企图继续推行。

兵募定期差替之所以行不通,有着深刻的军事和社会经济、政治等多方面的原因。

从军事方面讲,缘边镇兵面对的是吐蕃、突厥、奚、契丹等少数民族的强悍骑兵,没有战斗力,无论防御和反击,都不能胜任。部队要有战斗力,必不可少的条件是:严格的训练和好的指挥系统。兵募系临时征募,定期差替,为期又短,必然带来缺陷:平时缺乏训练,将士之间互不熟悉,指挥工作不能顺利进行。这些缺陷,在唐高宗中期以前对部队战斗力的影响还不明显。那时,一则老部队多,府兵又训练有素,组建行军时,以老战士和府兵为骨干,实行以老带新。二则社会上有尚武风气,即使临时征募之兵,亦多早习武艺。因此,上述缺陷,较易克服。高宗中叶以后,社会上尚武风气逐渐消失,府兵衰殆,已不能发挥骨干作用。这样,兵募的弱点就突出起来,战斗力很差。武则天垂拱二年(686),乔知之就指出,唐军在与吐蕃等战争中所以屡遭惨败,重要原因之一为临时征集之兵,缺乏训练,没有战斗力。其论突厥表云:"臣比来看国家兴兵,但循于常规。主将不选,士卒不练,徒如驱市人以战耳。故临阵对寇,未尝不先自溃散。"(《陈子昂集》卷4）开元二年（714）八月唐玄宗准备御驾亲征，反击吐蕃入侵，也指出临时招募的壮勇，虽然"材力冠群，艺能拔萃"，但"以不教人战，岂知金鼓之声"，必须先予训练。同年十月下诏又采取两个措施，一是重申中宗时的原则，军镇兵先以侧近兵人充；二是对战兵进行专门训练。其诏曰："比来缘边军镇，每年更代，兵不识将，将不识兵。岂有缘路疲人，盖是以卒与敌。其以西北军镇，宜加兵数，先以侧近兵人充，并精加简择。""战兵别简为队伍，专令教练，不得辄有使役。"开元八年八月诏又强调专门训练，并拣选骁勇者充军镇健儿（以上见《册府元龟》卷124《帝王部·修武备》）。但这些措施，都只是随事补苴，并不能真正解决问题。只要兵募实行定期差替，教练好的队伍就会被替换下去，士卒不练和兵不识将、将不识兵的问题依然存在，镇兵的战斗力就难以提高。定期差替的兵募已无法适应当时边防形势的需要。

从当时的经济条件讲，也不能坚持兵募定期差替。开元时缘边镇兵常六十多万，如果以三年为期实行替换，那么，每年需替换的人数为二十多万。唐朝的疆域那么广阔，边防线又偏在西、北两面，镇兵大多从山东地区差发，远者相去六七千里。输送兵员，一天行程步行为五十里，来回一次需一二百天。如此，大量兵员岂能长久定期差替？考察史例就会清楚。贞观十四年，唐太宗既灭高昌，在那里设置州县，魏徵坚决反对。他认为以高昌为州县，"则长须千余人镇守，数年一易，往来死者，什有三四，供办衣资，远离亲戚，十年之后，陇右虚耗矣"。（《资治通鉴》卷195）。（开元三年）（郭虔）瓘请募关中兵万人诣安西讨击，皆给递驮及熟食……道次州县，将何以供？（《资治通鉴》卷211）由此两例，可以看到每年二十多万兵募施行差替，对唐政府来说，"去给行赐，还给程粮"，在财政上是多么大的负担；对民户来说，又将有多少户因此贫困破产。唐玄宗下诏也说："旅谈者苦疆场之戍役，偶语者伤户口之凋残。""比来兵募年满者,皆食不充腹,衣不蔽形;驮募(幕)什物,散落略尽;既不能至,便流落不归。丁壮减耗,实由于此。"(以上均见《册府元龟》卷135《帝王部·愍征役》)如果说,兵募的存在,在唐初可以使常备兵减少,政府赋役收入少减,使更多的劳动力投入社会生产;那么,现在已转化到它的反面了。兵募定期差替,使大量农户破产,严重影响生产,政府财政支出增加,赋役收入减少。

从社会政治状况讲,政治腐败,户殷多丁首先当兵的原则早已被破坏,到唐玄宗开元时,地主富户普遍以为官、为僧,以色役免,兵役都落到贫下户身上。贫下户无力自备必要的衣资,戍边时又备受边将的摧残。缘边兵士"久事戎旅,极寒而衣食不充,疾病而医药不拯",大量死亡;不死的也难于返乡,"年满之日,逃亡甚众",或"流浪不归"。至于兵募的家庭,也得不到什么优待,临时差科依然不断。连唐玄宗的诏书也说:"每事牵挽,不异居人,竟不存恤,是何道理?""丁壮既差远行,老少虑不支济。"(上引见《册府元龟》卷135《帝王部·愍征役》)这样一来,兵源枯竭,差发补充兵员去替换越来越困难,兵募的定期差替也随着落空。

由上所述,可见兵募定期差替,到开元时既不适应军事形势需要,又缺乏实行下去的政治经济条件。因此,唐廷企图用修补办法来维护并继续推行,其结果必然碰壁。实际上,镇兵以四年为限诏本身就为停止兵募定期差替开了绿灯。开元五年以后,年满镇兵以情愿为名继续被大量抑留。开元十二年九月诏:"其有年齿衰暮""给粮放还"。开元十六年十二月诏:"使健儿长征,何以克堪!可分为五番,每一年放一番洗沐。"(《册府元龟》卷135《帝王部·愍征役》)发展到开元二十五年尽以长征健儿代替兵募为镇兵。

《唐六典》卷5《兵部郎中员外郎》"天下诸军有健儿"条注:

> 旧健儿在军，皆有年限，更相来往，颇为劳弊。开元二十五年敕，以为天下无虞，宜与人休息。自今已后，诸军镇呈闲剧利害，置兵防健儿，于诸色征行人内及客户中召募，取丁壮情愿充健儿长住边军者，每年加常例给赐，兼给永年优复。其家口情愿同去者听；至军州，各给田地屋宅。人赖其利，中外获安，是后州郡之间，永无征发之役矣。（参阅《册府元龟》卷124）

开元二十六年明令停止兵募去军镇戍边。

《唐大诏令集》卷73开元二十六年正月《亲祀东郊德音》云：

> 每念黎甿，弊于征戍。亲戚多别离之惨，关山有往复之勤……所以别遣召募，以实边军。锡其厚赏，便令长住。今诸军所召，人数尚足；在于中夏，自能罢兵。既亡金革之事，足保农桑之业。自今已后，诸军兵健，并宜停遣。其见镇兵并一切放还。

健儿长征边军，又叫健儿长任边军（长住边军、长充边军）、长征健儿，也就是后来的官健。如上所引，尽以长征健儿代替兵募为镇兵，意味着（一）长期戍守代替了定期差替，召募代替了强制征发，雇佣兵代替了义务兵。（二）缘边镇兵由差自各地普遍变为本地化、侧近化。由上述两点可知，从此以后，各地民丁再无远戍边镇之苦，消耗于往来路上的大量社会劳动因此而得以节省。从这个意义说，这一变革是一个进步。

（三）兵士的成分由土户（土著农业户、有产户）变为客户（无产业户）。这一点和当时大土地所有制发展，均田制崩溃，小农土地被兼并，社会上存在数量众多的破产农民密切相关。到兵营当雇佣兵，是破产农民的出路之一，大量破产农民的存在，又为实行雇佣制提供了兵源条件。如果说兵募是从土著农业户中发遣,事罢即归,恢复农户身份,因而叫作兵农合一,那么,长征健儿来自不从事农业生产的客户、无产业户,以当兵为职业,自然与农业分离。在这一意义上说,兵募为长征健儿代替,也就是兵农合一变为兵农分离。

(四)兵士与家属分离也随之变为家属随军。

(五)镇兵由州县差发改由节度使召募,节度使在军事上的作用进一步增大。在此之前,镇兵差自各地的有产户,家属留在后方,镇兵反叛,有后顾之忧;而且镇兵定期差替,"兵不识将,将不识兵",边将与镇兵关系不密,边将要发动边兵反叛,比较困难。此时形势变了,一切都倒转过来,加上其他条件,边将拥兵反叛的可能性增加了。

(六)镇兵的装备由地方政府供应与兵士自备,改为全由唐廷承担,朝廷还要负责兵士及家属的生活费用,军费支出大增,造成财政困难。唐廷就加强对人民的搜刮,使社会矛盾进一步激化。

以长征健儿代替兵募为镇兵,与开元十一年召募强壮以为长从宿卫代替府兵轮番宿卫,是唐代整个兵制变革中的两个重要组成部分。它的变动,也就是召募制的雇佣兵(或叫职业兵)代替轮番、差替制的义务兵(府兵、兵募)。这一变动在中国兵制发展史上是必须注意的重大问题。它发生于开元时期,不是偶然的、孤立的社会现象,而是长期以来军事和各种社会矛盾发展的结果。开元时期,是中国封建社会内部发生部分质变的时期,兵制变革与货币商品经济发展,大土地所有制发展,均田制崩溃,资课盛行,以庸代役普遍化,和雇和市发展,以及建中时租庸调向两税法转变,等等,交织成了中国封建社会从前期向后期转变的历史画面。

关于唐代的兵制,特别是府兵制,前贤有许多专门的精深的研究,兵募则阙如。因为对兵募缺乏研究,影响着府兵制研究的进一步深入,甚至把许多兵募的材料都当成府兵的例证。在目前广为流行的各种中国通史、大学教材、隋唐史和唐代兵制专著中,凡讲到唐代兵制,几乎千篇一律地讲府兵和府兵制变为募兵制,似已成为一个公式。笔者以为,讲唐代兵制,前期只讲府兵是很片面的,讲兵制的变化,只讲府兵制变为募兵制,也是不确当的。唐代前期的主要军队应为府兵和兵募,讲到转变,可以表述为轮番、差替制的义务兵——府兵、兵募,变为召募制的雇佣兵(或叫职业兵)——长从宿卫、长征健儿。当然,这样概括性的表述有局限性,客观的历史情况要丰富、复杂得多。从唐代的史实来考察,长征健儿代替兵募以后,强制征募继续存在;出土资料表明,在长从宿卫代替府兵轮番宿卫,甚至在天宝八载停折冲府上下鱼书,即所谓府兵制废止以后,府兵在边境上还在起一定作用。

限于篇幅,关于兵募的不少问题,或者稍有涉及,或者涉及了没有展开,留待今后有机会再谈。笔者晚学识浅,错误不当之处,必然不少,敬希批评、指正。

(《历史研究》1981年第4期)

注释:

① 见中华书局标点本《旧唐书》卷43《职官志·兵部》"兵募"条;日人玉井是博著《中国社会经济史研究·唐代防丁考》引用《唐六典·兵部》"兵募"条以及广池千九郎训点之《唐六典》。
② 见《旧唐书》卷84《刘仁轨传》《唐六典》卷5《兵部》《旧唐书》卷43《职官志·兵部》及《唐律疏议》卷16《拣点卫士、征人》条疏议。
③ 中华书局出版的标点本《新唐书》卷51《食货志》把"职事勋官三品以上"点成"职事、勋官三品以上",误。
④ 见伯2977号文书,《敦煌掇琐·琐七〇》。
⑤ 同上,《判问宋智咆悖第廿九》。
⑥ 唐朝于武德二年七月壬申下诏,在关中地区建立府兵。
⑦ 见《资治通鉴》卷188唐纪高祖武德四年九月诏。

⑧ 范文澜《中国通史简编》第三编第一册谓府兵"超过役期要免租庸",不确。
⑨ 见《旧唐书·太宗纪》贞观十八年十一月庚子条、《资治通鉴》卷 197《唐纪》太宗贞观十八年十一月甲午条。
⑩ 见《资治通鉴》卷 197《唐纪》太宗贞观十八年末。
⑪ 见《文物》1973 年第 10 期《吐鲁番县阿斯塔那—哈拉和卓古墓群发掘简报》。

李世民是杰出的军事家吗？

长期以来，有一种流行的说法：李世民二十岁当元帅，统兵打仗，独立指挥了西击薛举、薛仁杲，北败刘武周、宋金刚，东灭王世充、窦建德等几大战役，是一位杰出的军事家。事实果真如此吗？我的回答是否定的。下面进行具体考察。也乘便观察李建成、李元吉的军事活动。

一、西河之战，是李建成、李世民参加指挥的第一次战役

大业十三年(617)六月，李渊在太原以废皇帝，立代王为意，传檄诸郡，西河郡不从命，"乃命大郎、二郎率众取之"。大郎即李建成，二郎即李世民。"从率众取之"看，这次攻西河郡的大军统率者，是以李建成为主，李世民为副，但考其实，建成、世民兄弟仅是挂名指挥官，真正决策、指挥者另有其人。我这样说，理由有二。（一）西河之战，虽然规模不大，但西河郡地处太原西南一百七十里，是李渊进军关中必经之路。这一仗，又是起兵后的第一仗。李渊是久经沙场，老谋深算的宿将，深知此仗是否取胜，对进军关中，对部队士气，对社会影响，关系极大，因而志在必胜。他也知道，在客观条件具备后，指挥员临战指挥是否正确，会影响战争胜负，因而要选拔善于指挥者担任指挥官。但是年李建成虚岁二十九岁，缺乏实战指挥经验，李世民虚岁二十，虽然十八岁参军，

但实战太少,缺乏指挥经验。因此,李渊不可能将攻取西河郡的指挥权交给他俩去冒险,必然要另外物色人选。(二)参加西河之战的重要人物有殷峤、刘弘基、温大有。

《旧唐书》卷58《殷峤传》:

> 峤字开山,仕隋太谷长,有治行。义兵起,召补大将军府掾,参与谋略,授心腹之寄,从隐太子攻克西河。

《旧唐书》卷58《刘弘基传》:

> 从太宗攻下西河。

《资治通鉴》卷184《隋纪》恭帝义宁元年六月甲申:

> 渊使建成、世民将兵击西河,命太原令太原温大有与之偕行,曰:吾儿年少,以卿参谋军事;事之成败,当以此行卜之。

《大唐创业起居注》卷1:

> 西河郡,不时送款。六月甲申,乃命大郎、二郎率众取之。临行,帝语二儿曰:尔等年少,未之更事,先以此郡,观尔所为,人具尔瞻,咸宜勉力。大郎、二郎跪而对曰:儿等早蒙弘训,禀教义方,奉以周旋,不敢失坠。家国之事,忠孝在矣。故从严令。事须称旨。如或有违,请先军法。帝曰:尔曹能尔,吾复何忧。

上述李渊的两段话,按其内容看,是在部队出发前,李渊当着温大有、殷峤、刘弘基、李建成、李世民等面一口气讲的。他一方面对大有等说：攻取西河之战，关系重大。眼下我们的兵马不多，你们所率部队是我以后经略天下的资本。建成、世民年少，阅历不多，军中之事，都委托给你们，这是对你们的信任，也是你们建立功名的好机会，希望好自为之。不负所托。另一方面又告诫建成、世民说：你俩年少，还不懂得带兵打仗，现在让你们参加这次战争，看一看你俩表现如何；你们是我的儿子，又是名义上的指挥官，表现如何，影响极大。一定要听从温大有等指挥，遵守军纪。否则，将会受到军法处置。建成、世民即当众表态，一定服从命令，听从指挥，遵守军纪。如有违犯，甘愿先受军法处置。这次攻取西河之战，建成、世民虽名为正、副统率者，但李渊已把全军的决策、指挥权委托给了温大有，把建成、世民所在部队的具体指挥分别交由殷峤，刘弘基等负责。

二、进军关中，攻取长安

大业十三年七月壬子，李渊以四子元吉为太原郡守，留守晋阳宫，后事悉以委矣。癸丑，渊帅甲士三万发晋阳，全军分成左、中、右三军，李渊自居中军，统一指挥，以左领军大都督建成率左军，右领军大都督世民率右军，向长安进发。进展顺利，十一月丙辰，攻克长安。

这次进军关中，攻克长安，是在李渊为首的大将军府统一指挥下取得胜利的。不仅如此，李渊还替元吉、建成、世民分别选派了重要人物为僚佐，主持太原留守和左右领军大都督府工作。

1. 先剖析元吉留守太原的经过（包括刘武周南侵，元吉出奔，放弃太原在内）。

隋炀帝大业十三年（617）七月，李渊起兵向关中进发。"以四郎元吉为太原郡守，留守晋阳宫，文武后事并委矣。"[①]同年十一月，李渊攻克长安,元吉进封齐国公,授十五郡军事、镇北大将军、留镇太原,许以便宜从事。[②]武德二年(619),刘武周进逼并州,元吉奔于京师,并州陷落。并州是李渊起兵基地,部队家属皆在那里,下辖一十五郡,强兵数万,食支十年。并州的安危,对于李渊顺利进军关中,攻取长安,建立政权,巩固政权,影响极大。这样的重任,年仅十五六七岁的李元吉,[③]显然是担负不了的,李渊也决不会把如此重任交给他负责。

《旧唐书》卷62《李纲传》:李渊闻并州失陷,大怒,"谓纲曰:'元吉幼小,未习时事,故遣窦诞、宇文歆辅之。强兵数万,食支十年,起义兴运之资,一朝而弃。宇文歆首画此计,我当斩之。'""元吉幼小,未习时事,故遣窦诞、宇文歆辅之",大权在窦诞、宇文歆手中,李元吉只是挂名,并不主持太原留守、并州总管府工作,因而也无权作出放弃并州出奔京师决定。由此可见,所谓李元吉留守太原,保证后勤供给有功,是与史实不符的。

2. 左领军大都督所统军队,不是李建成独立指挥的。前已说明,西河之战,李建成虽名为主将,但李渊说"吾儿年少,未之更事",把指挥权委托给了温大有等。从西河之战结束,到由太原出发,前后间隔不到一个月,而左领军大都督所辖部队数量比西河之战多,面临的战斗任务更重,李建成不可能胜任此职,独立进行指挥。

辅佐李建成主持左领军大都督府指挥的,先是长史陈演寿、司马马元规。演寿,两唐书未立传,《大唐创业起居注》和《旧唐书·任环传》有如下记载:

大业十三年(617)八月壬寅,孙华自部阳轻骑渡河见渊于壶口,渊使之先济,继遣左右统军王长谐、刘弘基及左领军长史陈演寿、金紫光禄大夫史大奈,将步骑六千自梁山渡河,营于西河以待大军,以任环为招抚大使。渊谓演寿曰:"阃外之事,宜与任环筹之。"陈演寿事迹,已淹没不可考。但从李渊派他首先将兵西渡黄河,迎接大军,付以阃外之任看,必然是善于谋略、决断,而又是李渊信赖的重要人物。我以为他之出任左领军大都督府长史,名为建成僚佐,实乃受李渊委托,执掌左领军大都督指挥大权。

马元规两唐书亦无传,仅散见于《资治通鉴》和《新唐书·吕子藏传》。从武德元年二月李渊任命他为山南抚慰使,"徇安陆及荆、襄"看,其人有独当方面之任的能力,他之任左领军大都督府司马,实乃受李渊委托,协助陈演寿主持左领军大都督府工作。

陈演寿之后辅佐李建成的是刘文静。李渊起兵向关中进发时,刘文静奉命出使突厥,请兵助战,获得圆满成功而返,在龙门与李渊相见。不久,李渊派陈演寿、王长谐等率先头部队西渡黄河,击败了屈突通部将桑显和的偷袭,进展顺利,韩城、冯翊、朝邑等郡县纷纷投降,华阴令李孝常亦以永丰仓来降。李渊一面派部分部队包围河东,一面统率大军渡过黄河。随后即"遣世子建成、司马刘文静帅王长谐等诸军数万人,屯永丰仓,守潼关,以备东方兵;抚慰使窦轨等受其节度"。④

永丰仓是隋朝著名粮仓,得到了它,李渊大军的军粮就有了保证。扼守潼关,既可防止关东的李密、王世充等西入,又可防止隋河东守军回师西向,援救长安,或长安的隋军出关东逃。对于李渊顺利攻下长安,建立政权,以及而后经略山东,关系极大,因此李渊调李建成、刘文静率左军担此重任。时,李建成虚岁二十九岁,李渊认为他尚"年少,未之更事",而刘文静年五十,既具有远见卓识,长于权略,又具有善于处理军事、政治、外交等复杂问题的实干能力,身为大将军府司马,是李渊最得力的助手。很明显,名次排列,文静虽在建成之后,但实际上指挥左领军大都督下数万部队的,必然是刘文静,而不是李建成;如果在重大问题上,建成与文静有分歧时,根据李渊的授权,李建成必须听从文静的意见。

3. 右领军大都督所属部队,也不是李世民独立指挥的。理由,李世民比其兄建成小九岁。他任右军统帅从太原出发时,虚岁只有二十岁。在李渊看来,比其更"年少,未之更事",事实正是如此。《册府元龟·帝王部·功业门》记载:在贾胡堡,李渊命建成、世民分路追回退兵。"时方中夜,帝驰入深谷,遂失道,下马步上,久而得路""及兵回,高祖乃令帝自为武候,将轻骑夜发前行。"李世民缺乏经验,夜行军时,竟掉进深谷,迷失道路,其父李渊不得不令世民随先头部队一起夜行军。这样没有经验的人,当然不能委以独立指挥右军大权,而要派人辅佐,那么,辅佐李世民进行指挥的是谁? 我以为先是柴绍。

《旧唐书》卷58《柴绍传》:"义旗建,绍自京师间路趣太原。""授右领军大都督府长史。大军发晋阳,兼领马军总管。"柴绍是将门后代,"幼矫捷有勇力,尚武任侠,闻于关中。少补隋元德太子千年备身,高祖微时,妻以其女。"他任右领军大都督府长史时,年多少不详,但从补隋元德太子千年备身推测,当已三十多岁。又从在逃路上否定李建成"且投小贼,权以自济",提出"追既急,宜速去,虽稍辛苦,终当获全"的意见看,其人政治上已成熟。李渊派柴绍出任右领军长史,辅佐世民,实乃袭用"亲王挂帅,长史主兵"模式,让他主持右领军大都督府指挥。在进军关中过程中,世民的一部分功勋,是由柴绍代为取得的。例如霍邑之战,柴绍先到城下,进行侦察分析,提出引诱宋老生出战,一战取胜。⑤及临战之际,李渊兵分二部分,"高祖与建成合陈于城东,太宗及柴绍陈于城南"。⑥所谓"太宗及柴绍陈于城南",指挥城南部队的,实际是柴绍。如果城南部队在临战时是由李世民独立指挥,用不着再提柴绍。

再如与鄠县、司竹园、盩厔、武功的史万宝、何潘仁、李仲文、向志善、丘师利等反隋武装接洽,进行收编,扩军十三万,使隶渭北道行军元帅李世民麾下,也是柴绍奉李渊之命完成的。这在《柴绍传附平阳公主传》中记得清楚。《太宗纪》所载:"太宗趣司竹,贼帅李仲文、何潘仁、向善志等皆来会,顿于阿城,获兵十三万。"显然是把柴绍完成的任务,写

787

在太宗功劳簿上。

继替柴绍辅佐李世民的是殷峤、唐俭等。

李渊大军渡过黄河后,兵分二路,一路由建成、刘文静率领,占领永丰仓,守潼关,以备东方兵;并命柴绍随刘文静趣华阴,傍南山以迎其妻平阳公主,收编长安附近的反隋武装。这在上面已交代了,另一路,由李世民率领,徇下渭北。世民任渭北道行军元帅,殷峤为长史,唐俭为司马。殷峤是大将军府掾,参与谋略,授心腹之寄,唐俭是大将军府记室参军,都是李渊的重要僚属。任命他俩任渭北道行军元帅长史、司马,实乃以殷峤为主,唐俭为副,继柴绍代李世民决策指挥,主持元帅府工作。"时关中群盗往往聚结,众无适从,令峤招抚之,所至皆下。"⑦"渊命刘弘基、殷开山分兵西略扶风,有众六万,南渡渭水,屯长安古城。城中出战,弘基逆击,破之。"⑧殷峤、刘弘基的招抚工作,进军扶风,围攻长安,都是奉李渊之命进行的,但他们是李世民的僚佐,部队建制隶属于渭北道行军元帅麾下,自然也要算是李世民的一份功劳。这是旧史记事的惯例。

概括以上所述,进军关中,攻取长安,李世民的右路军是在李渊的直接指挥下行动,右路军的具体指挥,队伍的扩大,是由李渊所派的长史柴绍、殷峤等负责主持的。

三、西击薛举、薛仁杲之战,前后有三次

第一次,打败薛仁杲于扶风。

隋恭帝义宁元年(617)十二月,薛举遣子仁杲寇扶风,众三十万,谋取长安;闻丞相渊已定长安,遂围扶风。渊使李世民将兵击之。癸巳,击薛仁杲于扶风,大破之,追奔至陇坻而返。⑨这是李渊攻取长安后,李世民为主帅打的第一仗。这次战争的胜利是怎样取得的?

788

首先是李渊派人用重赂说诱突厥颉利可汗,取得突厥支持,出兵相助,才一举打败了薛仁杲军。

《旧唐书·突厥传》:"颉利可汗者,启民可汗第三子也,初为莫贺咄设,牙直五原之北。高祖入长安,薛举犹居陇右,遣其将宗罗睺,攻陷平凉城,北与颉利连结。高祖患之,遣光禄卿宇文歆赍金帛以赂颉利。歆说之,令绝交于薛举。初隋五原太守张长逊因乱以所部五原城隶于突厥。歆又说颉利遣长逊入朝,以五原地归于我。颉利并从之。因发突厥兵及逊之众,并会于太宗军所。"突厥从支持薛举转而支持李渊,对战争胜负有决定性影响。这次胜利,是李唐军队和突厥骑兵以及张长逊所部联合作战取得的。

其次,这次战争也不是李世民独立指挥的。理由与前述相同。李世民年仅二十,面对的战争,比进军长安更险恶,还要处理好与突厥兵的关系,非世民所能胜任。李渊自然会派人辅佐。辅佐李世民的可能是殷峤、刘弘基,因为扶风是殷峤、刘弘基占领过的地方,情况熟悉,殷峤又是李世民的长史,主持过渭北道之帅府工作。刘弘基则"从太宗击薛举于扶风,破之,追奔至陇山而返"。⑩这在参战诸将中记载得最具体,刘弘基部当是此一战役的主力,刘弘基在此战役中起了特别大的作用。

第二次,高墌之战。

武德元年(618)六月癸未,"薛举寇泾州,以秦王李世民为元帅,将八总管以拒之"。"(七月)薛举进逼高墌,游兵于豳岐,秦王世民深沟高垒,不与战。会世民患疟疾,委军事于长史、纳言刘文静,司马殷开山,且戒之曰:薛举悬军深入,食少兵疲,若来挑战,慎勿应也。俟吾疾愈,为君等破之。开山退谓文静曰:王虑公不能办,故有此言耳。且贼闻王有疾,必轻我,宜曜武以威之。乃陈于高墌西南,恃众不设备。举潜师掩其后。壬子,战于浅水原,八总管皆败,士卒死者什五六,大将军慕容罗睺、李安远、刘弘基皆殁。文静等皆坐除名。"[11]

以上记载,我以为委军于刘文静、殷开山是确实的,但委军原因,不是世民患疟疾,而是"未之更事",指挥不了那么大规模的战役;委军者不是李世民,而是李渊;委军时间,不是临战前,而是大军出发前。这和隋朝灭陈,杨广为帅,委军于高颎;唐灭萧铣、辅公祏,孝恭为帅,委军于李靖;唐朝镇压刘黑闼,李道玄为帅,委军于史万宝等,性质相同。李世民挂名为帅,指挥大权由宰相兼长史刘文静为主,司马殷开山为副掌握。至于"深沟高垒不与战",待敌粮尽兵疲而再反击的作战方针,也不是李世民制定的,应该是大军出发前,坐镇长安的李渊与刘文静等一起制定的。刘文静、殷开山指挥失误,导致大败,受到削去官爵处分,是应该的。李世民名为元帅,但不掌握指挥大权,虽身在军中,对这次战役,不应该承担主要责任,但说李世民患病委军于刘文静,文静不听他的交代办,所以失败,这是功则归君,败则归臣,美化李世民而已,不可相信。

第三次,浅水原决战。

高墌之战后,薛举准备乘唐军新败,乘胜进取长安,会有疾而止,不久病卒,由其子薛仁杲继位,居于折墌城。此时,李渊一面遣从子襄王琛与太常卿郑元璹以女妓遗始毕可汗。李渊卑躬屈膝以事东突厥,宴突厥使者骨咄禄时,甚至让骨咄禄高坐御座之上,以结其欢,促使突厥断绝对薛仁杲的支持。[12]一面于同年八月乙丑以秦王世民为元帅率大军击薛仁杲。唐军进至高墌,接受了上次战败教训,坚壁不战,相持六十余日,仁杲粮尽兵疲,军心动摇。十一月,唐军与薛仁杲军在浅水原进行决战,仁杲军大溃,唐军乘胜进围折墌城,薛仁杲被迫投降,陇右平。[13]《通鉴》、《两唐书》等记载,都把李世民描绘得料敌如神,临战时的坚定、灵活,指挥艺术之高超,连李世民属下"诸将"都不解的程度。这是不可信的。

接着要问,这次战争是不是李世民独立指挥的? 如果上一次高墌之战,是李渊委托刘文静、殷开山指挥的,这次也必然不是李世民指挥的,那么辅佐者是谁?第一种可能仍然是刘文静、殷峤。

《旧唐书》卷57《刘文静传》:高墌之战败"文静奔还京师,坐除名。俄又从太宗讨举(应为薛仁杲),平之,以功复其爵邑,拜民部尚书,领陕东道行台左仆射。武德二年,镇长春宫。文静自以才能干用在裴寂之右,又屡有军功,而位居其下,意甚不平"。所谓屡有军功,最大的有二次,一是辅佐李建成屯永丰仓,守潼关,败桑显和,擒屈突通;二是浅水原决战,大败薛仁杲。"位居其下,意甚不平",指浅水原决战,大败薛仁杲后,自己未复"纳言"职位,仅拜民部尚书,认为李渊赏罚不公平。《旧唐书》卷58《殷峤传》:"陈兵于折墌,为举所乘,军乃大败,峤坐减死除名。后从平薛仁杲,复其爵位……兼陕东道大行台兵部尚书,迁吏部尚书。"以上记载,说明这次战役刘文静、殷峤在辅佐李世民进行指挥方面立的功劳是很大的。很有可能,实际指挥的,仍然是刘、殷二人。另一种较小可能,这次战役,辅佐李世民指挥,是以屈突通为主,窦诞为副。《旧唐书》卷59《屈突通传》:授兵部尚书,封蒋国公,仍为太宗行军元帅长史,从平薛举。"《旧唐书卷》卷61《窦诞传》:"从太宗征薛举,为元帅府司马。"屈突通、窦诞很可能以元帅长史、司马身份主持元帅府工作,与刘文静、殷峤等一起辅佐李世民决策指挥。

四、北败刘武周、宋金刚之战

武德二年闰二月,突厥指使马邑的刘武周和宋金刚、朔方的梁师都南侵唐境。刘武周、宋金刚部很快进逼并州,唐朝先后派李仲文、裴寂率兵援救并州,都被打得大败,并州总管李元吉弃城出逃。晋州以北城镇除西河郡仍由唐军坚守外,其他都已陷落。宋金刚进逼绛郡,攻陷龙门,关中面临威胁,形势对唐很不利。于是,李渊一面逮捕降唐的西突厥曷娑那可汗,送东突厥使者处,让其杀害,[13]满足其要求,使东突厥撤销对刘武周的支持,转而以兵助唐反击刘武周。一面命李世民率主力部队于十一月自龙门乘冰坚东渡黄河,屯兵于柏壁,坚壁不战,以拒宋金刚;并派部分部队抄略宋金刚的运输部队,以断绝其粮食供应。李渊本人则军于蒲州,为诸军声援,并增兵围攻河东郡治蒲坂。唐军与宋金刚部在潞州、蒲州、浩州、绛州等地交战,双方互有胜负。武德三年(620)正月,隋蒲坂守将王行本粮尽援绝,被迫投降。李渊进入蒲坂城,在那里召开了军事会议,进一步部署了作战计划,李世民也赶来参加。[15]双方相持到四月,宋金刚军中粮尽,金刚北走,李世民部尾后追击,于吕州、雀鼠谷、介州,相继大败宋金刚军,金刚率数百骑北逃。刘武周闻金刚败,亦放弃并州,北入突厥。这次战争,遂以唐军取胜而结束。

这次战争,是不是李世民独立指挥取胜的?我以为也不是。这次战争之所以取得胜利,是李渊首先下决心进行这场战争。刘武周之所以敢于入侵唐境,长驱南下,在于背后有东突厥支持。当时,东突厥号称控弦之士百万,军力强大,如果突厥倾兵而来,唐朝很难抵挡。但突厥唯利是视,谁给予它的利益大,就支持谁。李渊为了使东突厥撤销对刘武周的支持,不惜代价下决心满足其要求。一、应东突厥使者要求,诱捕早已降唐的西突厥曷娑那可汗让其杀掉。二、继续尽藩臣之礼,[16]如太原起兵时承诺的那样,若突厥派兵助唐击退刘武周,则征发所得子女玉帛,皆可汗有之。如不能派兵助战,而与唐和好,则可汗"生受宝玩"贡献。结果是,"秦王世民之讨刘武周也,突厥处罗可汗遣其弟步利设帅二千骑助唐,武周既败,六月,处罗至并州,总管李仲文出迎劳之,留三日,城中美妇人都为所略,仲文不能制;又留伦特勤,使将数百人,云助仲文镇守,自石岭以北,皆留兵戍之而去"。[17]李渊胜利了,但百姓遭殃,代价是巨大的。

其次，李渊集中了主要兵力，用于河东战场。先后投入河东战场的兵力，包括：1.原在河东作战的部队，2.调回李世民所统准备用于东攻洛阳的部队，3.关中的精兵，4.李世勣从关东带来的部队，集中主要兵力于一个主要战场，以绝对优势有把握地与敌作战略决战，逐个取胜是李渊惯用的作战方针。

其三，李世民屯兵柏壁，坚壁不战，以待宋金刚粮尽北撤，再进行反击的作战方针，是根据"晋阳以南，道路险隘"，粮运困难，刘武周军不能持久决定的。这样的作战方针，制定者不应是李世民，而应该是李渊为首的最高统帅部。

其四，李渊亲自指挥了这场大战。武德二年十月，李渊一面令李世民率军自龙门渡河，屯兵柏壁，坚壁以拒金刚。一面又决定"军于蒲州"，使最高统帅部更接近前线。这一战役期间，李渊经常来往于长安与华阴之间，华阴距河东郡一百多里。李渊还调将军秦武通前往河东，加强对蒲坂的攻击。当唐军占领河东郡治蒲坂后，他随即进入城内，召集李世民等，进一步研究作战部署，凡此种种，都说明李渊在直接指挥这次战争。

其五，屯于柏壁，以拒宋金刚的唐军主力，元帅虽然是李世民，但行军元帅长史是行台仆射、六十二岁的老将屈突通，元帅府司马是兵部尚书殷峤，实际主持指挥的，我以为不是李世民，而是屈突通、殷峤二人。

五、东灭王世充、窦建德之战

进关中，占长安，出潼关，经略山东，一统天下，是李渊既定方针。李渊于大业十三年（617）十一月丙辰，攻拔京城，以代王侑为傀儡天子，自为唐王"总录万机"，遂于第二年正月戊辰，"以世子建成为左元帅，秦公世民为右元帅，督诸军十余万救东都"。四月，"世子建成等至东都，

793

军于芳华苑;东都闭门不出,遣人招谕,不应。李密出争之,小战,各引去。城中多欲为内应者,赵公世民曰:吾新定关中,根本未固,虽得东都,不能守也"。遂不受。戊寅,引军还。世民曰:城中见吾退,必来追蹑。乃设三伏于三王陵以待之。段达果将兵万余人追之,遇伏而败。世民逐北抵其城下,斩四千余级。使行军总管史万宝、盛彦师将兵镇宜阳,吕绍宗、任环将兵镇新安而返。[18]这只能称是一次试探性进军。这次战争的主力部队,是刘文静指挥的王长谐等部(原隶属左领军大都督李建成麾下)。这支部队,在败桑显和、擒屈突通后,已东进到新安附近。[19]后又调来了原右领军大都督李世民麾下的刘弘基等部,组成东征军。虽然李建成是元帅,李世民是副元帅,但实际指挥这支大军的仍是刘文静。当部队东进达洛阳后,鉴于形势,随即撤回。这样重大的问题,没有得到李渊同意是不可能的,刘文静、李建成、李世民等是奉命行事。至于撤兵时,派谁断后,在何处设伏阻击追敌,属于东征军统帅部职权,理应由刘文静、李建成决定。执行这次断后阻击任务的是刘弘基部,这在《弘基传》中记载得很清楚。《资治通鉴》等记载,把这次撤兵、设伏阻击,都说成是世民高见,写在李世民功劳簿上,甚至说平定王世充之功始于此也,显然与史实不符。

李世民出潼关,经略山东的计划,由于要解决背后的来敌薛举、刘武周而推迟了。当反攻刘武周之战一结束,即调军东征。武德三年(620)秋七月壬戌(初一),李渊命"李世民督诸军击世充"。壬午(二十一日)李世民到达距洛州七十里的新安。庚寅(二十八日)唐军步骑五万进攻慈涧,王世充不敌,放弃慈涧,退守洛阳。唐军与王世充兵力对比占绝对优势,遂一面进逼洛阳,一面以军事进逼与政治招抚相结合,进占王世充所属河南郡县,断绝洛阳外援。武德四年二月,洛阳外围据点已被唐军扫清,王世充龟缩于孤城洛阳之中。经李渊批准,唐军对洛阳发动总攻,但王世充凭借坚城誓死守御。唐军四面攻之,昼夜不休,旬余不克。会窦建德率兵十余万,号称三十万来救王世充,唐军遂兵分二部,以屈突通等辅佐李元吉围困洛阳,以李世民等率兵东趣武牢,阻击窦建德西进。唐军扼守武牢,居高临下,以逸待劳与窦建德军相持一个多月。窦建德被阻于武牢之下,数攻不利,且其基本队伍新破孟海公,将帅以下,皆有所获,思归洺州,军心动摇。五月己未,唐军设计诱使窦建德军在汜水进行决战。窦建德军不堪一击,全军溃败,窦建德被活捉。随后,世充见窦建德被擒,外援已绝,又无力突围,遂被迫投降。这一战役,以唐军大胜而结束。河南、河北尽入于唐。

这次战争,是不是李世民独立指挥的?我以为也不是。

其一,这一战役,早在李渊之计划中。即使在西击薛举、薛仁杲,北击刘武周、宋金刚时,李渊也没有中断东进的准备工作。在击败刘武周、宋金刚后,只有一个多月,唐军即挥师东进,向前推进速度之快,不能不是李渊为首的最高统帅部精心计划部署周到所致。

其二、唐朝集中了主要兵力,用于东方战场。这包括反击刘武周的主力部队和原在东方的部队,还调了窦轨所统秦陇和巴蜀兵。[20]

在命令部队出征的诏令中又明白宣布:"兵马所到,有因事立功擒敌制胜者,重颁爵命,厚加褒赏。""官赏之差,有异常典。""其金玉府藏,分赐将士。"随后又诏:"自今以后,有背军镇征役者,随即科处。"[21]李渊利用追求官爵财物的贪欲和害怕军法的恐惧心理这两根杠杆来提高东征部队的战斗力。

其三、李渊通过政治、外交手段并指挥其他地区的军队进行配合,以保证这一战役的胜利,如提升杜伏威、辅公祏的官爵,争取杜、辅出兵配合。对窦建德先遣使连和,后又令并州总管为行军元帅,将兵出土门(即井陉关)趣洺州,威胁建德后方,以延缓、牵制窦建德援助王世充。对突厥一面继续尽藩臣之礼,贡献大批财物,以结其欢,一面加强边防,命太子建成率兵镇蒲坂,以防突厥入侵,并封锁交通,割断王世充与突厥的联系。对萧铣令峡州刺史、黔州刺史等进行渗透诱降，相机攻取与唐接壤的梁之州郡，并派李孝恭、李靖大造舟舰，演习水战，摆出即将进攻萧梁态势，使萧铣自顾不暇。这样，就断绝了王世充的外援，有利于唐军攻取洛阳，消灭王世充部。

其四，这一战役的作战方针和重大决策，都是李渊定的，都是取得李渊批准的。东都与长安相距八百八十里，飞驿日行五百里，上奏军情只需一天半时间，房玄龄的"军情表奏，驻马立成""千里之外，犹如面语"。通过不断来往的信使和特使，李渊即了解了东方战场的形势变化，作出相应决定。如围攻洛阳，就是李渊决定的，并且再一次强调克城之日，"子女玉帛，分赐将士"，②再如当窦建德率兵来援王世充时，唐军兵分二部，一由屈突通辅助元吉继续围困洛阳，一由李世民等率领扼守虎牢，相机反攻，消灭窦建德部，也是李渊决定的。观察一下史实，就很清楚。当唐军进逼洛阳时，世充遣使求救于建德。建德许以赴援，并遣使诣唐，请退军潼关，返侵地。世民不予作答，并扣留其使者。武德三年十一月，建德率兵渡河南下。李渊很快得到报告。十二月丙午，即将兵出土门，趣洺州，威胁建德后方。武德四年二月戊申，遣左武侯大将军窦抚，帅精骑二千赴东都，③进行增援。四月己丑，益州行台左仆射窦轨帅巴蜀兵来会秦王，击王世充。④由此可见，唐朝对窦建德援救王世充，早已料到，成竹在胸，军事上早已做好充分准备。正因为如此，虎牢之战胜利后李渊给李世民的手诏中说："闻获建德，画策虽我，平定者汝也。"⑤决策者是李渊为首的唐军最高统帅部，是符合史实的。有的著作写虎牢之战，说李世民当机立断、作出英明决策，拔高了李世民，与史实不符。

如上所述，这次战役做出重大决策的是李渊，而不是李世民。那么，在前线进行全面指挥的是李世民？我以为不是。这次大战役，双方投入的兵力各有几十万。李世民独立指挥这样大战役，是不能胜任的。

我以为实际负全面指挥责任的是屈突通。《旧唐书》卷59《屈突通传》："寻以本官判陕东道行台[左]仆射,复从太宗讨王世充。时通有二子并在洛阳,高祖谓通曰:东征之事,今以相属,其如二子何?通对曰:臣以老朽,诚不足以当重任。但自惟畴昔,执就军门,至尊释其缧囚,加之恩礼,既不能死,实荷再生。当此之时,心口相誓,暗以身命奉许国家久矣。今此行也,臣愿先驱,两儿若死,自是其命,终不以私害义。"

当围攻东都未下而窦建德来援王世充时,唐军一分为二,"使通等副齐王元吉围守东都"。是年,元吉虚岁十九,一年多前刚从并州逃出来,根本不会指挥大部队作战。《册府元龟》卷357《将帅部·立功门》："围雒阳,窦建德且至。太宗中分麾下以属通,令与齐王元吉围守雒阳。"属者,属托也,屈突通受委托代元吉指挥围困东都的唐军,我想这是谁也不会怀疑的。

当然,我说由屈突通主持指挥,只是说以他为主,组成东征大军指挥核心的,绝不会是屈突通一个人,而重大部署的决策,如前面说的,都是要上奏朝廷,经李渊批准才能实施的。

有的先生根据窦建德来援王世充时,屈突通主张"退保新安""解围据险以观其变"的记载,对其持完全否定态度,恐难成立。召开军事会议,研究仗怎么打?出现分歧意见是正常的。即使屈突通的意见是错误的,但也否认不了他执行李渊的决定,取得了胜利。其功是不可磨灭的。旧史称"世充平,通功为第一",就是最好的说明。

虎牢之战,辅佐李世民的是谁?我尚不能断定,但从决战时,"世民帅轻骑先进,大军继之"来看,指挥大军另有其人。现存史料推断,很可能是窦轨、窦抗弟兄。《旧唐书》卷61《窦抗传》:从征王世充,及东都平,册勋太庙者九人,抗与从弟轨俱与焉。朝廷荣之,赐女乐一部,金宝万计。"主要是指酬虎牢之战所立功勋。

综上所述,李世民从太原起兵,攻占长安,西击薛举、薛仁杲,北败刘武周、宋金刚,东灭王世充、窦建德,虽历任统帅,但这一系列战役,都不是他独立指挥的,而是以温大有参谋军事、委军于刘文静、东征之事相属于屈突通等名目,由僚佐代为指挥的。既然,李世民是挂名为帅,从首战西河到东灭王世充、窦建德,都不是他自己独立指挥的,也就不能据此说他是中国历史上杰出的军事家。

接着要问,旧史为什么把他描绘成料敌如神,指挥才能之高,他将莫及,战功显赫,每战必胜的常胜将军?我以为原因有二:

一、战争取胜,功劳要记在挂名为帅者账上,不独李世民,他人亦然。这几乎是通例。都是把僚佐的正确指挥归之于挂名为帅者。二、神化皇帝,神化圣君明主,在封建社会是一普遍现象。而对唐太宗李世民的神化尤为突出。我国几千年的封建迷信包括帝王迷信的遗毒,至今还相当严重,肃清它须要经过长期不懈的努力。揭去蒙在李世民这位圣主身上的神化外衣,将有利于正确评价李世民,或许也将有利于破除帝王迷信的遗毒。

(《社会科学战线》1989年第3期)

注释:

① 《大唐创业起居注》卷2。
② 《旧唐书》卷1《高祖纪》、卷64《巢王元吉传》。
③ 据《旧唐书》卷4《元吉传》推算。
④ 《通鉴》卷184。
⑤ 《旧唐书》卷58《柴绍传》。
⑥ 《旧唐书》卷2《太宗纪》。
⑦ 《资治通鉴》卷184。
⑧ 《资治通鉴》卷184。
⑨ 《资治通鉴》卷184。
⑩ 《唐书》卷58《刘弘基传》。

⑪《资治通鉴》卷 185,《旧唐书》卷 60《襄武王琛传》。
⑫《资治通鉴》卷 186。
⑬《资治通鉴》卷 186。
⑭《资治通鉴》卷 187。
⑮《资治通鉴》卷 188。
⑯《旧唐书》卷 194 上《突厥上》。
⑰《旧唐书》卷 194 上《突厥上》。
⑱《资治通鉴》卷 185。
⑲《旧唐书》卷 57《刘文静传》。
⑳《册府元龟》卷 357《将帅部·立功门》。《资治通鉴》卷 188。
㉑《册府元龟》卷 63《帝王部·发号令门》;卷 122《帝王部·征讨门》。
㉒《册府元龟》卷 63《帝王部·发号令门》。
㉓《册府元龟》卷 122《帝王部·征讨门》。
㉔《资治通鉴》卷 189。
㉕《册府元龟》卷 19《帝王部·功业门》。

我的"敦煌学"经历

——《敦煌社会经济文献真迹释录》编辑回忆（代后记）

敦煌学产生百年之际，进宝同志要我交篇"笔谈"，今将我辑编《敦煌社会经济文献真迹释录》（以下简称《释录》）的一段经历写下应命。

一

我是而立之年离开工作岗位考上大学，并打算本科毕业后，进一步深造当研究生。在北京大学历史系学习期间，除了规定的课程，抓紧时间阅读史籍。从《左传》读起，继而读《史记》《汉书》，计划在大学本科期间读完二十四史，以期为当研究生打下基础。从师友口中得知隋唐以前，史料太少，研究困难；宋代以下，文献太多，难以掌握；隋唐资料适中，可以读完。我就以隋唐史为专业方向。在北大耳濡目染，尤其读了陈寅恪先生文章（《陈垣敦煌劫余录序》），听了向师觉民讲敦煌学课，知道敦煌文书对于唐史研究有重要作用。1961年从北大毕业后，考上山东大学历史系研究生，在业师王仲荦教授指导下学习隋唐史。同年十二月，我在济南购买到了中国科学院历史研究所资料室编辑的《敦煌资料》第一辑，仔细研读，颇多收获。结合传统文献，写了《从敦煌文书看唐代均田令的实施》，作为研究生第一学年的学习汇报。得到业师肯定,鼓励我发表。我将稿子投给《文史哲》,该刊决定采用。1962年暑假回家探亲,路经上海。在上海图书馆,见到日本出版的《西域文化研究》第一、二、三册。这是集中日本许多著名学者整理研究大谷文书的高质量著作,一下子把我吸引住了。利用一周多时间阅读抄录大谷文书。回校后,将与均田制有关的部分资料,补充进了上述论文,因篇幅扩大,改在《山东大学学报》1963年第1期上发表(即《从敦煌吐鲁番资料看唐代均田令的实施程度》)。可见我学习研究隋唐史一起步就和敦煌吐鲁番文书结上了缘。

1963年11月,业师王仲荦教授被借调到北京中华书局点校二十四史,我跟随进京。利用北京图书馆藏敦煌胶卷,对《敦煌资料》第一辑的录文进行了校正,并移录了一部分敦煌资料。1964年春节,到北大燕南园给觉民师拜年。向老师得知我在当隋唐史研究生,嘱咐我一定要重视敦煌文书。我决定撰写完毕业论文,就上北图通读敦煌胶卷。可惜,不久奉命回山大下乡参加社教运动,未能如愿。

1965年由山东大学分配到中国科学院历史研究所。我打算系统阅读敦煌文书,移录汇集资料,进行研究。但那时个人属单位所有,须服从组织安排,接连不断的临时任务、集体工作以及十年动乱,使我的打算落空。

机会终于来了,1980年3月,我承担的《中国史稿》第三、四册编写任务全部完成,我有了自由支配的时间,就将重点投向敦煌学研究。同年末,我联合黄振华同志建议历史所成立了敦煌学研究组。申请到了一大笔经费,购买敦煌胶卷冲洗成照片,我被指定为敦煌研究组组长,科研处计划安排我和黄振华作为交流学者出访法、英。后又接受了历史所领导交办的任务:修订《敦煌资料》第一辑。那时,唐长孺教授在北京主持整理吐鲁番文书。我不时去看望他,一次谈及修订《敦煌资料》第一辑,重新出版。唐师表示:池田温著《中国古代籍帐研究》已出版,再修订重版《敦煌资料》第一辑,意义不大(我的看法与长孺师同。在所领导布置任务时已谈了自己的意见)。不如将敦煌与吐鲁番文书合在一起,分类出版。当即商定,由唐师主编,朱雷同志和我协助。朱雷负责吐鲁番文书,我负责敦煌文书。唐师说:"敦煌文书由你负责。"并特别嘱咐:"如单独一人干有困难,可找一二人与你一起干,但千万不要找多了。人多了,反而增加麻烦。"这样,我就一面修订《敦煌资料》第一辑,一面按照朱雷同志撰写的编著体例,移录整理敦煌文书。后来出版的《敦煌社会经济文献真迹释录》即起源于此。如果说《释录》的出版,多少有助于敦煌学研究,首先应归功于唐长孺教授。

二

《释录》的资料来源:一、英藏斯坦因胶卷;二、法藏伯希和胶卷;三、北图藏胶卷;四、俄藏敦煌文书;五、日本大谷文书;六、其他。

我的移录工作,首先从斯坦因胶卷着手,按编号顺次在阅读机上逐一摇查。

开始,移录什么,哪些移录,哪些不录,心中不大有数。但兴趣广泛,除宗教经典外,几乎都过眼一遍。移录重点为社会经济文书以及相关文书,内容远比后来的《释录》为广。斯坦因部分移录完,接着移录伯希和胶卷。那时,北京图书馆善本部阅览室尚无伯希和胶卷,我是在北图照相缩微复制组工作室内,利用该组的工作母片阅读移录的。并将我需要的文书胶卷编号做上记号,请技师洗印成照片。北图部分数量大,绝大部分为宗教经典,社会经济文书甚少。我限于时间,没有普查一遍,而是参考目录和书刊上的信息,找胶卷移录。俄藏敦煌文书、日本大谷文书是从已出版书刊上所附图版移录。此外,中国历史博物馆、上海博物馆、天津艺术博物馆、敦煌研究院的是看原卷移录的,敦煌博物馆的是从照片上录的，台湾地区的也是从书刊上所附图版移录。

录文工作从1980年末开始，到1982年末，第一辑、第二辑录文定稿配上照片，编辑成册，送交出版社。1983年8月去兰州参加中国敦煌吐鲁番学会成立大会前，第三辑基本定稿；其余部分包括第四辑、第五辑，以及后来删去的书仪、佛教目录等，有待分类定稿。我们原计划在敦煌吐鲁番学术讨论会在兰州举行之前，出版第一、第二辑，带到大会上去。由于找不到排繁体字的工厂而未能实现。于是改变计划，准备在兰州会议之后，进一步补充订正。第一，将历史所（由我操办）代中国社会科学院资料中心已经洗印和正在洗印的全部照片（包括斯坦因、伯希和、北图的）过眼一遍，与已有录文核对，遗漏的补上，误讹的订正。第二，历史所科研处早已安排我和黄振华作为交流学者，出访法、英。我们可以在作好充分准备的基础上，有目的、有计划查阅法、英两国所藏敦煌文书，订正录文，补充新的资料。这样，《释录》内容可以进一步充实，录文的质量可以提高一大步，图版的清晰度也可能提高。

除进一步补充完善《释录》外，我和黄振华还计划将洗印的照片分门别类集合一起，约请所内外专家和有志于敦煌学的青年学者一起工作，或做专题研究，或做集录校注，予以出版。非汉文部分，待洗印出照片，由黄振华同志翻阅后，再筹划如何开展工作。我国敦煌学研究落后，其原因不是没有人才，而是缺乏资料，缺乏安定的政治环境。而今改革开放，政府和学术界都重视敦煌学。我们相信，这样做，一定会得到学界欢迎，通力协作，取得成效。

三

《释录》仅仅是五卷本的资料书，但从开始录文到最后完成出版，前后长达近十年，历程艰难曲折，感慨多多！

敦煌文书文字移录,最理想的是看原卷,但限于条件是看不到的。其次是看洗印的照片,再参阅胶卷。第三,是从缩微胶卷上移录,这是最吃力的。我开始阅读移录时,台湾黄永武先生主编的《敦煌宝藏》连出版的计划还未公布,我也无钱冲洗一大批照片。唯一的办法,就是看缩微胶卷。当时,历史所虽有缩微胶卷,但没有可用的阅读机。中国科学院图书馆的缩微胶卷,因战备而装箱,尚未打开。只有北京图书馆的缩微胶卷,刚刚开始供读者使用,我就到北图阅读。北图即国家图书馆,是面向全中国、全世界的公共图书馆,要使用阅读机查阅善本胶卷的读者甚多,而善本阅览室却只有两台阅读机,不够用。我在那里阅读,每天早上开馆率先进入,填单申请多盒胶卷,一盒接着一盒在阅读机上查阅移录。闭馆以前,又将次日所需胶卷办好借阅手续,保留在阅览室。第二天一早进馆,不用等待,即可阅读,这样节省时间,效率较高。但一人独占一台阅读机,连日使用,影响他人使用。尤其是外地来京的读者,不能多候。在管理员协调下,我不得不时常中断,把阅读机让给他人使用。为了不中断我的工作,曾一度拿了历史所的胶卷去科图,装在科图阅读机上阅读,直到科图的胶卷开箱出借,供读者使用为止。在科图阅读,环境比北图好,看胶卷的人除我以外,别无他人。管理员也乐于提供方便,每次都很快取出多盒胶卷,供我使用。在窗明几净的科图,我逐一查阅了斯坦因胶卷,移录了所需文书。

　　在阅读机上看胶卷,是挺艰苦的。我阅读敦煌胶卷,移录文书,并不是据目录选读(当时我手头没有《敦煌遗书总目索引》),而是按编号顺次逐一查阅。北图的阅读机比较破旧,摇转吃力又费时,也不易校正焦距。加之我年近花甲,还企图加快进度,几天下来,手臂、肋骨疼痛难忍,夜难入眠。一面摇转阅读机,一面查找,胶卷在眼前不断晃动,顿感眼花缭乱,头晕欲吐。整日趴在阅读机前阅读移录,眼痛疲劳,损害视力。伯希和胶卷在北图照相缩微复制组工作车间内查阅。该工作室设在地下室，终日不见阳光，温度低，湿度大，冷气袭人刺骨，隐隐作痛。1981年和1982年夏秋，我都在那里工作。后来我罹患类风湿、强直性脊柱炎，此处受寒可能是诱因之一。北图规定，在那里工作连续四小时，享受保健补贴。工人师傅见我整天在那里工作，主动提出给我出证明，向单位领保健补贴。我由衷感谢工人师傅们的关怀。我在那里将整套伯希和胶卷（包括非汉文），从头到尾普查一遍，移录了所需文书。这在中国大陆学者中可能是第一人，已很满足、幸福，哪里会奢望什么保健补贴！

移录敦煌文书，识字是一大难题。敦煌文书书体复杂，民间书写多不规范，多错漏，多俗字，多别体字，还有今人已难以辨识的古字，以及当时的习惯写法，如竹草不分，瓜爪不分，木才不分，草书正楷化等，加上原卷褪色，有的文书两面书写，墨迹渗透纸背，黑乎乎难以看清，有的文书写在其他文书的行间，相互错杂，稍一不慎，就会误读。在阅读机上看胶卷辨识移录文字，真是困难重重。但我没有退缩，而是迎着困难上。有的文书，可能是草书，难以辨识，前贤没有录全，我硬着头皮将它全文移录。这样干，以我的学力，自知易出错误，但这个工作总得有人干。"我不入地狱，谁入地狱！"不少难识的字，有的靠多读同类文书才能辨识，有的从上下文意猜想而后查字典才肯定的。如鹿苑的"鹿"字，原为草书，因系佛教故事，猜想后从四体字词典上查实。枕塊的"塊"，胶卷墨黑不清，因内容讲孝行，从上下文推测，枕下一字应为泥土块的"塊"。钟馗的"馗"，有的著名专家认为录"馗"无据。其实我也是从上下文意猜想后，从北图收藏的日本出版《金文大字典》上证实的。有的字辨认后，请教前辈才定。如曹示的"示"字，前人释为"元"，我不以为然，改释"示"，请教云南大学历史系李埏教授。李先生来信说："释'示'不仅较'元'为优，而且可说正确。中国传统公告上直到现代还有某示例证。"幻化的幻，原书为幼。从文书全貌看，幼不似误书，怎么录？

请教周一良师后,才迻录幻。孔员子三子为遗产纠纷上司徒状稿,草书,辨识困难。我在前人基础上移录后,拿着照片和录文,请苑峰师审阅。苑峰师对着照片和录文,仔细审阅后说:"暂时只能如此。"这才勉强定稿。有的卷子上的字,尤其是签名,虽反复研究,无法辨识,只能照描,希望书法家来破解。断裂分割、剪贴颠倒的文书,比较简单的,我迳行拼接复原,或编辑在近处;复杂的是否复原,请教唐长孺教授。唐师说:先按原卷移录,以后再作复原研究。法藏 P. 2040 号、P. 3234 号、P. 2032 号诸色入破历计会稿,各长达几百行,是多件诸色入破历计会稿剪贴而成。遵照唐师教导先按原卷移录,而后作了复原研究。

除文字辨识困难,标点符号也是复杂而不规范。如误书,有的涂抹,有的在误字旁添写正字,有的用卜煞号、或废读号。叠写号有叠写一字、二字、一句的。倒勾号,有倒勾一字、几个字,以及敬空号用法也有多种等。如不能正确理解,也会影响录文质量。当时,还没有专门研究敦煌文书中标点符号的文章,只能在摸索中逐步理解。没有标点符号的文书如何断句,更是困难重重。

至于定名分类,由于不少文书断裂分割,缺头少尾,要给文书定名、定年代、分类,难度也比较大。有的靠同类文书来推定,有的需花精力研究考证,限于学力、限于时间,短时期难以做到。有的只能沿前人定名,或存疑。定名后分类,也颇费斟酌。有的既可分在这一类,又可分入那一类,一时不知如何分类为妥。

我们这一代人,在学问上先天不足,后天失调。所谓先天不足,是指缺乏国学根底。所谓后天失调,是指接连不断的政治运动使教师不敢大胆教,学生不能专心学,不允许用功学。我自知要在学问上做出些微成绩,即使整理资料,也必须专心致志,一点一点认真干。那时,我辞去了研究室的学术秘书,只担任了选举产生的党支部书记,一周仅两个半天到单位上班,处理一些工作。所外我谢绝了吴枫先生推荐协助杨志玖先生主编《中国历史大辞典·隋唐卷》，以及其他约请。集中精力于敦煌文书。白天在北图读敦煌胶卷，进行移录，晚上在家中整理研究，深深感到知识不足，工具书、参考书太少，时间远远不够。日以继夜，废寝忘食地干，肉体疲乏，精神亢奋。夜间整理研究文书，实在困倦，就以冷水洗脸醒神，或回忆少年时，从事农业劳动，三伏酷暑，汗流如雨，湿透衣裤，跳入湖中降温（湖水也是热的）；三九严冬，寒风吹脸，犹如刀割。而今在小屋之中，明亮的灯光下，坐而看书、看资料。两相对比，有什么理由可以放松懈怠！每当经过研究，有所收获，即使一个不认识的字认识了，喜悦激动，不禁油然而生。劳苦与快乐并存，非亲身经历者是体味不到的。

最困难、最麻烦、最花费我时间的工作是出版。

出版事宜，由我的合作者陆宏基同志负责，他早与北图书目文献出版社达成口头协议，由该社出版。但《释录》用繁体字，北图原有的印刷厂，文革中被分离出去，划给文物局。找不到排繁体字的工厂车间。我和陆宏基曾通过友人介绍，找过中国青年出版社印刷厂，找过北京市印刷公司，得到的答复是能排繁体字的工人少，短期内无法安排，需待二年后，才能纳入计划。那时，北京西四有一正在筹备的私营印刷社，主动来接洽，愿意承担打字任务，并送来了打印纸版样品。经过协商，决定由该社承担植字印刷。但该社不讲信用，打的纸版，错字太多，且时断时续，进度太慢，最后毁约不干。后来，由陆宏基牵线搭桥，书目文献出版社与香港古佚小说会达成合作协议。由古佚小说会垫资在香港打好纸版，寄回北京。再由书目文献出版社在北京找工厂印刷出版，将一部分书，寄给古佚小说会向国外发行，以书款偿还垫付的纸版打印费（此事经过，我并不知情）。1986年11月出版的《敦煌社会经济文献真迹释录》第一辑，就是这样干的。

从香港寄来的纸版，由我校对，陆宏基受出版社委托，代为责任编辑。我校对后,交陆挖补修正,而后上图下文对应,剪裁拼版,编辑成册。工作条件很差,纸版没有复印,校勘的字直接写在纸版上。纸版是供印刷厂作底版用的,不能污染破损。我的校勘,只能用铅笔轻轻写上,陆挖补订正后,再用橡皮擦去。陆白天上班,利用晚上时间,在家中走道里昏黄的灯光下修补。剪裁拼版,十分繁琐辛苦。订正所需的字、标点符号,家中没有打字机,只能复印几件纸版,从中找出相应的字和符号,剪下来贴上去。由于校勘用铅笔轻写,比较浅淡,不易看清,往往漏补。我连续校了四五次,最后还是有一些明显错误,未予校改。陆君曾自嘲地说:错就错吧!反正上面有图版,可以对照。从销售角度上讲,错了反而好卖。从中找出明显误讹,写篇校正文章,买书款就收回了。人们不禁会问,为什么不将纸板复印了,在复印件上校正?原因在于那时书目文献出版社原社长离休了,《释录》出版的事无人过问,我们的经济条件差,为《释录》配图版,洗印照片已借贷一千多元,再无力自掏腰包投资了。

第一辑纸版校勘订正,剪裁拼版编辑成册,送印刷厂后,我又校看两次,一次是(纸版和照片)拼版的稿件拍成胶片,开印前,查看上图下文是否对应,图版是否颠倒、正反有否搞错?那时,我的强直性脊柱炎病已很严重,在工厂车间里看胶片,腰已直不起来,只能趴在桌子上看,举步艰难,移动时几乎摔倒。经校看,校出了若干张排反的、颠倒的。但个别的虽已校出,并未改正。第一辑中个别黑乎乎,什么也看不见的原因在此。第二次是看试印本,但试印本太过模糊不清,录文根本不能看,只是检查上图下文是否对应,前后顺次是否正确,标题有否误讹。

第一册出版后,主编开了稿费,以二十五万字计算,每千字七元,编辑费每千字一元,稿费和编辑费总共二千元(图版费、校对费分文未给),扣去税收剩一千八百元,我得一千二百元,陆仅得六百元。该主编说:既有工资,又拿到这些稿费,蛮好啦!又说:以下各册暂不出版,看一看社会反映再定。

《释录》第一辑出版后,学术界反映是好的。周绍良先生写信给北图分馆副馆长徐自强同志说:这是刘复以来,北京图书馆对敦煌学的又一贡献,希望以下各册,务必克服困难,争取尽快出版。季羡林教授当众回答胡沙副馆长提问,肯定释录有学术价值。随后,书目文献出版社主编告诉我,《释录》以下各册可以继续出版。这已是1988年了,全国图书馆文献缩微复制中心成立(以下简称复制中心),陆宏基调任该中心出版科长。为便于工作,《释录》第二辑以下各辑,改由复制中心出版,条件有了改善,但困难仍然不少。

其一,由于香港打字价格昂贵,改由一家私营的个体印刷社承担。该社工作态度积极,讲究效率。但打字员是新手,没有经过培训,边干边练,文化水平低,不识繁体字,打的纸版,错字甚多。但此次校对,可以将纸版复印,在复印件上校对。我负责校对,抓得很紧。直接跑印刷社取回打的纸版,复印后及时校对了,立即送印刷社订正。再取来复印、校对,又送去订正、打印。校对订正,再校对,再订正,如此反复,直到责任编辑认为不用再校为止。

其二,《释录》上图下文对应,需要裁剪拼排,编辑工作繁琐费时。宏基工作甚多,靠他一人,短期内难以完成。那时,我早于1986年3月由历史研究所调入北京图书馆善本部敦煌吐鲁番资料中心(以下简称资料中心)。善本部领导很重视《释录》,李致中主任将它列入资料中心主编的丛书之一。主管资料中心的北图分馆副馆长徐自强聘请了一位下乡回城知青,协助做《释录》纸版剪贴拼排,与图版对应。其后,复制中心又聘请一位知青一起来做,但进度还是不快。为了加快完成《释录》编辑,争取早日出版,复制中心主任李竞果断采取措施,调集四人一起做编辑工作,在陆宏基领导下,一人负责一辑。终于1990年9月全部完成,一同出版。但我没有坚持到最后。后四辑编辑完成前,病重住院治疗。因而在后四辑全部编成送印刷厂前,未能对着上图下文再仔细统看一遍,一些应由我负责的明显误讹,没有校正。

《释录》后四辑出版后,一共开了一万元稿酬(图版校对费未付)。按第一辑成例,扣去税收,我得三分之二,陆得三分之一。陆所领稿酬,全部交本单位供集体福利之用,他个人分文未得。

稿酬虽然菲薄,但能出版,已是大幸!

四

以上叙述了《释录》的缘起、辑编、出版经过。但读者会问,既然整理敦煌文书是唐师长孺交办的,为什么后来由我和陆宏基合作了。原因是唐师后来考虑吐鲁番文书尚未出版,先编辑敦煌吐鲁番文书分类集成出版,欠妥。停止了原先的计划。但移录敦煌文书的工作,我继续进行,没有中断,准备作个人研究之用。为个人研究而移录敦煌文书,较之出版敦煌资料分类集成,可以避难藏拙。不易辨识的字,可以不录,避而不用。选录一件文书、几件文书、一类文书,或从中摘录部分资料,结合传统文献,进行研究,写成文章发表,易出成果。相对于出资料集为他人作嫁衣裳,对个人可能更有利。但我想编辑出版资料集成,可供学界广泛使用,社会效益更大。北京有条件做这项工作,外地想做也没有条件。身在首都,又是中国社会科学院历史研究所的一员,做这项工作,不仅仅是个人喜好,在一定意义上也是一种义务。如果做成了,会对敦煌研究,尤其是对外地想从事敦煌文书研究者,能起推动作用。这种想法成为我辑编《释录》的一种动力。

正当我停止出版敦煌资料分类集成时,有一天北大历史系同窗陆宏基来我家。他正在北图敦煌筹备组工作。两人闲谈中提及我放弃敦煌资料分类集成一事,引起宏基的注意,他认为放弃此项工作可惜。于是我和他商量合作,效法日本池田温先生著作,出版上图下文对应的敦煌资料分类集成,即后来的《释录》。宏基负责出版事宜,我负责移录编辑敦煌文书。如果没有我这位老同学的劝进、合作,也就不会有《释录》。正可谓无巧不成书。

在我全力以赴紧张地阅读移录编辑敦煌文书时,大约是1982年,我看到一条信息,国家文物局古文献研究室成立了敦煌文书整理组。组长张政烺,成员有王永兴、周绍良、何兹全、宁可、沙知、宋家钰、马雍、张锡厚等,分工分类整理敦煌文书。阵营强大,计划宏伟,后勤保障有力。该组织透露的计划,与我正在整理的,形式相似,内容多重复。我这个人出身社会下层,潜意识里有自卑感。一看到这一消息,就想到自己学问浅薄,以一己之力,整理出的敦煌资料,质量根本无法与他们那一摊相比。于是,我想打退堂鼓,放弃《释录》。那时,敦煌研究组隶属于古文字古文献研究室,室主任是张政烺(苑峰)。他是我大学本科教师,大跃进时一起下乡,同吃一锅饭,同住一个炕。苑峰师很赞赏家父给我起的名字,为我刻过一枚图章,支持我研究敦煌文书,亲自审定我主持修订的《敦煌资料》第一辑,并向中国社科出版社推荐出版。我在法国苏远鸣教授主编《敦煌研究论文集》(法文)上发表的文章也是他向历史所科研处推荐后获准发稿的。我向苑峰师坦陈说:既然国家文物局古文献研究室组织强大阵营,由老师主持整理敦煌文献,包括我正在整理的内容,我就没有必要再搞了,打算放弃原来的计划。我本以为苑峰师会同意,想不到会受到严肃批评。他说:"搞研究,就要有自信。相信自己能超过别人。否则,就别搞研究。""我就相信能超过别人。"又说:"我不得罪他们,但不去参加。你搞你的,别管他们。"苑峰师的学问,我无法企及。但他说的搞科研要自信,相信自己能超过别人。这种精神是极其宝贵的,我得学习。这样,我就不退缩了,也不能退缩了。仔细想想,文物局古文献研究室下设的整理敦煌文献组,虽然优势明显,但也有缺陷,身为古文献研究室主任的唐长孺教授,一开始就被排除在外。再有他们不将胶卷洗成照片,而是用复印机复印照片,字迹模糊,不可能正确移录。年事已高的专家,难以从胶卷移录。与我年龄相近搞社会经济文书的,虽然都是我的先学,但闻道有先后,学艺有专攻。在敦煌学方面未必比我强多少。分兵把口,各搞一个专题,对敦煌文献全貌,对各专题之间的联系未必心中有数。我一个人干,势单力薄,困难多多!但斯坦因、伯希和胶卷已过眼一遍,要辑的录文,基本录了,再加把劲就可以完成分类、定稿、出版,质量不可能高,但在宁可先生等著作出版前,对于有志于敦煌学而苦于缺乏资料的外地学者,尤其是年青学者,我想还是有用处的。于是我决定仍按原计划进行。可以说,没有苑峰师的批评、教诲,《释录》就有可能告吹。

五

中国敦煌学自 1983 年敦煌吐鲁番学会成立以来,在政府的支持下,在学界的努力下,取得了长足进步,成立了新的研究基地,扩大了研究队伍,涌现了一批新生力量和研究骨干,出版了不少学术成果。中国已成为世界瞩目的敦煌学重要中心之一。随着敦煌卷子几近全部影印出版,研究条件和手段改善,中国敦煌学将会进入新的阶段,取得更为喜人的成就。

我希望中国敦煌学界,第一,要团结,互相帮助。不能互相帮助,至少不能互相拆台。真正要全面整理敦煌文书,搞好研究,上一新台阶,要靠一批具有多种学问的人才。靠少数人是完不成的。搞小圈子是不得人心的。

第二,要学孔夫子坐冷板凳、吃冷猪肉精神,通读敦煌文书,从中挑选各个专题,一个一个进行深入研究。"学问之道在纯熟",反复研读,搞得滚瓜烂熟,一定能有新发现、有新发明,然后再放在历史的长河中,中国史的大背景下,用更广阔的视角进行考察,加以系统化,我想一定会取得突破性进展。做学问没有终南捷径可走,只有靠长期坚持,埋头苦干。浅尝辄止,是不会成功的。

年青的同志刚刚从事敦煌学,先要打好基础,然后再搞敦煌学。

第三,中国敦煌学要一代一代继承下去,要老中青三者结合,而以年富力壮、学有成就、学有根底的为骨干来挑大梁,为项目主持人。只有大批的中青年学者为学术带头人成为主流,敦煌学才算兴盛发达。这种状况已经来临,并将越来越明显,中国的敦煌学前途光明!

同志们,努力吧!祝你们成功!

(刘进宝主编《百年敦煌学:历史　现状　趋势》,甘肃人民出版社2009年版)

论著目录

一、论　　文

1　《从敦煌吐鲁番资料看唐代均田令的实施程度》,《山东大学学报》1963 年第 S1 期。

2　《关于吐鲁番文书中的唐代永业田退田问题》,《山东大学学报》1964 年第 2 期。

3　宋家钰、方积六、唐耕耦《历史上的武则天与"四人帮"的复辟术——评〈法家女皇武则天〉一文的反革命实质》,《彻底揭发批判"四人帮"》(八),山东人民出版社 1977 年版。

4　《唐代水车的使用与推广》,《文史哲》1978 年第 4 期。

5　唐耕耦、张秉伦《唐代茶业》,《社会科学战线》1979 年第 4 期。

6　《邸报:世界上最早的报纸》,《八小时以外》1980 年第 1 期。

7　《唐代的资课》,《中国史研究》1980 年第 3 期。

8　唐耕耦《伯 2032 号甲辰年净土寺诸色入破历计会稿残卷试释》。

9　《西魏敦煌计帐文书以及若干有关问题》,《文史》第九辑,1980 年 6 月;收入沙知、孔祥星主编《敦煌吐鲁番文书研究》,甘肃人民出版社 1984 年版。

10　张秉伦、唐耕耦《试论唐朝茶树栽培技术及其影响》,《科技史文集》(三),上海科学技术出版社1980年版。

11　《唐代前期的兵募》,《历史研究》1981年第4期。

12　《唐代前期的杂徭》,《文史哲》1981年第4期。

13　《唐代均田制的性质——唐代前期封建土地所有制的形式》,王仲荦主编《历史论丛》第二辑,齐鲁书社1981年版。

14　《唐代前期的户等与租庸调的关系》,中国社会科学院历史研究所魏晋南北朝隋唐史研究室编《魏晋隋唐史论集》第一辑,中国社会科学出版社1981年版。

15　《唐代前期的临时别差科问题的提出》,编委会编《中国古代史论丛》1982年第3辑,福建人民出版社1982年版。

16　《唐代课户、课口诸比例释疑》,《历史研究》1983年第3期。

17　《敦煌四件唐写本姓望氏族谱(?)残卷研究》,《敦煌吐鲁番文献研究论集》第二辑,北京大学出版社1983年版。

18　《敦煌写本天下姓望氏族谱残卷的若干问题》,中国社会科学院历史研究所魏晋南北朝隋唐史研究室编《魏晋隋唐史论集》第二辑,中国社会科学出版社1983年版。

19　《唐五代时期的高利贷——敦煌吐鲁番出土借贷文书初探》,《敦煌学辑刊》1985年第2期。

20　《关于唐代租佃制的若干问题——以吐鲁番敦煌租佃契为中心》,王仲荦主编《历史论丛》第五辑,齐鲁书社1985年版。

21　《吐蕃时期敦煌课麦粟文书介绍》,《中国社会经济史研究》1986年第3期。

22　《曹仁贵节度沙州归义军始末》,《敦煌研究》1987年第2期。

23　《吐蕃时期敦煌课麦粟文书补》,《中国社会经济史研究》1987年第4期。

24 《敦煌所出唐河西支度营田使户口给粮计簿残卷》,《中国历史博物馆馆刊》第十期,文物出版社1987年版。

25 《关于敦煌寺院水硙研究中的几个问题》,《文献》1988年第1期。

26 《敦煌写本中释教大藏经目录与有关文书》(一),《图书馆学通讯》1988年第3期。

27 《房山石经题记中的唐代社邑》,《文献》1989年第1期。

28 《李世民是杰出的军事家吗?》,《社会科学战线》1989年第3期。

29 《〈古代长江中游的经济开发〉一书介绍》,《中国史研究动态》1989年第6期。

30 《8至10世纪敦煌的物价》,秘书组编《纪念陈寅恪教授国际学术讨论会文集》,中山大学出版社1989年版。

31 《乙巳年(公元九四五年)净土寺诸色入破历算会牒稿残卷试释》,中国敦煌吐鲁番学会编《敦煌吐鲁番学研究论文集》,汉语大词典出版社1990年版。

32 《均田制的实质》,云南大学历史系编《纪念李埏教授从事学术活动五十周年史学论文集》,云南大学出版社1992年版。

33 《敦煌寺院会计文书》,《国家图书馆学刊》1996年第1期。

34 《敦煌研究拾遗补缺二则》,《敦煌研究》1996年第4期。

35 《敦煌净土寺六件诸色入破历算会稿缀合》,季羡林主编《敦煌吐鲁番研究》第二卷,北京大学出版社1996年版。

36 《四柱式诸色入破历算会牒的解剖——诸色入破历算会稿残卷复原的基础研究》,白化文、邓文宽主编《周绍良先生欣开九秩庆寿文集》,中华书局1997年版。

37 《〈癸卯年(943)正月一日已后净土寺直岁广进手下诸色入破

历算会稿〉残卷缀合》,《文献》1998 年第 3 期。

38 《我的"敦煌学"经历——〈敦煌社会经济文献真迹释录〉编辑回忆》,刘进宝主编《百年敦煌学:历史·现状·趋势》,甘肃人民出版社 2009 年版。

39 《纪念王永兴先生》,编委会编《通向义宁之学:王永兴先生纪念文集》,中华书局 2010 年版。

二、著　　作

1 《敦煌社会经济文献真迹释录》第一、二、三、四、五辑。第一辑 1986 年书目文献出版社(今国家图书馆出版社)出版。第二、三、四、五辑全国图书馆文献缩微复制中心 1990 年出版。

2 《中国珍稀法律典籍集成》甲编第三册《敦煌法制文书》,科学出版社 1994 年 8 月出版。此集成共十四册,总主编为刘瑞年、杨一凡,曾得到中国社会科学院 1995 年学术荣誉奖。

3 《敦煌寺院会计文书研究》,台湾新文丰出版公司 1997 年 4 月出版。此书是国家社会科学基金项目。完成后得到国家图书馆学术三等奖。

4 郭沫若主编《中国史稿》第三册,人民出版社 1979 年 10 月出版。此书林甘泉同志为主笔完成,唐先生提供了部分修改稿。

5 《中国史稿》第四册,人民出版社 1982 年 2 月出版。此书共九章,唐先生完成了二、五、九章。

6 《马恩列斯论资本主义诸社会形态》,六人合编,陈高华同志为主。文献出版社 1979 年 8 月出版。

7 《经史百家杂钞全译》,张政烺主编。贵州人民出版社,1999 年 4 月出版。此书共五百四十多万字,唐先生译注唐代的三十多万字。

图书在版编目(CIP)数据

唐耕耦敦煌学论集 / 唐耕耦著.—上海：上海古籍出版社，2024.8.——（当代敦煌学者自选集）.
ISBN 978-7-5732-1250-4

Ⅰ.K870.6-53

中国国家版本馆CIP数据核字第2024YX1670号

当代敦煌学者自选集
唐耕耦敦煌学论集
（全二册）

唐耕耦 著

上海古籍出版社出版发行

（上海市闵行区号景路159弄1-5号A座5F 邮政编码201101）
（1）网址：www.guji.com.cn
（2）E-mail：guji1@guji.com.cn
（3）易文网网址：www.ewen.co

上海颛辉印刷厂有限公司印刷

开本890×1240 1/32 印张26 插页5 字数649,000
2024年8月第1版 2024年8月第1次印刷
ISBN 978-7-5732-1250-4
K·3652 定价：128.00元

如有质量问题，请与承印公司联系